Elterliches Engagement im schulischen Kontext

Empirische Erziehungswissenschaft

herausgegeben von

Rolf Becker, Sigrid Blömeke, Wilfried Bos,
Hartmut Ditton, Cornelia Gräsel, Eckhard Klieme,
Rainer Lehmann, Thomas Rauschenbach,
Hans-Günther Roßbach, Knut Schwippert,
Ludwig Stecher, Christian Tarnai, Rudolf Tippelt,
Rainer Watermann, Horst Weishaupt

Band 58

Waxmann 2015
Münster • New York

Jasmin Schwanenberg

Elterliches Engagement im schulischen Kontext

Analyse der Formen und Motive

Waxmann 2015
Münster • New York

Die Arbeit wurde 2014 von der Technischen Universität Dortmund
als Dissertation angenommen.

Bibliografische Informationen der Deutschen Nationalbibliothek
Die Deutsche Nationalbibliothek verzeichnet diese Publikation in der
Deutschen Nationalbibliografie; detaillierte bibliografische Daten sind im
Internet über http://dnb.d-nb.de abrufbar

Empirische Erziehungswissenschaft, Band 58
ISSN 1862-2127
Print-ISBN 978-3-8309-3256-7
E-Book-ISBN 978-3-8309-8256-2

© Waxmann Verlag GmbH, 2015
Steinfurter Straße 555, 48159 Münster

www.waxmann.com
info@waxmann.com

Umschlaggestaltung: Pleßmann Design, Ascheberg
Druck: Hubert und Co., Göttingen

Gedruckt auf alterungsbeständigem Papier, säurefrei gemäß ISO 9706

Printed in Germany

Abstract

A multiplicity of empirical studies reveals the relevance of parental involvement for various participants in educational contexts, especially for students (e.g. Hill & Tyson, 2009; Jeynes, 2007; Shute, Hansen, Underwood & Razzouk, 2011). With regard to parental involvement, a review of the literature points to different theoretical models und forms of involvement (Eccles & Harold, 1996; Epstein et al., 2002; Grolnick & Slowiaczek, 1994; Sacher, 2008; Soremski, 2011): One area of involvement can be parents' voluntary help at school such as cooperation in preparing school events or accompanying class journeys. Another possible form is parents' participation in governance activities or in committees. Furthermore, parents can actively support their children with regard to their cognitive development. In a synthesis of both theoretical models and empirical evidence this study shows that three forms of parental involvement can be distinguished: organizational, conceptual, and learning-related involvement. To address and involve parents appropriately, a solid knowledge of parents' motivational mainspring to engage in school is important.

This thesis focuses on the three forms and motivational aspects of parental involvement in primary schools in North Rhine-Westphalia. As a theory-based model and empirical studies of parental involvement are still lacking in Germany, this study systematically examines the frequency of organizational, conceptual, and learning-related involvement as well as motivational aspects of engagement. To analyze motivational aspects, the expectancy-value model by Eccles and Wigfield (2002) is transferred onto the subject matter of parental involvement for the first time. Additionally, parents' migration background, socioeconomic status and educational level are considered.

The state of research shows that parents predominantly opt for organizational tasks in their child's school and less often engage in conceptual areas (e.g. Börner, 2010; Herrold & O'Donnell, 2008; Züchner, 2011). With respect to learning-related parental support, a high level of participation was shown (e.g. von Rosenbladt & Thebis; Züchner, 2011). Concerning differences in the extent of involvement by parental migration background, socioeconomic status and educational level, empirical evidence is still mixed. Regarding the motivational reasons of parental involvement, existing research on this issue is still sparse. Hoover-Dempsey and Sandler (1997) proposed a model of parents' motivation for involvement that includes parents' role construction, a sense of efficacy for helping and invitations to involvement as relevant factors. Because additional relevant motivational aspects have not been considered hitherto, this thesis makes use of the expectancy-value model in order to analyze to what extent parental subjective values (attainment value, intrinsic value, utility value and relative costs) and expectation of success predict parents' organizational, conceptual, and learning-related involvement.

By means of confirmatory factor analyses this study shows that organizational, conceptual, and learning-related involvement can be distinguished. Concerning the intensity of parental involvement, results indicate that in primary schools, organizational activities and learning-related involvement are reported more frequently than conceptual involvement. Moreover, multiple-group comparisons of the three forms of involvement differences by parents' migration background, socioeconomic status and educational level can indicate that measurement invariance is given. With regard to motivational aspects of parental involvement, results from structural equation modeling suggest that parental attainment value is the most relevant predictor of parental engagement and organizational involvement is predicted by almost every indicator of the expectancy-value model.

Inhalt

1. Einleitung

„Elternarbeit ist ein wesentliches Element der aktuellen Bildungsdiskussion. Eltern müssen und wollen als Partner der Schule ernst genommen werden. Sie möchten nicht nur informiert werden, sondern über die institutionellen Möglichkeiten hinaus mitbestimmen und mitwirken." (Schröder & Boßhammer, 2010, S. 5)

Das Zitat von Schröder und Boßhammer (2010) verweist auf die Aktualität des Themas Elternarbeit und Elternpartizipation im schulischen Kontext und darauf, dass Eltern[1] als Partner in der Schule eine aktive Rolle einnehmen möchten. Dieser Wunsch von Eltern geht häufig über Hilfeleistungen, wie das Backen von Kuchen für Schulfeste, hinaus. Sie möchten konkret an inhaltlichen Fragen und pädagogischen Diskussionen beteiligt werden, allerdings ist die Bereitschaft der Lehrkräfte hierzu, im Vergleich zur Beteiligung an organisatorischen Aufgaben, geringer ausgeprägt (vgl. Ferrara, 2009; Paulsen, 2012). In Bezug auf die Arbeit mit Eltern ist zu berücksichtigen, dass Eltern eine heterogene Gruppe darstellen und sich hinsichtlich verschiedener sozialer und kultureller Merkmale unterscheiden (vgl. Fürstenau & Gomolla, 2009a). Die wissenschaftliche Diskussion rund um das Thema Elternpartizipation beschränkt sich inzwischen nicht mehr vorwiegend auf den angloamerikanischen Bereich. Auch im deutschsprachigen Raum findet eine theoretische und empirische Auseinandersetzung mit der Zusammenarbeit von Elternhaus und Schule sowie der Partizipation von Eltern im Schulkontext und zu Hause statt (vgl. z.b. Fürstenau & Gomolla, 2009b; Hertel, Bruder, Jude & Steinert, 2013; Hillesheim, 2009; Killus & Tillmann, 2012; Kröner et al., 2012; Pekrun, 1997; Sacher, 2008a, 2013; Schröder, 2013; Schwaiger & Neumann, 2011; Stange, Krüger, Henschel & Schmitt, 2012; von Rosenblatt & Thebis, 2003; Wild, 2003; Wild & Lorenz, 2010; Witjes & Zimmermann, 2000; Züchner, 2011).

Die Notwendigkeit einer Zusammenarbeit zwischen Eltern und Lehrkräften und damit auch der Partizipation von Eltern ergibt sich beispielsweise aufgrund gesellschaftlicher Entwicklungen und gestiegener Anforderungen an Schule (vgl. Sacher, 2008a). Denn Eltern sind nicht mehr ausschließlich für die Erziehung der Kinder und Lehrkräfte nicht nur für die schulische Bildung zuständig: Schule und Eltern tragen vielmehr eine gemeinsame Verantwortung für die

---

1 Der Begriff Eltern schließt alle Erziehungsberechtigten ein.

Entwicklung der Heranwachsenden. Dies setzt eine verstärkte Kooperation zwischen Eltern und Schule sowie die Partizipation der Eltern voraus und bedeutet, dass ein wechselseitiger Austausch von Informationen zwischen den Beteiligten wichtig ist. Des Weiteren verweisen Mortimore, Sammons, Stoll, Lewis und Ecob (1988) sowie Reynolds (1995) darauf, dass Elternpartizipation zu den Merkmalen einer effektiven Schule zählt. Stärkere inhaltliche Auseinandersetzungen mit diesem Thema und vor allem die Berücksichtigung von Elternarbeit als Analysebereich in empirischen Studien der Bildungsforschung sind daher erforderlich.

Aber lohnt es sich überhaupt, dass sich Eltern in der Schule ihres Kindes und zu Hause engagieren? In verschiedenen Studien im angloamerikanischen Raum konnte belegt werden, dass eine Partizipation von Eltern insgesamt für Schülerinnen und Schüler Vorteile bringen kann und es positive Zusammenhänge zwischen der Elternpartizipation und den Schulleistungen bzw. den Noten gibt (vgl. z.B. Fan & Chen, 2001; Froiland, Peterson & Davison, 2013; Grolnick & Slowiaczek, 1994; Hill & Tyson, 2009; Izzo, Weissberg, Kasprow & Fendrich, 1999; Jeynes, 2007; Keith et al., 1998; Rodriguez, Collins-Parks & Garza, 2013; Shumow & Lomax, 2002; Shute, Hansen, Underwood & Razzouk, 2011; Sy, Gottfried & Gottfried, 2013). Deutlich wird dabei, dass vor allem lernbezogene Aktivitäten der Eltern positiv mit den Schulleistungen verknüpft sind. Positive Auswirkungen durch eine Elternmitwirkung lassen sich zudem auf die Einstellungen und das Verhalten der Kinder feststellen (vgl. z.B. Catsambis, 1998; Cheung & Pomerantz, 2012; El Nokali, Bachman & Votruba-Drzal, 2010; Gonzalez-DeHass, Willems & Doan Holbein, 2005; Keith, Reimers, Fehrmann, Pottebaum & Aubey, 1986; Sanders & Herting, 2000; Shumow & Miller, 2001; Simons-Morton & Chen, 2009; Trusty, 1999). Lehrkräfte können positivere Einstellungen und Haltungen in Bezug auf ihr eigenes professionelles Wirken entwickeln, wenn Eltern Interesse an der schulischen Entwicklung ihres Kindes haben und die Arbeit der Lehrkräfte wertschätzen. Es kann eine bessere Stimmung im Kollegium und eine höhere Zufriedenheit mit dem Beruf entstehen. Lehrkräften haben zudem mehr Kontakt und Unterstützung durch die Eltern, entwickeln günstigere Meinungen über die Eltern, nehme eine Entlastung sowie weniger Konflikte mit den Schülerinnen und Schülern bei Einbindung der Eltern wahr (vgl. Henderson & Berla, 1994; Lim, 2008; Neuenschwander et al., 2004; Wyrick & Rudasill, 2009). Auch die Eltern können von einer Zusammenarbeit mit der Schule ihres Kindes profitieren: Entwicklung von mehr Selbstvertrauen bezogen auf die Erziehung ihrer Kinder, mehr Vertrauen in die Arbeit der Schule, eine bildungsfördernde Atmosphäre in den Familien oder auch eine verstärkte Partizipation am Schulleben der Kinder (vgl. Henderson & Berla, 1994; Lim, 2008; Sacher, 2012a). Es konnte also bereits vielfach gezeigt werden, dass sich Elternarbeit lohnen kann und dieses Thema, wie anhand der positiven Auswirkungen gezeigt werden konnte, ein relevanter Bereich in der empirischen Bildungsforschung ist.

Trotz positiver Auswirkungen und Forderungen nach einer intensiveren Kooperation zwischen Lehrkräften und Eltern sowie einer umfassenderen Einbeziehung der Eltern ist zu berücksichtigen, dass Elternpartizipation ungleichheitsverstärkend wirken kann (vgl. Alba, Sloan & Sperling, 2011). Vor allem für Eltern mit Migrationshintergrund bestehen hinsichtlich einer Mitwirkung in der Schule größere Hemmschwellen wie sprachliche Probleme oder eine fehlende Vertrautheit mit der deutschen Schule (vgl. Deniz, 2012; Gomolla, 2009). Dadurch wirken Eltern mit Migrationshintergrund häufig in einem geringeren Umfang in der Schule mit als Eltern ohne Migrationshintergrund (vgl. z.b. Friedrich & Kröner, 2009; Lee & Bowen, 2006; Turney & Kao, 2009; Züchner, 2008). Aufgrund des positiven Zusammenhangs zwischen Elternpartizipation und Schulleistungen kann sich dementsprechend ein Nachteil für Schülerinnen und Schüler mit Migrationshintergrund ergeben. Im Hinblick auf die Vorteile, aber auch die Herausforderungen, die das Thema Elternarbeit mit sich bringt, sind Schulen zu sensibilisieren, sodass möglichst alle Elterngruppen mit ihren Bedürfnissen berücksichtigt werden. Hierfür sind weitere Erkenntnisse zu Formen und Motiven der Elternarbeit und vor allem zu sich dabei ergebenen Unterschiede nach dem Migrationshintergrund, dem sozioökonomischen Status sowie dem Bildungsniveau der Eltern wichtig. Diese Bereiche wurden bisher, im Gegensatz zu den Effekten von Elternarbeit, selten thematisiert und stehen daher im Fokus der vorliegenden Arbeit.

Die Partizipation von Eltern kann in verschiedenen Bereichen stattfinden. Dazu zählen organisatorische Unterstützungsleistungen wie die Begleitung von Exkursionen oder Wandertagen, die Mithilfe bei Schulfesten oder die Beteiligung an der Gestaltung von Angeboten (vgl. Comer, 1993; Eccles & Harold, 1996; Epstein, 1995; Epstein et al., 2002; Finn, 1998; Sacher, 2008a). Zudem können Eltern im Schulkontext Aufgaben übernehmen, die eher konzeptionell geprägt sind: Die Beteiligung an Schulentwicklungsmaßnahmen (z.B. die Beteiligung an der Schulprogramm- und Lehrplanarbeit) oder die Mitwirkung im Eltern- und Förderverein gehören dazu (vgl. Eccles & Harold, 1996; Epstein, 1995; Epstein et al., 2002; Finn, 1998; Grolnick & Slowiaczek, 1994; Sacher, 2008a; Soremski, 2011). Darüber hinaus können Eltern ihr Kind lernbezogen unterstützen, indem sie Hilfestellung bei den Hausaufgaben anbieten oder sich

Ratschläge von den Lehrkräften zur Förderung des Kindes geben lassen (vgl. Comer, 1993; Eccles & Harold, 1996; Epstein, 1995; Epstein et al., 2002; Finn, 1998; Grolnick & Slowiaczek, 1994; Sacher, 2008a; Soremski, 2011). Aus theoretischen Arbeiten lassen sich damit zusammenfassend drei übergeordnete Formen der Elternarbeit ableiten: organisatorische, konzeptionelle und lernbezogene Elternarbeit. Im Gegensatz zu einer generellen Differenzierung zwischen der Elternpartizipation zu Hause und in der Schule ist durch die Unterscheidung der drei inhaltlichen Bereiche (organisatorisch, konzeptionell und lernbezogen) eine differenziertere Analyse der Elternarbeit für den Grundschulbereich möglich, die in der vorliegenden Arbeit vorgenommen wird.[2] Konkret wird untersucht, ob die drei aus der Theorie abgeleiteten Formen der Elternarbeit empirisch zu trennen sind und damit ein theoriebasiertes Modell der Elternarbeit für den deutschsprachigen Raum nachgewiesen werden kann. Zudem wird analysiert, in welchen Bereichen sich Eltern an der Grundschule ihres Kindes beteiligen. Dabei werden in Bezug auf Formen und Umfang der Elternarbeit gruppenspezifische Unterschiede in Abhängigkeit vom Migrationshintergrund der Eltern, dem sozioökonomischen Status der Familie und dem Bildungsniveau der Eltern untersucht.

Um eine intensivere Zusammenarbeit von Schule und Elternhaus zu realisieren, wäre eine Möglichkeit, dass die Schule verstärkt auf alle Elterngruppen zugeht und ihnen verschiedene Angebote zur Partizipation unterbreitet. Hierfür ist es für Schulen nicht nur wichtig, zu wissen, welche Partizipationsformen Eltern präferieren, sondern auch welche Motive für Eltern ausschlaggebend sind, sich in der Schule ihres Kindes zu beteiligen. Durch die Kenntnis von Gründen, die Eltern zu einem Engagement veranlassen, könnte eine zielgerichtetere und systematischere Elternarbeit umgesetzt werden. Neben der Untersuchung der Formen und des Umfangs der Elternarbeit steht somit auch die Analyse der Motivstrukturen einer Elternpartizipation im Vordergrund, wozu es bisher kaum theoriebasierte Erkenntnisse gibt. Diese beiden Bereiche sollen anhand von Daten des Projekts „Ganz In – Mit Ganztag mehr Zukunft. Das neue Ganztagsgymnasium NRW" untersucht werden. Hinsichtlich der Motivstrukturen von Elternarbeit steht folgende Frage im Fokus: Welche Gründe und Motive tragen zur Entscheidung der Eltern bei, sich an der Grundschule ihres

---

2 Obwohl sich das Projekt „Ganz In – Mit Ganztag mehr Zukunft. Das neue Ganztagsgymnasium NRW", in dem die Daten für diese Untersuchung erhoben wurden, auf Gymnasien bezieht, können durch retrospektive Angaben der Eltern Analysen zur Elternarbeit an Grundschulen durchgeführt werden.

Kindes in verschiedenen Bereichen zu beteiligen? Als theoretisches Modell dient das Erwartungs-Wert-Modell von Eccles und Wigfield (2002), mit dem Wahl- und Leistungsentscheidungen vorhergesagt und erklärt werden können. Die Annahme ist, dass die Erfüllung einer Aufgabe oder das Treffen einer Entscheidung von den wahrgenommenen Erfolgserwartungen und vom subjektiven Wert, welcher der Aufgabe zugemessen wird, abhängig ist. Das Erwartungs-Wert-Modell wird im Rahmen dieser Arbeit auf den Bereich der Elternarbeit übertragen und zur Vorhersage der drei Partizipationsformen angewendet. Es soll gezeigt werden, welchen Einfluss die vier subjektiven Wertkomponenten (*attainment value, intrinsic value, utility value, relative cost*) sowie die Erfolgserwartungen auf die Entscheidung der Eltern haben, sich an der Grundschule des Kindes zu beteiligen. Dabei wird auch zwischen verschiedenen Elterngruppen differenziert: Fokussiert wird auf den Migrationshintergrund der Eltern, den sozioökonomischen Status der Familie sowie das Bildungsniveau der Eltern.

Aufbau der Arbeit

Mit dem Fokus auf Formen, Umfang und Motive einer Elternpartizipation werden in Kapitel 2 einführend theoretische Bestimmungen des Verhältnisses von Schule und Elternhaus vorgenommen. Zunächst wird auf die Funktionen von Familie und Schule (Abschnitt 2.1) sowie auf die Konsequenzen Bezug genommen, die sich aus einer Modernisierung und Demokratisierung von Schule und Familie ergeben (Abschnitt 2.2). In Abschnitt 2.3 werden die Institutionen Familie und Schule aus systemtheoretischer Sicht betrachtet, bevor auf den Zusammenhang von familiären Hintergrundmerkmalen und Bildungserfolg von Schülerinnen und Schülern fokussiert wird. Im Anschluss daran werden in Kapitel 3 Grundlagen zum Thema Elternarbeit dargestellt. Dazu gehören die Beschreibung der Entwicklung der Elternarbeit (Abschnitt 3.1), Begriffsbestimmungen (Abschnitt 3.2), theoretische Ausführungen zu den Formen elterlicher Partizipation (Abschnitt 3.3), rechtliche Rahmenbedingungen zur Elternmitwirkung in der Schule (Abschnitt 3.4) sowie die Ansprüche an Elternarbeit (Abschnitt 3.5) und die Frage danach, inwieweit Elternarbeit in der Lehrerausbildung verankert ist (Abschnitt 3.6). Um auf die Motivstrukturen für Elternpartizipation hinzuführen, wird in Kapitel 4 veranschaulicht, auf welcher Grundlage Personen häufig ihre Entscheidungen treffen oder Handlungen wählen. Im Vordergrund stehen hierbei die Wert- und Erwartungskomponenten, auf die zum einen aus der soziologischen Perspektive mit Hilfe der *Rational-Choice*-Theorie eingegangen wird (Abschnitt 4.2). Zum anderen wird die psychologische Perspektive und damit die Erwartungs-Wert-Theorie vorgestellt (Abschnitt 4.3). Nach der Vorstellung der Erwartungs-Wert-Theorie nach Eccles und Wigfield (2002) (Abschnitt 4.3.2) wird die Anwendung dieser Theorie im Bildungskontext erläutert (Abschnitt 4.3.3). Anschließend erfolgt eine Gegenüberstellung der *Rational-Choice*-Theorie und der Erwartungs-Wert-Theorie (Abschnitt 4.4), bevor in Abschnitt 4.5 das Erwartungs-Wert-Modell auf den Bereich der Elternarbeit übertragen wird. In Kapitel 5 erfolgt anschließend die Darstellung des Forschungsstands, bevor in Kapitel 6 die Forschungsfragen dieser Arbeit dargelegt werden. Die Erläuterung der Daten, Instrumente und des methodischen Vorgehens werden in Kapitel 7 präsentiert. Die Ergebnisse dieser Arbeit werden in Kapitel 8 dargestellt, bevor in Kapitel 9 eine abschließende Zusammenfassung, Diskussion sowie ein Ausblick erfolgen wird.

2. Theoretische Bestimmungen zum Verhältnis von Familie und Schule

Für Kinder und Jugendliche stellen Familie und Schule – zumindest für einen gewissen Zeitraum – zwei zentrale Lebensbereiche dar (vgl. Busse & Helsper, 2008; Ditton, 2009). Durch Erfahrungen der Kinder in diesen beiden Sozialisationskontexten wird die weitere Entwicklung bestimmt. In der primären Sozialisation in der Familie werden grundlegende kognitive Kompetenzen, Einstellungen und Wissen geprägt, worauf die Institution Schule als Phase der sekundären Sozialisation aufbaut. Hier wird die Kompetenz- und Persönlichkeitsentwicklung fortgeführt. Die Sozialisation im Erwachsenenalter, prägend sind hier der Eintritt in die Berufsfähigkeit oder die Gründung einer eigenen Familie, wird häufig als tertiärer Bereich bezeichnet (vgl. Tillmann, 2000). Die Bildung von Kompetenzen und Persönlichkeitsstrukturen sind damit das Resultat eines Sozialisationsprozesses, der sich in verschiedenen Lebensphasen gestaltet.

In diesem Kapitel wird auf die ersten Phasen des Sozialisationsprozesses fokussiert, und zwar auf die Familie und die Schule. Es werden die jeweiligen Funktionen der beiden Systeme dargestellt, auf die Entwicklung des Verhältnisses von Schule und Familie eingegangen sowie Befunde zum Zusammenhang von familiären Bedingungen und dem schulischen Erfolg genannt.

2.1 Funktionen von Familie und Schule

Die Schule, welche die Schülerinnen und Schüler bildet und erzieht, übernimmt wichtige gesellschaftliche Aufgaben und soll die Heranwachsenden derart qualifizieren, dass diese auf Anforderungen der Arbeitswelt vorbereitet sind (vgl. Avenarius & Füssel, 2008). Bevor auf die Qualifikationsfunktion der Schule eingegangen wird, muss zunächst die im Grundgesetz geregelte föderale Struktur Deutschlands genannt werden. Die mit der föderalen Struktur verbundene Tatsache, dass es für Schulgesetzgebung und -verwaltung eine länderbezogene Zuständigkeit gibt, führt dazu, dass sich in den verschiedenen Bundesländern voneinander abweichende Ausgestaltungen der Vorschriften des Grundgesetzes finden lassen. Dies wird vor allem an der Existenz der unterschiedlichen Schulformen in den Bundesländern deutlich. Neben der Unterscheidung zwischen öffentlichen und privaten Schulen sieht das dreigliedrige Schulsystem der Bundesrepublik Deutschland allgemein vor, dass Kinder nach der Primarstufe eine

Haupt- bzw. Realschule oder das Gymnasium – in vielen Bundesländern auch eine Gesamtschule – besuchen, wobei es hier in den letzten Jahren Veränderungen gab. In einigen Ländern, wie zum Beispiel in Hamburg, Berlin oder Nordrhein-Westfalen, sind Bestrebungen in Richtung Gemeinschaftsschule zu erkennen. Im internationalen Vergleich gilt die frühe Übergangsauslese nach vier bis sechs Schuljahren als charakteristisch für das deutsche Schulwesen. Finnland und Schweden haben die schulische Selektion beispielsweise bereits in den 1970er Jahren abgeschafft (vgl. Wößmann, 2008). In Deutschland reagiert man allerdings auf unterschiedliche Lernausgangslagen mit einer „[...] externen Differenzierung von Bildungsgängen in der Sekundarstufe I [...]" (Lange, 2003, S. 33).

Neben der bereits erwähnten Qualifikationsaufgabe lassen sich drei weitere Funktionen der Schule unterscheiden, sodass sich insgesamt vier Funktionen zusammenfassen lassen (vgl. Fend, 2006):

1) Die Qualifikationsfunktion: Die Schule soll den Schülerinnen und Schülern Fertigkeiten und Kenntnisse vermitteln, damit sie spezifische Tätigkeiten in der Arbeitswelt bewältigen können. Die institutionalisierte Lehre soll demnach zur Verbesserung der wirtschaftlichen Wettbewerbsfähigkeit beitragen.

2) Die Integrations- und Legitimationsfunktion: Das Schulsystem vermittelt Normen und Werte, welche zur Stabilisierung bestimmter gesellschaftlicher Verhältnisse notwendig sind. Die Erzeugung einer sozialen und kulturellen Identität ermöglicht zudem einen inneren Zusammenhalt einer Gesellschaft.

3) Die Allokations- bzw. Selektionsfunktion: Durch die Vergabe von Noten und Zeugnissen werden Positionen verliehen, was zur gesellschaftlichen Arbeitsteilung notwendig erscheint. Gleichzeitig dient die Selektionsfunktion der Stabilisierung sozialer Strukturen. Durch eine leistungsorientierte Zuweisung werden demnach die Lebenschancen sowie die gesellschaftliche Stellung festgelegt.

4) Kulturelle Reproduktion: In der Schule werden kulturelle Fertigkeiten sowie ein kulturelles Verständnis reproduziert. Dazu gehören auch Symbolsysteme wie die Sprache und die Schrift. Diese Reproduktion der Kultur kann im Sinne eines Sozialisationsprozesses als Funktion der Enkulturation bezeichnet werden.

Schon Davis und Moore (1945), die Schüler von Talcott Parsons waren und auf seinen Arbeiten zum Strukturfunktionalismus[3] aufbauten, betonen, dass es für eine Gesellschaft generell notwendig sei, eine funktionalistische soziale Schichtung vorzunehmen. Damit alle sozialen Positionen in einer Gesellschaft besetzt sind und die damit verbundenen Pflichten erfüllt werden können, müssen fähige Gesellschaftsmitglieder qualifiziert werden. Nach Davis und Moore (1945) ist es erforderlich, dass zur angemessenen Besetzung von sozialen Positionen ein Belohnungssystem existiert. Um Belohnungen zu erreichen, müssen Gesellschaftsmitglieder Leistung erbringen. Dieses Belohnungsprinzip führt letztlich zur sozialen Schichtung bzw. zur sozialen Ungleichheit, die für eine Gesellschaft notwendig ist (vgl. Davis & Moore, 1945). Die Funktionen von Schule nach Fend (2006) zielen schließlich auch auf die Schichtung und Funktionalität der Gesellschaft ab. Die Ausgestaltung der Funktionen entspricht wiederum nicht immer den Vorstellungen der Eltern: Während die Qualifikationsfunktion in der Regel im Sinne der Eltern ist, folgen die Integrations- und Legitimationsfunktion sowie die Selektionsfunktion der Schule nicht unbedingt den Zielen der Familie (vgl. Pekrun, 2001). Hinsichtlich der Integrations- und Legitimationsfunktion kann es zwischen Schule und Elternhaus zu Unstimmigkeiten kommen, wenn über die vermittelten Normen und Werte zwischen den beiden Institutionen kein Konsens besteht. Konfliktreich erscheint allerdings vor allem die Selektionsfunktion:

„Ziel von Schule muss es sein, in universalistischer Weise leistungsschwächeren Schülern geringerwertige und nur leistungsstärkeren Schülern höherwertige Berechtigungen zu erteilen, Ziel von Eltern hingegen, im Sinne einer partikularistischen Optimierung von Familienstatus und Lebenschancen des eigenen Kindes günstige schulische Leistungsbewertungen, eine positive Schulkarriere und die Vergabe hochwertiger Berechtigungen an das eigene Kind zu erzielen" (Pekrun, 2001, S. 86).[4]

---

3   Auf den Strukturfunktionalismus wird in Abschnitt 2.3 näher eingegangen.

4   Trotz der Tatsache, dass sich nach Boudon (1974) alle Eltern gute Abschlüsse für ihre Kinder wünschen, resultieren letztlich unter anderem aufgrund von schichtspezifischen Unterschieden in der Bildungsaspiration unterschiedliche Bildungsentscheidungen (vgl. Breen & Goldthorpe, 1997). Damit gehen differierende Kosten-Nutzen-Abwägungen einher, die mit der sozialen Herkunft variieren: Eltern, die einen hohen Bildungsnutzen erwarten und zum Beispiel einen Statusverlust vermeiden möchten, wählen einen anderen Bildungsweg für ihr Kind als Eltern, die den Bildungsnutzen geringer einschätzen. Auch bei identischen Erfolgserwartungen finden sich schichtspezifisch ungleiche Bildungsentscheidungen.

Im Fokus steht hier somit der Konflikt zwischen kollektivistischer und individueller Sichtweise: Während Lehrkräfte die individuellen Leistungen einzelner Schülerinnen und Schüler im Rahmen einer Klasse beurteilen müssen, haben Eltern meist nur die Leistungen und das Wohl ihres Kindes im Blick.[5] Im Gegensatz zur Schule gilt die Familie als zentrale und primäre Sozialisationsinstanz, in der intime und emotionale Bindungen aufgebaut werden und eine Prägung der Persönlichkeit eines Kindes stattfindet (vgl. Ecarius, Köbel & Wahl, 2011; Hurrelmann, 2006). Grundlegende Voraussetzung für die Persönlichkeitsentwicklung ist der Aufbau einer ausgeglichenen Beziehung und einer Bindung zwischen dem Kind und seinen Eltern (vgl. Hurrelmann, 2006). Kinder, die eine sichere Bindung zu ihren Eltern aufbauen und somit positive Beziehungserfahrungen gemacht haben, entwickeln ein hohes Selbstwertgefühl und können die positiven Erfahrungen auch in anderen Kontexten einbringen. Ein sogenanntes inneres Arbeitsmodell[6] lässt sich demnach auch auf die soziale Umwelt beziehen, sodass Kinder, die eine starke Bindung aufgebaut haben, selbstbewusst mit neuen Situationen umgehen können (vgl. Ecarius et al., 2011). In der ersten Phase der Sozialisation und in der Beziehung zu den Eltern lernen Kinder zudem, wie mit Konflikten oder Spannungen umgegangen werden kann. Eine gelingende Beziehung zwischen Eltern und Kind ist also grundlegend für die Entwicklung eines Vertrauens in die eigenen Fähigkeiten sowie für den Aufbau sozialer Beziehungen (vgl. Hurrelmann, 2006). Damit eine gelingende Beziehung zustande kommen kann, sind die Balance zwischen Nähe und Distanz, die emotionale Zuwendung, Mimik und Gestik, Aufmerksamkeit oder Lautäußerungen beeinflussende Aspekte. Insgesamt ist der Stellenwert der Familie als Sozialisationsinstanz also enorm groß, vor allem, wenn berücksichtigt wird: „Die wechselseitigen Beziehungen zwischen Mutter, Vater und Kind bilden zumindest für die Kinder bis zum Grundschulalter so etwas wie die soziale Welt, den Mikrokosmos der Gesellschaft" (Hurrelmann, 2006, S. 138). Bezogen auf die Frage, in welchen Familienstrukturen Kinder aufwachsen, zeigt sich, dass die am häufigsten zu findende Familienform nach wie

---

5   Hinsichtlich der Leistungsbewertung durch die Lehrkraft lassen sich drei Bezugsnormen unterscheiden: individuell (Vergleich der Leistungen des Individuums mit seinen früheren Leistungen), sozial (Vergleich der Leistungen des Individuums mit anderen Schülern der Klasse) und sachlich/ kriterial (Vergleich der Leistungen des Individuums mit Leistungsstandards) (vgl. Schlag, 2009).

6   Innere Arbeitsmodelle entstehen bei Kindern durch die Interaktion mit der unmittelbaren Bezugsperson. Durch die Interaktions- und Beziehungserfahrungen wird die Bindung von Kindern zu ihrer Bezugsperson geprägt (vgl. Bowlby, 1986).

vor die sogenannte Kernfamilie ist, die sich auf die Mutter- bzw. Vater-Kind-Beziehung bezieht. Im Jahr 2010 wuchsen über drei Viertel der Kinder in einer Kernfamilie auf (vgl. Statistisches Bundesamt, 2011). Gleichzeitig wird deutlich, dass der Anteil nicht-ehelicher Lebensgemeinschaften zunimmt (vgl. Stein, 2013).

Es lässt sich festhalten, dass die Familie als primäre Sozialisationsinstanz durch den Aufbau von Beziehungen und damit durch die Prägung sozialer und emotionaler Haltungen enorm wichtig ist. Gleichzeitig werden im Familienkontext sprachliche, kognitive und interaktive Kompetenzen entwickelt, die für den Eintritt in die Schule und das gesellschaftliche Zusammenleben notwendig sind (vgl. Busse & Helsper, 2008). Mit diesen in der primären Sozialisation vermittelten Einstellungen und erworbenen Fähigkeiten treffen Kinder auf die Anforderungen in der Schule und sammeln Eindrücke, die von denen abweichen können, die sie in der Familie wahrgenommen haben. Irritationen, die sich daraus womöglich für die Kinder ergeben, müssen von der Familie und der Schule gemeinsam aufgefangen werden (vgl. Busse & Helsper, 2008).

2.2 Modernisierung und Demokratisierung der Schule und Familie

Das Verhältnis von Schule und Elternhaus wird häufig als spannungsreich beschrieben (vgl. Busse & Helsper, 2008; Krumm, 2001; Neuenschwander et al., 2004; Pekrun, 2001). Nach Busse und Helsper (2008) hat die spannungsvolle Beziehung seinen Ursprung in der Einführung der allgemeinen Schulpflicht im 19. Jahrhundert. Vorher wurden die Vermittlung von Wissen und das Erlernen von Berufen von der Familie übernommen. Neben der Tatsache, dass die Eltern ihre Unterrichts-, Erziehungs- und Sozialisationsfunktionen an die Schule abtreten mussten, verursachte der Umstand, dass Kinder durch die Schulpflicht nicht mehr als Arbeitskräfte in den Familien fungieren konnten, erhebliche Widerstände (vgl. Pekrun, 2001). Die Rechte der Eltern lagen während dieser Zeit hauptsächlich in der finanziellen Unterstützung der Schule; Möglichkeiten zur Mitbestimmung waren nicht gegeben.

Im Laufe der Jahre unterlagen Schule und Familie bis in die Gegenwart weiteren Wandlungsprozessen, die kulturell und sozial geprägt sind. Im familiären Kontext lassen sich nach Busse und Helsper (2008) Individualisierungstendenzen[7] wie die „[…] Verschiebung von Machtbalancen zwischen Eltern und Kindern sowie die Entwicklung von „Aushandlungshaushalten" zwischen den Generationen […]" (Busse & Helsper, 2008, S. 472) beobachten.

Kommt es zudem dazu, dass die Strukturen in Familien instabiler werden und Kinder dadurch wenig Halt erfahren sowie kaum Werte und Normen vermittelt werden, dann könnten diesen Kindern womöglich familiäre Voraussetzungen fehlen, die für einen Schulbesuch benötigt werden (vgl. Busse & Helsper, 2008).

In Bezug auf die Schule zeigt sich, dass die Anforderungen in den letzten Jahren gestiegen sind. Zum einen soll sich die Qualität der Schule[8] kontinuierlich verbessern, damit die Schülerinnen und Schüler bestmögliche Abschlüsse erzielen; zum anderen übernimmt die Schule aber auch teilweise erzieherische Aufgaben. Die Schule muss einen adäquaten Weg finden, um die zahlreichen Aufgaben zu bearbeiten: „Es wird zu einem Qualitätsmerkmal einer Schule, ob sie Pluralität und Heterogenität zu einer Chance oder zu einem Nachteil für die Schülerinnen und Schüler gestalten kann" (Neuenschwander et al., 2004, S. 24).

Neben den beschriebenen Prozessen, die das Verhältnis von Familie und Schule beeinflussen, nennen Epstein et al. (2002) weitere Faktoren im Rahmen ihres Modells zu den überlappenden Einflussbereichen von Familie, Schule und Gemeinde (vgl. Abbildung 1). Da im Rahmen der vorliegenden Arbeit nur auf das Verhältnis zwischen Schule und Familie und nicht zusätzlich auf die Gemeinschaft geschaut wird, werden im Folgenden nur Faktoren zu diesen beiden Institutionen beschrieben. Nach Epstein et al. (2002) überlappen sich die beiden Bereiche Familie und Schule. Zudem werden die Zusammenarbeit und das

---

7   Der Individualisierungsbegriff wird bereits 1908 von Georg Simmel aufgegriffen. Demnach geht mit der Individualisierung ein Rückgang von Zwängen und eine Zunahme von Individualität einher (vgl. Simmel, 1992). Sowohl in seinem als auch in Becks (1983) Verständnis geht es aber nicht um die komplette Loslösung des Individuums aus sozialen Bindungen, sondern eher um vorübergehende Befreiung, da sich stets neue Zwänge und Abhängigkeiten ergeben. Kritisiert wurde der Individualisierungsbegriff zum Beispiel von Jagodzinski & Quandt (1997), die sagen, dass „[…] infolge des Zuwachses an Handlungsoptionen individuelles Verhalten weniger vorhersagbar wird" (Jagodzinski & Quandt, 1997, S. 780). Wird über die Individualisierungsthese diskutiert, sollte nach Jagodzinski & Quandt (1997) die Ab- bzw. Zunahme von Handlungsalternativen berücksichtigt werden.

8   Zu den Prozessfaktoren der Schulqualität gehören unter anderem die Qualität des Curriculums, ein positives Schulklima, die Führungsqualität der Schulleitung, die Einbindung der Eltern oder auch die Unterrichtsqualität (vgl. Creemers & Reezigt, 1996; Edmonds, 1979; Scheerens, 2008).

Verhältnis von Familie und Schule durch verschiedene Faktoren beeinflusst.[9] Sowohl die Familie und die Schule als auch die Schülerinnen und Schüler unterliegen einem zeitlichen und sozialen Wandel. Faktor A bezieht sich zudem auf das Alter und die Klassenstufe von Schülerinnen und Schülern, die sich auf die Zusammenarbeit auswirken können. Darüber hinaus haben jeweils die Erfahrungen, Einstellungen und Praktiken der Familie bzw. der Eltern (Faktor B) sowie der Schule (Faktor C) Einfluss auf die Kooperation von Elternhaus und Schule (vgl. Epstein et al., 2002). Das bedeutet, dass der Umfang der Überlappungsbereiche und des Austauschs zwischen Lehrkräften und Eltern nach diesem Modell zum einen von Schülermerkmalen wie das Alter und die Klassenstufe abhängig ist; zum anderen beeinflussen die bereits gesammelten Erfahrungen, die Haltungen und generelle Praktiken von Eltern und Lehrkräften eine mögliche Zusammenarbeit.

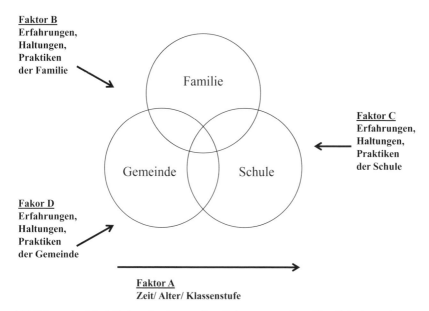

Abbildung 1: Modell der überlappenden Sphären von Familie, Schule und Gemeinde in Anlehnung an Epstein et al. (2002)

---

9   Epstein et al. (2002) sprechen bezüglich der Faktoren im Original von *Force A*, *Force B* und *Force C*.

Die beschriebenen Wandlungsprozesse von Schule und Familie verdeutlichen die Notwendigkeit einer Zusammenarbeit dieser beiden Institutionen. Die Schule benötigt bei der Bewältigung ihrer komplexen Aufgaben die Unterstützung des Elternhauses, aber auch die Eltern müssen von der Schule Beratung erhalten, was Bildungs- und Erziehungsfragen angeht. Trotz der Notwendigkeit einer stärkeren Zusammenarbeit zwischen Schule und Elternhaus gilt es, Befunde von Alba et al. (2011) zu berücksichtigen, die darauf hindeuten, dass die Beteiligung der Eltern ungleichheitsverstärkend wirken kann. Dies hängt damit zusammen, dass sich vor allem die Eltern engagieren oder mit den Lehrkräften kooperieren, die bereits zum Beispiel über ein hohes ökonomisches oder kulturelles Kapital verfügen. Die Konsequenz daraus wäre, dass auch auf Eltern fokussiert wird, die sich möglicherweise aufgrund geringerer Ressourcen eher im Hintergrund halten.

Zusammenfassend betrachtet gibt es also Abgrenzungen zwischen den Funktionen der Familie und Schule. Zugleich ist aber auch deutlich geworden, dass Eltern und Lehrkräfte zusammenarbeiten müssen, um das Kind beim Übergang von der Familie in die Schule zu unterstützen.

2.3 Systemtheoretischer Zugang

Die unterschiedlichen Funktionen, die Schule und Familie innehaben, lassen sich auf die Tatsache zurückführen, dass Schule und Familie aus der Perspektive der Systemtheorie zwei getrennte soziale Systeme sind (vgl. Neuenschwander et al., 2004). Im Folgenden wird zunächst kurz auf den Strukturfunktionalismus nach Parsons (1985) und anschließend auf die funktionalstrukturelle Systemtheorie nach Luhmann (2004) eingegangen.

Talcott Parsons, der als Begründer der soziologischen Systemtheorie gilt, betrachtet die Gesellschaft als ein komplexes System. Damit die Gesellschaft als komplexes System existieren kann, sind Strukturen bzw. Subsysteme notwendig, die spezifische Funktionen erfüllen. Dabei werden das soziale und kulturelle System sowie das Persönlichkeits- und Verhaltenssystem unterschieden (vgl. Parsons, 1985). Jedes dieser vier Subsysteme muss eine bestimmte Funktion erfüllen: Das soziale System dient der Integration und somit dem Zusammenhalt des Systems, das kulturelle System ist für die Normerhaltung notwendig, das Persönlichkeitssystem fokussiert auf die Zielerreichung und das Verhaltenssystem dient der Anpassung des Systems an die Umwelt (vgl. Parsons, 1985). Werden diese Funktionen erfüllt, so kann das übergeordnete System zusammen und stabil gehalten werden.

Luhmann kritisiert Parsons Ansatz und setzt im Gegensatz zu Parsons im Rahmen seiner funktional-strukturellen Theorie keine bereits entwickelten Strukturen voraus, sondern fokussiert zunächst auf die Funktion von Systemen und erst im zweiten Schritt auf die dafür erforderlichen Strukturen (vgl. Luhmann, 2004). Zudem geht es Luhmann nicht um die Frage, was notwendig ist, damit ein System stabil zusammengehalten werden kann, sondern um die Reduktion von Komplexität. Diese ergibt sich aus seiner System-Umwelt-Theorie, nach der wird ein System „[...] einzig durch das definiert, was es nicht ist, nämlich seine Umwelt" (Jahraus, 2001, S. 303). Und gleichzeitig: „Umwelt ist, was das System nicht ist" (Jahraus, 2001, S. 303). Die Komplexität der Umwelt wird reduziert, indem verschiedene Systeme gebildet werden. Diese Systeme erhalten sich selbst, unterscheiden sich von ihrer Umwelt und sind selbstreferentielle Systeme durch die Entwicklung von Codes (vgl. Jahraus, 2001).

In Bezug auf die beiden Systeme Schule und Familie lässt sich sagen, dass diese jeweils bestimmte Funktionen im Bildungs- und Erziehungssystem erfüllen. Während die Schule einer gesellschaftlichen Aufgabe nachgeht und die Schülerinnen und Schüler qualifizieren soll, steht in der Familie vor allem in den ersten Lebensjahren eines Kindes die Vermittlung grundlegender Kompetenzen, Einstellungen sowie der Aufbau emotionaler Bindungen im Vordergrund. In diesem Kontext kann somit nach Luhmann (2004) von selbstreferentiellen Systemen gesprochen werden: „[...] sie beschäftigen sich überwiegend mit sich selbst und erzeugen und erhalten sich in autopoietischen Prozessen. Änderungen können von außen (von anderen Systemen) nur angeregt, nicht aber zwingend herbeigeführt werden" (Sacher, 2008a, S. 33). Aufgrund der unterschiedlichen Anlage der beiden sozialen Systeme, womit auch unterschiedliche Verhaltensnormen und Sinndeutungen einhergehen, nehmen Schule und Familie differierende Perspektiven ein, wenn es um die Bewertung von Situationen geht (vgl. Neuenschwander et al., 2004). Diese unterschiedlichen Wahrnehmungen sowie Erwartungen können schließlich, wie bereits im vorhergehenden Kapitel angedeutet, zu Konflikten zwischen Eltern und Lehrkräften führen. Gleichzeitig verdeutlichen Neuenschwander et al. (2004), dass sich Umwelteinwirkungen und gegensätzliche Auffassungen positiv auf ein soziales System auswirken können, da durch ein einsetzendes Ungleichgewicht eine Entwicklung des Systems initiiert wird. Die Zusammenarbeit zwischen Lehrkräften und Eltern kann somit sowohl für die Schule als auch für die Familie Vorteile bringen: „Eltern stellen für die Schule insofern eine Innovationsquelle dar, als die Schule über die Elternarbeit mit schulfremden Perspektiven und Bedürfnissen konfrontiert wird und sich damit auseinandersetzen muss" (Neuenschwander et al., 2004, S. 28). Analog kann aber auch die Arbeit der Lehrkräfte zur Familienentwicklung beitragen.

Ein Blick soll noch der Elternschaft gewidmet werden, die im Rahmen der Schule eines der verschiedenen Subsysteme darstellt. Sacher (2008a) beschreibt dieses als unvollkommenes System, da die Elternschaft in einer Schule nie vollzählig anwesend ist. Solch ein sogenanntes Quasi-System[10] ist eher zufällig zusammengesetzt und zeichnet sich durch eine niedrige Beziehungs- und Kommunikationsstruktur aus. Aufgrund der Tatsache, dass einzelne Eltern ihre Wünsche und Interessen gegenüber der Schule nur eingeschränkt entgegenbringen sowie durchsetzen können, ist es notwendig, eine funktionale Differenzierung des Subsystems der Elternschaft vorzunehmen (vgl. Sacher, 2008a). Dadurch werden Rollen, die einzelne Eltern übernehmen können, ausdifferenziert und einzelne Aufgaben, die in der Schule anfallen, aufgeteilt. Die Interessen bestimmter Eltern können dann beispielsweise durch Eltern, die sich in der Elternvertretung befinden und damit an schulinternen Sitzungen teilnehmen dürfen, den Schulvertretern gegenüber geäußert werden.

Es lässt sich festhalten, dass durch den Blick auf systemtheoretische Aspekte gezeigt werden konnte, dass Schule und Familie als zwei voneinander zu unterscheidende soziale Systeme gefasst werden können. Sowohl das System der Schule als auch das System der Familie haben dabei unterschiedliche Funktionen, die zum Teil konträr sind, was dazu führen kann, dass Unstimmigkeiten zwischen den einzelnen Akteuren auftreten können.

Nach Betrachtung der Systemebene von Familie und Schule soll in dem folgenden Kapitel im Sinne des methodologischen Individualismus (vgl. Heine, 1983) der Blick auf die Akteure gerichtet werden. Dabei geht es vor allem um die Frage, welchen Einfluss familiäre Hintergrundmerkmale und Strukturbedingungen auf den Schulerfolg von Schülerinnen und Schülern haben.

2.4 Familiärer Hintergrund und Bildungserfolg

Kinder und Jugendliche wachsen in unterschiedlichen familiären Kontexten auf und werden durch ihre Eltern, in Abhängigkeit von vorhandenen Ressourcen,

---

10 Nach Willke (2006) sind Quasi-Systeme als eine Voraussetzung für Systeme anzusehen und entstehen, wenn sich eine Gruppe von Menschen zusammenschließt und miteinander interagiert. Durch die gemeinsame Kommunikation und durch die gestiegene Komplexität eines Quasi-Systems kann ein System entstehen.

unterschiedlich umfangreich gefördert. Zur Erklärung von sozialen Disparitäten oder Chancenungleichheit können unter anderem zwei Ansätze herangezogen werden (vgl. McElvany & Razakowski, 2013; McElvany, Razakowski & Dudas, 2012): zum einen die Theorie Bourdieus zur Reproduktion sozialer Ungleichheit über das ökonomische, kulturelle und soziale Kapital von Familien (vgl. Bourdieu, 1983) und zum anderen Boudons Arbeiten zu primären und sekundären Herkunftseffekten bzw. zu den elterlichen Bildungsentscheidungen, die mit Kosten-Nutzen-Mechanismen verknüpft sind (vgl. Boudon, 1974). Nach Bourdieus Verständnis ist soziale Ungleichheit auf die Existenz klassenspezifischer Kapitalformen zurückzuführen. Die Form des ökonomischen Kapitals zielt auf finanzielle Voraussetzungen von einzelnen Personen oder Haushalten ab (vgl. Bourdieu, 1983). Mit dem kulturellen Kapital sind das Bildungsniveau sowie der Besitz von kulturellen Gütern wie Büchern gemeint. Diese Aspekte zählen zum objektivierten und institutionalisierten kulturellen Kapital. Zu dem inkorporierten kulturellen Kapital zählen kulturelle Praxen wie der Besuch von Museen oder Konzerten. Hinsichtlich des kulturellen Kapitals ist darüber hinaus der Begriff des Habitus relevant. Hiermit werden während der Sozialisation erworbene Wahrnehmungs-, Denk- und Handlungsschemata beschrieben. Das soziale Kapital beschreibt Ressourcen, „[…] die mit dem Besitz eines dauerhaften Netzes von mehr oder weniger institutionalisierten *Beziehungen* gegenseitigen Kennens oder Anerkennens verbunden sind" (Bourdieu, 1983, S. 190f.; Hvh. i.O.). Über diese drei Kapitalformen kann soziale Ungleichheit nach Bourdieu (1983) reproduziert werden. Schülerinnen und Schüler verfügen zu Beginn ihrer Schulzeit über unterschiedliche Ausprägungen der jeweiligen Kapitalformen (vgl. Bourdieu, 1983). Dies wirkt sich schließlich, wie im Folgenden gezeigt wird, auf die Leistungen von Schülerinnen und Schülern aus.[11] Während die Theorie Bourdieus auf klassentheoreti-

---

11 Der Ansatz des kulturellen Kapitals wird in der Meta-Analyse von Lareau und Weininger (2003) kritisch betrachtet: Zum einen wird die Begrenzung des kulturellen Kapitals auf die Aneignung von „Hochkultur", die im Sinne Bourdieus nicht angedacht ist, kritisiert. Zum anderen kann kulturelles Kapital nicht als unabhängige Hintergrundvariable modelliert werden. Lareau und Weininger (2003) plädieren daher für ein erweitertes Verständnis, das zum Beispiel auch von der Schule bewertete Wissensbestände und Fertigkeiten, die Schüler und Eltern mit in die Schule bringen, berücksichtigt. Demnach ist es wichtig: „As we have shown, this approach stresses the importance of examining micro-interactional processes whereby individuals' strategic use of knowledge, skills, and competence come into contact with institutionalized standards of evaluation" (Lareau & Weininger, 2003, S. 597). In Bezug auf Elternpartizipation könnte es daher wichtig sein, beispielsweise herkunftsbedingte Varianzen der elterlichen Wissensbestände und Fertigkeiten zu untersuchen, die Voraussetzung wären, sich in der Schule zu engagieren.

sche Bestimmungen abzielt, ist der *Rational-Choice*-Ansatz von Boudon als Handlungstheorie zu verstehen, die sich mit den – durch rationale Abwägungen von Kosten und Nutzen entstandenen – Bildungsentscheidungen der Eltern befasst. Hinsichtlich der Entstehung sozialer Disparitäten differenziert Boudon (1974) zwischen primären und sekundären Herkunftseffekten. Primäre Herkunftseffekte meinen den Zusammenhang zwischen sozialer Lage des Elternhauses und dem Kompetenzerwerb, während sich sekundäre Herkunftseffekte auf die Bildungsentscheidungen beziehen, die Eltern in Abhängigkeit ihrer sozialen Lage – unabhängig vom primären Herkunftseffekt – treffen (vgl. Boudon, 1974). Der primäre Herkunftseffekt zeigt sich schon unmittelbar zu Beginn der Schulzeit mit dem Wissensvorsprung von Kindern aus bildungsnäheren vor Kindern aus bildungsferneren Elternhäusern. Im weiteren Verlauf der Schulzeit verstärkt sich dieser Effekt zunehmend (vgl. Baumert et al., 2010; Pfeifer, 2011). Der sekundäre Herkunftseffekt wird darin sichtbar, dass Eltern aus niedrigeren sozialen Schichten zu einer Überschätzung von Bildungskosten und einer Unterschätzung von Bildungserträgen tendieren (vgl. Boudon, 1974). Nach Esser (1999) kann diesbezüglich davon ausgegangen werden, dass der Statusverlust für Eltern aus niedrigeren sozialen Schichten geringer ist als für Eltern aus höheren sozialen Schichten. Das bedeutet, dass der Nutzen von höheren Bildungsabschlüssen und somit die Erfolgserwartung in höheren Sozialschichten größer eingeschätzt wird.

Bei Betrachtung der beiden Ansätze von Bourdieu und Boudon zeigt sich, dass diese jeweils unterschiedliche Perspektiven hinsichtlich sozialer Disparitäten einnehmen. Allerdings fokussieren sowohl Bourdieu als auch Boudon auf klassen- bzw. schichtspezifische Bedingungen im Elternhaus, die für den schulischen Erfolg und den Erwerb von Abschlüssen der Schülerinnen und Schüler relevant sind.

Untersuchungen belegen, dass vor allem die Familie – als erste Sozialisationsinstanz eines Kindes – bzw. das dort vorhandene soziale, kulturelle und ökonomische Kapital sich in schulischen Resultaten niederschlagen kann (vgl. Bertelsmann Stiftung, Institut für Schulentwicklungsforschung der Technischen Universität Dortmund & Institut für Erziehungswissenschaft der Friedrich-Schiller-Universität Jena, 2013; Bos, Schwippert & Stubbe, 2007; Ehmke & Jude, 2010; Wendt, Stubbe & Schwippert, 2012). Darüber hinaus können Strukturbedingungen (wie die Familiengröße oder Familienkonstellationen) und Prozessvariablen (wie der Erziehungsstil der Eltern oder Beziehungsstörungen) die Schulleistungen eines Kindes prägen (vgl. Tupaika, 2003). Bereits in den 1960er Jahren konnten Untersuchungen von Coleman und Kollegen verdeutlichen, dass der schulische Erfolg von Schülerinnen und Schülern maßgeblich durch familiäre Bedingungen (wie den ökonomischen Status) sowie die soziale Zusammensetzung der Klasse und weniger durch Ressourcen auf Schulebene (wie die Materialausstattung) geprägt ist (vgl. Coleman et al., 1966). Der geringe Einfluss schulischer Ressourcen auf das Abschneiden von Schülerinnen und Schülern konnte schließlich in den 1970er Jahren unter anderem auch in Studien von Jencks bestätigt werden (vgl. Jencks, 1979). Sauer und Gattringer haben sich im Jahr 1985 mit der Frage beschäftigt, inwieweit Variablen des familiären Umfelds (Anregung, Leistungsdruck, Bildungsaspiration oder Sanktionsverhalten) im Zusammenhang mit dem Schulerfolg eines Kindes stehen. Die Struktur des entwickelten Modells zu den Determinanten von Schulleistung basiert auf Fend (1980), der hinsichtlich der Prädiktoren von Schulleistung die drei Bereiche der Persönlichkeit des Schülers, der außerschulischen Umwelt (wie Familie und Freunde) sowie des Schulsystems differenziert. Darauf aufbauend unterscheiden Sauer und Gattringer (1985) drei Ebenen in ihrem Strukturmodell: sozialer Hintergrund, familiäre Umwelt und Schülerpersönlichkeit. Fokussiert wird vor allem auf den familiären Hintergrund, der theoretisch wesentlich durch Rodax und Spitz (1982) beeinflusst ist, die zeigen konnten, dass die Sozialisationskontexte Familie, Schule und Freunde wichtige Determinanten der Schulleistung sind. Sauer und Gattringer (1985) konnten feststellen, dass vor allem die Bildungsaspiration der Eltern sowohl direkt als auch indirekt (in Zusammenspiel mit anderen Variablen wie der Intelligenz) zur Erklärung des Schulerfolgs beiträgt (vgl. Sauer & Gattringer, 1985). Neben der wichtigen Funktion der Bildungsaspiration für die Erklärung von Schulerfolg weist das Strukturmodell von Sauer und Gattringer auch einen Zusammenhang mit der Variable ‚Sanktionsverhalten' aus. Demnach wirken sich die eingesetzten Belohnungs- und Bestrafungsmethoden der Eltern auf die Leistungsfähigkeit des Kindes auf (vgl. Sauer & Gattringer, 1985).

Watermann und Baumert (2006) verdeutlichen in ihrer Studie den Zusammenhang zwischen Struktur- und Prozessmerkmalen familiärer Lebensverhältnisse und stellen deren Bedeutung für den Kompetenzerwerb von Kindern dar. Dabei werden folgende Strukturvariablen berücksichtigt: der sozioökonomische Status, das Bildungsniveau und der Migrationsstatus einer Familie (vgl. Watermann & Baumert, 2006). Um das ökonomische, kulturelle und soziale Kapital zu erfassen, werden Angaben über das allgemeine konsumtive Verhalten einer Familie, ihre kulturellen sowie kommunikativen und sozialen Praktiken erhoben. Die Ergebnisse zeigen, dass der kulturellen Praxis zur Erklärung der Lese- und Mathematikkompetenz eine hohe Bedeutung zukommt. Die kommunikative Praxis im Sinne von Coleman (1988) hat weniger Einfluss. Zudem ist den Befunden zu entnehmen, dass die Relevanz des konsumtiven Verhaltens am geringsten ist und niedrig mit der Lese- und Mathematikkompetenz korreliert ($r = .13$ bzw. $.14$; vgl. Watermann & Baumert, 2006).

Auch im Rahmen der Berliner Leselängsschnittstudie (LESEN 3-6) konnten direkte und indirekte Effekte familiärer Struktur- und Prozessmerkmale auf die Lesekompetenz festgestellt werden (vgl. McElvany, 2011). Der sozioökonomische Status sowie kulturelle Ressourcen (Besitz von Büchern) haben einen direkten Effekt auf die Lesekompetenz von Schülerinnen und Schülern der Jahrgangsstufe 4. Zudem konnten indirekte Einflüsse des Schulabschlusses der Eltern und des Migrationshintergrunds konstatiert werden (vgl. McElvany, 2011).

Auf die Bedeutung des Migrationshintergrunds verweisen auch Dollmann (2010), Gresch (2012), Kristen (2008), Schwippert, Wendt und Tarelli (2012) sowie Stanat, Rauch und Segeritz (2010). Trotz der Tatsache, dass Eltern mit Migrationshintergrund häufig eine hohe Bildungsaspiration äußern, weisen Kinder mit Migrationshintergrund geringere Leistungen auf als Kinder ohne Migrationshintergrund. Die festgestellten Leistungsdifferenzen liegen wiederum an Unterschieden in der Existenz von Ressourcen und Fördermöglichkeiten der Familien, was die Bedeutung primärer Herkunftseffekte verdeutlicht (vgl. Dollmann, 2010; Kristen, 2008; Stanat, Rauch, et al., 2010). Chudaske (2012) konnte darüber hinaus darstellen, dass Leistungsunterschiede zwischen Schülerinnen und Schülern mit und ohne Migrationshintergrund vor allem durch die sprachliche Kompetenz zu erklären sind. Das Vorliegen des Merkmals Migrationshintergrund allein trägt hingegen weniger zur Erklärung von Leistungsunterschieden bei (vgl. Chudaske, 2012).

Auch aktuelle Schulleistungsstudien wie PISA (vgl. PISA-Konsortium Deutschland, 2006), TIMSS (vgl. Bos, Wendt, Köller & Selter, 2012) und IGLU (vgl. Bos, Tarelli, Bremerich-Vos & Schwippert, 2012) kommen zu ähnlichen Befunden und verdeutlichen, dass vor allem das kulturelle Kapital, die soziale Herkunft sowie Bildungsorientierungen der Familie einen zentralen Stellenwert für die Leistungsentwicklung von Schülerinnen und Schülern einnehmen (vgl. Baumert & Schümer, 2001; Schnabel & Schwippert, 2000). So zeigt sich beispielsweise für Deutschland, dass der höchste berufliche Status (anhand des *International Socio-Economic Index of Occupational Status*) beider Elternteile 15.5 Prozent der Varianz der Mathematikkompetenz erklärt, was im internationalen Vergleich über dem Mittelwert liegt (vgl. Klieme et al.,

2010; OECD, 2004). Kinder, die einer privilegierten sozialen Lage angehören, erbringen somit bessere Schulleistungen. Zudem können Eltern, die über ein hohes ökonomisches Kapital verfügen und folglich mehr in die Bildung investieren, ihren Kindern bessere Förder- und Entwicklungsmöglichkeiten bieten, was sich wiederum in den erreichten Leistungsständen der Heranwachsenden abbildet (vgl. Pietsch, 2007).

Dass nicht ausschließlich das soziale, kulturelle und ökonomische Kapital einer Familie einen Einfluss auf den Schulerfolg haben können, verdeutlicht Neuenschwander (2009). Er konnte darstellen, dass die Einstellungen und die Erziehungsbemühungen der Eltern etwa 30 bis 50 Prozent der Schülerleistungsvarianz erklären. Bedeutsam sind in diesem Zusammenhang beispielsweise ein autoritativer Erziehungsstil, leistungsbezogene Erwartungen oder eine autonomieförderliche Unterstützung bei Hausaufgaben. In dem Modell wurden allerdings schulische Faktoren wie die Schulorganisation oder auch die Klassenzusammensetzung nicht berücksichtigt.

Schließlich soll noch der Einfluss der Familiengröße und der Familienkonstellationen dargestellt werden. In Bezug auf die Anzahl der Kinder, die in einer Familie leben, sind folgende Tendenzen zu finden: Schülerinnen und Schüler, die viele Geschwister haben, zeigen geringere Leistungen als Mitschüler, die aus kleineren Familien stammen (vgl. Krapp, 1973; Lehmann, Peek & Gänsfuß, 1997). Hintergrundvariablen wie der sozioökonomische Status oder der Migrationshintergrund wurden dabei allerdings nicht kontrolliert. Vermutet wird in Bezug auf diese Befunde, dass sich Eltern mit steigender Kinderzahl nicht mehr so intensiv mit jedem Kind auseinandersetzen können. In Folge fühlen sich diese vernachlässigt und werden beispielsweise in ihrer Entwicklung etwas weniger umfassend gefördert. Darüber hinaus führt ein geringer Eltern-Kind-Kontakt dazu, dass die Vermittlung des sozialen Kapitals eingeschränkt ist. Der Beziehungsaufbau zwischen Eltern und Kind gilt jedoch als Voraussetzung für die Bildung des sozialen Kapitals, welches sich wiederum auf schulische Leistungen und die persönliche Entwicklung eines Kindes auswirkt (vgl. Coleman, 1996). Aber auch ein Anstieg an Ein-Elternteil-Familien begünstigt einen ‚Verlust' des sozialen Kapitals. Die Folge ist, dass Kinder „[…] ob sie nun aus „guten" oder „nicht so guten" Familien stammen, ohne das soziale Kapital zur Schule kommen, auf das diese implizit angewiesen ist […]" (Coleman, 1996, S. 100).

Es lässt sich im Hinblick auf den Zusammenhang von familiären Hintergrundmerkmalen und Bildungserfolg festhalten, dass sowohl die drei Kapitalformen (ökonomisch, kulturell und sozial) nach Bourdieu (1983) als auch primäre Herkunftseffekte nach Boudon (1974) einen Einfluss auf die schulischen Leistungen von Kindern haben. So konnte in den Schulleistungsstudien PISA, TIMSS, IGLU und KESS gezeigt werden, dass Kinder bessere Leistungen erzielen, wenn ihre Eltern über ein hohes ökonomisches Kapital verfügen, einer privilegierten Schicht angehören oder keinen Migrationshintergrund haben (vgl. Baumert & Schümer, 2001; Pietsch, 2007; Schnabel & Schwippert, 2000; Schwippert et al., 2012; Wendt et al., 2012). Aber auch weitere unterschiedliche familiäre Strukturbedingungen – wie die Familienkonstellation – können sich auf den schulischen Kompetenzerwerb von Schülerinnen und Schülern auswirken. Anhand dieser Befunde zeigt sich, dass die Familie generell eine hohe Relevanz für die schulische Laufbahn des Kindes hat. Es stellt sich in diesem Zusammenhang die Frage, ob neben den familiären Ressourcen wie dem ökonomischen, kulturellen und sozialen Kapital sowie strukturellen Bedingungen (Familiengröße oder -konstellation) auch die Partizipation der Eltern Auswirkungen auf die schulische Leistung oder darüber hinaus auf das Verhalten oder die schulspezifischen Einstellungen von Schülerinnen und Schülern hat. Dieser und damit auch der Frage danach, ob Elternpartizipation für die Schülerinnen und Schüler, Lehrkräfte und Eltern überhaupt lohnend ist, wird im Rahmen der Darstellung des Forschungsstands in Kapitel 5 nachgegangen.

3. Grundlagen der Elternarbeit

Im Rahmen des folgenden Kapitels soll der Bereich Elternarbeit verstärkt in den Blick genommen werden, indem zunächst in Abschnitt 3.1 auf die Entwicklung der Elternarbeit fokussiert wird. Anschließend werden in Abschnitt 3.2 eine Begriffsbestimmung vorgenommen sowie Ziele der Elternarbeit erläutert. In Abschnitt 3.3 stehen schließlich Formen der Elternarbeit im Fokus, bevor es in Abschnitt 3.4 um die rechtlichen Rahmenbedingungen zur Elternpartizipation geht. Abschließend werden in Abschnitt 3.5 Ansprüche von Elternarbeit und in 3.6 die Bedeutung dieses Themenfeldes in der Lehrerbildung dargelegt.

3.1 Historischer Abriss: Entwicklung der Elternarbeit

Die Einführung der allgemeinen Schulpflicht im 18. Jahrhundert brachte in Deutschland Widerstände der Eltern mit sich. Der Eingriff des Staates in die Familie und damit in die Erziehung stellte die Eltern vor allem vor zwei zentrale ökonomische Herausforderungen: Zum einen fehlten den Familien durch den Schulbesuch ihrer Kinder Arbeitskräfte, und zum anderen mussten die Eltern Schulgeld entrichten (vgl. Sacher, 2008a). Die Mitbestimmungs- und Mitwirkungsrechte der Eltern waren im 19. Jahrhundert noch kaum geregelt. Vielmehr bestand die Auffassung, dass Eltern unwissend sowie rückständig seien und somit ein Mitspracherecht im Schulkontext nicht notwendig sei (vgl. Krumm, 2001). Die Mitwirkung der Eltern beschränkte sich zu dieser Zeit darauf zu achten, dass ihre Kinder der Schulpflicht nachkamen.

Gegen Ende des 19. Jahrhunderts schlossen sich allerdings zahlreiche Eltern zusammen, um ihren Unmut gegenüber der geringen Einbeziehung in schulischen Angelegenheiten zu äußern. Die sich daraus entwickelnde auf demokratischen Prinzipien basierende Elternbewegung hatte zum Ziel, auf die elterlichen Interessen hinzuweisen und die Mitwirkungsrechte von Eltern einzufordern (vgl. Pekrun, 1997). Neben dieser Bewegung äußerten sich gleichzeitig vor allem Reformpädagogen, die eine partnerschaftliche Zusammenarbeit zwischen Eltern und Schule sowie die Einbindung der Eltern im schulischen Kontext forderten. In diesem Zuge entstand die Leitidee der Schulgemeinde, „in der alle beteiligten Interessengruppen (Eltern, Lehrer, Schüler, Schulträger) kooperieren sollten" (Pekrun, 1997, S. 54). Die initiierte Elternbewegung zeigte daraufhin in der Weimarer Republik Erfolge. Elternarbeit und die Integration der Eltern wurden als notwendige Bestandteile schulischer Arbeit formuliert, sodass Mitwirkungsrechte von Eltern eingeführt wurden. Die Mitwirkungsrechte beschränkten sich zunächst allerdings auf eine beratende Funktion der Eltern (vgl. Sacher, 2008a). Zudem zeigte sich, dass sich die inhaltliche Ausgestaltung der Elternrechte deutschlandweit unterschied und nicht allen Eltern die gleichen Rechte zugestanden wurden. Vor allem hinsichtlich der Frage, ob Eltern auch im Unterricht mitwirken sollten, gab es keine Einigkeit, da einige Vertreter der Lehrkräfte zu viel Einfluss seitens der Eltern befürchteten. Es wurden jedoch in verschiedenen Ländern Deutschlands Elternbeiräte und Elternvertretungen eingeführt, deren Einfluss auf die öffentlichen Schulen allerdings zunächst eher gering blieb (vgl. Sacher, 2008a). Möglichkeiten zur Partizipation, die über Informations- und Beratungsrechte hinausgingen, wurden den Eltern in der Weimarer Republik nicht eingeräumt (vgl. Pekrun, 1997; Sacher, 2008a). Insgesamt zeigte sich also, dass es während der Weimarer Republik Bestrebungen zur Stärkung der elterlichen Mitwirkungsrechte gab; über den Umfang der Elternmitwirkung bestand jedoch noch kein Konsens.

Die ersten Ansätze zur Verrechtlichung der Elternmitwirkung wurden daraufhin während des Nationalsozialismus wieder aufgehoben (vgl. Meier, 2005). Die Elternbeiräte, die zur Mitwirkung in den Schulen und zur Förderung der Zusammenarbeit zwischen Schule und Elternhaus gegründet worden waren, wurden von den Nationalsozialisten verboten. Erst nach 1945 wurden die in der Weimarer Reichsverfassung formulierten Artikel zu den Elternrechten wieder aufgegriffen und in das Grundgesetz der Bundesrepublik Deutschland aufgenommen. Dort wurde in erster Linie das Verhältnis zwischen Schule und Elternhaus geregelt (Art. 6 Abs. (2) GG: „Pflege und Erziehung der Kinder sind das natürliche Recht der Eltern und die zuvörderst ihnen obliegende Pflicht"; Art. 7 Abs. (1) GG: „Das gesamte Schulwesen steht unter Aufsicht des Staates"), nicht aber wie die Partizipation erfolgen kann. Die Möglichkeiten zur Mitbestimmung blieben dadurch zunächst auf „elterliche Zuarbeit und Unterstützung" (Witjes & Zimmermann, 2000, S. 222) ausgerichtet.

In den 1960er Jahren wurden diese Bestimmungen überarbeitet. Der deutsche Bildungsrat setzte sich dafür ein, dass die Möglichkeiten für Eltern, sich in der Schule ihres Kindes zu beteiligen, rechtlich stärker geregelt werden. Als Konsequenz dieser Forderung wurde ein „differenziertes System von Elternmitwirkungsrechten in den Schulgesetzen der einzelnen Bundesländer kodifiziert" (Witjes & Zimmermann, 2000, S. 222). Neben einem Beratungsrecht steht den Eltern in vielen Bundesländern inzwischen ein Anhörungs-, Informations- und Vorschlagsrecht zu. Allerdings unterscheidet sich der Umfang der Elternmitwirkung nach wie vor zwischen den verschiedenen Bundesländern. Vor allem in den letzten Jahren lässt sich feststellen, dass Eltern stärker als wichtige Mitglieder der Schule wahrgenommen und damit auch stärker im Schulkontext integriert werden. Die Möglichkeit der intensiveren Elternpartizipation bietet sich vor allem im Kontext von Ganztagsschulen durch eine veränderte Rhythmisierung der Zeit und eine veränderte Lernkultur. Damit für Eltern in Ganztagsschulen die Möglichkeit einer aktiven Teilnahme am pädagogischen Geschehen und an der konzeptionellen Gestaltung des Lern- und Lebensraums der Schule eröffnet wird, könnten Eltern im Rahmen des rechtlichen Spielraums Beteiligungsmöglichkeiten eingeräumt werden. Zusammenfassend lässt sich sagen, dass sich die Elternrechte im Laufe der Jahre immer stärker ausdifferenziert haben und Eltern bis heute immer mehr Rechte sowie Beteiligungsmöglichkeiten eingeräumt wurden. Welche Rechte den Eltern heutzutage in Deutschland zustehen und welche Möglichkeiten zur Partizipation gegeben sind, wird in Abschnitt 3.4 ausführlich dargestellt.

3.2 Begriffsbestimmung und Ziele der Elternarbeit

Die Frage nach den Rechten von Eltern und damit die Bedeutung des Themas Elternarbeit nehmen im schulischen Kontext zu, da die klassische Aufgabentrennung zwischen Elternhaus und Schule – Eltern sind nur für die Erziehung verantwortlich und Lehrkräfte übernehmen ausschließlich die schulische Bildung der Kinder – inzwischen nicht mehr strikt aufrechterhalten werden kann (vgl. Sacher, 2008a; Wild & Lorenz, 2010). Vielmehr sind Schule und Eltern gemeinsam für die Entwicklung der Heranwachsenden verantwortlich, wodurch sich Überschneidungen und damit die Notwendigkeit der Kooperation ergeben (vgl. Sacher, 2008a; Wild & Lorenz, 2010). Darüber hinaus besteht der Wunsch vieler Eltern, von den Lehrkräften beraten und unterstützt zu werden, um die eigenen Kinder beim Lernen besser unterstützen zu können (vgl. Sacher, 2008a).

Mit dem Begriff der Elternarbeit kann jedoch mehr verbunden sein als die bloße Zusammenarbeit zwischen Schule und Eltern. Das Thema der Elternarbeit stellt sowohl in der Literatur als auch in der Praxis ein breites Feld dar. Dass Elternarbeit vielfältig ist und dieses Thema häufig aus unterschiedlichen Perspektiven betrachtet wird, verdeutlicht die Anzahl existierender Begriffe. In Bezug auf Elternarbeit wird in der Literatur „nahezu synonym von Elterninformation, Elterneinbindung, Elternkooperation, Erziehungspartnerschaft, Elterndialog, Elternhilfe, Elternkontakten, Elternmitwirkung, Elternmitarbeit und Elternpartizipation" (Sacher, 2008a, S. 28) gesprochen. Aufgrund der Verwendung verschiedener Begriffe zur Beschreibung der Zusammenarbeit zwischen Eltern und Schule oder der schulischen Integration der Eltern gibt es unterschiedliche Definitionen und damit kein einheitliches Konzept der Elternarbeit. Vielmehr kann Elternarbeit in vielen verschiedenen Formen und Ausprägungen vorkommen. Furian hat bereits im Jahr 1982 im deutschsprachigen Raum den Versuch einer Begriffsbestimmung unternommen und definiert Elternarbeit als

a) „die Summe aller pädagogischen Bemühungen zur Verbesserung elterlichen Erziehungsverhaltens,

b) die Offenlegung und Abstimmung der Erziehung zwischen Familie und außerfamiliärer Erziehungseinrichtungen und

c) die Verbesserung der Erziehungssituation in außerfamiliären Einrichtungen unter Einbeziehung der Eltern" (Furian, 1982, S. 17).

Das eher rechenschaftslegende, auf Erziehung fokussierte und aus Sicht der Schule definierte Verständnis von Elternarbeit hat sich inzwischen gewandelt. Eltern werden in der Regel stärker als aktive Partner gesehen und dementsprechend in Schulen eingebunden. Es soll eine intensivere Zusammenarbeit mit den Eltern eingegangen werden, sodass Eltern auch an der konzeptionellen Ausgestaltung des Lern- und Lebensraums der Schule mitarbeiten können (vgl. Wissenschaftlicher Beirat für Familienfragen, 2006).

Wird von Elternarbeit gesprochen, so ist häufig allgemein die Kooperation zwischen Schule und Elternhaus gemeint. Zu diesem Kooperationsgedanken zählt auf der einen Seite die Forderung, dass Eltern regelmäßig Elternsprechtage, Elternabende oder Informationsveranstaltungen aufsuchen sollten. Auf der anderen Seite gilt es als Aufgabe der Schule, die Eltern über relevante schulische Belange zu informieren, was auch als Elternarbeit verstanden wird (vgl. Sacher, 2008a). Des Weiteren zählt die aktive Mitwirkung von Eltern in der Schule, wodurch die Schule und Lehrkräfte unterstützt und entlastet werden, zur Elternarbeit. Darunter fallen Unterstützungsleistungen wie die Begleitung von Unterrichtsgängen, Exkursionen oder Wandertagen, die Hilfe bei Schulfesten, die Beteiligung bei der Gestaltung von Mittags- und Nachmittagsangeboten, die Betreuung von Fördergruppen, die Mitarbeit im Unterricht oder auch die Beteiligung von Eltern an Schulentwicklungsmaßnahmen oder an schulischen Projekten (vgl. Sacher, 2008a). Aber auch die Unterstützung der Schülerinnen und Schüler durch die Eltern zu Hause bei den Hausaufgaben und der häuslichen Lernarbeit kann als Elternarbeit bezeichnet werden. Dementsprechend sind die inhaltliche Ausgestaltung und die Schwerpunkte der Elternarbeit von Schule zu Schule verschieden und „richten sich auf der einen Seite nach den Rahmenbedingungen der Schule, auf der anderen Seite nach der Bereitschaft zur Mitarbeit und zur Zusammenarbeit der Eltern" (Mescher, 2006, S. 190).

Während in Deutschland bereits das Erbitten und Geben von Informationen als ein Teil der Elternarbeit betrachtet wird, finden sich im angelsächsischen und angloamerikanischen Raum Begriffe wie *parental involvement, parental engagement, school and family partnership* oder auch *school, family and community partnership* (vgl. z. B. Cotton & Wikelund, 1989; Decker & Decker, 2003; Epstein et al., 2002; National Parent Teacher Association, 1997). Nach Sacher (2009) deuten diese Bezeichnungen, im Vergleich zum deutschen Sprachraum, ein anderes Verständnis von Elternarbeit an. Der Begriff Partnerschaft verweist auf ein gleichrangiges Verhältnis zwischen Eltern und Lehrkräften. Auch die Schülerinnen und Schüler sollen an dieser Partnerschaft teilhaben, was die Konzepte zur Elternarbeit im deutschsprachigen Raum oftmals nicht vorsehen (vgl. Sacher, 2009). Darüber hinaus werden vor allem in den USA Ressourcen der Gemeinde und der Region genutzt, um die Schule und Familie zu unterstützen. Dass *parental involvement* in den USA häufig mit dem schulischen Erfolg von Kindern und Jugendlichen in Beziehung gesetzt wird, verdeutlicht die Definition von Hill und Tyson (2009). Sie definieren *parental involvement* als „parents' interactions with schools and with their children to promote academic success" (Hill & Tyson, 2009, S. 741). Ergänzend beschreiben Ford und Amaral (2006) drei Aspekte, die für Elternarbeit charakteristisch sind:

„1. Parent involvement is a complex issue with multiple dimensions that include both parent and school behaviors.

2. Parent involvement exists on a continuum from school-centered activities to home-centered activities.

3. The philosophy of parent involvement entails parents, educators, and the community working toward the common goal of optimal education and development of students with shared responsibility for student outcomes." (Ford & Amaral, 2006, S. 2).

Im Rahmen dieser Arbeit werden im Folgenden die Begriffe Elternarbeit, Elternpartizipation, Elternengagement und Elternbeteiligung synonym verwendet.[12] Darunter wird, in Anlehnung an Sacher (2008a), zum einen die Kooperation zwischen Eltern und Schule gefasst, die sich in verschiedenen Ausprägungen darstellen kann. Dazu gehören beispielsweise der Besuch von Elternsprechtagen, das freiwillige Engagement der Eltern in der Schule sowie die Mitwirkung von Eltern in Gremien. Zum anderen zählt zum Bereich Elternpartizipation auch die lernbezogene Unterstützung der Kinder durch die Eltern, die nach Gesprächen mit den Lehrkräften über Fördermöglichkeiten und somit nach Absprache zu Hause stattfindet.

Ziele der Elternarbeit

Die vielfältigen Aufgaben von und gestiegenen Anforderungen an Schule erfordern, dass Eltern und Lehrkräfte intensiver zusammenarbeiten und Eltern stärker im Schulkontext einbezogen werden. Zum einen sind Schulen auf Unterstützung von Eltern im organisatorischen Bereich angewiesen und zum anderen wird das Einbeziehen der Eltern als wichtig für die schulische Entwicklung der Kinder bewertet. Vor allem das Wohl des Kindes ist in Bezug auf Elternarbeit zentral, was anhand folgender Ziele der Elternarbeit deutlich wird, die sowohl für die Schule als auch für Kindertageseinrichtungen gelten können (Textor, 2009, S. 10ff.):

- „Wechselseitige Öffnung" (Austausch von Informationen sowie der Austausch über pädagogische Inhalte)
- „Einwirkung auf das Erziehungsverhalten der Eltern" (Relevanz der Elternrolle hinsichtlich der Bildung der Kinder verdeutlichen und Hinweise für die Förderung der Kinder geben)
- „Beratung durch die Erzieherinnen" (bei Problemen beratend zur Verfügung stehen und Hilfsangebote anbieten)
- „Mitarbeit von Eltern" (aktive Mitarbeit der Eltern im Schulkontext ermöglichen)
- „Mitbestimmung seitens der Eltern" (den Eltern beispielsweise im Rahmen von Elternvertretungen Mitbestimmungsmöglichkeiten einräumen, sodass diese auf institutioneller Ebene Einfluss ausüben können)

---

12 In Bezug auf die Verwendung der Begriffe Elternarbeit und Elternpartizipation gibt es unterschiedliche Herangehensweisen. Während, wie z. B. bei Sacher (2008) eine synonyme Verwendung der Begriffe erfolgt, ließe sich auch eine stärkere Differenzierung der Konstrukte (vgl. z. B. Stange, 2012) diskutieren und vornehmen. Wird im Folgenden, wie bereits dargestellt, der Begriff Elternarbeit verwendet, so berücksichtigt dieser als Oberbegriff verschiedene Dimensionen und bezieht die Partizipation und Beteiligung von Eltern mit ein. Der Begriff soll demnach auch eine mögliche Erziehungs- und Bildungspartnerschaft von Schule und Elternhaus auf Augenhöhe berücksichtigen.

Diese Bereiche finden sich größtenteils auch bei Stange (2012). Die genannten Ziele verdeutlichen, dass der wechselseitige Austausch von Informationen, die Beratung sowie der Einbezug und die aktive Mitwirkung der Eltern im Schulkontext als wesentliche Dimensionen der Elternarbeit gelten können. Diese allgemeinen Ziele finden sich auch im Ganztagsschulkontext, in dessen Rahmen das Thema der Elternarbeit nach Züchner (2008) verstärkt im Fokus steht. Die Kennzeichen einer Ganztagsschule sind, dass diese, nach der Definition der Kultusministerkonferenz (2011), an mindestens drei Tagen in der Woche ein ganztägiges Angebot für die Schülerinnen und Schüler bereitstellen, das täglich mindestens sieben Zeitstunden umfasst (vgl. Sekretariat der Ständigen Konferenz der Kultusminister der Länder in der Bundesrepublik Deutschland, 2011). Ist von Ganztagsschulen die Rede, so gilt es grundsätzlich, drei Formen zu unterscheiden. Es gibt Ganztagsschulen in vollgebundener Form, an denen alle Schülerinnen und Schüler der Schule an den ganztägigen Angeboten teilnehmen müssen. An Ganztagsschulen in teilweise gebundener Form sind nur ausgewählte Klassen oder Jahrgangsstufen verpflichtet, an mindestens drei Tagen in der Woche an Angeboten teilzunehmen. Von diesen beiden Formen gilt es schließlich, die Ganztagsschule in offener Form abzugrenzen. Solche Ganztagsschulen stellen es den Schülerinnen und Schülern frei, an ganztägigen Angeboten zu partizipieren (vgl. Sekretariat der Ständigen Konferenz der Kultusminister der Länder in der Bundesrepublik Deutschland, 2011).

Durch den Ganztag können sich schließlich generell für Eltern neue Mitwirkungsmöglichkeiten ergeben. Beispielsweise benötigen die Ganztagsschulen Unterstützung bei der Gestaltung der Mittagsbetreuung oder bei außerunterrichtlichen Aktivitäten. In diesen Bereichen können Eltern aktiv mitwirken. Ziel soll es schließlich in der Ganztagsschule sein, eine intensivere Zusammenarbeit mit den Eltern einzugehen und sie in die konzeptionelle Ausgestaltung des Lern- und Lebensraums der Schule einzubinden, um auch die Schulerfolgschancen der Kinder zu steigern (vgl. Wissenschaftlicher Beirat für Familienfragen, 2006). Bernitzke (2006) hat zentrale Ziele bezüglich der Zusammenarbeit zwischen Schule und Elternhaus im Rahmen der Ganztagsschule zusammengefasst, die zeigen, dass im Fokus das Wohl und die Entwicklung des Kindes stehen:

- „Wertschätzung und Akzeptanz in der Beziehung zwischen Eltern und Mitarbeitern
- Partizipation der Eltern bei der Gestaltung des Bildungs- und Betreuungsangebots der Ganztagsschule

- Vermittlung von gemeinsam getragenen Werten und Regeln des Zusammenlebens in der Ganztagsschule
- Einbindung der Eltern am Schulleben der Ganztagsschule
- Gemeinsame Verantwortung für die Entwicklung des Kindes
- Regelmäßiger, zeitnaher Informationsaustausch zwischen Eltern und Mitarbeitern über den Entwicklungsstand, Fortschritte und Veränderungen, die das Kind betreffen
- Offenheit in der gegenseitigen Information über die aktuelle Lebenssituation und Veränderungen des Kindes
- Beratung und Information der Eltern zur Stärkung ihrer Entscheidungs- und Erziehungskompetenz
- Aktive Mitwirkung und Beteiligung der Eltern an Entscheidungen in der Ganztagsschule" (Bernitzke, 2006, S. 6)

Als Voraussetzung für die Förderung der Kinder ist es entsprechend den genannten Zielen wichtig, dass eine auf Vertrauen und Akzeptanz basierende Beziehung zwischen Eltern und Lehrkräften entsteht (vgl. Bernitzke, 2006). Insgesamt kann festgehalten werden, dass die allgemeinen und ganztagsspezifischen Ziele der Elternarbeit grundsätzlich sehr ähnliche Dimensionen verfolgen. Im Fokus stehen einerseits der Austausch, die Information und Beratung der Eltern, was die schulische Entwicklung ihrer Kinder betrifft. Andererseits ist es von Bedeutung, dass Eltern aktiv im Schulkontext mitwirken und an Entscheidungen beteiligt werden. Welche Formen der Elternarbeit grundsätzlich unterschieden werden können, wird im folgenden Abschnitt dargestellt.

3.3 Formen der Elternarbeit

Die Begriffsbestimmung von Sacher (2008a) hat bereits veranschaulicht, dass Elternarbeit vielfältig sein kann und sich Eltern in verschiedenen Bereichen engagieren können. Dies wird auch anhand der Definition von Cotton und Wikelund (1989) deutlich, die Elternarbeit wie folgt differenzieren:

> „[parent involvement] includes several different forms of participation in education and with the schools. Parents can support their children's schooling by attending school functions […]. They can become more involved in helping their children improve their schoolwork […] and monitoring homework […]. Outside the home, parents can serve as advocates for the school. They can volunteer to help out with school activities or work in the classroom. Or they can take an active role in the governance and decision making necessary for planning […]" (Cotton & Wikelund, 1989, S. 2).

Zur Erfassung der Ausprägungen und Formen der Elternarbeit existieren vorwiegend in den USA verschiedene Modelle. Beim Vergleich dieser Modelle sowie weiteren theoretischen Arbeiten, die sich mit Formen der Elternarbeit befassen, lassen sich insgesamt Überschneidungen und ähnliche Formen identifizieren, auf die im Folgenden eingegangen werden soll.

Eine erste Dimension elterlichen Engagements, die Grolnick und Slowiaczek (1994) hergeleitet haben, umfasst die Partizipation der Eltern bei ehrenamtlichen schulischen Aktivitäten. Ein Vorteil, der sich durch die aktive Beteiligung der Eltern in der Schule ergeben kann ist, dass Lehrkräfte eher engagierte Eltern wahrnehmen und dieses positive Bild entsprechend auf das Kind übertragen (vgl. Grolnick & Slowiaczek, 1994). Auch Eccles und Harold (1996) sowie Epstein et al. (2002) beschreiben mit *volunteering* die Elternpartizipation im Schulkontext als eine Dimension. Dazu zählen freiwillige Hilfeleistungen der Eltern in der Schule wie die Mitarbeit bei Schulfesten, die Begleitung von Klassenfahrten oder auch die Betreuung von außerunterrichtlichen Angeboten (vgl. Comer, 1993; Eccles & Harold, 1996; Epstein et al., 2002; Finn, 1998; Sacher, 2008a). Diese Form der Mitwirkung soll die Schul- und Unterrichtsqualität in der Schule stärken (vgl. Wild & Lorenz, 2010).

Als zweite Form der Elternarbeit lässt sich die Mitwirkung in Gremien nennen, um an schulischen Entscheidungen mitwirken zu können. Dazu können Eltern an Konferenzen teilnehmen (vgl. Grolnick & Slowiaczek, 1994) oder auch beispielsweise Aufgaben bei der *Parent-Teacher-Association* übernehmen (vgl. Eccles & Harold, 1996). Dieser Bereich, der auf konzeptionelle Elternarbeit abzielt, lässt sich auch in den Arbeiten von Epstein (1995), Epstein et al. (2002), Sacher (2008a) sowie Soremski (2011) finden. Die von Epstein (1995) im Rahmen des *framework of parent involvement* definierte Dimension *school decision making and advocacy* bezieht sich konkret auf die Forderung, dass Eltern auch an schulischen Entscheidungen und Beratungen partizipieren sollen, wofür in den USA die *Parent-Teacher-Association* und im deutschsprachigen Bereich Elternvertretungen in den Schulen vorgesehen sind. Sacher (2008a) formuliert die Möglichkeit, Eltern an Schulentwicklungsmaßnahmen und Entscheidungsprozessen im Rahmen von Gremien zu beteiligen. Es geht hierbei insgesamt also eher um eine institutionelle sowie politisch geprägte Beteiligung, „[…] um Akzeptanz für schulische Konzepte und Maßnahmen sicherzustellen" (Wild & Lorenz, 2010, S. 116).

Eine dritte Dimension der Elternarbeit, die sich in verschiedenen Modellen finden lässt, bezieht sich auf die lernbezogene Unterstützung durch die Eltern.

Zum einen können Eltern aktiv zu Hause durch Hilfe bei den Hausaufgaben, durch gemeinsames Lesen von Büchern oder durch den Besuch von Museen ihre Kinder hinsichtlich ihrer kognitiven Entwicklung unterstützen (vgl. Comer, 1993; Eccles & Harold, 1996; Finn, 1998; Grolnick & Slowiaczek, 1994; Sacher, 2008a; Soremski, 2011). Dieser Aspekt, der von Grolnick und Slowiaczek (1994) als *cognitive-intellectual* beschrieben wird, ist dementsprechend stark mit dem Konzept des kulturellen Kapitals verknüpft. Auch Epstein (1995) beschreibt die Möglichkeit der häuslichen Unterstützung der kindlichen Lernprozesse und fasst diesen Bereich als *learning at home* zusammen. Zum anderen kann eine lernbezogene Unterstützung auch durch den Kontakt der Eltern mit der Schule des Kindes stattfinden, um Informationen über die Entwicklung des Kindes und Hinweise zur Lernförderung zu erhalten. Voraussetzung dafür ist, dass regelmäßig wichtige Informationen zwischen der Schule und den Eltern ausgetauscht werden, damit eine Zusammenarbeit gelingen kann (vgl. Epstein, 1995; Epstein et al., 2002; Grolnick & Slowiaczek, 1994). Den regelmäßigen Kontakt zwischen Eltern und Lehrkräften (zum Beispiel im Rahmen von Elternsprechtagen, Elternabenden oder sonstigen Veranstaltungen) arbeiten auch Eccles und Harold (1996) sowie Sacher (2008a) als eine Dimension der Elternarbeit heraus. Eccles und Harold (1996) differenzieren in diesem Kontext zwischen *contacting the school about their children's progress* und *contacting the school to find out how to give extra help*. Sie unterscheiden also in Bezug auf den Grund der Zusammenarbeit zwischen der Gewinnung von Informationen über die Entwicklung und den Erhalt von Förderungsmöglichkeiten des Kindes (vgl. Eccles & Harold, 1996). Wild und Lorenz (2010) fassen diese Aktivitäten als „kindbezogene Elternarbeit" zusammen.

Neben den drei übergeordneten Formen, die sich auf organisatorische, konzeptionelle und lernbezogene Dimensionen der Elternarbeit beziehen und sich aus verschiedenen Theorien ableiten lassen, können weitere einzelne Beteiligungsbereiche ausgemacht werden. Epstein et al. (2002) benennen neben den bereits beschriebenen Formen zusätzlich die Dimensionen *parenting* und *collaborating with community*. Der Bereich *parenting* bezieht sich auf die Entwicklung der Erziehungskompetenz der Eltern sowie die Förderung der Fähigkeiten der Eltern, sodass sich diese vermehrt zutrauen, ihre Elternrolle effektiv zu erfüllen, um zum Schul- und Lebenserfolg ihrer Kinder beitragen zu können. Mit dem Aufgabenfeld *collaborating with community* meint Epstein die Kooperation mit Einrichtungen und Personen zur Stärkung der Schulen und Familien und zur Verbesserung des Lernens der Schülerinnen und Schüler.

Zusammenfassend lässt sich anhand der diversen Arbeiten zu Elternarbeit zunächst festhalten, dass sich für Eltern vielfältige Partizipationsmöglichkeiten bieten und generell zwischen dem Engagement der Eltern zu Hause und in der Schule unterschieden werden kann (vgl. Comer, 1993; Eccles & Harold, 1996; Epstein, 1995; Finn, 1998; Grolnick & Slowiaczek, 1994; National Parent Teacher Association, 1997; Seginer, 2006; Soremski, 2011). Rodriguez et al. (2013) unterscheiden über diese beiden Bereiche hinaus das Engagement mit Gemeinschaftsorganisationen. Neben der Differenzierung zwischen einem Engagement zu Hause und in der Schule ist die lernbezogene Beteiligung mit der Idee des kulturellen Kapitals verknüpft (vgl. Grolnick & Slowiaczek, 1994). Wie in Kapitel 2 dargestellt, ist diese Verknüpfung insofern kritisch zu betrachten, als Elternpartizipation als ein Bestandteil des kulturellen Kapitals gefasst werden kann (vgl. Lareau & Weininger, 2003). Insgesamt kann anhand der verschiedenen Modelle und Ausführungen zur Elternarbeit aus dem deutschsprachigen und angloamerikanischen Raum gezeigt werden, dass sich drei übergeordnete Formen der Elternarbeit ableiten und unterscheiden lassen: Zum einen ist dies die organisatorische Elternarbeit, die sich insgesamt auf Hilfeleistungen der Eltern in der Schule (wie die Mitarbeit bei Schulfesten oder die Begleitung von Ausflügen) bezieht. Zum anderen geht es bei der konzeptionellen Elternarbeit, als zweite Form, um die Mitwirkung der Eltern beispielsweise im Rahmen von Schulkonferenzen, um auf schulische Entscheidungen einen Einfluss ausüben zu können. Zudem lässt sich von diesen beiden Formen die lernbezogene Elternarbeit abgrenzen, die sich auf die Unterstützung der Eltern bei schulischen Lernprozessen der Kinder in Absprache mit den Lehrkräften bezieht und unabhängig vom kulturellen Kapital gefasst werden soll (vgl. Abbildung 2).

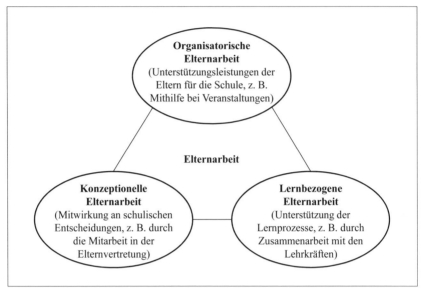

Abbildung 2: Formen der Elternarbeit (eigene Darstellung)

3.4 Rechtliche Rahmenbedingungen zur Elternmitwirkung in der Schule

Nachdem Ziele und Formen der Elternarbeit dargestellt wurden, stellt sich die Frage nach den gesetzlichen Grundlagen für die Mitwirkung der Eltern im Schulkontext. Dem Grundgesetz der Bundesrepublik Deutschland sind zwei Artikel zu entnehmen, die sich auf das Recht der Eltern bzw. auf das Verhältnis zwischen Schule und Eltern beziehen. Zum einen Art. 6 Abs. 2: „Pflege und Erziehung der Kinder sind das natürliche Recht der Eltern und die zuvörderst ihnen obliegende Pflicht." Zum anderen Art. 7 Abs.1: „Das gesamte Schulwesen steht unter der Aufsicht des Staates." Der Staat verfügt damit über die Schulhoheit und hat einen Erziehungsauftrag, der dem elterlichen Erziehungsrecht gleichgeordnet ist (vgl. Avenarius & Füssel, 2008). Das elterliche und staatliche Erziehungsrecht stehen damit gleichrangig nebeneinander, wodurch ein „verfassungsrechtlich begründeter Zwang zur Kooperation" (Rux, 2008, S. 114) gegeben ist.

Dass der Staat die Eltern bei der Erziehung ihrer Kinder in gewissem Maße „beaufsichtigt", verdeutlicht Art. 6 Abs. 2 Satz 2 GG: „Über ihre Betätigung wacht die staatliche Gemeinschaft." Demnach gewährleisten staatliche Einrichtungen wie die Kinder- und Jugendhilfe und vor allem die Schule, dass bei

Schwierigkeiten in der Familie entsprechende Maßnahmen eingeleitet werden können (vgl. Rux, 2008; Sacher, 2008a). Der Staat, in diesem Fall die Schule, darf damit das Erziehungsrecht der Eltern in Frage stellen, wenn Werte vermittelt werden, die der Verfassungsordnung widersprechen oder die das Interesse sowie das Wohl des Kindes beeinträchtigen könnten.

Trotz der Schulhoheit des Staates haben Eltern allerdings Möglichkeiten zur Einflussnahme, die zum individuellen Elternrecht gezählt werden. Beispielsweise steht Eltern das Recht auf Bestimmung des Bildungsweges des Kindes zu, wodurch sie die Möglichkeit haben, eine öffentliche oder private (Ersatz-)Schule und zwischen den Schularten der weiterführenden Schule zu wählen. Ferner verfügen Eltern über eine Art „Abwehrrecht", womit gemeint ist, dass sich die Schule nicht über die Erziehungsverantwortung der Eltern hinwegsetzen darf, sondern diese tolerieren muss. Die Schule darf beispielsweise keine dem Elternhaus gegenteiligen Erziehungsmaßnahmen durchsetzen und muss vor allem das Grundrecht der Religions- und Gewissensfreiheit achten (vgl. Avenarius & Füssel, 2008). Zudem darf sich die Schule nicht über die von Eltern getroffenen Erziehungsmaßnahmen hinwegsetzen, wenn Eltern ihren Kindern beispielsweise die Übernahme des Klassensprecheramtes untersagen (vgl. Meier, 2005). Damit Eltern über wesentliche schulische Angelegenheiten sowie die Entwicklung ihrer Kinder informiert sind, können Eltern in der Schule von ihrem individuellen Informationsrecht Gebrauch machen. Vor allem für die Erfüllung der gemeinsamen Erziehungsaufgabe und die dafür notwendige Zusammenarbeit von Schule und Eltern ist eine gegenseitige Verständigung und die Kenntnis der jeweiligen Partner darüber, was in der Schule bzw. in der Familie passiert, Voraussetzung (vgl. Avenarius & Füssel, 2008). Die Eltern sollten der Schule also Einblicke gewähren, ebenso wie die Schule die Eltern über relevante Vorkommnisse und Entwicklungen informieren sollte. Das Bundesverfassungsgericht hat schließlich aus Art. 6 Abs. 2 abgeleitet, dass Eltern ein Recht auf Unterrichtung über Vorgänge in der Schule haben. Der Informationsaustausch zwischen Lehrkräften und Eltern findet jedoch selten direkt statt. Vielmehr werden indirekt über die Schülerinnen und Schüler Informationen übermittelt (vgl. Rux, 2008). Die Informationspflicht der Schule kann aber auch in Ausnahmefällen ausgesetzt werden. Dies gilt vor allem dann, wenn durch eine bestimmte Information über das Kind schädigende Konsequenzen durch die Eltern für das Kind zu erwarten sind. Lehrkräfte sollten bei der Weitergabe von Informationen also stets die Rechte der Schülerinnen und Schüler in Betracht ziehen (vgl. Böhm, 2007). Allgemein haben Eltern das Recht, über

das Arbeits- und Sozialverhalten, die Leistungen ihrer Kinder sowie das Zu-
standekommen von Noten informiert zu werden. Auch ein Anhörungsrecht
können die Eltern geltend machen, wenn die Schule beispielsweise Ordnungs-
maßnahmen wie einen Schulverweis des Kindes in Erwägung zieht. Geht es um
die konkrete Unterrichtsgestaltung, so müssen die Lehrkräfte die Eltern nicht in
Kenntnis setzen. Allerdings können die Eltern Informationen über Unterrichts-
themen einfordern (vgl. Meier, 2005). Die Art und Weise der Auskunftspflicht
der Schule kann sich je nach Bundesland unterschiedlich gestalten. Allgemein
werden jedoch Elternsprechtage oder Elterngespräche genutzt, um die Eltern
regelmäßig über das Verhalten und die Leistungen des Kindes zu informieren.

Von dem individuellen ist das kollektive Elternrecht zu unterscheiden, das
eher durch Elternvertretungen wahrgenommen wird und sich nicht direkt aus
dem Grundgesetz ableiten lässt. Regelungen hierzu, die die Mitwirkung von
Eltern betreffen, werden eher auf Länderebene im Rahmen des jeweiligen
Schulgesetzes formuliert (vgl. Meier, 2005; Sacher, 2008a). Eltern können sich
beispielsweise in Elterngremien, wie der Klassenpflegschaft einer Klasse oder
Jahrgangsstufe, engagieren. Die Klassenpflegschaft soll in erster Linie zu einer
verstärkten Kooperation zwischen Eltern und Lehrkräften beitragen und als
Austausch- und Beratungsforum dienen (vgl. Ministerium für Schule und
Weiterbildung des Landes Nordrhein-Westfalen, 2011; Rux, 2008). Die organi-
satorischen Rahmenbedingungen sehen vor, dass zwei Vertreter der Eltern von
der Klassenpflegschaft gewählt werden, die gleichzeitig in der Elternvertretung
der jeweiligen Schule sitzen. Die Klassenelternvertreter gelten demnach als
Verbindung zwischen Eltern, Lehrkräften und Schulleitung und bilden den
Elternbeirat, der an schulischen Entscheidungen beteiligt werden muss. Was
Entscheidungen im Rahmen der Klassenpflegschaft betrifft (zum Beispiel über
außerunterrichtliche Aktivitäten), ist hervorzuheben, dass Lehrkräfte kein
Stimmrecht haben. Neben den reinen Elterngremien gibt es gemischte Gremien
wie die Schulkonferenz, in denen Vertreter der Lehrkräfte, Eltern und Schüler
sitzen. Die von dem Elternbeirat oder der Schulpflegschaft gewählten Elternvertreter in der Schulkonferenz haben schließlich auch ein Entscheidungsrecht
und damit Einfluss auf schulische Angelegenheiten (vgl. Ministerium für
Schule und Weiterbildung des Landes Nordrhein-Westfalen, 2011; Rux, 2008).
Über die Arbeit in Gremien hinaus können Eltern ehrenamtliche Aufgaben im
Schulkontext übernehmen, wodurch die Schule Unterstützung und Entlastung
erfährt. Ein Beispiel für das ehrenamtliche Engagement stellen Schulförderver-
eine dar, die finanzielle Mittel einwerben. Hinsichtlich der Mitarbeit von Eltern
im Unterricht gibt es in den Bundesländern unterschiedliche Regelungen. Ge-

nerell steht den Eltern allerdings kein Recht auf Mitwirkung im Unterricht zu. Vielmehr können Eltern einerseits den Wunsch zur Mitarbeit äußern, der dann wiederum von der Schulleitung unter Berücksichtigung vorhandener Regelungen geprüft werden muss. Andererseits besteht aber auch von schulischer Seite die Möglichkeit, Eltern in gewissen Fällen um eine Mitarbeit bei Unterrichtseinheiten zu bitten (vgl. Böhm, 2007). Neben Elternvertretungen auf Schulebene gibt es darüber hinaus Elternvertretungen auf Schulträger- und Landesebene, die die Interessen der Eltern gegenüber dem Ministerium vertreten und bei grundlegenden schulpolitischen Entscheidungen ein Anhörungsrecht haben (vgl. Böhm, 2007; Ministerium für Schule und Weiterbildung des Landes Nordrhein-Westfalen, 2011).

Zusammenfassend bleibt festzuhalten, dass Eltern im Schulkontext generell über individuelle und kollektive Rechte verfügen. Während die individuellen Rechte eher auf die Beteiligung der Eltern an der individuellen Entwicklung ihres Kindes fokussieren und damit auf die lernbezogene Elternpartizipation, ermöglichen die kollektiven Elternrechte eine Einflussnahme auf schulbezogene institutionelle Angelegenheiten. Konzeptionelle Elternarbeit ist daher eher im Rahmen der kollektiven Elternrechte möglich. Im folgenden Abschnitt wird zunächst konkret auf die Elternrechte und Möglichkeiten zur Partizipation in Nordrhein-Westfalen eingegangen und anschließend ein Vergleich zu anderen Bundesländern gezogen, da im Rahmen der vorliegenden Arbeit auf die Elternpartizipation an Schulen in Nordrhein-Westfalen fokussiert wird und zudem die Mitwirkungsmöglichkeiten von Eltern in NRW vergleichsweise groß sind.

3.4.1 Fokus Nordrhein-Westfalen

Im Hinblick auf die Elternmitwirkung an Schulen in Nordrhein-Westfalen ist zunächst auf die Verfassung von NRW zu verweisen. Dort findet sich in Art. 10 Abs. 2 (SchulG NRW): „Die Erziehungsberechtigten wirken durch Elternvertreter an der Gestaltung des Schulwesens mit". Weitere Regelungen zur Schulmitwirkung finden sich im nordrhein-westfälischen Schulgesetz, die im Folgenden dargestellt werden.

In § 2 Abs. 3 SchulG NRW werden allgemeine Aussagen über die Kooperation von Schule und Elternhaus getätigt, die sich zum einen auf das Erziehungsrecht der Eltern und zum anderen auf die partnerschaftliche Zusammenarbeit bei der Realisierung der Bildungs- und Erziehungsziele beziehen.

Konkrete Rechte und Pflichten von Eltern lassen sich aus § 42 ableiten. Die Ausführungen in § 42 Abs. 4 und Abs. 5 verdeutlichen, dass Eltern generell aufgefordert sind, an der Gestaltung der Bildungs- und Erziehungsarbeit der Schule aktiv mitzuwirken und sich dafür beispielsweise in Mitwirkungsgremien engagieren sollen. Des Weiteren wird hervorgehoben, dass es Aufgabe der Eltern ist, zusammen mit der Schule sowie den Schülerinnen und Schülern gemeinsame Erziehungsziele und -grundsätze zu vereinbaren und zur Erfüllung der Bildungs- und Erziehungsvereinbarungen Rechte und Pflichten mit der Schule abzusprechen (vgl. § 42 SchulG NRW).

Zu den individuellen Informationsrechten der Eltern wird in § 44 Abs. 1 bis 5 des Schulgesetzes NRW Stellung bezogen. Grundsätzlich sieht Abs. 1 vor, dass sowohl Eltern als auch Schülerinnen und Schüler „in allen grundsätzlichen und wichtigen Schulangelegenheiten zu informieren und zu beraten" sind. Informations- und Beratungsanspruch besteht seitens der Eltern vor allem hinsichtlich der individuellen Lern- und Leistungsentwicklung der Schülerinnen und Schüler. Zudem steht es den Eltern zu, die Bewertungsmaßstäbe für die Notengebung zu hinterfragen und auf Wunsch von den Lehrkräften eine Erläuterung zur Zusammensetzung der Noten und einzelnen Beurteilungen zu erhalten (vgl. § 44 Abs. 2 SchulG NRW). In Bezug auf die Teilnahme von Eltern am Unterricht ihres Kindes sieht das nordrhein-westfälische Schulgesetz in § 44 Abs. 3 vor:

„Die Eltern können nach Absprache mit den Lehrerinnen und Lehrern an einzelnen Unterrichtsstunden und an Schulveranstaltungen teilnehmen, die ihre Kinder besuchen. Im Rahmen ihrer Gesamtverantwortung können Lehrerinnen und Lehrer mit Zustimmung der Klassenpflegschaft und der Schulleitung in hierfür geeigneten Unterrichtsbereichen die Mitarbeit von Eltern vorsehen. Gleiches gilt bei außerunterrichtlichen Schulveranstaltungen und Angeboten im Ganztagsbereich in allen Schulformen und Schulstufen."

Eine generelle Mitarbeit von Eltern im Unterricht sowie in außerunterrichtlichen Bereichen ist damit nach Absprache mit der Schule möglich.

Die Grundsätze der kollektiven Elternrechte und -mitwirkung sind in § 62, § 72 und § 73 SchulG NRW festgelegt. Neben allgemeinen Regelungen, die die Mitarbeit in Gremien umfasst, verweist § 62 Abs. 8 ausdrücklich darauf, dass im Rahmen von Mitwirkungsgremien auch Schülerinnen und Schüler sowie Eltern mit Migrationshintergrund angemessen vertreten sein sollen. Die Gremien, in denen Eltern in NRW mitwirken können, sind die Klassenpflegschaft, die Klassenkonferenz, die Schulpflegschaft, die Fachkonferenzen und die Schulkonferenz. Nach § 73 Abs. 2 dient die Klassenpflegschaft in erster Linie der

Zusammenarbeit zwischen Eltern, Lehrerinnen und Lehrern sowie Schülerinnen und Schülern. Zweck der Klassenpflegschaft ist es, Informationen und Meinungen über schulische Angelegenheiten zu diskutieren. Die Klassenpflegschaft legt fest, ob Lehrerinnen und Lehrer an den Treffen teilnehmen. Zudem gilt es, die Klassenpflegschaft bei der Auswahl der Unterrichtsinhalte einzubeziehen. Eltern, die als Vorsitzende der Klassenpflegschaft gewählt sind, können schließlich Mitglied der Schulpflegschaft werden. Die Aufgabe der Schulpflegschaft ist es, die Interessen der Eltern zu vertreten, wenn es um die Gestaltung der Bildungs- und Erziehungsarbeit der Schule geht. Da auch die Schulleitung beratend an Sitzungen der Schulpflegschaft teilnimmt, können die Vorsitzenden der Klassenpflegschaft Informationen von Seiten der Schulleitung direkt an alle Eltern weiterleiten. Die Schulpflegschaft wählt wiederum die Vertretung der Eltern für die Fach- und Schulkonferenz (vgl. § 72 Abs. 2 und 3 SchulG NRW). Die Schulkonferenz, geführt von der Schulleiterin bzw. dem Schulleiter, gilt als oberstes Mitwirkungsgremium und sieht an Schulen mit den Sekundarstufen I und II ein Verhältnis von Lehrkräften, Eltern sowie Schülerinnen und Schüler von 2:1:1 vor. Alle Entscheidungen, die die Schule betreffen, werden im Rahmen der Schulkonferenz getroffen. Zudem kann die Schulkonferenz Vorschläge oder Anregungen an den Schulträger und die Schulaufsichtsbehörde herantragen.

Auf Landesebene setzen sich Elternverbände der verschiedenen Schulformen ein, um Interessen gegenüber dem Ministerium für Schule und Weiterbildung zu vertreten (vgl. § 77 SchulG NRW). Im Fokus regelmäßiger Treffen zwischen den Elternverbänden und dem Ministerium können Änderungen des Schulgesetzes, Richtlinien und Lehrpläne oder auch Schulversuche stehen. In Bezug auf die drei Formen der Elternarbeit lässt sich feststellen, dass sich gesetzliche Rahmenbedingungen zur konzeptionellen und lernbezogenen Elternarbeit finden lassen. Ein Engagement von Eltern, das sich auf die Übernahme von organisatorischen Aufgaben bezieht, scheint demgegenüber eher informell an den jeweiligen Schulen stattzufinden.

Aufbauend auf den gesetzlichen Ausführungen zu den Elternrechten und der Elternmitwirkung in Nordrhein-Westfalen soll in dem folgenden Abschnitt ein Vergleich mit ausgewählten Ländern vollzogen werden, die hervorzuhebende gesetzliche Unterschiede zur Elternmitarbeit aufweisen.

3.4.2   Andere Bundesländer und Vergleich mit NRW

Der Vergleich verschiedener Schulgesetze verdeutlicht generell, dass die Partizipation von Eltern auf Schulebene in allen Bundesländern gegeben ist, es jedoch zum einen unterschiedliche Bezeichnungen der Mitwirkungsgremien gibt und zum anderen sich das Ausmaß an Einfluss und Gestaltungsmöglichkeiten der jeweiligen Elternvertretungen unterscheidet (vgl. Tabelle 1). Zunächst zeigt sich, dass in allen Schulgesetzen der 16 Länder in der Bundesrepublik Deutschland eine Elternvertretung auf Schulebene vorgesehen ist. Die Aufgabenbereiche und Funktionen unterscheiden sich allerdings zwischen den einzelnen Bundesländern. In Hessen, Nordrhein-Westfalen und Schleswig-Holstein erhalten die Elternvertreterinnen und Elternvertreter durch Entscheidungsrechte beispielsweise mehr Einfluss auf schulische Angelegenheiten. Vor allem in Hessen hat der sogenannte Schulelternbeirat weitreichende Entscheidungsbefugnisse, die sich auf Entscheidungen über das Schulprogramm oder Regelungen zur Stundentafel beziehen können. Für NRW gelten die Entscheidungsrechte nicht auf allen Ebenen: Witjes und Zimmermann (2000) stellen beim Vergleich der Aufgaben und Rechte der Elternvertretung in den verschiedenen Bundesländern fest, dass die Schulpflegschaft in NRW in erster Linie eine beratende Funktion übernimmt und damit geringere Einflussmöglichkeiten als in anderen Ländern hat. In den Bundesländern Berlin, Saarland und Niedersachen finden sich in erster Linie Informations-, Anhörungs- und Beratungsrechte der Eltern. Im Vergleich dazu kommen den Elternvertretungen in Baden-Württemberg, Bayern, Brandenburg, Hamburg, Mecklenburg-Vorpommern, Rheinland-Pfalz, Sachsen, Sachsen-Anhalt und Thüringen umfassendere Funktionen zu (vgl. Tabelle 1). In Baden-Württemberg, Bayern, Brandenburg, Mecklenburg-Vorpommern, Rheinland-Pfalz, Sachsen, Sachsen-Anhalt und Thüringen hat die Elternvertretung neben Informations- Anhörungs- und Beratungsrechten auch ein Vorschlagsrecht. In Hamburg und Sachsen-Anhalt kann die Elternvertretung darüber hinaus von einem Antragsrecht Gebrauch machen. Zudem zeigt sich, dass der Elternbeirat in Hessen und Bremen das Recht hat, Widersprüche gegen Beschlüsse der Schul- bzw. Lehrerkonferenz einzulegen (vgl. Witjes & Zimmermann, 2000), und in Sachsen ein Beschwerderecht für den Elternrat besteht (vgl. SchulG für den Freistaat Sachsen § 47 Abs. 2).

Auch in Bezug auf die Zusammensetzung der Schulkonferenz gibt es zwischen den Bundesländern Unterschiede: Während zum Beispiel in Nordrhein-Westfalen, Baden-Württemberg und Hessen Eltern in der Regel mit einer Stimme weniger vertreten sind als Lehrkräfte, zeigt sich in Thüringen und

Bremen, dass gewählte Elternvertreter die Hälfte des Gremiums ausmachen. In Bezug auf die Reichweite von Entscheidungen der Schulkonferenz ergeben sich ebenfalls Unterschiede. Gering fällt die Reichweite von Beschlüssen in Thüringen und Baden-Württemberg aus. Die Schulkonferenz entscheidet in diesen beiden Bundesländern in erster Linie über Themen wie Schulveranstaltungen oder außerunterrichtliche Angebote. In NRW, Hessen und Hamburg wirkt die Schulkonferenz im Gegensatz dazu auch bei der Besetzung von Stellen mit (vgl. Witjes & Zimmermann, 2000).

Tabelle 1: Mitwirkungsrechte von Eltern in den Ländern der Bundesrepublik Deutschland[13]

Länder der Bundesrepublik Deutschland	Mitwirkungsrechte
Baden-Württemberg	- Mitwirkungsmöglichkeiten: Klassenpflegschaft, Elternvertretungen und Landesschulbeirat - Elternbeirat verfügt über Informations- und Anhörungsrechte (vgl. § 57 SchG Baden-Württemberg) - Landeselternbeirat: kann dem Kultusministerium Vorschläge und Anregungen unterbreiten (vgl. § 60 Abs. 2 SchG Baden-Württemberg)
Bayern	- Mitwirkungsmöglichkeiten: Klassenelternversammlung und Elternbeirat - Elternbeirat: Anhörungs- und Vorschlagsrechte (vgl. Art. 62 BayEUG)
Berlin	- Mitwirkungsmöglichkeiten: Elternversammlungen und Gesamtelternvertretung - Anhörungsrecht sowie Teilnahme an Entscheidungen schulischer Gremien (vgl. § 88 Abs. 2 und 3 SchulG Berlin)
Brandenburg	- Mitwirkungsmöglichkeiten: Elternversammlung und Elternkonferenz - Elternversammlung: Informations- und Meinungsaustausch; Anregungsrecht (vgl. § 81 Abs. 2 BbgSchulG) - Elternkonferenz: Vertretung schulischer Interessen aller Eltern; Einberufung von Versammlungen, Unterrichtung und Aussprache über wichtige schulische Angelegenheiten (vgl. § 82 Abs. 3 BbgSchulG)

13 Die dargestellten gesetzlichen Vorgaben zur Elternmitwirkung stellen einen Auszug dar und erheben keinen Anspruch auf Vollständigkeit.

Tabelle 1 (Fortsetzung): Mitwirkungsrechte von Eltern in den Ländern der
Bundesrepublik Deutschland

Bremen	- Mitwirkungsmöglichkeiten: Elternbeirat, Elternversammlung, Klassenelternversammlung - Elternbeirat: Recht, Stellungnahme zu Beschlüssen der Schul- bzw. Lehrerkonferenz abzugeben (vgl. § 55 Abs. 1 BremSchVwG)
Hamburg	- Mitwirkungsmöglichkeiten: Klassenelternvertretung, Elternrat und Kreiselternrat - Klassenelternvertreter: Mitglieder der Klassenkonferenz; wirken an der Beratung aller Angelegenheiten mit (vgl. § 70 Abs. 1 HmbSG) - Elternräte: Rede- und Antragsrecht (vgl. § 75 Abs. 4 HmbSG)
Hessen	- Mitwirkungsmöglichkeiten: Schulelternbeiräte, Kreis- oder Stadtelternbeiräte sowie Landeselternbeirat - Schulelternbeirat: Möglichkeit, auf Entscheidungen Einfluss zu nehmen (vgl. § 110 HSchG) - Kreis- und Stadtelternbeiräte beraten und fördern die Arbeit der Schulelternbeiräte (vgl. § 115 Abs. 1 HSchG) - Landeselternbeirat: Auskunfts- und Vorschlagsrecht (vgl. § 120 Abs. 1 HSchG)
Mecklen-burg-Vorpommern	- Mitwirkungsmöglichkeiten: Klassenelternrat, Schulelternrat, Kreis- oder Stadtelternrat, Landeselternrat - Schulelternrat: kann gegenüber Konferenzen sowie gegenüber dem Schülerrat Empfehlungen abgeben (vgl. § 88 Abs. 3 SchulG M-V) - Kreis- oder Stadtelternrat: berät Fragen, die für Schulen von besonderer Bedeutung sind (vgl. § 89 Abs. 3 SchulG M-V) - Landeselternrat: Beratungsfunktion (vgl. § 92 Abs. 5 SchulG M-V)
Niedersachsen	- Mitwirkungsmöglichkeiten: Klassenelternschaften, Schulelternrat, Gemeinde- und Kreiselternräte, Landeselternrat - Schulelternrat: Informations- und Anhörungsrecht (vgl. § 96 Abs. 3 NSchG) - Gemeinde- und Kreiselternräte: Beratungs-, Informations- und Anhörungsrecht (vgl. § 99 Abs. 1 NSchG)
Nordrhein-Westfalen	- Mitwirkungsmöglichkeiten: Klassenpflegschaft, Klassenkonferenz, Schulpflegschaft, Fachkonferenzen und Schulkonferenz - Informations- und Beratungsrecht (vgl. § 44 Abs. 1 SchulG NRW) - Anhörungs-, Anregungs-, Vorschlags-, Auskunfts- und Beschwerderechte (vgl. § 62, § 72 und § 73 SchulG NRW)
Rheinland-Pfalz	- Mitwirkungsmöglichkeiten: Klassenelternversammlung, Schulelternbeirat, Regionalelternbeirat und Landeselternbeirat - Schulelternbeirat: Beratungs-, Informations- und Anregungsrecht (vgl. § 40 Abs. 1 SchulG Rheinland-Pfalz) - Regionalelternbeirat: Beratungsfunktion (vgl. § 43 Abs. 4 SchulG Rheinland-Pfalz) - Landeselternbeirat: Beratungs- und Unterrichtsanspruch (vgl. § 45 Abs. 2 SchulG Rheinland-Pfalz)

Tabelle 1 (Fortsetzung): Mitwirkungsrechte von Eltern in den Ländern der
Bundesrepublik Deutschland

Saarland	- Mitwirkungsmöglichkeiten: Klassenelternversammlung und Elternvertretung - Informations- und Beratungsrecht sowie Teilnahme an Entscheidungen in schulischen Gremien (vgl. § 35 Abs. 3; § 36, Abs. 1, § 38 SchumG)
Sachsen	- Mitwirkungsmöglichkeiten: Klassenelternversammlung, Elternrat, Kreiselternrat und Landesbildungsrat - Elternrat: Auskunfts- und Beschwerderecht (vgl. § 47 Abs. 2 SchulG für den Freistaat Sachsen) - Landeselternrat: Vorschlags- und Anregungsrecht (vgl. § 49 Abs. 2 SchulG für den Freistaat Sachsen)
Sachsen-Anhalt	- Mitwirkungsmöglichkeiten: Klassenelternvertretung, Schulelternrat, Gemeinde- und Kreiselternräte - Schulelternrat: Anhörungsrecht sowie Recht, Beschlüsse zu fassen und Anträge an die Gesamtkonferenz zu stellen (vgl. § 59 Abs. 3 und 4 SchulG LSA)
Schleswig-Holstein	- Mitwirkungsmöglichkeiten: Klassenelternbeirat, Schulelternbeirat, Kreiselternbeirat und Landeselternbeirat - Schulelternbeirat: Informations- und Entscheidungsrechte (vgl. § 72 Abs. 3 und 4 SchulG Schleswig-Holstein) - Kreiselternbeirat: Informations- und Anhörungsrecht (vgl. § 73 Abs. 4 und 5 SchulG Schleswig-Holstein)
Thüringen	- Mitwirkungsmöglichkeiten: Klassenelternversammlungen, Schulelternvertretung, Kreis- und Landeselternvertretung - Recht der Eltern auf Information und Beratung (vgl. § 31 Thür-SchulG) - Schulelternvertretung: Anhörungs-, Auskunfts- und Initiativrechte (vgl. § 32 Abs. 4 ThürSchulG)

Beim Vergleich des individuellen Elternrechts zwischen verschiedenen Bundesländern fällt auf, dass es in den jeweiligen Schulgesetzen dazu kaum konkrete Ausführungen gibt. Im Bremer, nordrhein-westfälischen und hessischen Schulgesetz werden hingegen beispielsweise Bereiche angedeutet, in denen sich Eltern engagieren können. Das baden-württembergische und thüringische Schulgesetz sehen hingegen keine konkreten Regelungen zur Elternmitwirkungen vor. Im thüringischen Schulgesetz findet sich die Regelung, dass Eltern in den Bereichen mitwirken, die für die Schule von Bedeutung sind (vgl. Thür-SchulG § 32). Bezüglich der Elternpartizipation sind damit keine Einschränkungen formuliert. Im Schulgesetz von Baden-Württemberg sind nach § 55 die Möglichkeiten zur Mitwirkung der Eltern auf die Erziehungsarbeit beschränkt:

„Die Eltern haben das Recht und die Pflicht, an der schulischen Erziehung mitzuwirken" (§ 55 Abs. 1 SchG Baden-Württemberg).

Zusammenfassend kann festgehalten werden, dass sich die kollektiven Mitwirkungsrechte zwischen den 16 Ländern unterscheiden. Während den Elternvertretungen in den Schulgesetzen Hessens, Nordrhein-Westfalens und Schleswig-Holsteins Entscheidungsrechte eingeräumt werden, finden sich in den übrigen Bundesländern häufig Informations-, Anhörungs-, Beratungs-, Vorschlags- und Antragsrechte. In Hessen, Bremen und Sachsen können Elternvertretungen darüber hinaus Beschwerde gegen Beschlüsse einlegen bzw. Stellungnahmen abgeben.

Nachdem die rechtlichen Rahmenbedingungen zur Elternmitwirkung dargestellt wurden, soll in den folgenden Kapiteln der Fokus auf die subjektiven Ansprüche von Eltern und Lehrkräften an Elternarbeit sowie auf die Bedeutung der Elternarbeit in der Lehrerausbildung gelegt werden, um möglicherweise Hinweise zum distanzierten Verhältnis von Schule und Eltern zu erhalten.

3.5 Ansprüche an Elternarbeit

Die Ausführungen zur Entwicklung der Elternarbeit in Abschnitt 3.1 deuten darauf hin, dass das Verhältnis zwischen Schule und Eltern teilweise von Distanz geprägt ist. Des Weiteren verweisen die rechtlichen Rahmenbedingungen zum Verhältnis von Schule und Eltern auf eine „faktische Vormachtstellung der Schule" (Wild & Lorenz, 2010, S. 147), die sich auch in den unterschiedlichen Erwartungshaltungen und Ansprüchen von Lehrkräften und Eltern widerspiegeln.

Die Erwartungen von Eltern und Lehrkräften an eine sinnvoll gestaltete Elternarbeit und Kooperation gehen zum Teil stark auseinander (vgl. Savaş, 2012; Schröder, 2013). Häufig sind Eltern in Schulen dann gern gesehen, wenn die Unterstützung bei Festen oder Projekten gefragt ist. Wenn es allerdings um die Partizipation der Eltern an inhaltlichen Fragen geht, nimmt die Bereitschaft der Lehrkräfte zur Kooperation mit den Eltern ab (vgl. Doppke, 2004). Lehrkräfte befürchten teilweise, dass die Eltern einen zu großen Einfluss auf den Unterricht ausüben und als Kontrollinstanz fungieren könnten. Solange keine Probleme auftreten, erwarten demnach einzelne Lehrkräfte von den Eltern, „[...] sich aus der Schule weitgehend herauszuhalten und die Lehrkräfte in Ruhe arbeiten zu lassen [...]" (Sacher, 2008a, S. 65). Wild (2003) berichtet, dass etwa drei Viertel der befragten Lehrkräfte der Auffassung ist, dass Eltern nur dann zuverlässige Kooperationspartner sind, wenn sie Vorteile für ihr eigenes

Kind sehen (vgl. Wild, 2003). Die eher kritischen Äußerungen seitens der Schule gegenüber der Zusammenarbeit mit Eltern zeigen sich auch bei Krumm (1995) im Rahmen von Lehrerbefragungen in Österreich. Demnach sprechen sich die befragten Lehrkräfte gegen eine stärkere Beteiligung von Eltern in der Schule aus, da Eltern in der Regel nur einen Nutzen für sich aus der Kooperation ziehen möchten. Im Gegensatz dazu wünschen sich Lehrkräfte aber auch, dass Eltern sich stärker einbringen und damit an der schulischen Entwicklung ihrer Kinder partizipieren (vgl. Wild & Lorenz, 2010). Die Ansprüche und Perspektiven von Lehrkräften hinsichtlich der Elternarbeit sind damit insgesamt unterschiedlich, wobei kritische und ablehnende Haltungen nach wie vor bestehen. Dass Elternarbeit generell jedoch ein wichtiger Bestandteil der Arbeit von Lehrkräften darstellt und die negativen Einschätzungen sowie Erlebnisse eher auf Unerfahrenheit bezüglich des Umgangs mit Eltern zurückzuführen sind, zeigen Neuenschwander et al. (2005).

Die Ansprüche von Eltern an die Lehrkräfte und die Schule zielen vor allem auf eine stärkere Möglichkeit zur Partizipation ab. Schulen sollten sich öffnen, mehr Transparenz zeigen, alle Eltern in die Bildungsarbeit integrieren und sie inhaltlich in die konzeptionelle Arbeit der Schule einbinden (vgl. Hendricks, 2004). Zudem erwarten Eltern, dass Lehrkräfte erreichbar sowie ansprechbar sind und sich für ihr Anliegen Zeit nehmen (vgl. Schröder, 2013). Im Rahmen der Befragung von Sacher (2005) geben etwa 42 Prozent der befragten Eltern an, dass Lehrkräfte für Ideen und Anregungen nicht offen sind (vgl. Sacher, 2005). Dieser Aspekt unterstreicht die von Eltern wahrgenommene Asymmetrie in der Kommunikation und allgemein in der Kooperation mit Lehrkräften: Es findet kein Austausch auf Augenhöhe statt, sondern es liegt eher eine hierarchisch geprägte Kooperationsstruktur vor. Ein weiterer Kritikpunkt von Eltern bezieht sich auf die Förderung ihrer Kinder. Zum einen wird bemängelt, dass Lehrkräfte die Individualität der Kinder selten im Blick haben und somit eine unzureichende Förderung stattfindet. Zum anderen beklagen Eltern eine defizitäre Einbeziehung in die Förderung ihrer Kinder. Die befragten Eltern wünschen sich eine intensivere Beratung und Unterstützung von den Lehrkräften, um ihre Kinder zu Hause besser fördern zu können (vgl. Sacher, 2008a). Aus der Sicht von Hendricks (2004) ist es notwendig, dass Eltern „aktive Gesprächspartner sind, Meinungen offen äußern können, Fragen immer stellen dürfen, Feedback geben sollten, Kritik äußern können, Begegnungsmöglichkeiten erfahren, sich inhaltlich einbringen dürfen" (Hendricks, 2004, S. 19).

Aus wissenschaftlicher Perspektive stellt die Stärkung der Elternarbeit „ein zwingendes politisches Erfordernis" (Sacher, 2008a, S. 47) dar. Neben der politischen ist aber vor allem auch die pädagogische Beteiligung von Eltern und Lehrkräften am Lernen der Kinder erforderlich (vgl. Krumm, 1996). Eltern sollen über wichtige schulische Belange informiert werden und Mitsprache- sowie Mitentscheidungsrechte erhalten. Darüber hinaus wird häufig gefordert, im Sinne einer Partnerschaft zwischen Schule und Familie, dass die Eltern intensiver bei der häuslichen Lern- und Erziehungsarbeit unterstützt werden und sie sich im Gegenzug um eine kontinuierliche Zusammenarbeit mit der Schule bemühen, sodass die (schulische) Entwicklung der Kinder positiv beein- flusst wird (vgl. Epstein et al., 2002; Krumm, 1996; Sacher, 2008a).

Es konnte aufgezeigt werden, dass die Erwartungshaltungen von Lehrkräf- ten und Eltern teilweise durchaus unterschiedlich sind. Während Eltern bei- spielsweise im Schulkontext stärker eingebunden werden möchten, vermeiden Lehrkräfte zumindest in Bezug auf ihren Unterricht eine stärkere Partizipation der Eltern. Inwieweit das Thema Elternarbeit in der Lehrerausbildung eine Rolle spielt und Lehrkräfte überhaupt auf die Zusammenarbeit mit Eltern vor- bereitet werden, wird im folgenden Kapitel veranschaulicht.

3.6 Elternarbeit in der Lehrerausbildung

Die zum Teil gegensätzlichen Ansprüche an eine konstruktiv gestaltete sowie eine nur punktuell und wenig effektiv stattfindende Elternarbeit haben zur Kon- sequenz, dass Vorbehalte auf Seiten der Lehrkräfte und der Eltern einer enge- ren Zusammenarbeit entgegenstehen (vgl. Sacher, 2008a). Neuenschwander et al. (2005) sowie Oostdam und Hooge (2013) berichten, dass Lehrkräfte die Zusammenarbeit mit und die Einbindung von Eltern als wichtig erachten, sie sich aber gleichzeitig durch Elternarbeit belastet und bei dem Umgang mit Eltern unsicher fühlen. Dies führt zu der Frage, inwieweit der Bereich Elternar- beit überhaupt in der Lehrerausbildung thematisiert wird und in welchem Um- fang Lehrkräfte auf die Zusammenarbeit mit Eltern vorbereitet werden.

Insgesamt zeigt sich, dass in der Lehrerausbildung in Deutschland eher fachliche und fachdidaktische Elemente im Vordergrund stehen, während auf bildungswissenschaftliche Inhalte vergleichsweise weniger intensiv fokussiert wird (vgl. Wild & Lorenz, 2010). Das bedeutet, dass angehende Lehrkräfte auf die verschiedenen Rollen, die sie im Schulalltag ausführen müssen, nur ansatz- weise vorbereitet werden. Dass Elternarbeit in der Lehrerausbildung eine eher untergeordnete Rolle spielt, verdeutlichen die von der Kultusministerkonferenz

(KMK) herausgegebenen Standards für die Lehrerbildung mit dem Schwerpunkt Bildungswissenschaften (vgl. Sekretariat der Ständigen Konferenz der Kultusminister der Länder in der Bundesrepublik Deutschland, 2004). Die Standards für die Lehrerbildung gelten als Grundlage für die inhaltliche Konzipierung von Lehramtsstudiengängen und stellen damit die Anforderungen bzw. Kompetenzen dar, die während des Studiums, der praktischen Ausbildung sowie des Vorbereitungsdienstes in den verschiedenen Ländern der Bundesrepublik Deutschland vermittelt und erworben werden sollten. Mit Blick in die Standards für die Lehrerbildung ist festzustellen, dass der Themenbereich Elternarbeit lediglich im Kompetenzbereich „Erziehen" und „Beurteilen" als einer der Standards für die theoretische Ausbildung genannt wird. Die KMK setzt zunächst Folgendes voraus:

„*Lehrerinnen und Lehrer sind sich bewusst*, dass die *Erziehungsaufgabe* in der Schule eng mit dem Unterricht und dem Schulleben verknüpft ist. Dies gelingt umso besser, je enger die Zusammenarbeit mit den Eltern gestaltet wird. Beide Seiten müssen sich verständigen und gemeinsam bereit sein, konstruktive Lösungen zu finden, wenn es zu Erziehungsproblemen kommt oder Lernprozesse misslingen" (Sekretariat der Ständigen Konferenz der Kultusminister der Länder in der Bundesrepublik Deutschland, 2004, S. 3; Hvh. i.O.).

In Bezug auf die Erziehungsaufgabe, die sowohl die Schule als auch die Eltern zu erfüllen haben, soll damit eine Kooperation zwischen Schule und Eltern erfolgen. Um die von der KMK definierte Kompetenz 6, die darauf abzielt, dass Lehrkräfte für Konflikte in Schule und Unterricht Lösungsansätze finden sollen, erreichen zu können, wird unter anderem folgender Standard für die theoretischen Ausbildungsabschnitte festgelegt: „Die Absolventinnen und Absolventen kennen Regeln der Gesprächsführung sowie Grundsätze des Umgangs miteinander, die in Unterricht, Schule und Elternarbeit bedeutsam sind" (Sekretariat der Ständigen Konferenz der Kultusminister der Länder in der Bundesrepublik Deutschland, 2004, S. 10). Den angehenden Lehrkräften sollen also während des Lehramtsstudiums im Rahmen von Veranstaltungen die theoretischen Grundkenntnisse zur Gesprächsführung vermittelt werden, damit eine Voraussetzung für den Umgang mit Eltern gegeben ist. Die Vermittlung von Kenntnissen zur Gesprächsführung ist wichtig, da das Führen von Gesprächen mit Eltern bzw. allgemein die Elternberatung relevante Aspekte der Elternarbeit darstellen (vgl. Gartmeier, Bauer, Noll & Prenzel, 2012; Hertel, 2009; Hertel & Schmitz, 2010). Bisher werden Lehrkräfte allerdings unzureichend auf die

Beratung von Eltern vorbereitet, da im Rahmen der Lehrerausbildung kaum systematisch Beratungskompetenzen vermittelt werden (vgl. Hertel et al., 2013). Dementsprechend beruhen die Beratungen „[…] meist auf den persönlichen Erfahrungen des Lehrers, nicht jedoch auf professioneller, pädagogisch-psychologischer Beratungskompetenz" (Hertel, Bruder & Schmitz, 2009, S. 118). Hinsichtlich der Beratungskompetenz lassen sich nach Hertel (2009) fünf Dimensionen unterscheiden: Personale Ressourcen, Soziale Kooperationskompetenz, Berater-Skills und Pädagogisches Wissen, Prozesskompetenz sowie Bewältigungskompetenz. Diese Facetten kennzeichnen unter anderem einen kompetenten Berater. Um Beratungskompetenzen von Lehrkräften zu fördern, lassen sich verschiedene Ansätze und Trainingsprogramme heranziehen, die für einen Überblick bei Pallasch und Kölln (2014) zu finden sind. Hertel (2009) hat z.B. ein Trainingskonzept entwickelt, das die fünf Dimensionen der Beratungskompetenz umfasst und auf Gesprächsführungsstrategien fokussiert. Durch praxisnahe Übungen, z.B. zu Fragetechniken, wird das Beraterverhalten von Lehrkräften gefördert. Auf die Förderung der Gesprächsführungskompetenz fokussieren auch Gartmeier et al. (2011). Sie unterscheiden im ‚Münchner Modell der Gesprächsführungskompetenz im Elterngespräch' hinsichtlich einer konstruktiven Elterngesprächsgestaltung drei Kompetenzfacetten: Gestaltung der Beziehung zum Gesprächspartner, kooperative Problemlösung im Verlauf des Gesprächs sowie eine transparente und angemessene Strukturierung des Gesprächsverlaufs (vgl. Gartmeier, Bauer, Fischer, Karsten & Prenzel, 2011). Bei einer Befragung von Gymnasiallehrkräften hat sich für die drei Bereiche gezeigt, dass es wichtig ist, gegenseitige Erwartungen zu klären (Beziehungsgestaltung), zunächst das Problem sowie Ursachen und anschließend Lösungsmöglichkeiten zu erörtern (Problemlösung) und Gesprächsleitfäden zu entwickeln (Gesprächsstrukturierung) (vgl. Gartmeier et al., 2012).

In Bezug auf die konkrete Umsetzung und Rahmenbedingungen von Elternberatung lässt sich auf Analysen von Hertel et al. (2013) verweisen. Die Autoren konnten zeigen, dass Elternarbeit und Elternberatung an den verschiedenen Schulformen einen hohen Stellenwert einnimmt. Ein Beratungszimmer für entsprechende Gespräche ist in den überwiegenden Schulen vorhanden, allerdings gibt es nur in etwa der Hälfte der Schulen ein Beratungskonzept (vgl. Hertel et al., 2013). Zudem wird deutlich, dass vielfältige Beratungsangebote bestehen. Ein umfangreiches Beratungsangebot sowie die Häufigkeit der Beratung hängen vor allem mit einem hohen Stellenwert der Elternarbeit an den Schulen zusammen. Ein hoher Stellenwert der Elternarbeit steht wiederum mit günstigen Rahmenbedingungen an den Schulen (Beratungskonzept und Unterstützung durch das Lehrerkollegium) in Verbindung (vgl. Hertel et al., 2013). Im Hinblick auf die Beratungsangebote von Lehrkräften und die Bedingungsfaktoren konnten Hertel et al. (2013) verdeutlichen, dass Beratungsgespräche häufig im Rahmen der Elternsprechtage stattfinden, wobei auch drei Viertel der befragten Lehrkräfte bis zu 20 zusätzliche Elterngespräche in einem Schuljahr durchführen. Dies sind vor allem Lehrkräfte, die die Beratungstätigkeit als Teil ihrer Aufgaben und einen positiven Nutzen der Gespräche wahrnehmen (vgl. Hertel et al., 2013). Auf der Seite der Eltern zeigt sich, dass diese häufig Gesprächsangebote wahrnehmen, wobei die Häufigkeit mit dem sozioökonomischen und kulturellen Hintergrund der Eltern variiert. Eltern mit einem geringeren sozioökonomischen Status und Eltern mit Migrationshintergrund nehmen seltener an Beratungsgesprächen teil (vgl. Hertel et al., 2013). Die Untersuchung von Hertel et al. (2013) weist insgesamt darauf hin, dass Elternberatung an den Schulen als wichtiger Baustein von Elternarbeit gesehen wird und eine günstige Ressourcenausstattung vorliegt. Um die Beratungsangebote stärker an die Bedarfe einzelner Elterngruppen anzupassen, gilt es, das Thema der Elternberatung in der Aus- und Weiterbildung von Lehrkräften zu intensivieren (vgl. Hertel et al., 2013). Ein Ansatz stellt das Projekt elbe (Elternberatung an Grundschulen) dar, das auf eine Verbesserung der Beratungssituation an Grundschulen abzielt (vgl. Hertel, 2011). Neben der Analyse der Rahmenbedingungen von Elternberatung und der Beratungskompetenzen von Lehrkräften wurden auch Aus- und Weiterbildungsprogramme entwickelt. Insbesondere die Einrichtung und Entwicklung eines Beratungsraums und -konzepts sowie eines Netzwerks von Beratungsinstitutionen stellen wichtige Rahmenbedingungen dar. Hinsichtlich der Fortbildungen waren beispielsweise Grundlagen der Beratung und relevante Beratungsanliegen von Eltern Themen. Es wurde aber auch trainiert, wie mit schwierigen Gesprächssituationen konstruktiv umgegangen und auf welche Möglichkeiten der konkreten Hilfe oder Kooperation zurückgegriffen werden kann (vgl. Hertel, 2011).

Neben der Vermittlung von Kompetenzen, die zur Gesprächsführung mit Eltern befähigen sollen, sieht die Kompetenz 7 im Bereich „Beurteilen" vor, dass Lehrkräfte in die Lage versetzt werden, Lernvoraussetzungen und Lernprozesse von Schülerinnen und Schülern zu diagnostizieren und dementsprechend Schülerinnen und Schüler sowie deren Eltern zu beraten (vgl. Sekretariat der Ständigen Konferenz der Kultusminister der Länder in der Bundesrepublik Deutschland, 2004). Dazu gehört, dass die Lehramtsstudierenden Prinzipien und Ansätze der Beratung von Schülerinnen und Schülern sowie Eltern kennen und anwenden können.

Diese von der KMK festgelegten Standards, die als Orientierung für die Ausbildung von Lehrkräften dienen und damit aufzeigen, über welche Kompetenzen Lehrkräfte verfügen sollen, zeigen, dass Elternarbeit eher ein Randthema darstellt. Den einzelnen Bundesländern bleibt überlassen, inwieweit die Vorgaben der KMK inhaltlich ausgestaltet werden. Es ist somit davon auszugehen, dass die Vermittlung von theoretischen Kenntnissen zum Thema Elternarbeit im Rahmen der Lehramtsstudiengänge hinsichtlich der Breite und Tiefe variiert.

In diesem Kapitel konnte insgesamt dargestellt werden, dass sich Eltern in verschiedenen Bereichen engagieren können und hierzu den Eltern auch entsprechende Rechte eingeräumt werden. Zudem wurde gezeigt, dass sich Eltern eine stärkere Partizipation wünschen. Die Motivation für ein Engagement der Eltern ist bisher aber noch kaum erforscht und soll in dieser Arbeit analysiert werden. Aus diesem Grund wird in dem nachfolgenden Kapitel 4 auf Grundlagen zur Motivation und zu Motiven eingegangen und darauf aufbauend werden Erwartungs-Wert-Theorien zur Vorhersage von Entscheidungen oder Handlungen dargestellt.

4. Entscheidungen als Konsequenz von Wert- und Erwartungskomponenten

Aus motivationspsychologischer Sicht werden Entscheidungen oder Handlungen von Personen auf Grundlage des jeweiligen Anreizes oder Werts sowie der zugrundeliegenden subjektiven Erwartung getroffen. Die Motivation setzt sich damit zum einen aus dem Wert, die einer Handlung oder Entscheidung beigemessen wird, und zum anderen aus der Erwartung, inwieweit sich die Handlung bzw. Entscheidung positiv auswirken könnte, zusammen (vgl. Rudolph, 2009). Ob sich Eltern also im Schulkontext oder lernbezogen zu Hause engagieren, kann von den Werten und den Erwartungen abhängen, die sie jeweils mit der Partizipationsfrage verbinden. Im folgenden Kapitel werden daher nach einer Einführung zum Thema Motivation und Motive sowohl aus soziologischer als auch aus psychologischer Perspektive Erwartungs- und Werttheorien dargestellt.

4.1 Einführung: Begriffsbestimmungen

Wird im Alltag von Motivation gesprochen, so wird zwischen Personen unterschieden, die einen Willen zeigen, ein Ziel zu erreichen und damit eine hohe Motivation haben, und denen, die eher weniger auf die Verwirklichung eines Ziels fokussiert sind. Für die Erklärung von Handeln[14], wie die aktive Partizipation von Eltern, stellt die Motivation einen zentralen Prädiktor dar und gilt in der Regel als ein vorübergehendes Merkmal, das an sich nicht wahrgenommen werden kann, sondern eher abstrakt durch Handlungen einer Person erschlossen wird (vgl. Rheinberg, 2008; Schiefele, 2009). Grundsätzlich „[…] bezieht sich die Motivation auf die aktivierende Ausrichtung des momentanen Lebensvollzugs auf einen positiv bewerteten Zielzustand" (Rheinberg, 2009, S. 668). Um eine motivierte Handlung zu zeigen, bedarf es verschiedener zusammenwirkender Prozesse. In Abhängigkeit von der jeweiligen Situation, den Eigenschaften, Erfahrungen und Fähigkeiten einer Person drückt sich motivationales Handeln aus. Insgesamt gelten die Wünsche, Ziele, Erwartungen und Absichten sowie die persönliche Bewertung einer Situation als grundlegend für die Erklärung eines Verhaltens bzw. einer Handlung.

---

14 Handeln meint nach Weber (1976) ein Verhalten von Personen, mit dem ein subjektiver Sinn verknüpft ist.

In Bezug auf die Motivation einer Person kann zwischen der intrinsischen und extrinsischen Motivation differenziert werden. Das Konzept der intrinsischen Motivation basiert vor allem auf Arbeiten zum Explorations- und Neugierverhalten und wurde wesentlich im Rahmen der Selbstbestimmungstheorie[15] entwickelt (vgl. Deci & Ryan, 1985). Eine intrinsische Motivation ist dadurch gekennzeichnet, dass sie nicht auf äußeren Reizen basiert, sondern Personen aus sich selbst heraus – beispielsweise durch das Interesse an einer Sache – motiviert sind. Das entsprechende motivationale Handeln ist demnach selbstbestimmt (vgl. Ryan & Deci, 2000). Neugier und Erfolgserwartung gelten hierbei als wesentliche Merkmale (vgl. Edelmann, 2003). Leitend für ein extrinsisch motiviertes Verhalten sind hingegen Anreize von außen. Das Ziel hierbei ist eine positive Verstärkung (Belohnung) herbeizuführen und eine negative Verstärkung (Bestrafung) zu vermeiden (vgl. Schiefele, 2009). Das gezeigte Verhalten ist somit eher fremdbestimmt und lässt sich deutlich zur intrinsischen Motivation abgrenzen:

„Extrinsic motivation is a construct that pertains whenever an activity is done in order to attain some separable outcome. Extrinsic motivation thus contrasts with intrinsic motivation, which refers to doing an activity simply for the enjoyment of the activity itself, rather than its instrumental value" (Ryan & Deci, 2000, S. 60).

Anhand von Tabelle 2 wird eine weitere Ausdifferenzierung von intrinsischer und extrinsischer Motivation verdeutlicht, die ursprünglich von Deci und Ryan (2000) vorgenommen wurde. Demnach lassen sich verschiedene Stufen der Verhaltensregulation konstatieren. Die ersten vier Stufen beziehen sich auf die extrinsische Motivation und unterscheiden sich hinsichtlich des Ausmaßes an Autonomie (vgl. Schiefele, 2009). Während auf der Stufe der externalen Regulation ein Verhalten noch fremdbestimmt über Belohnungen und Bestrafungen gesteuert wird, zeigt sich auf der Stufe der integrierten Regulation, dass ein Handlungsziel letztlich verinnerlicht wird. Schließlich gilt es, in diesem Kontext hinsichtlich der extrinsischen und intrinsischen Motivation festzuhalten: „Die Formen selbstbestimmter extrinsischer Motivation unterscheiden sich von der intrinsischen Motivation durch das Fehlen intrinsischer (bzw. handlungsimmanenter) Anreize" (Schiefele, 2009, S. 160).

---

15 Deci und Ryan (2012) unterscheiden im Rahmen ihrer Selbstbestimmungstheorie drei psychische Grundbedürfnisse: Das Streben nach Kompetenz (*competence*), Autonomie (*autonomy*) und soziale Eingebundenheit *(relatedness needs)*.

Tabelle 2: Extrinsische und intrinsische Motivation (Schiefele, 2009, S. 159)

Extrinsische Motivation				Intrinsische Motivation
Externale Regulation	Introjizierte Regulation	Identifizierte Regulation	Integrierte Regulation	Intrinsische Regulation
Handeln aufgrund von äußerem Druck (Belohnung, Bestrafung)	Internalisierung eines Handlungsziels ohne Identifizierung	Identifizierung mit einem Handlungsziel, aber vorhandene Konflikte mit anderen Zielen	Identifizierung mit einem Handlungsziel, ohne Konflikte mit anderen Zielen	Handeln aufgrund von handlungsbegleitenden Anreizen
fremdbestimmt			selbstbestimmt	

Der Motivation liegen wiederum Motive zugrunde, die im Gegensatz zur Motivation eher überdauernde Eigenschaften einer Person darstellen. „Motive sollen erklären, warum einige Personen stärker als andere immer wieder auf bestimmte Zielzustände aus sind und bevorzugt auf bestimmte Anreize in der Situation reagieren. Solche Bevorzugungen können im Selbstbild der Person explizit repräsentiert sein oder aber als implizite Steuergrößen ohne bewusste Kenntnis der Person wirken" (Rheinberg, 2009, S. 669). In der Regel sind Motive aber theoretische Konstrukte, die nur indirekt zu beobachten sind. Durch das Zusammenwirken von Motiven und situationsspezifischen Anreizen ergibt sich schließlich die Motivation, die wiederum auf das Verhalten einer Person und somit die Entscheidung zu einer Elternbeteiligung einwirkt (vgl. Abbildung 3).

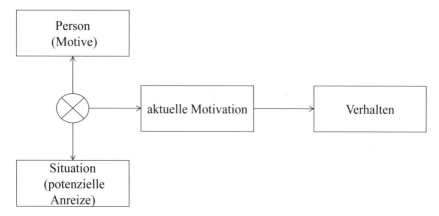

Abbildung 3: Grundmodell der „klassischen" Motivationspsychologie nach Rheinberg (2009, S. 669)

McClelland (1980, 1987) differenziert zwischen drei Funktionen, die ein Motiv erfüllen kann: Es energetisiert, orientiert und selegiert das Verhalten einer Person. Darüber hinaus lassen sich nach Heckhausen (1989) zwei übergeordnete Motivarten unterscheiden. Zum einen besitzt jede Person von Geburt an Grundbedürfnisse wie Durst und Hunger, die als biogene oder primäre Motive bezeichnet werden. Zum anderen werden im Verlauf der individuellen Entwicklung eines Menschen durch Erfahrungen und dem Umgang mit anderen Personen gewisse Dispositionen erworben, die die Persönlichkeit einer Person bestimmen. Die grundlegenden Bedürfnisse bzw. Motive, die hierzu zählen, sind Leistung, Macht sowie Anschluss (vgl. McClelland, 1987). Diese drei Motive können sich in unterschiedlichem Maße bei Personen ausprägen und bedingen einander. Beispielsweise geht ein stark ausgeprägtes Anschlussmotiv häufig mit einem niedrig ausgeprägten Machtmotiv einher (vgl. McClelland, 1987). Zur Messung der drei Motive gibt es inzwischen verschiedene Verfahren. Zunächst wurde der Thematische Auffassungstest (TAT) von Murray (1938) angewandt, bei dem zu Bildvorlagen Geschichten geschrieben wurden und unter anderem danach gefragt wurde, was die dargestellten Personen fühlen und denken. Eine andere Methode zur Messung des Leistungs-, Macht- und Anschlussmotivs ist *Motive Sensitivity Measure* (MSM). Hierbei werden die drei Motive auf Basis von Reaktionszeiten zu motivthematischen Wörtern erfasst (vgl. Köhler, Erb & Eichstaedt, 2012). Im Folgenden werden die drei Motive näher erläutert.

Das Leistungsmotiv
Die Hoffnung auf Erfolg und die Aussicht, Dinge besonders gut und besser als andere auszuführen, gelten als relevante Charakteristika des Leistungsmotivs. Zur Entwicklung eines leistungsmotivierten Verhaltens kommt es, „[…] wenn an das eigene Handeln ein Gütestandard angelegt und die eigene Tüchtigkeit bewertet wird" (Brunstein & Heckhausen, 2006, S. 145). Wird ein Gütemaßstab schließlich übertroffen, so bildet sich ein stolzes Gefühl hinsichtlich der eigenen Leistungsfähigkeit heraus. Erste Erfahrungen in diesem Kontext machen Kinder im Alter zwischen drei und vier Jahren.

Einen wesentlichen Beitrag zur Erforschung und zum Erkenntnisgewinn des Leistungsmotivs leisteten sowohl Murray (1938) als auch McClelland, Atkinson, Clark und Lowell (1953). Murray entwickelte ein Schema, in dem er verschiedene Bedürfnisse des Menschen beschrieb, darunter unter anderem auch das Bedürfnis nach Leistung (vgl. Murray, 1938). Auf der Grundlage seines Verständnisses von Leistung, nämlich das Bestreben der Überwindung von Hindernissen und der Erzielung hoher Leistungen, entwickelte er den thematischen Apperzeptionstest (TAT). Dieser wurde schließlich von McClelland et al. (1953) standardisiert und zur Erfassung der Leistungsmotivation eingesetzt. Charakteristisch für das Leistungsmotiv ist die Gegenüberstellung von Hoffnung auf Erfolg und Furcht vor Misserfolg. Personen, die nach Erfolg streben, suchen nach zu bewältigenden Herausforderungen, um das Gefühl der Leistungsfähigkeit zu erleben. Im Gegensatz dazu vermeiden Personen, die Angst vor Misserfolgen haben, die Auseinandersetzung mit Herausforderungen und Gütemaßstäben.

Das Machtmotiv
Charakteristisch für das Machtmotiv ist das Bestreben, sich stark und bedeutsam zu fühlen (vgl. McClelland, 1987; Schmalt & Heckhausen, 2006). Damit verbunden ist der Wunsch, auf andere Personen und deren Verhalten Einfluss zu nehmen. Analog zum Leistungsmotiv stehen sich zwei Positionen gegenüber: die Hoffnung auf Kontrolle/Macht und die Furcht vor Kontrolle/Macht (vgl. Schmalt & Heckhausen, 2006). Personen, die über ein hoch ausgeprägtes Machtmotiv verfügen, streben im Berufsleben vor allem verantwortungsvolle Positionen an, die mit einem hohen Ansehen und Prestige einhergehen (vgl. Schmalt & Heckhausen, 2006). Im Gegensatz dazu sorgen sich Personen mit einer starken Angst vor Kontrollverlust um ihre vorhandene Macht und be-

fürchten, dass andere Personen eine zu starke Gegenmacht inne haben könnten (vgl. Schmalt & Heckhausen, 2006).

Das Anschlussmotiv (Affiliationsmotiv)

Das dritte grundlegende Motiv ist das Anschlussmotiv, das durch das Streben nach dem Aufbau und der Aufrechterhaltung von sozialen Beziehungen gekennzeichnet ist. Nach Sokolowski und Heckhausen (2006) ist mit Anschluss konkret

> „[…] eine Inhaltsklasse von sozialen Interaktionen gemeint, die alltäglich und zugleich fundamental ist mit dem Ziel, mit bisher fremden oder noch wenig bekannten Menschen Kontakt aufzunehmen und in einer Weise zu unterhalten, die beide Seiten als befriedigend, anregend und bereichernd erleben. Die Anregung des Motivs findet in Situationen statt, in denen mit fremden oder wenig bekannten Personen Kontakt aufgenommen und interagiert werden kann" (Sokolowski & Heckhausen, 2006, S. 194).

Das Bedürfnis nach Sympathie, Liebe und Vertrauen findet sich in diesem Motiv wieder. Der Hoffnung auf Anschluss steht schließlich die Furcht vor Zurückweisung gegenüber. Während Personen mit einem stark ausgeprägten Anschlussmotiv ein angenehmes Gefühl im Umgang mit anderen haben, fühlen sich Personen mit einer hohen Angst vor Zurückweisung in sozialen Situationen unsicher, ängstlich und bewerten sich selbst als unbeliebt (vgl. Sokolowski & Heckhausen, 2006).

Implizite und explizite Motive

Zu unterscheiden ist in Bezug auf die relativ konstanten Motive einer Person darüber hinaus zwischen impliziten und expliziten Motiven. Während implizite Motive eher gefühlsabhängig und durch bestimmte Emotionen gekennzeichnet sind, äußern sich explizite Motive als bewusste und vom Verstand geleitete Zielklassen (vgl. Holodynski, 2009; Scheffer, 2009). Dementsprechend werden beide Konstrukte durch unterschiedliche Anreize und Bedingungen ausgelöst: Implizite Motive durch intrinsische und tätigkeitsbezogene Anreize, was sich schließlich in einer intuitiven Verarbeitung des Motivs äußert, und explizite Motive durch äußere Reize und Wahlalternativen, die sich in einer analytischen Verarbeitung zeigen (vgl. Scheffer, 2009). Zur Entstehung impliziter und expliziter Motive hat sich gezeigt, dass das implizite Motivsystem bereits vor der Entwicklung der Sprache und somit größtenteils von der Geburt an existiert. Zudem sind implizite Motive introspektiv zugänglich und wirken eher auf spontanes sowie langfristiges Verhalten ein. Das explizite Motivsystem scheint sich im Gegensatz dazu erst während der individuellen Entwicklung eines Menschen und vor allem während der Entwicklung des sprachbasierten Selbstkonzepts auszuprägen (vgl. Scheffer, 2009). Im Gegensatz zu den impliziten sind die expliziten Motive direkt messbar, können vom Individuum kontrolliert sowie reflektiert werden und haben auf kurzfristige Entscheidungen einen Einfluss. Des Weiteren haben diverse Untersuchungen zur Messung von Motiven gezeigt, dass die beiden Motivsysteme weitgehend unabhängig voneinander sind.

Anreiz und Erwartung
Zwei weitere Konzepte, die im Rahmen von Motivationstheorien eine wesentliche Rolle spielen, sind Erwartung und Anreiz. Die subjektive Erwartung wird als wahrgenommene Chance definiert, dass sich aus einer Situation ein bestimmter Zielzustand ergibt (vgl. Beckmann & Heckhausen, 2006). Sie gilt damit als „subjektive Vorwegnahme eines Ereignisses" (Rudolph, 2009, S. 21). Formuliert eine Person subjektive Erwartungen hinsichtlich einer Aufgabe, so werden diese in Abhängigkeit von der Aufgabenschwierigkeit und der erforderlichen Anstrengung getroffen (vgl. Rudolph, 2009). Der Anreiz oder auch der Wert ist notwendig, um ein bestimmtes Verhalten auszulösen:
„Anreiz ist ein Konstrukt, das situative Reize bezeichnet, die einen Motivationszustand anregen können. Im Kern dieses Konstrukts stehen dabei affektive Reaktionen, die eine grundlegende (basale) Bewertung vornehmen" (Beckmann & Heckhausen, 2006, S. 106).
Das Zusammenspiel von Anreiz und Erwartung determiniert schließlich das Motivationsgeschehen. Während einige Motivationstheorien den Schwerpunkt entweder auf die Erwartung oder den Anreiz legen, integrieren aktuelle Theorien beide Konzepte zu Erwartungs-Wert-Theorien. Im Folgenden wird ein Überblick über Erwartungs-Wert-Theorien gegeben, die sowohl in der soziologischen als auch in der pädagogisch-psychologischen Forschung Anwendung finden.

4.2 Soziologische Perspektive: Rational-Choice-Theorie

Zur Erklärung individuellen Handelns lassen sich in verschiedenen Disziplinen Ansätze heranziehen. In der Soziologie werden auf Basis der *Rational-Choice-*Theorie (RCT) über individuelle Handlungen gesellschaftliche Gegebenheiten erklärt. Auch zur Erklärung von Bildungsentscheidungen und Bildungsungleichheit wird die RCT genutzt (vgl. Stocké, 2012). Dabei ist die Grundannahme der RCT, dass menschliches Handeln zweckgerichtet ist und ein Ergebnis rationaler Entscheidungen darstellt (vgl. Diefenbach, 2009). Damit Individuen zweckgerichtete rationale Entscheidungen, beispielsweise bezogen auf ein elterliches Engagement in der Schule und zu Hause, treffen können, müssen sie über gewisse Ressourcen verfügen. Das bedeutet, dass mindestens zwei Handlungsalternativen gegeben sein müssen, von denen in der Regel die Alternative gewählt wird, mit der das eigene Ziel am besten zu erreichen ist. Nach Diekmann und Voss (2004) lassen sich drei übergeordnete Bausteine der *Rational-Choice*-Theorie nennen. Zunächst stellen die Akteure die Basis dar. Der zweite Baustein besteht darin, dass diese Akteure Ressourcen besitzen bzw. auch Restriktionen unterliegen, mit denen sie je nach Präferenz aus mindestens zwei Alternativen eine Wahl treffen. Zudem beinhaltet die RCT Entscheidungsregeln, mit Hilfe derer zu klären ist, welche Wahl eine Person bei gegebenen Präferenzen und Ressourcen treffen wird (vgl. Diekmann & Voss, 2004). Hierbei können unter anderem die Minimax- und die Maximax-Entscheidungsregel unterschieden werden, die im Folgenden noch skizziert werden. Zunächst gilt es aber, den allgemeinen Prozess der Entscheidung oder der Wahl, der sich in drei Schritten vollzieht, zu beschreiben: Der Akteur definiert zunächst die Handlungssituation, indem auf Vorerfahrungen und ähnliche Situationen zurückgegriffen wird (vgl. Diefenbach, 2009). Der jeweiligen Handlungssituation kann nun entweder mit Routinen oder einer bewussten Handlungsentscheidung begegnet werden (vgl. Esser, 1996a; Kroneberg, 2007). Hierzu stehen dem Akteur nun offene (= Handlungsalternativen) oder eingeschränkte (= Restriktionen) Alternativen zur Verfügung. In einem zweiten Schritt folgt eine Abwägung der Kosten und Nutzen von Handlungsmöglichkeiten. Zudem muss berücksichtigt werden, wie wahrscheinlich es ist, dass sich eine bestimmte Handlungsalternative umsetzen lässt. Der dritte Schritt umfasst schließlich die Wahl einer Alternative unter Berücksichtigung der genannten Entscheidungsregeln. Zum einen kann der Akteur eine Entscheidung auf Grundlage des Maximierungsprinzips treffen (Maximax-Regel) und somit die Handlungsalternative auswählen, die den größten subjektiv erwarteten Nutzen aufweist (vgl. Diefenbach, 2009; Lave & March, 1975). Zum anderen ist es aber auch möglich, dass ein eher pessimistischer Akteur jeweils die ungünstigsten zu erwartenden Ereignisse betrachtet und zum Ziel hat, auch unter diesen eher ungünstigen Bedingungen das maximale Ergebnis zu erhalten bzw. die bestmögliche Entscheidung zu treffen (vgl. Lave & March, 1975). Das bedeutet, dass dieser Akteur diejenige Handlungsalternative wählt, die im schlechtesten oder ungünstigsten Fall zu dem besten Ergebnis führt (Minimax-Regel). Ein Akteur, der sich rational aus Gründen der Nutzenmaximierung für eine Handlungsalternative entscheidet, lässt sich gut mit dem RREEMM-Modell nach Lindenberg (1985) beschreiben: Der Akteur gilt als *resourceful* (besitzt verschiedene Handlungsmöglichkeiten sowie materielle und mentale Ressourcen), *restricted* (ist in seinen Handlungsmöglichkeiten beschränkt), *evaluating* (analysiert und bewertet vorhandene Handlungsalternativen), *expecting* (hat Erwartungen bezüglich des Eintretens bestimmter Handlungsmöglichkeiten) und *maximizing* (versucht, den Nutzen zu maximieren).

Insgesamt bildet der beschriebene Prozess, der zu einer Handlungsentscheidung führt, die SEU-Theorie (= *subjective expected utility*), die im deutschsprachigen Raum besser als Wert-Erwartungstheorie bekannt ist (vgl. Diefenbach, 2009; Esser, 1996b). Die beschriebene SEU-Theorie geht auf von Neumann und Morgenstern (1944) zurück, die im Rahmen ihrer Arbeiten zur Spieltheorie Erwartungs-Nutzen-Komponenten verwendet haben. Savage (1954) hat auf diesen Ansatz zurückgegriffen und erweitert, indem er die Nutzenkomponenten und die Wahrscheinlichkeiten multipliziert und über die vorhandenen Handlungskonsequenzen addiert hat. Die SEU-Theorie gilt inzwischen als „Kerntheorie im Rahmen der RCT" (Diefenbach, 2009, S. 250) und findet auch im Grundmodell der soziologischen Erklärung, das zur Erklärung gesellschaftlicher Phänomene herangezogen wird, Berücksichtigung (vgl. Coleman, 1991; Esser, 1996b). Dieses Modell soll im Folgenden kurz skizziert werden (vgl. Abbildung 4).

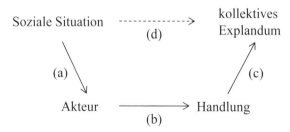

Abbildung 4: Das Grundmodell der soziologischen Erklärung (Esser, 1996b, 98)

Esser (1996b) geht in dem Modell zur Erklärung eines gesellschaftlichen Phänomens (= kollektives Explandum) auf drei Logiken ein: Die Logik der Situation (a), die Logik der Selektion (b) und die Logik der Aggregation (c). Zunächst wirkt die soziale Situation auf den Akteur (a), welche dabei durch den Akteur subjektiv definiert wird. Im Rahmen des zweiten Schrittes werden Handlungsalternativen selektiert und eine Handlung vollzogen (b). Schließlich wird in einem dritten Schritt die individuelle Handlung auf die Makroebene zurückgeführt (vgl. Esser, 1996b). Daraus folgt: „Die drei Schritte können damit insgesamt als eine Makro-Mikro-Makro-Erklärung bezeichnet werden" (Esser, 1996b, S. 97).

Neben der SEU-Theorie finden sich im Rahmen des *Rational-Choice*-Ansatzes weitere Varianten bzw. Modelle, die in Abhängigkeit der empirischen Fragestellung zur Anwendung kommen. Grundsätzlich kann eine Differenzierung zwischen einer engen (oder auch harten) und einer weiten (oder auch weichen) Variante der *Rational-Choice*-Theorie vorgenommen werden (vgl. Diekmann & Voss, 2004; Goldthorpe, 1998; Opp, 1999).

Die enge Version der *Rational-Choice*-Theorie hat ihren Ursprung in der neoklassischen Ökonomie. Dieser Variante liegt die Annahme zugrunde, dass Menschen eher egoistisch handeln und somit egoistische Präferenzen als erklärende Faktoren gelten. Die Vielfalt menschlicher Motive wird damit außer Acht gelassen (vgl. Opp, 2004). Zur Erklärung des individuellen Handelns werden die jeweiligen Präferenzen und Restriktionen durch Zusatzannahmen eingeschränkt: Es werden in erster Linie materielle und objektive Restriktionen auf Einstellungen und Handlungsweisen berücksichtigt (vgl. Bamberg, Davidov & Schmidt, 2008; Opp, 1999). Zudem wird im Rahmen der engen Version der RCT angenommen, dass Menschen bezüglich ihrer Umwelt und den objektiven Verhaltensrestriktionen umfassend informiert sind, sodass die subjektive Verarbeitung von Umwelteinflüssen und Wahrnehmungen vernachlässigt werden können (vgl. Opp, 2004). Ein Vorteil dieser engen oder harten Variante besteht nach Diekmann und Voss (2004) darin, „[…] dass sie bezüglich der Annahme sparsam sind und dass Variablen zum Beispiel in monetären Einheiten leicht gemessen werden können" (Diekmann & Voss, 2004, S. 19). Der Nachteil von Modellen der engen Variante ist hingegen, dass sie häufig falsifiziert werden und damit das jeweilige Handeln nicht erklärt werden kann (vgl. Diekmann & Voss, 2004).

Im Gegensatz zur engen kommt die weite Variante der *Rational-Choice*-Theorie aus der Soziologie. Hierbei werden vor allem subjektive Präferenzen und Restriktionen herangezogen, um rationales Handeln zu erklären. Die Vielfalt menschlicher Motive findet damit also Berücksichtigung, was auch bedeutet, dass Akteure nicht vollständig über die Umwelt informiert sein müssen (vgl. Bamberg et al., 2008; Opp, 1999). Im Hinblick auf die Modelle der weiten oder weichen Variante der RCT resümieren Diekmann und Voss (2004): „Die Modelle werden dadurch [durch die Aufnahme von Nutzenargumenten] „realistischer", aber gleichzeitig besteht die Gefahr, dass die Theorie durch die Hinzufügung immer weiterer Nutzenkomponenten gegenüber empirischer Kritik immunisiert wird" (Diekmann & Voss, 2004, S. 20).

Eine Gegenüberstellung der wesentlichen Merkmale der engen und weiten Version der *Rational-Choice*-Theorie ist in der nachfolgenden Tabelle 3 dargestellt.

Tabelle 3: Vergleich enge und weite Version der RCT (Opp, 2004, S. 46)

Annahmen der engen Version	Annahmen der weiten Version
(1a) Nur egoistische Präferenzen sind erklärende Faktoren.	(1b) Alle Arten von Präferenzen kommen als erklärende Faktoren in Betracht.
(2a) Nur materielle Restriktionen sind zu berücksichtigen.	(2b) Alle Arten von Restriktionen sind zu berücksichtigen.
(3a) Menschen sind vollständig informiert.	(3b) Menschen brauchen nicht vollständig informiert zu sein.
(4a) Nur objektive Restriktionen sind bei Erklärungen zu berücksichtigen.	(4b) Sowohl wahrgenommene als auch objektive Restriktionen sind bei Erklärungen von Bedeutung.
(5a) Nur Restriktionen erklären Verhalten.	(5b) Restriktionen und/oder Präferenzen sind für die Erklärung von Verhalten bedeutsam.

In Bezug auf die praktische Anwendung der engen und weiten RCT haben Bamberg et al. (2008) am Beispiel der Erklärung der Wahl individueller Verkehrsmittelwahl zeigen können, dass die Anwendung der engen *Rational-Choice*-Theorie bei Evaluationsstudien problematisch ist. Vor allem die restriktiven Annahmen führen dazu, dass wesentliche Faktoren, die zu der Wahl eines bestimmten Verkehrsmittels führen, außer Acht gelassen werden (vgl. Bamberg et al., 2008).

Über die Differenzierung zwischen einer engen und weiten Variante der RCT hinaus, unterscheidet Goldthorpe (1998) zudem die Dimensionen situativ-prozedural und spezifisch-generell (vgl. Abbildung 5).

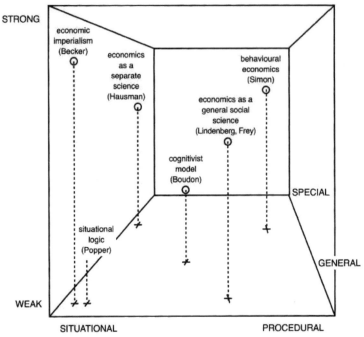

Abbildung 5: Varianten der *Rational-Choice*-Theorie nach Goldthorpe (1998, S. 178)

Die unterschiedlichen Varianten der RCT, die in diesem Kontext nicht im Detail beschrieben werden sollen, lassen sich anhand dieses Rasters charakterisieren und einordnen. Beispielsweise stellt Poppers Theorie der sozialen Situation bzw. sein Ansatz der Situationslogik eine eher generelle, situative und gleichzeitig weiche Version der *Rational-Choice*-Theorie dar. Im Gegensatz dazu lassen sich die Arbeiten von Gary Becker zum ökonomischen Imperialismus eher der harten, generellen und situativen Version der *Rational-Choice*-Theorie zuordnen:

> „All social action can be viewed from the standpoint of individuals maximizing their utility from a stables set of preferences and accumulating optimal amounts of information and other inputs to the multiple markets, monetized or not, in which they are involved" (Goldthorpe, 1998, S. 175f.).

Als eine weitere „Extremposition" kann beispielshaft der Ansatz von Simon zur „begrenzten Rationalität" genannt werden, der auf der Annahme basiert, dass Entscheidungen von ökonomischen Akteuren aufgrund komplexer Rahmenbedingungen nicht objektiv und sicher getroffen werden können. Somit plädiert Simon für ein breiteres Verständnis von Rationalität und fordert, dass auch Charakteristika von ökonomischen Akteuren berücksichtigt werden (vgl. Simon, 1959; Simon, 1979). Dieser Ansatz lässt sich in dem Schema von Goldthorpe (1998) als prozedurale, spezifische und etwas abgeschwächte enge Variante bezeichnen. Insgesamt kann nach Goldthorpe (1998) zu den verschiedenen Varianten der *Rational-Choice*-Theorie festgehalten werden:

„Sociologists, I have then maintained, will tend to be best served by a form of RAT that has rationality requirements of intermediate strength, that has a primarily situational emphasis and that aims to be a theory of a special, although at the same time a privileged, kind" (Goldthorpe, 1998, S. 186).

Zusammenfassend lässt sich sagen, dass mit der *Rational-Choice*-Theorie und dabei vor allem mit der SEU-Theorie eine Möglichkeit besteht, das Handeln von Akteuren zu erklären. Durch die rationale Abwägung von Kosten und Nutzen wählen Akteure häufig die Handlungsalternative, die entweder den größtmöglichen Gesamtnutzen aufweist oder beispielsweise in einer ungünstigen Situation zu einem bestmöglichen Ergebnis führt.

Übertragen wir die SEU-Theorie auf das Thema der vorliegenden Arbeit, so kann einerseits davon ausgegangen werden, dass sich Eltern dann engagieren, wenn sie durch ihre Partizipation in einem bestimmten Bereich für sich oder für ihr Kind einen größtmöglichen Nutzen erwarten. Denkbar wäre zum Beispiel, dass sich Eltern vor allem lernbezogen engagieren, da sich von einem Engagement in diesem Bereich den höchsten Nutzen für ihr Kind erwarten. Andererseits kann es aber auch im Hinblick auf die Minimax-Regel möglich sein, dass beispielsweise Eltern, die sich gerne konzeptionell engagieren würden, sich aber aufgrund sprachlicher Barrieren wenig zutrauen, eher organisatorisch bei Schulfesten mithelfen. Diese Eltern würden also die Alternative wählen, die aufgrund ihrer Situation und den subjektiv wahrgenommenen Hemmschwellen, welche die beste Wahl darstellt und zu einem zufriedenstellenden Ergebnis führt.

Nachdem ein zentraler Erklärungsansatz aus soziologischer Perspektive dargestellt wurde, wird im folgenden Kapitel auf die psychologische Perspektive eingegangen. Hier steht die Erwartungs-Wert-Theorie nach Eccles et al. (1983) bzw. Eccles und Wigfield (2002) zur Vorhersage und Erklärung einer Wahlentscheidung im Vordergrund.

4.3 Psychologische Perspektive: Erwartungs-Wert-Theorie

Zur Erklärung motivationalen Verhaltens und Handelns werden verschiedene kognitive Ansätze herangezogen. Ein Ansatz, der eine längere Tradition hat und sich inzwischen in der pädagogischen Psychologie etabliert hat, ist die Erwartungs-Wert-Theorie als Prozesstheorie der Motivation. Mit Hilfe der Erwartungs-Wert-Theorie wird allgemein versucht, die Motivation individuellen Verhaltens und Handelns zu erklären. Dabei greift die Theorie auf die Konzepte von Erwartung (wie wahrscheinlich ist es, dass ich ein bestimmtes Ziel erreiche?) sowie Wert (welchen Wunsch/Anreiz verbinde ich mit diesem Ziel?) zurück und integriert diese beiden Dimensionen in einer Theorie (vgl. Rudolph, 2009).

Im Folgenden wird zunächst auf Atkinsons Ansatz zur Erklärung von leistungsmotiviertem Verhalten im Rahmen seines Risiko-Wahl-Modells eingegangen. Auf dieser Grundlage erfolgt anschließend die Darstellung der Erwartungs-Wert-Theorie nach Eccles und Wigfield (2002).

4.3.1 Atkinson: Risiko-Wahl-Modell

Das Risiko-Wahl-Modell wurde von Atkinson (1957) entwickelt, um die Leistungsmotivation von Personen zu erklären. Er greift dabei auf die Theorie der resultierenden Valenz von Lewin, Dembo, Festinger und Sears (1944) zurück. Diese haben versucht zu erklären, wie Personen das Anspruchsniveau in Bezug auf eine Aufgabe wählen. Der Grundgedanke ihrer Überlegungen ist, dass bei der Wahl einer bestimmten Aufgabe ein sogenannter „Annäherungs-Vermeidungs-Konflikt" besteht. Damit ist gemeint:

> „Eine Annäherungstendenz liegt vor, weil ein möglicher Erfolg als positiv erlebt und daher aufgesucht wird; eine Vermeidungstendenz resultiert aus einem möglichen Misserfolg (Annäherungs- vs. Vermeidungsmotivation)" (Rudolph, 2009, S. 25).

Dieser Annahme von Lewin et al. (1944) liegen die beiden Konstrukte Erwartung und Wert zugrunde, die durch die Begriffe Potenz und Valenz dargestellt sind. Nach Lewin et al. (1944) wird sowohl die positive Valenz (zukünftiger Erfolg) als auch die negative Valenz (zukünftiger Misserfolg) von verschiedenen Merkmalen beeinflusst.[16] Einer der einflussnehmenden Faktoren ist demzu-

---

16 Der Begriff der Valenz nach Lewin et al. (1944) beschreibt den motivationalen Wert des Erfolgs.

folge das Anspruchsniveau einer Aufgabe. Bei einem hohen Anspruchsniveau ist davon auszugehen, dass die positive Valenz von Erfolg ansteigt, während ein eher niedriges Anspruchsniveau eine stärkere negative Valenz von Misserfolg zur Konsequenz hat (vgl. Lewin et al., 1944). Daraus kann abgeleitet werden, dass Aufgaben mit einem hohen Anspruchsniveau insgesamt die bessere Wahl darstellen, um Erfolg zu erreichen und Misserfolg zu vermeiden. Eine Aufgabe mit einem hohen Schwierigkeitsgrad kann jedoch nicht in jeder Situation angemessen sein, sodass Lewin et al. (1944) zusätzlich die Potenz (= Erwartung oder subjektive Wahrscheinlichkeit) und somit die Frage danach, ob die Aufgabe mit einem gewissen Anspruchsniveau überhaupt bewältigt werden kann, berücksichtigt haben. Durch die Erfolgserwartung findet eine Gewichtung zwischen positiver und negativer Valenz mit einer bestimmten Wahrscheinlichkeit statt. Werden schließlich die positive bzw. negative Valenz mit der Erfolgswahrscheinlichkeit bzw. Misserfolgswahrscheinlichkeit multipliziert, ergibt sich jeweils eine Kraft. Die Summe aus beiden Kräften gilt schließlich als resultierende Kraft. Anhand einer Formel lässt sich dies wie folgt darstellen (Beckmann & Heckhausen, 2006, S. 131):

$$Va_r = (Va_e \times W_e) + (Va_m \times W_m)$$

Erläuterung der Buchstaben:

Va_r = resultierende Valenz, Va_e = Erfolgsvalenz, Va_m = Misserfolgsvalenz
W_e = Erfolgswahrscheinlichkeit, W_m = Misserfolgswahrscheinlichkeit

Übertragen auf die Wahl einer Aufgabe bedeutet dies, dass das Anspruchsniveau einer Aufgabe gewählt wird, bei der das Resultat aus Erwartung und Wert am größten ist, was häufig die Wahl mittelschwerer Aufgaben zur Folge hat. Mit Hilfe der Theorie der resultierenden Valenz, die sich ausschließlich auf Merkmale der jeweiligen Situation bezieht, lässt sich also beschreiben, wann ein Leistungsergebnis als Erfolg oder Misserfolg erlebt wird und warum es bei Individuen zur Anspruchsniveauverschiebung kommt.

Atkinson (1957) greift auf die Theorie der resultierenden Valenz von Lewin et al. (1944) zurück. Er berücksichtigt im Rahmen seines Risiko-Wahl-Modells auch die beiden situationsabhängigen Faktoren, nämlich die Erwartungen und die Anreize von Erfolg und Misserfolg (vgl. Urhahne, 2002). Im Gegensatz zu Lewin et al. (1944) verwendet Atkinson (1957) allerdings nicht mehr den Begriff der Valenz, sondern beschreibt den Wert von Erfolg und Misserfolg mit dem Begriff des Anreizes (vgl. Beckmann & Heckhausen, 2006). Zusätzlich, und dies stellt eine Weiterentwicklung der Theorie der resultierenden Valenz dar, erklärt Atkinson leistungsmotiviertes Verhalten mit Hilfe von zwei stabilen Personvariablen: dem Motiv, Erfolg zu erreichen (= Erfolgsmotiv) und dem Motiv, Misserfolg zu vermeiden (= Misserfolgsmotiv). Diese beiden Motive können wie folgt definiert werden:

„Das Motiv, Erfolg zu erzielen, wird definiert als Fähigkeit zum Erleben von Stolz über die erbrachte Leistung und umgekehrt das Motiv, Misserfolg zu vermeiden, als Fähigkeit zum Erleben von Scham über das Verfehlen eines angestrebten Ziels" (Urhahne, 2002, S. 49).

Leistungsmotiviertes Verhalten ist nach Atkinson (1957) dementsprechend nicht nur durch situationsabhängige Faktoren beeinflusst, sondern auch durch Emotionen (Stolz vs. Scham).

Um Erfolg zu erreichen und Misserfolg zu vermeiden, bildet Atkinson (1957) Formeln, die das Konstrukt des Risiko-Wahl-Modells beschreiben und schließlich zur Erklärung leistungsmotivierten Verhaltens beitragen. Es lassen sich zunächst zwei Motivationstendenzen ausmachen: eine erfolgsaufsuchende (T_e) sowie eine misserfolgsmeidende (T_m) Tendenz, wobei die Misserfolgstendenz aufgrund des negativen Misserfolgsanreizes grundsätzlich negativ ist. Diese beiden Tendenzen stellen jeweils das Produkt von Motiv (Erfolgsmotiv = M_e und Misserfolgsmotiv = M_m), Erwartung (Erfolgswahrscheinlichkeit = W_e und Misserfolgswahrscheinlichkeit = W_m) sowie Anreiz (Erfolgsanreiz = A_e und Misserfolgsanreiz = A_m) dar.

$$T_e = M_e \times A_e \times W_e \qquad \text{und} \qquad T_m = M_m \times A_m \times W_m$$

(Beckmann & Heckhausen, 2006, S. 131)

Die resultierende Tendenz (T_r) bildet sich schließlich aus der Summe der beiden beschriebenen motivationalen Tendenzen T_e und T_m ($T_r = T_e + T_m$). Eine Person in einer Leistungssituation wird schließlich mit beiden Tendenzen konfrontiert. Zu berücksichtigen ist, dass das Misserfolgsmotiv als hemmende Kraft wirkt und somit die resultierende Tendenz negativ ist, wenn das Erfolgsmotiv schwächer ist als das Misserfolgsmotiv. In dem Fall wird eine Person die Wahl einer Aufgabe eher meiden (vgl. Beckmann & Heckhausen, 2006). Um auch der Tatsache Rechnung zu tragen, dass sich auch misserfolgsängstliche Personen gewissen Aufgaben stellen und sich somit in Leistungssituationen begeben, hat Atkinson (1957) zusätzlich extrinsische Faktoren (T_{ex}) wie Belohnungen angenommen. „Diese zusätzlichen Motivationen bewegen trotz der resultierenden Meiden-Tendenz die Person, die Aufgabe in Angriff zu nehmen" (Beckmann & Heckhausen, 2006, S. 132). Das Leistungsverhalten bzw. die resultierende Tendenz setzt sich damit wie folgt zusammen: $T_r = T_e + T_m + T_{ex}$. Eine Person wird sich damit gegebenenfalls trotz der Tatsache, dass das Misserfolgsmotiv überwiegt, für eine Aufgabe aufgrund der extrinsischen Motivation entscheiden. Das bedeutet, dass sich eine Person trotz der negativen resultierenden Tendenz einer Leistungsanforderung stellt, um beispielsweise einem sozialen Ausschluss zu entgehen (vgl. Beckmann & Heckhausen, 2006).

In der folgenden Abbildung 6 ist das Risiko-Wahl-Modell mit den einzelnen Konstrukten nochmals dargestellt.

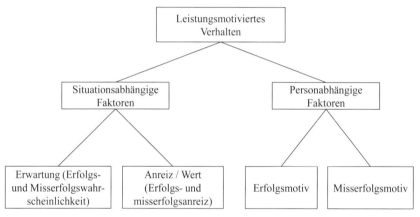

Abbildung 6: Risiko-Wahl-Modell in Anlehnung an Atkinson (1957; 1964)

Es lässt sich zusammenfassen, dass Atkinson (1957), aufbauend auf den Arbeiten zur Theorie der resultierenden Valenz (vgl. Lewin et al., 1944), durch das Risiko-Wahl-Modell und die Einführung stabiler Persönlichkeitsmerkmale (Erfolgs- und Misserfolgsmotiv) einen wesentlichen Beitrag zur Leistungsmotivationsforschung geleistet hat. Vor allem die Diskussion um Erwartungs-Wert-Modelle wurde durch Atkinsons Theorie nachhaltig beeinflusst und dient als Grundlage für aktuelle Erwartungs-Wert-Ansätze.

Kritik und damit Modifizierungsbedarf gab es hinsichtlich des Modells beispielsweise aufgrund der Tatsache, dass sich Atkinson in erster Linie auf die leistungsthematische Aufgabenwahl bezieht und die Anwendbarkeit damit relativ eingeschränkt ist (vgl. Beckmann & Heckhausen, 2006). Des Weiteren wurde die Annahme, dass die Erfolgserwartung sowie der Wert einer Aufgabe negativ korrelieren, kritisch betrachtet und auch widerlegt (vgl. Beckmann & Heckhausen, 2006; Eccles et al., 1983).

Im Folgenden wird die Erwartungs-Wert-Theorie nach Eccles und Wigfield (2002) dargestellt, die als theoretische Grundlage für die Erklärung, ein bestimmtes Verhalten zu zeigen oder eine Entscheidung zu treffen, dient und in der vorliegenden Arbeit zur Erklärung der Motivstrukturen von Elternarbeit herangezogen wird.

4.3.2   Erwartungs-Wert-Modell nach Eccles und Wigfield (2002)

Die Erwartungs-Wert-Theorie geht, wie bereits im vorhergehenden Kapitel dargestellt, maßgeblich auf den Psychologen John W. Atkinson (1957, 1964) zurück, der das erste formale Erwartungs-Wert-Modell entwickelt hat, um die Leistungsmotivation von Personen zu erklären. Die Annahme von Atkinson, dass das Verhalten eines Individuums durch stabile Personenmerkmale (z.b. dem Leistungsmotiv) und situative Faktoren (Anreiz und Schwierigkeitsgrad einer Aufgabe sowie subjektive Erwartung die Aufgabe zu bewältigen) bestimmt wird, greift Jacquelynne S. Eccles in den 1970er Jahren auf. Sie entwickelt Atkinsons Ansatz mit verschiedenen Kolleginnen und Kollegen weiter und integriert weitere theoretische Konstrukte. Nach Eccles et al. (1983) ist Atkinsons Konzept nicht ausführlich genug und bezieht sich zu stark auf die Eigenschaften einer Aufgabe (vgl. Eccles et al., 1983). Nach Auffassung von Eccles und Kollegen sind vor allem die subjektiven Interpretationen von Leistungsergebnissen sowie situationsspezifische Ergebnisqualitäten (Interesse) und die persönliche Bedeutsamkeit (Wichtigkeit) relevant, wenn es um das zukünftige Verhalten in Leistungssituationen geht. Die Erweiterung des Erwartungs-Wert-Modells um den Aspekt der Attribution geht vor allem auf die Arbeiten von Weiner (1985) zurück. Der Einfluss der motivationalen Dispositionen ist bei Eccles weniger relevant, da, im Gegensatz zu Atkinson, verstärkt auf kognitive und soziale Gründe fokussiert wird, die Personen zu Bildungs- und Leistungsentscheidungen führen. Das erweiterte Erwartungs-Wert-Modell von Eccles et al. (1983), welches in der pädagogisch-psychologischen Forschung zur Erklärung schulischer Leistungssituationen weit verbreitet ist (vgl. Abschnitt 4.3.3), berücksichtigt demnach Kognitionen, Attributionen und Emotionen, die einer Wahlentscheidung zugrunde liegen (vgl. Eccles et al., 1983). Das Erwartungs-Wert-Modell stützt sich wesentlich auf die Annahme, dass sich die Motivation, ein bestimmtes Verhalten zu zeigen oder eine Entscheidung zu treffen, aus dem Produkt des Werts der Verhaltenskonsequenz und der subjektiven Erwartung ergibt.

Zur Analyse der Motivstrukturen von Elternarbeit sind besonders die subjektiven Werte und die Erfolgserwartung des Modells zentral. Um dennoch einen Überblick über das komplette Erwartungs-Wert-Modell zu erhalten, werden nachfolgend wesentliche Zusammenhänge dargestellt. Ausführlicher wird anschließend auf den spezifischen Teil des Modells eingegangen, der sich auf die Werte, die Erfolgserwartung und die resultierende Handlung bezieht.

Insgesamt sind in dem Erwartungs-Wert-Modell elf übergeordnete Dimensionen enthalten (vgl. Abbildung 7). Unter dem kulturellen Milieu (1) fassen Eccles und Wigfield (2002) Geschlechtsstereotypen, kulturelle Stereotypen sowie berufliche Charakteristika und den familiären Hintergrund. Das kulturelle Milieu beeinflusst drei Dimensionen: Überzeugungen sowie Verhalten der Sozialisationspersonen (2), bisherige leistungsbezogene Erfahrungen (4), die durch Fähigkeiten des Kindes beeinflusst sind (3), sowie die kindlichen Wahrnehmungen (beispielsweise hinsichtlich Geschlechterrollen und Betätigungsstereotypen) (5). Ausgehend von den Wahrnehmungen des Kindes besteht ein Einfluss auf die Ziele und das generalisierte Selbstschemata des Kindes (6). Auf diesen Faktor haben unter anderem folgende Dimensionen einen Einfluss: Überzeugungen sowie Verhalten von Sozialisationspersonen (2), Interpretationen vergangener Ereignisse durch das Kind (8) und emotionale Erinnerungen (9). Von dem Faktor Ziele und generalisiertes Selbstschemata (6) führt ein Pfeil zum einen zur Erfolgserwartung (7) und zum anderen zum subjektiven Wert (10), welcher in Zielerreichungswert, intrinsisches Interesse, extrinsischer Nutzenwert und einen Kostenfaktor unterteilt ist (vgl. Fischer, Radisch & Stecher, 2007). Die Erfolgserwartung und der subjektive Aufgabenwert beeinflussen sich gegenseitig und haben jeweils einen Einfluss auf die Entscheidung bzw. Handlung (11). Insgesamt zeigt sich also, dass die Erfolgserwartung und die subjektiven Werte von verschiedenen Mediatoren beeinflusst werden.

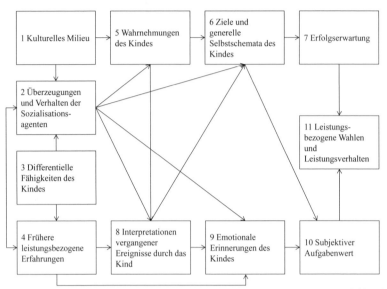

Abbildung 7: Vereinfachtes und übersetztes Erwartungs-Wert-Modell (Fischer, Radisch & Stecher, 2007, S. 265)

Im Laufe der Jahre haben Eccles und ihre Kolleginnen und Kollegen ihr Erwartungs-Wert-Modell mehrfach modifiziert. In ihrem ersten Modell (1983) wird zwischen den Faktoren „*task value*" und „*expectancy*" unterschieden, die einen direkten Einfluss auf das Verhalten und die Entscheidung haben. In Abbildung 8 wird die aktuelle Darstellung des Erwartungs-Wert-Modells von 2002 gezeigt, in der unter anderem Begrifflichkeiten – im Vergleich zum Ausgangsmodell – verändert und neue Pfade hinzugefügt wurden (vgl. Eccles & Wigfield, 2002).

Die wesentliche Veränderung, die Eccles und Wigfield (2002) vorgenommen haben, bezieht sich auf die Unterscheidung von vier Aspekten der „*subjective task values*", die die Bildungsentscheidungen beeinflussen: *attainment value, interest-enjoyment value*[17]*, utility value* und *relative cost* (vgl. Eccles & Wigfield, 2002). Die Wertkomponente, definiert durch diese vier Aspekte, bestimmt somit die Bedeutung des Werts, die eine Person einer Aufgabe zumisst. Nach Eccles und Wigfield (2002) zeigt sich eine Bedeutungssteigerung des Werts, wenn die Aufgabe...

---

17 In dem Erwartungs-Wert-Modell (vgl. Abbildung 8) wird diese Wertkomponente als *interest-enjoyment value* bezeichnet. Eccles und Wigfield (2002) beschreiben diese Dimension weiterführend als *intrinsic value*, sodass diese Bezeichnung in der vorliegenden Arbeit genutzt wird.

- eine persönliche Bedeutung hat, mit dem Selbstbild und den eigenen Zielen übereinstimmt (*attainment value*),
- Vergnügen und Freude bereitet (*intrinsic value*),
- nützlich für die Erreichung der eigenen Ziele ist (*utility value*) sowie
- mit wenig Aufwand und geringen (emotionalen) Kosten verbunden ist (*relative cost*).

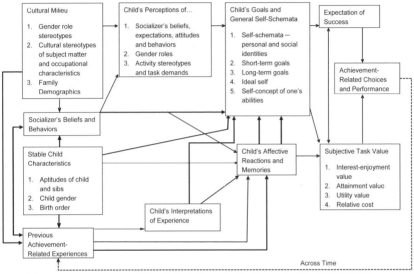

Abbildung 8: Erwartungs-Wert-Modell nach Eccles und Wigfield (2002, S. 119)

Diese vier subjektiven Wertkomponenten basieren auf verschiedenen theoretische Arbeiten. Im Hinblick auf die erste Wertkomponente, persönliche Bedeutung (*attainment value*), wird beispielsweise vor allem auf die Ausführungen von Rokeach (1979), Feather (1988) sowie Crandall, Katovsky und Preston (1962) Bezug genommen. Der Zielerreichungswert ist durch die individuell wahrgenommene Wichtigkeit einer Aufgabe gekennzeichnet. Konkret bedeutet dies: „Bei einer Aufgabe zeigt sich der Zielerreichungswert daran, ob sie geeignet erscheint, bestimmte wertgeschätzte Eigenschaften des Selbst zur Geltung kommen zu lassen […]" (Urhahne, 2002, S. 60). Dass eine Aufgabe eher wahrgenommen wird, wenn diese mit dem Selbstbild übereinstimmt und Aspekte des Selbstkonzepts umfasst, zeigen beispielsweise Markus und Wurf (1987).

Die Komponente des intrinsischen Werts (*intrinsic value*) zielt einerseits auf den Spaß und andererseits auf das persönliche Interesse an der Aufgabe ab. Die Dimension basiert zum einen auf dem Konstrukt der intrinsischen Motivation, definiert von Harter (1981) sowie von Deci und Ryan (1985). Zum anderen beziehen sich Eccles und Wigfield (2002) auf Befunde von Csikszentmihalyi (1988) und Schiefele (1999) zum Konstrukt Interesse. Die Wertkomponente *intrinsic value* beinhaltet demnach theoretische Aspekte der intrinsischen Motivation und des Konstrukts Interesse.

Der Nutzen (*utility value*) „[…] is determined by how well a task relates to current and future goals, such as career goals" (Eccles & Wigfield, 2002, S. 120). Ausgehend von dieser Definition geht eine Person einer bestimmten Aufgabe nach, weil diese für die Erreichung zukünftiger Ziele wichtig ist. Der Nutzen der ausgeführten Aufgabe ist damit weniger auf das Ergebnis, sondern eher auf die Folgen einer Handlung ausgerichtet. Zudem muss das Interesse, die Aufgabe für sich selbst zu bewältigen bzw. eine Handlung auszuführen, hierbei nicht im Vordergrund stehen. Die Gründe, der Aufgabe nachzugehen, sind daher eher extrinsisch motiviert (vgl. Deci & Ryan, 1985; Harter, 1981).

Die vierte Wertkomponente, die relativen Kosten (*relative cost*), wird „[…] as a critical component of value" (Eccles & Wigfield, 2002, S. 120) identifiziert. Hierunter werden alle negativen Kosten subsumiert, die eine Option mit sich bringen kann, wie Anstrengung, Versagensängste oder Opportunitätskosten durch das Auslassen einer Alternative. Aber auch Kosten finanzieller oder zeitlicher Art werden dazu gezählt. Eine Person wird daher am ehesten eine Handlung ausführen, wenn die Kosten möglichst gering gehalten werden.

Neben den vier subjektiven Wertkomponenten ist die Erfolgserwartung (*expectation of success*) für die Wahlentscheidung von Bedeutung. Diese wird von Eccles und Wigfield (2002) „[…] as individuals' beliefs about how well they will do on upcoming tasks, either in the immediate or longer-term future" (Eccles & Wigfield, 2002, S. 119) definiert. Die Annahme ist in diesem Kontext: Je höher die Erwartung einer Person ist, einen Erfolg zu erzielen, desto wahrscheinlicher ist es, dass diese Person in Verbindung mit einer hohen Wertschätzung, sich für die Erfüllung einer bestimmten Aufgabe entscheidet. Zur theoretischen Fundierung der Erfolgserwartung orientieren sich Eccles und Kollegen an den Arbeiten von Bandura zur Selbstwirksamkeit. Bandura (1997) differenziert zwischen Wirksamkeitsüberzeugungen (*efficacy expectations*), die sich auf die Selbstwahrnehmung eigener Fähigkeiten und der Einschätzung, eine

Handlung durchführen zu können, beziehen, und Ergebniserwartungen (*outcome expectations*), in denen mögliche Folgen einer Handlung eingeschlossen sind (vgl. Bandura, 1997). Eccles und Wigfield (2002) machen deutlich, dass sie sich im Rahmen ihrer Definition der Erfolgserwartung eher auf den Ansatz der „*personal efficacy expectations*" und damit auf die Überzeugung einer Person, eine Handlung auszuführen, abzielen: „Thus, in contrast to Bandura's claim that expectancy-value theories focus on outcome expectations, the focus in this model is on personal or efficacy expectations" (Eccles & Wigfield, 2002, S. 119).

Zudem sind Aspekte des kulturellen Milieus relevant und beeinflussen die subjektiven Werte und die Erfolgserwartung (vgl. Wigfield, Tonks & Eccles, 2004; Zusho & Pintrich, 2003). Nach Wigfield et al. (2004) zählen zum kulturellen Milieu vor allem geschlechtsrollenspezifische Stereotype, die bisher in verschiedenen Studien analysiert wurden (vgl. Eccles & Harold, 1991; Eccles, Wigfield, Harold & Blumenfeld, 1993; Fan, 2011; Plante, de la Sablonniere, Aronson & Theoret, 2013; Selkirk, Bouchey & Eccles, 2011). Allerdings sind bezüglich des kulturellen Milieus weitere Konstrukte zu berücksichtigen:

"[…] it also is quite possible that additional constructs need to be included in the model for it to account more fully for cultural influences. […]. These [gender role stereotypes and cultural stereotypes] likely are important things to consider in all cultures, but other aspects of the cultural milieu in different cultures should be added to this block" (Wigfield et al., 2004, S. 192).

Zusammenfassend lässt sich sagen, dass die Erwartungs-Wert-Theorie nach Eccles und Wigfield (2002) auf die Annahme zurückgreift, dass die Erfüllung einer Aufgabe bzw. das Treffen einer Entscheidung von den wahrgenommenen Erfolgserwartungen und vom subjektiven Wert, welcher der Aufgabe zugemessen wird, abhängig ist. Darüber hinaus:

"The influence of reality on achievement outcomes and future goals is assumed to be mediated by causal attributional patterns for success and failure, the input of socializers, perceptions of one's own needs, values, and sex-role identity, as well as perceptions of the characteristics of the task" (Eccles et al., 1983, S. 81).

Die strukturellen Gegebenheiten des jeweiligen Kontexts, die den subjektiven Wert sowie die Erfolgserwartung determinieren, werden bezüglich der Motivstrukturen von Elternarbeit an dieser Stelle nicht berücksichtigt. Im Folgenden werden einige Studien exemplarisch dargestellt, um einen Überblick zu gewinnen, zu welchen Themenbereichen auf das Erwartungs-Wert-Modell von Eccles und Wigfield (2002) vor allem im deutschsprachigen Raum bisher zurückgegriffen wurde.

4.3.3 Anwendung des Erwartungs-Wert-Modells im Bildungskontext

Das Erwartungs-Wert-Modell von Eccles und Wigfield (2002) ist sowohl in der psychologischen als auch in der pädagogischen Forschung mittlerweile anerkannt und wird häufig herangezogen, um leistungsbezogenes Verhalten oder bildungsspezifische Entscheidungen zu erklären. Aber auch in anderen Bereichen, beispielsweise zur Untersuchung des geschlechtsspezifischen Sportengagements in der Freizeit (vgl. Eccles & Harold, 1991), findet das Modell Anwendung. Im Rahmen dieser Untersuchung wurden auch Mediatoreffekte berücksichtigt. Es konnte beispielsweise gezeigt werden, dass die geschlechtsspezifischen Unterschiede, was die Zeitinvestition für Sport angeht, durch geschlechtsspezifische Unterschiede im Fähigkeitsselbstkonzept mediiert wurden. Im angloamerikanischen Raum haben beispielsweise Eccles und Kolleginnen und Kollegen selbst das Erwartungs-Wert-Modell genutzt, um Geschlechtsunterschiede in Bezug auf schulische Kurswahlen und fachspezifisches Selbstkonzept im Fach Mathematik zu erklären (vgl. Eccles et al., 1983; Eccles et al., 1993; Meece, Wigfield & Eccles, 1990; Wigfield, 1997). In der Untersuchung von Wigfield (1997) zeigte sich beispielsweise, dass die Wertkomponenten Nützlichkeit und Wichtigkeit von Schülerinnen und Schülern unter anderem im Fach Mathematik mit zunehmendem Alter weniger stark bewertet werden. Zudem konnten Meece et al. (1990) feststellen, dass die Einschätzung zur Wichtigkeit ein bedeutsamer Prädiktor für die Mathematikkurswahl darstellt und die Mathematikleistung vor allem durch die Erfolgserwartung beeinflusst wird.

Ein weiterer Anwendungsbereich des Erwartungs-Wert-Modells stellt die Analyse des elterlichen Einflusses auf die Selbstwahrnehmung, die subjektiven Werte und das Leistungsverhalten weiblicher Jugendlicher aus zwei unterschiedlichen Kulturen dar (vgl. Bhalla & Weiss, 2010). Mit der Übertragung des Erwartungs-Wert-Modells auf den Physikunterricht haben sich Chen und Chen (2012) beschäftigt. Sie konnten zum Beispiel veranschaulichen, dass die Erfolgserwartung sowie der intrinsische Wert einen Einfluss auf die Aktivität der Schülerinnen und Schüler im Physikunterricht haben. Hood, Creed und Neumann (2012) haben das Modell genutzt, um Unterschiede zwischen Studentinnen und Studenten hinsichtlich ihrer Einstellungen und ihres Erfolgs in Statistik zu untersuchen. Des Weiteren wurden Aspekte der Erwartungs-Wert-Theorie auch bei einer Studie aus dem tertiären Bildungsbereich eingesetzt, um den Entscheidungsprozess bezüglich der Aufnahme eines Studiums zu analysieren (vgl. Jung, 2013).

In Deutschland wurde das Modell vor allem durch Hodapp und Mißler (1996) sowie durch Köller, Daniels, Schnabel und Baumert (2000) bekannt. Sowohl Hodapp und Mißler (1996) als auch Köller et al. (2000) haben Studien zur Wahl von Leistungskursen in der gymnasialen Oberstufe durchgeführt. Im Hinblick auf die subjektiven Wertkomponenten konnten Hodapp und Mißler (1996) zeigen, dass die beiden Wertkomponenten Wichtigkeit und Interesse auf einem Faktor laden. Dies entspricht den Auffassungen von Krapp (1998) und Schiefele (1992), nach denen „[…] das Interesse eine emotionale und eine wertbezogene Komponente enthält" (Pohlmann, 2005, S. 53). Die Kurswahlen wurden unter anderem von diesem subjektiven Wert beeinflusst (vgl. Hodapp & Mißler, 1996). Köller et al. (2000) konstatieren auf Basis des Erwartungs-Wert-Modells, dass neben dem Selbstkonzept das Interesse, als Indikator für die Wertkomponente, einen Einfluss auf Leistungskurswahlen in Mathematik hat. Ein Teil des Erwartungs-Wert-Modells wurde auch im Rahmen von TIMSS genutzt, um Zusammenhänge von motivationalen Merkmalen, der Kurswahl und der Leistung in Mathematik und Physik aufzuzeigen (vgl. Baumert & Köller, 2000).

Dickhäuser und Stiensmeier-Pelster (2000) fokussieren auf computerbezogene Kompetenzen. Sie erklären anhand des Erwartungs-Wert-Modells, welche geschlechtsspezifischen Unterschiede sich bei Schülerinnen und Schülern im Lern- und Leistungsverhalten am Computer ergeben.

Zur Erklärung der motivationalen Grundlagen der Lesekompetenz haben Möller und Schiefele (2004) ein Erwartungs-Wert-Modell der Lesemotivation entwickelt. Dabei werden unter anderem die subjektiven Wertkomponenten und die Erfolgserwartung berücksichtigt.

Auf ein anderes Schulfach fokussieren Pohlmann, Möller und Streblow (2005). Sie leiten aus dem Erwartungs-Wert-Modell Zusammenhänge für das Fach Sport ab und überprüfen die Bedingungen für leistungsbezogenes Verhalten im Sportunterricht.

Neuenschwander und Rottermann (2012) haben auf Basis von PISA-Daten den Einfluss der Elterneinstellungen auf die Leistungen von Schülerinnen und Schülern analysiert. Die Autoren konnten belegen, dass die Erfolgserwartung und der von Eltern geäußerte Wert des Fachs Naturwissenschaften, aus Schülerperspektive erhoben, die Schülerwerte und schulischen Leistungen in den Naturwissenschaften vorhersagen (vgl. Neuenschwander & Rottermann, 2012).

Eine Anpassung und Übertragung des Erwartungs-Wert-Modells auf den Bereich der Übergangsentscheidung am Ende der Grundschulzeit haben Maaz, Hausen, McElvany und Baumert (2006) vorgenommen. An diesen theoretischen Überlegungen und dem angepassten Modell knüpfen Jonkmann, Maaz, McElvany und Baumert (2010) im Rahmen der Übergangsstudie an. Konkret wird das übertragene Erwartungs-Wert-Modell genutzt, um die Wahl des Gymnasiums durch die Eltern vorherzusagen. Dabei konnte beispielsweise festgestellt werden, dass die Wertkomponente Wichtigkeit (hier: Bedeutung des Abiturs für den Statuserhalt) dann einen Einfluss hatte, wenn für das Kind keine Gymnasialempfehlung vorlag. Das persönliche Interesse hatte keine Effekte. Für die Erfolgserwartung konnten hinsichtlich des Übergangs auf das Gymnasium, bei Kontrolle aller Indikatoren, keine Effekte nachgewiesen werden. Zudem wurden Hintergrundvariablen zur Erfassung des sozioökonomischen Status, des Bildungsniveaus und des Migrationshintergrunds der Eltern in das Modell aufgenommen. Die Ergebnisse zeigen, dass die Effekte der Hintergrundvariablen nicht mehr vorhanden sind, wenn die Erwartungs- und Wertkomponenten in dem Modell berücksichtigt werden (vgl. Jonkmann et al., 2010).

Auch im Bereich der Ganztagsschulforschung hat das Erwartungs-Wert-Modell von Eccles und Kollegen Anwendung gefunden. Fischer et al. (2007) haben untersucht, inwieweit individuelle, familiäre und schulische Faktoren die Teilnahmebereitschaft von Schülerinnen und Schülern an Ganztagsangeboten beeinflussen.

Pohlmann, Kluczniok und Kratzmann (2009) haben auf Basis des Erwartungs-Wert-Modells ein Entscheidungsmodell für bzw. gegen eine vorzeitige Einschulung entwickelt. Sie konnten zeigen, dass vor allem die Erfolgserwartungskomponente eine wesentliche Rolle für die Entscheidung der Eltern zu einer vorzeitigen Einschulung spielt.

Abschließend soll noch auf zwei methodische Beiträge von Nagengast et al. (2011) und Trautwein et al. (2012) verwiesen werden, in denen der Frage nach dem Interaktionseffekt zwischen den Erwartungs- und Wertkomponenten nachgegangen wird. In aktuellen Arbeiten zu dem Modell von Eccles und Wigfield (2002) hat der Aspekt der Erwartung-x-Wert-Interaktion eine geringe Bedeutung. Nagengast et al. (2011) haben das Engagement von Schülerinnen und Schülern in naturwissenschaftlichen Aktivitäten und ihre Pläne für eine wissenschaftliche Karriere analysiert. Bei Berücksichtigung der Interaktion von

Erwartung und Wertkomponenten wurde konstatiert, dass „[...] the critical Expectancy X Value interaction was statistically significant for both the pursuit of science-related activities and career aspirations in science" (Nagengast et al., 2011, S. 1062). Trautwein et al. (2012) konnten in ihren Analysen zum einen zeigen, dass sowohl die Erfolgserwartung als auch die vier subjektiven Werte Prädiktoren für die Leistung in Mathematik darstellen, wenn sie separat in die Regressionsanalyse einbezogen werden. Zum anderen wird Folgendes deutlich: In Modellen, in denen sowohl die Erwartungs- als auch die Wertkomponenten als Prädiktoren enthalten sind, hat auch der multiplikative Term „Erwartung-x-Wert" einen positiven Einfluss auf die Leistung (vgl. Trautwein et al., 2012). Eine weitere Anwendung des multiplikativen Terms Erwartung-x-Wert findet sich bei Nagengast, Trautwein, Kelava und Lüdtke (2013), die den synergetischen Effekt von Erwartung und Wert auf das Engagement von Schülerinnen und Schülern bei ihren Hausaufgaben analysieren.

Anhand der exemplarisch dargestellten Studien zeigt sich, dass das von Eccles und Kollegen entwickelte Erwartungs-Wert-Modell in verschiedenen Forschungsfeldern zum Einsatz kommt. Die Anwendungsmöglichkeiten dieses Modells sind daher als vielfältig zu beschreiben.

4.4 Gegenüberstellung SEU-Theorie und Erwartungs-Wert-Theorie

Nachdem die SEU-Theorie und die Erwartungs-Wert-Theorie beschrieben wurden, wird in diesem Kapitel dargestellt, warum in Bezug auf das Thema der vorliegenden Arbeit die aus der Psychologie kommende Erwartungs-Wert-Theorie genutzt wird und nicht die eher soziologische Wert-Erwartungstheorie.

Im Mittelpunkt der SEU-Theorie (bzw. Wert-Erwartungstheorie) steht das rationale und zielgerichtete Handeln von Akteuren, das durch die Abwägung von Kosten, Nutzen und Erfolgsaussichten zustande kommt (vgl. Esser, 1996b). Hinsichtlich der Wahl der Handlungsalternative können sich Individuen nutzenmaximierend verhalten und sich schließlich für die Möglichkeit entscheiden, die einen großen subjektiven Nutzen in Aussicht stellt. Nach der Minimax-Entscheidungsregel (vgl. Lave & March, 1975) können sich Akteure jedoch auch für die Alternative entscheiden, die nicht unbedingt den größten Nutzen einbringt, aber in einer beispielsweise ungünstigen Situation das bestmögliche Ergebnis bietet. Wie in Bezug auf die Wahl einer Entscheidung vorgegangen werden soll, verdeutlicht die Wert-Erwartungstheorie. Unklarer bleibt jedoch, welche Mittel eingesetzt werden, damit eine Person ihre Entscheidung trifft bzw. die Handlung auswählt. Aufgrund der im Mittelpunkt stehenden Rationalität bleiben emotionale Faktoren, die häufig einen Einfluss auf eine Entscheidung nehmen, zumindest bei engen Versionen der *Rational-Choice*-Theorie eher unberücksichtigt.

Die Erwartungs-Wert-Theorie, die in der Psychologie verankert ist, stellt ein Motivationsmodell zur Analyse von Intentionen und Entscheidungen dar. Im Rahmen des Modells werden sowohl Situations- als auch Personenmerkmale und hierbei konkret Erwartungen sowie subjektive Werte, die eine Entscheidung beeinflussen, berücksichtigt. Die Erwartungs- und Wertkomponente ist wiederum von Hintergrundmerkmalen wie dem kulturellen Milieu einer Person geprägt. Die Leistung von Eccles und Wigfield (2002) besteht dabei vor allem in der Ausdifferenzierung der Wertkomponente in die vier beschriebenen Werte *attainment value, intrinsic value, utility value* und *relative cost.* Zudem konnte das Modell bereits in verschiedenen Studien durch eine gute Operationalisierung empirisch untersucht werden (vgl. Maaz et al., 2006).

Vergleicht man die SEU-Theorie mit der Erwartungs-Wert-Theorie, ist festzustellen, dass es Parallelen gibt. Sowohl in soziologischen *Rational-Choice*-Theorien als auch in dem psychologischen Erwartungs-Wert-Modell stellen die Kosten- und Nutzeneinschätzungen sowie die Erfolgserwartung wichtige Faktoren dar, die eine Entscheidung oder Handlung beeinflussen können. Das Modell von Eccles und Wigfield (2002) geht jedoch über die theoretischen Ansätze der *Rational-Choice*-Theorien hinaus, indem zum einen die subjektiven Werte ausdifferenziert und zum anderen Wirkungsmechanismen zwischen Hintergrundmerkmalen einer Person und den vier Werten und der Erfolgserwartung einbezogen werden (vgl. Maaz et al., 2006). Gerade vor dem Hintergrund, dass sich die soziologischen und psychologischen Erwartungs-Wert-Modelle in einigen Punkten überschneiden, ist es bemerkenswert, dass sich beide Traditionen eher parallel zueinander entwickelten und es keine „[…] wechselseitige Beeinflussung […]" (Maaz et al., 2006, S. 322) gab.

Trotz des Vorteils, dass die SEU-Theorie die Wahl von Handlungsalternativen mit sparsamen theoretischen Ansätzen gut erklären kann, wird in Bezug auf das Thema Elternarbeit auf das Erwartungs-Wert-Modell von Eccles und Wigfield (2002) zurückgegriffen. Dieses bietet aufgrund der Differenzierung der vier Wertkomponenten (Wichtigkeit, Interesse, Nutzen und Kosten) und der Erfolgserwartung einen breiteren theoretischen Rahmen, der notwendig ist, um die Elternpartizipation und damit die verschiedenen Einflussfaktoren für eine Entscheidung umfassend darstellen zu können. In Bezug auf die Elternpartizipation ist beispielsweise denkbar, dass vor allem auch emotionale Aspekte und eine Interessenskomponente für ein Engagement von Bedeutung sind. Diese Dimensionen bleiben in der SEU-Theorie unberücksichtigt. Durch die Wertkomponenten Wichtigkeit und Interesse wird somit nicht nur auf die Kosten und den Nutzen einer Handlung fokussiert, sondern es lassen sich weitere Faktoren, die eine Person bzw. Eltern bei der Entscheidungsfindung beeinflussen können, analysieren.

4.5 Anwendung des Erwartungs-Wert-Modells auf den Bereich Elternarbeit

Es konnte dargestellt werden, dass sich das Erwartungs-Wert-Modell zur Analyse der Elternpartizipation eignet und bislang erfolgreich in anderen Bereichen der empirischen Bildungsforschung angewandt wurde. In dieser Arbeit soll es um die elterliche Entscheidung zur organisatorischen, konzeptionellen und lernbezogenen Partizipation gehen. Hierbei steht die Frage im Fokus, welchen Einfluss die vier subjektiven Wertkomponenten und die Erfolgserwartung auf die Entscheidung der Eltern haben, sich zu engagieren. Die folgende Abbildung 9 soll die Übertragung des Erwartungs-Wert-Modells auf das Thema Elternarbeit verdeutlichen.

Wie in Abbildung 9 dargestellt, gilt es zu untersuchen, welchen Einfluss die persönliche Bedeutung, die Freude bzw. der Spaß an der Elternarbeit, der Nutzen der Partizipation für die eigenen Ziele sowie die mit der Elternarbeit verbundenen Kosten auf die Entscheidung der Eltern haben, sich organisatorisch, konzeptionell bzw. lernbezogen zu engagieren.[18] Darüber hinaus wird die Erfolgserwartung als ein weiterer Prädiktor berücksichtigt. Das bedeutet, es wird untersucht, ob die Überzeugung bzw. Erwartung der Eltern, durch ihre Partizipation zum Beispiel erfolgreich die Schule unterstützen oder zur positiven Lernentwicklung ihrer Kinder beitragen zu können, ihr organisatorisches, konzeptionelles und lernbezogenes Engagement beeinflusst.

---

18 Die konkreten Forschungsfragen und Hypothesen werden in Kapitel 6 dargestellt.

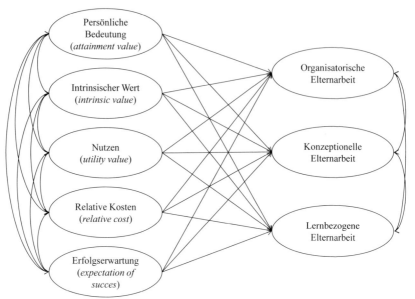

Abbildung 9: Erwartungs-Wert-Modell übertragen auf Elternarbeit (eigene Darstellung)

5. Forschungsstand zum Thema Elternarbeit

Nachdem in den vorherigen Kapiteln theoretische Grundlagen zum Bereich der Elternpartizipation sowie zu motivationalen Aspekten beschrieben wurden, werden in dem folgenden Kapitel 5 Forschungsbefunde zu diesem Themenbereich dargestellt. Es wird zunächst generell auf die Gestaltung der Kooperation zwischen Eltern und Schule fokussiert (Abschnitte 5.1 und 5.2), bevor der Frage nachgegangen wird, ob und welche Auswirkungen mit einer Partizipation der Eltern verbunden sind. Hier werden alle Beteiligten, nämlich Schülerinnen und Schüler, Eltern und Lehrkräfte, berücksichtigt (vgl. Abschnitt 5.3). Im Anschluss daran werden Befunde zu Formen und Umfang der Elternbeteiligung dargestellt und somit verdeutlicht, in welchem Ausmaß sich Eltern organisatorisch, konzeptionell und lernbezogen engagieren (vgl. Abschnitt 5.4). In Abschnitt 5.5 werden zunächst Rahmenbedingungen zur Partizipation verschiedener Elterngruppen mit unterschiedlichen sozialen und kulturellen Hintergründen erläutert, um darauffolgend auf die Partizipation von Eltern differenziert nach dem Migrationshintergrund, dem sozioökonomischen Status (SES)[19] sowie dem Bildungsniveau eingehen zu können. Nach der Darstellung sozial- und migrationsspezifischer Aspekte der Elternarbeit werden Befunde zu motivationalen Grundlagen und Hindernissen der Elternpartizipation in den Blick genommen (vgl. Abschnitt 5.6). Abschließend wird in Abschnitt 5.7 ein erstes Zwischenfazit gezogen.

5.1 Erste empirische Studien zur Elternpartizipation im deutschsprachigen Raum

Einleitend soll kurz eine Zusammenstellung ausgewählter empirischer Untersuchungen aus den 1970er und 1980er Jahren dargestellt werden, die unter anderem als erste Studien zur Elternmitwirkung gelten und sich überblicksartig zusammengefasst bei Witjes und Zimmermann (2000) finden. Die aufgeführten Studien basieren überwiegend auf Befragungen von Lehrkräften sowie Eltern und beziehen sich auf das Verhältnis zwischen Schule und Eltern oder auf Ein-

---

19 In den Analysen der vorliegenden Arbeit wird der sozioökonomische Status über das Haushaltsbruttoeinkommen operationalisiert (vgl. Kapitel 7). Eine Operationalisierung über das Berufsprestige ist angesichts der Datengrundlage nicht möglich. Das Bildungsniveau der Eltern wird als eigenständige Variable in die Analysen einbezogen.

schätzungen zur Reichweite und Qualität der Elternbeteiligung (vgl. Witjes & Zimmermann, 2000). Die Untersuchungen und Befunde sollen einleitend aufzeigen, wie sich Elternpartizipation in den 1970er und 1980er Jahren dargestellte.

Brühl und Knake (1978) zeigen auf Basis von Elternbefragungen, dass sich der Kontakt von Eltern zu den Lehrkräften in der Regel auf ein bis drei Treffen pro Jahr beschränkt. Diese Treffen finden größtenteils im Rahmen von Elternsprechtagen und -abenden statt. Thematisch stehen hierbei die Schulleistungen der Kinder im Vordergrund (vgl. Brühl & Knake, 1978; Ditton, 1987).

In Bezug auf die Frage, welche Eltern sich in der Schule beteiligen, haben Brühl und Knake (1978) sowie Melzer (1987) dargestellt, dass sich in erster Linie die Mütter im Schulkontext einbringen. Zudem hat Melzer (1987) anhand der durchgeführten Lehrerbefragung festgestellt, dass sich eher Eltern aus höheren sozialen Schichten und Eltern mit einem höheren Bildungsniveau engagieren. Dass vor allem diese Elterngruppen eher in Elterngremien an den Schulen vertreten sind, konnten darüber hinaus Brühl und Knake (1978) veranschaulichen.

Hinsichtlich allgemeiner Einschätzungen von Lehrkräften zur Elternmitwirkung verweist Melzer (1987) auf folgende Befunde: Über drei Viertel der befragten Lehrkräfte nennen das Desinteresse von Eltern an schulischen Belangen als einen Grund für eine ausbleibende Beteiligung, wobei gleichzeitig eine häufige Partizipation von Eltern nicht unbedingt erwünscht ist (vgl. Melzer, 1987). Geht es um die Mitwirkung von Eltern in Gremien, wird diese nach Melzer (1987) von den Lehrkräften kritischer bewertet als die Mitarbeit von kompetenten Eltern im Unterricht. Eine Ausweitung der Elternmitwirkung könnten sich die Lehrkräfte hingegen in organisatorischen Bereichen wie der Pausen- und Freizeitgestaltung oder der Durchführung von Arbeitsgemeinschaften vorstellen.

Die Studien von Brühl und Knake (1978) sowie Melzer (1987) thematisieren bereits ansatzweise Formen und Umfang sowie diesbezügliche gruppenspezifische Unterschiede der Elternpartizipation. Wie sich die Kooperation zwischen Eltern und Schule sowie die Elternpartizipation hinsichtlich Auswirkungen, Umfang und motivationalen Aspekten aktuell darstellt, wird im Folgenden aufgezeigt.

5.2 Kooperation zwischen Eltern und Schule

In Abschnitt 3.1 wurde die Entwicklung der Elternarbeit vom 18. bis in das 21. Jahrhundert dargestellt. Dabei wurde unter anderem deutlich, dass das Verhältnis zwischen Schule und Elternhaus bereits seit der Einführung der Schulpflicht eher von Distanz als von Nähe geprägt ist. Zudem wurde in Abschnitt 3.5 verdeutlicht, dass auch die unterschiedlichen Ansprüche an eine sinnvoll gestaltete Kooperation zwischen Eltern und Lehrkräften bzw. an eine Elternpartizipation zu einem distanzierten Verhältnis führen können. Vor allem im deutschsprachigen Raum konnte gezeigt werden, dass Eltern von der Schule dann gerne eingebunden werden, wenn es zum Beispiel um freiwillige Hilfeleistungen geht. Die Bereitschaft zur Partizipation der Eltern an inhaltlichen Fragen oder Entscheidungen ist demgegenüber weniger stark ausgeprägt (vgl. Doppke, 2004; Ferrara, 2009). Auch ein Literaturreview norwegischer Studien konnte darauf verweisen, dass Lehrkräfte eine Einbindung der Eltern bei pädagogischen Diskussionen eher kritisch sehen (vgl. Paulsen, 2012). Eltern wünschen sich allerdings nicht nur eine Beteiligung, wenn Hilfeleistungen erwartet bzw. gebraucht werden:

„When asked to rate the types of parent involvement preferred in schools, staff and administrators chose parents as volunteers to a much higher degree than parents as advocates or involved in decisions. There seems to be some gap in how parents perceive that they are willing to be involved and how others regard them as not willing to be involved" (Ferrara, 2009, S. 139).

In Bezug auf die Vorstellungen zur Partizipation oder Kooperation zeigt sich also, dass es zwischen Eltern und der Schule Unterschiede gibt: Während Lehrkräfte Eltern eher bei freiwilligen Hilfeleistungen einbeziehen, möchten Eltern auch bei schulischen Entscheidungen partizipieren. Ferrara (2009) konnte darüber hinaus feststellen, dass es auch innerhalb der Schule Differenzen gibt, was das Verständnis von Elternpartizipation angeht: „It was also apparent that there is a lack of communication and understanding among school staff, teachers, and administrators about parent involvement goals as written in the School Improvement Plan" (Ferrara, 2009, S. 139).

Qualität des Verhältnisses und der Zusammenarbeit
Aufgrund der unterschiedlichen Erwartungshaltungen an eine Kooperation zwischen Eltern und Schule sowie an die Partizipation von Eltern überrascht es nicht, dass in verschiedenen Publikationen das Verhältnis von Eltern und Lehr-

kräften häufig als belastet, distanziert sowie wenig zielführend beschrieben wird (vgl. Busse & Helsper, 2008; Gomolla, 2011; Oostdam & Hooge, 2013; Pekrun, 1997; Sacher, 2005; Wild & Lorenz, 2010). Es bestehen „gegenseitige Berührungsängste", denn zum einen haben Eltern Hemmnisse, ihre Anliegen vorzubringen, und zum anderen befürchten Lehrkräfte, dass sich Eltern in ihre Arbeit einmischen könnten (Schreiber, Kliewe & Witt, 2007, S. 24).

Kommt es, trotz des angespannten Verhältnisses, zu einer Zusammenarbeit zwischen Eltern und Lehrkräften, zeigt sich, dass die Kontaktdichte zwischen Eltern und Lehrkräften eher gering ist (vgl. Busse & Helsper, 2008) und Eltern das Zusammentreffen bzw. die Gespräche mit Lehrkräften als asymmetrisch empfinden (vgl. Sacher, 2008a). Die Kontakte beschränken sich meist auf Elternsprechtage und Elternabende (vgl. Sacher, 2008a; Wild, 2003). Dadurch ist eine dauerhafte und generelle Zusammenarbeit selten gegeben. Des Weiteren erfolgt die Kontaktaufnahme zur Schule bzw. zu den Eltern häufig erst dann, wenn Probleme auftreten (vgl. Dusi, 2012; Kirkhaug, Drugli, Klockner & Morch, 2013). Das kann im Umkehrschluss bedeuten:

„Solange es demnach keine Probleme gibt, besteht sowohl für Eltern als auch für die Lehr- und Fachkräfte häufig kein Grund für ein gemeinsames Gespräch. In solchen Fällen beschränken sich die Kontakte auf die halbjährlichen Sprechtage oder ähnliche Anlässe" (Börner, Beher, Düx & Züchner, 2010, S. 196).

Die Kooperation zwischen Schule und Elternhaus ist dementsprechend eher auf die Wahrnehmung von Pflichtritualen ausgerichtet, eine partnerschaftliche und auf Augenhöhe existierende Beziehung scheint selten gegeben zu sein. Nach Börner et al. (2010) strebt ein Großteil der befragten Eltern in der Primarstufe allerdings auch keine intensivere Beziehung zu den Lehrkräften an. Neben der Gruppe von Eltern, die aufgrund schulischer Probleme des Kindes mit der Schule Kontakt aufnimmt, gibt es auch die Eltern, die sehr ambitioniert auftreten und dazu tendieren, eine kritische Haltung gegenüber der Schule einzunehmen (vgl. OECD, 1997). Hier erfolgt die Kontaktaufnahme somit nicht aufgrund von Schwierigkeiten, sondern eher aufgrund des eigenen Bedürfnisses, in der Schule beteiligt zu sein und zum Wohl des Kindes Einfluss zu nehmen.

Nach Sacher (2005; 2008a) wird die Atmosphäre zwischen Schule und Elternhaus zu zwei Dritteln von den Eltern als gut eingeschätzt. In diesem Zusammenhang zeigt sich, dass die Atmosphäre an Gymnasien in Bayern positiver eingeschätzt wird als an Grundschulen in diesem Bundesland (vgl. Sacher, 2008a). Zudem kann gezeigt werden, dass es einen Zusammenhang zwischen der Beurteilung der Atmosphäre und der Häufigkeit des Besuchs von Elternsprechstunden und Elternabenden gibt. Demnach nutzen Eltern, die die Atmosphäre als negativ erleben, seltener Kontaktmöglichkeiten zur Schule (vgl. Sacher, 2008a).

Vergleichbare Ergebnisse wurden auch im Rahmen der zweiten JAKO-O Bildungsstudie festgestellt, in der 3000 Eltern zum Bildungssystem und zur Situation von Schülerinnen und Schülern der Grundschule und weiterführenden Schulen befragt wurden. Eltern konnten in den Befragungen auch ihre Meinung zur Zusammenarbeit mit den Lehrkräften äußern (vgl. Killus & Tillmann, 2012). Dabei zeigt sich insgesamt ein positives Bild: Hinsichtlich der Arbeit der Lehrkräfte und ihren Kompetenzen sind Eltern sehr zufrieden. Vor allem die fachliche Expertise der Lehrkräfte wird mit einer Zustimmung von 90 Prozent durch Eltern aus Haushalten mit schulpflichtigen Kindern sehr positiv bewertet (vgl. Paseka, 2012). Auch die Qualität der Beziehungen zu den Lehrkräften wird grundsätzlich als gut eingeschätzt und es ergeben sich signifikante Zusammenhänge zwischen der wahrgenommenen Beziehungsqualität und der Anzahl von Kontakten:

„Die Eltern nutzen umso mehr formelle und informelle Kontakte zur Schule und zu den Lehrkräften ihres Kindes, je besser sie mit den Lehrkräften auch über Probleme reden können (r_s=+0,10), je mehr Lehrkräfte anerkennen, dass auch Eltern es gut meinen (r_s=+0,20), je mehr Interesse an einer Zusammenarbeit mit dem Elternhaus sie signalisieren (r_s=+0,20) und je mehr die Lehrkräfte auch von den Eltern etwas über ihr Kind erfahren wollen (r_s=+0,21)" (Killus, 2012, S. 58f.).

Weiterführende Analysen in diesem Zusammenhang verdeutlichen jedoch auch, dass die Qualität der Beziehung negativer beurteilt wird, wenn Eltern ihre Kinder in der Schule als überfordert sehen und wenn die Aussagen der Eltern von Kindern an weiterführenden Schulen betrachtet werden.

Auch Börner et al. (2010) können anhand ihrer Interviews für den Primarbereich feststellen, dass Eltern im Falle einer Zusammenarbeit mit den Lehr- und Fachkräften diese als sehr positiv wahrnehmen. Diese Zufriedenheit lässt sich zudem unabhängig von der Kontaktintensität konstatieren. Bei der Frage nach der Zusammenarbeit auf Augenhöhe lassen sich differierende Befunde finden. Während einige Eltern die schulische und unterrichtsbezogene Bildung als wesentliche Aufgabe der Schule sehen, werden die erzieherischen Aufgaben eher auf die Seite der Eltern gezählt, wobei einige der Befragten hinsichtlich beider Bereiche eine Zusammenarbeit mit der Schule anstreben. Gleichzeitig werden in den Interviews aber kritische Aussagen getätigt, nach denen eine

Zusammenarbeit auf Augenhöhe – beispielsweise aufgrund unterschiedlicher Erziehungsvorstellungen – nicht möglich ist (vgl. Börner et al., 2010). Eine Erziehungs- und Bildungspartnerschaft, wie sie beispielsweise Sacher (2012a) für angemessen und notwendig hält, wird eher selten umgesetzt.

Notwendigkeit, Hindernisse und Verbesserungsmöglichkeiten der Kooperation
In einem Beitrag von Tutmann und Wiarda (2012) werden die Positionen und Befürchtungen von Eltern und Lehrkräften durch Praktiker und Wissenschaftler gegenübergestellt. Deutlich wird, dass sowohl Eltern als auch Lehrkräfte bezüglich des gegenseitigen Umgangs unsicher sind. Ein Gymnasiallehrer äußert, dass auf der einen Seite Lehrkräfte befürchten würden, dass Eltern ihre Kompetenzen nicht anerkennen und auf der anderen Seite Eltern die Lehrkräfte als Bedrohung wahrnehmen könnten (vgl. Tutmann & Wiarda, 2012). Einig sind sich Praktiker und Wissenschaftler schließlich darin, dass Eltern in der Schule notwendig sind und eine wichtige Ressource darstellen können. Darauf verweisen auch Oostdam und Hooge (2013) sowie Wild (2003): 60 bis 80 Prozent der 70 befragten Gymnasiallehrkräfte sind der Meinung, dass Eltern generell – bei Einladung und Unterstützung durch die Schule – zu einer Partizipation bereit wären und dies wiederum positive Auswirkungen auf die Leistungen der Schülerinnen und Schüler hätte (vgl. Wild, 2003). Bezogen auf die Bereitschaft der Lehrkräfte, auch außerhalb der Elternsprechtage als Ansprechpartner zur Verfügung zu stehen, wird eine positive Einstellung von Lehrkräften sichtbar.

Die Bereitschaft zur Einbindung von Eltern bezieht sich meist jedoch nicht auf eine aktive Beteiligung von Eltern beispielsweise im Unterricht. Hierzu lassen sich Einwände – aus der Perspektive von Lehrkräften – auf vier Ebenen finden, die gegen eine Einbindung von Eltern zum Beispiel im Klassenraum sprechen: organisatorische, professionelle, pädagogische und persönliche Ebene (vgl. Dusi, 2012; Tizard, Mortimore & Burchell, 1981). Auf der organisatorischen Ebene ist es schwierig, die Zeit und Energie auf beiden Seiten zu finden, um Eltern umfassend in die Planung des Unterrichts einzubinden. Bezüglich des zweiten Aspekts könnte die Anwesenheit von unvorbereiteten Eltern im Klassenraum dazu führen, dass die Lehrkraft nicht mehr ernst genommen und somit die Kompetenz der Lehrkraft sowie die Effektivität von Lehrmethoden geschwächt wird. Des Weiteren kann die pädagogische Wirksamkeit von Lehrkräften auch dann effektiv sein, wenn keine Zusammenarbeit mit den Eltern erfolgt. Die Anwesenheit von Eltern könnte dazu führen, dass den Kindern unterschiedliche erzieherische Maßnahmen vermittelt werden. Der vierte Einwand, der sich auf die persönliche Ebene bezieht, beschreibt, dass sich Lehrkräfte womöglich unvorbereitet auf die Zusammenarbeit mit Familien fühlen. Es geht dabei um Befürchtungen, nicht angemessen auf Konflikte oder Spannungen mit den Eltern reagieren zu können. Die Zusammenarbeit wird aber insgesamt von Eltern und Lehrkräften als relevant eingeschätzt (vgl. Cankar, Deutsch & Sentocnik, 2012; Eccles & Harold, 1993). Cankar et al. (2012) belegen, dass sowohl Eltern als auch Lehrkräfte von Schülerinnen und Schülern der dritten und neunten Jahrgangsstufe zum einen die Kooperation als auch die aktive Partizipation der Eltern als notwendig empfinden, wobei beispielsweise differierende Meinungen hinsichtlich der Art der Kommunikation bestehen:

„Both groups of parents and lead teachers agreed that school-to-home communications were appropriate. Greater discrepancies occurred in their responses with regard to the form of communication, such as the school's web page, brochures, e-mail, and lead teacher's home visit" (Cankar et al., 2012, S. 42).

Hinsichtlich der Elternbeteiligung wird es zudem von beiden Gruppen als wichtig erachtet, dass Eltern zu offiziellen und inoffiziellen Treffen eingeladen werden.

Nach Dusi (2012), die einen Überblick über Studien zum Verhältnis von Familie und Schule in Europa zusammengestellt hat, wird die Beziehung zwischen Eltern und Lehrkräften von den institutionellen Strukturen der Schule sowie der Art und Weise der Berücksichtigung der Familien beeinflusst. Wesentlich sind aber auch das Verhalten und die Praktiken der Lehrkräfte: „[…] it also depends on teachers and their interest level and desire to involve parents, and on their knowledge of concrete methods aimed at increasing processes of parental collaboration" (Dusi, 2012, S. 17f.). Die nach Dusi (2012) häufig in europäischen Ländern beobachtete Passivität von Eltern im Schulkontext liegt zum Beispiel an der formalen und institutionellen Eigenschaft der Schule und damit verbundene Bürokratie, die es zu überwinden gilt. Gleichzeitig stehen Lehrkräfte vor der Herausforderung, mit unterschiedlichsten Familien umzugehen: Sie treffen beispielsweise auf Eltern mit unterschiedlichen Wert-, Erziehungs- und Bildungsvorstellungen oder mit unterschiedlichen Auffassungen darüber, wie die Zusammenarbeit mit der Schule gestaltet sein soll (vgl. Dusi, 2012).

Um das Verhältnis von Eltern und Schule zu verbessern, ist es wichtig, dass der Wille zur Zusammenarbeit auf beiden Seiten gegeben ist. Lehrkräfte sollten den Eltern als Partner gegenübertreten und auch bereit sein, deren Meinungen

und Ideen zu erfassen (vgl. Smit & Driessen, 2009). Ein weiterer Vorschlag
bezieht sich auf die Zusammenarbeit mit Eltern aus anderen Kulturen: Lehrkräfte sollten sicherstellen, dass beispielsweise auch Eltern mit Migrationshintergrund die Funktion und Erwartungen der Schule verstehen (vgl. Bernhard &
Freire, 1999), und gleichzeitig offen für eine Zusammenarbeit mit Eltern aus
anderen Kulturen sein, die möglicherweise eine andere Gestaltung der Kooperation verlangt (vgl. Huss-Keeler, 1997). Generell gilt es, eine willkommene
Atmosphäre zu schaffen, sodass sich Eltern wohl sowie akzeptiert fühlen und
gerne partizipieren.

Zusammenfassung
Es lässt sich festhalten, dass die Kooperation zwischen Eltern und Schule nicht
immer reibungslos verläuft. Aufgrund der unterschiedlichen Erwartungshaltun-
gen und Ansprüche, die Lehrkräfte auf der einen Seite und Eltern auf der anderen Seite haben, kann es zu Diskussionen und Herausforderungen während der
Zusammenarbeit kommen. Aus der Sicht der Schule beschreibt Dusi (2012):
„The relationship with parents is certainly not an easy one" (Dusi, 2012, S. 19).
Gleichzeitig wird aber auch deutlich, dass eine Zusammenarbeit zwischen Eltern und Lehrkräften zwar in vielen Fällen noch durch Distanz geprägt ist, die
Kooperation aber auch von vielen Eltern und Lehrkräften als positiv beurteilt
wird. Das Verhältnis von Eltern und Schule scheint somit nicht generell problematisch zu sein. Eine Bemühung um eine partnerschaftliche, vertrauensvolle
und respektvolle Zusammenarbeit sowohl von Lehrkräften als auch von Eltern
kann sich ebenfalls lohnen, da die Schülerinnen und Schüler im Fokus stehen
und es um deren Wohl und Nutzen geht. Ohne Informationen über den kulturellen oder sozialen Hintergrund der Schülerinnen und Schüler kann es Lehrkräften schwerfallen, bestimmte Verhaltensweisen von Schülerinnen und Schülern
angemessen zu beurteilen. Gleichzeitig ist es für Eltern erschwert möglich, ihr
Kind zu Hause zu fördern, wenn von den Lehrkräften individuelle Informationen über die Stärken und Schwächen des Kindes, Lerninhalte oder Fördermöglichkeiten fehlen. Die Zusammenarbeit zwischen Eltern und Lehrkräften ist
daher wichtig und notwendig: „Schools need the active participation of parents
just as families need the collaboration and support of schools" (Dusi, 2012, S.
21). Gleichzeitig sollte darauf geachtet werden, dass eine umfangreichere Einbeziehung der Eltern und eine intensivere Elternarbeit nicht als Ausgleich für
mögliche unzureichende Investitionen in die Bildung der Schülerinnen und
Schüler betrachtet werden: „Viele Eltern wollen aktiv beteiligt sein und einbe-

zogen werden, ohne dadurch aber in die Rolle von „Hilfslehrern der Nation" zu geraten und damit überfordert zu werden" (Wild & Lorenz, 2010, S. 144). Im folgenden Abschnitt wird es konkreter um die organisatorische, konzeptionelle und lernbezogene Partizipation und deren Effekte gehen. Auch wenn im Mittelpunkt der vorliegenden Arbeit nicht die Auswirkungen der Elternpartizipation auf Schülerinnen und Schüler, Lehrkräfte und Eltern stehen, wird dargestellt, ob sich ein Engagement der Eltern generell lohnen kann.

5.3 Auswirkungen der Elternarbeit

In Bezug auf die Partizipation von Eltern in der Schule und zu Hause stellt sich die Frage, ob eine solche Beteiligung überhaupt sinnvoll ist bzw. positive Effekte festzustellen sind. Nach den von Bernitzke (2006) genannten Zielen zur Arbeit mit und zur Einbindung von Eltern in der Ganztagsschule – dazu gehören die Partizipation der Eltern bei der Gestaltung des Bildungs- und Betreuungsangebots der Ganztagsschule, die gemeinsame Verantwortung für die Entwicklung des Kindes, der regelmäßige, zeitnahe Informationsaustausch zwischen Eltern und Mitarbeitern über den Entwicklungsstand, Fortschritte und Veränderungen, die das Kind betreffen, die Beratung und Information der Eltern zur Stärkung ihrer Entscheidungs- und Erziehungskompetenz sowie die aktive Mitwirkung und Beteiligung der Eltern an Entscheidungen in der Ganztagsschule – stehen im Fokus der Bemühungen um Elternarbeit das Wohl und die Entwicklung des Kindes.

Wie bereits in Kapitel 2 dargestellt wurde, ist der Einfluss des Elternhauses auf die schulischen Leistungen der Kinder und Jugendlichen groß (vgl. z. B. Baumert et al., 2001; Bos, Hornberg, et al., 2007). Dass sich nicht ausschließlich familiäre Bedingungen wie das ökonomische, kulturelle oder soziale Kapital auf die schulischen Leistungen der Kinder auswirken, sondern auch die Elternpartizipation Effekte hat, soll im Folgenden gezeigt werden.[20] Darüber hinaus werden die Auswirkungen der Elternbeteiligung auch für die Eltern sowie Lehrkräfte verdeutlicht.

5.3.1 Effekte für Schülerinnen und Schüler

Im Folgenden wird aufgezeigt, welche Auswirkungen ein Engagement von Eltern auf die Schulleistungen, Einstellungen sowie das Verhalten von Schüle-

---

20 Wie in Kapitel 2 skizziert, kann Elternpartizipation nach einem Vorschlag von Lareau und Weininger (2003) auch als ein Bestandteil des kulturellen Kapitals gefasst werden.

rinnen und Schülern hat. Dieser Frage wird vor allem im angloamerikanischen Raum im Zusammenhang mit dem Thema Elternpartizipation nachgegangen, sodass sich dort viele Studien und Erkenntnisse zu dieser Fragestellung finden. Es werden zunächst die Befunde einiger Studien zu den Auswirkungen der Elternpartizipation für Schülerinnen und Schüler dargestellt, bevor kurz übergreifende Ergebnisse aus Metaanalysen präsentiert werden. Fokussiert wird konkret auf Effekte des Elternengagements, die sich aus der aktiven schulischen sowie häuslichen Beteiligung ergeben. Zunächst werden Zusammenhänge zwischen der elterlichen schulbezogenen Partizipation, die organisatorisch, konzeptionell und/oder lernbezogen sein kann, und Schulleistungen dargestellt und anschließend wird auf die Zusammenhänge zwischen der zu Hause stattfindenden (lernbezogenen) Beteiligung der Eltern und den schulischen Leistungen eingegangen.

Allgemein verweisen Studien aus dem angloamerikanischen Raum überwiegend darauf, dass sich die Partizipation von Eltern positiv auf die Schulleistung auswirken kann (vgl. Menheere & Hooge, 2010). Die Anzahl von Untersuchungen, die eher negative Zusammenhänge nachgewiesen haben, ist demgegenüber gering.

Es lassen sich positive Zusammenhänge zwischen elterlicher Partizipation und schulischen Leistungen im Lesen, in Mathematik oder in Englisch bzw. dem Notendurchschnitt feststellen (vgl. Bacete & Ramirez, 2001; Baker & Stevenson, 1986; Campbella & Verna, 2007; Catsambis, 1998; Grolnick, Kurowski, Dunlap & Hevey, 2000; Grolnick & Slowiaczek, 1994; Gutman & Eccles, 1999; Gutman, Sameroff & Eccles, 2002; Hughes et al., 2006; Izzo et al., 1999; Jodl, Michael, Malanchuk, Eccles & Sameroff, 2001; Keith et al., 1998; Marchant, Paulson & Rothlisberg, 2001; Marcon, 1999; Reynolds & Gill, 1994; Shumow & Lomax, 2002; Shumow & Miller, 2001; Simon, 2000; Sy et al., 2013). Gleichzeitig wird aber auch deutlich, dass sich die Höhe der positiven Zusammenhänge nach den in Kapitel 3 vorgestellten Partizipationsformen (organisatorische, konzeptionelle und lernbezogene Elternarbeit) unterscheidet und vereinzelt auch negative Zusammenhänge zwischen Teilbereichen des Engagements und den Schulleistungen gefunden wurden (vgl. Desimone, 1999; Froiland et al., 2013; Singh et al., 1995; Sui-Chu & Willms, 1996).

Differenziert nach den drei Partizipationsformen zeigt sich folgendes Bild: Das organisatorisch geprägte Engagement von Eltern an den weiterführenden Schulen der Kinder, in Form des Besuchs und der Unterstützung schulischer Veranstaltungen, der Begleitung von Klassenfahrten oder generell in Form der Übernahme freiwilliger Hilfeleistungen in der Schule, korreliert zum einen positiv mit der Mathematik- und Leseleistung (vgl. Grolnick et al., 2000; Sui-Chu & Willms, 1996). Zum anderen gibt es einen positiven Zusammenhang zwischen organisatorischem Engagement und dem Notendurchschnitt (vgl. Bacete & Ramirez, 2001; Grolnick & Slowiaczek, 1994; Gutman & Eccles, 1999; Jodl et al., 2001; Marchant et al., 2001; Shumow & Lomax, 2002) sowie positive Auswirkungen der organisatorischen Partizipation auf den Notendurchschnitt einer Klasse (vgl. Desimone, 1999; Shumow & Miller, 2001). Darüber hinaus wirken sich beispielsweise freiwillige Hilfeleistungen von Eltern außerhalb des Klassenraums positiv auf die erreichten Punkte von Schülerinnen und Schülern in Leistungstests aus (vgl. Domina, 2005). Allerdings nimmt der Effekt deutlich ab, wenn der familiäre Hintergrund kontrolliert wird.

Mit Blick auf den konzeptionellen Bereich wird deutlich, dass die Mitgliedschaft in einer ‚*Parent Teacher-Association*' positiv mit der Durchschnittsnote in der Klasse (vgl. Gutman & Eccles, 1999; Jodl et al., 2001) und der erreichten Punktzahl in Leistungstests (vgl. Domina, 2005) korreliert. Zudem verweisen die Arbeiten von Desimone (1999) sowie Shumow und Miller (2001) darauf, dass die Mitarbeit in der ‚*Parent Teacher-Association*' einen positiven Einfluss auf den Notendurchschnitt der Schülerinnen und Schüler hat. Kelly (2004) konnte darüber hinaus darstellen, dass sich eine elterliche Beteiligung in einer ‚*Parent Teacher-Association*' auf die Aufteilung von Schülerinnen und Schülern in Mathematikkurse auswirkt. Das bedeutet, dass Schülerinnen und Schüler, deren Eltern in einer ‚*parent-teacher-organization*' aktiv sind und sich damit konzeptionell engagieren, Vorteile hinsichtlich der Aufnahme in anspruchsvollere Mathematikkurse haben (vgl. Kelly, 2004).

In Bezug auf die dritte Form, die lernbezogene Partizipation, die sowohl im Schulkontext als auch zu Hause erfolgen kann, lassen sich Zusammenhänge mit den Mathematik- und Leseleistungen sowie dem Notendurchschnitt feststellen. Hinsichtlich bivariater Korrelationen zwischen der lernbezogenen Partizipation und den Leistungen im Lesen sowie in Mathematik bzw. dem Notendurchschnitt zeigt sich Folgendes: In einigen Untersuchungen wurde ein negativer Zusammenhang zwischen der Leistung bzw. dem Notendurchschnitt und der elterlichen Unterstützung festgestellt (vgl. Baker & Stevenson, 1986; Balli, Wedman & Demo, 1997; Bronstein, Ginsburg & Herrera, 2005; Domina, 2005; Driessen, Smit & Sleegers, 2005; Xu & Corno, 2003). Gleichzeitig wird aber auch deutlich, dass ein kognitiv unterstützendes Engagement einen positiven Zusammenhang mit der Leistung im Lesen und in Mathematik bzw. dem Notendurchschnitt hat (vgl. Grolnick et al., 2000; Grolnick & Slowiaczek, 1994;

Jodl et al., 2001). Auch das gemeinsame Lernen und die Formulierung schulischer Erwartungen wirken sich positiv auf die Leistung aus (vgl. Sy et al., 2013). Hong und Ho (2005) belegen mit Hilfe eines *Latent-Growth-Models* darüber hinaus, dass ethnische Gruppenunterschiede hinsichtlich der direkten und indirekten Effekte von Elternpartizipation auf Leistung bestehen. Die Bildungsaspiration amerikanischer Eltern mit asiatischer Abstammung hat beispielsweise einen direkten Effekt auf das Lernen der Schülerinnen und Schüler sowie die Partizipation einen direkten Effekt auf das Lernen und die Leistungsentwicklung (vgl. Hong & Ho, 2005). Für Eltern und Kinder mit lateinamerikanischem Hintergrund zeigte sich, dass nur die Kommunikation einen direkten Effekt auf das Lernen hat. Der negative Zusammenhang zwischen lernbezogener Partizipation und Leistung bezieht sich in erster Linie auf die Kontrolle von Hausaufgaben: Desimone (1999) stellt im Rahmen multivariater Regressionsanalysen fest, dass die Kontrolle von Hausaufgaben durch die Eltern einen signifikant negativen Einfluss auf die Durchschnittsnote hat. Der Befund eines negativen Zusammenhangs findet sich auch in den überwiegend längsschnittlichen Studien von Catsambis (1998), Dumont, Trautwein, Nagy und Nagengast (2013), Fan und Chen (2001), Froiland et al. (2013), Izzo et al. (1999), Muller (1995), Peng und Wright (1994) sowie Shumow und Miller (2001). Die negativen Effekte könnten zum einen auf ein niedriges Leistungsniveau oder Verhaltensauffälligkeiten des Kindes zurückgeführt werden: Eltern helfen ihren Kindern oder nehmen Kontakt mit der Schule auf, wenn die Kinder schlechte schulische Leistungen erbringen oder ein problematisches Verhalten in der Schule zeigen (vgl. Catsambis, 1998; Shumow & Miller, 2001). Die Schulleistung der Kinder stellt in diesem Fall einen Prädiktor für die Partizipation dar. Zum anderen ist es möglich, dass Eltern ihre Kinder bei den Hausaufgaben ineffektiv unterstützen (vgl. Shumow & Miller, 2001). Lareau (1996) konnte beispielsweise belegen, dass Eltern mit einem niedrigeren sozialen Status Wörter falsch betonten oder einfache mathematische Berechnungen nicht durchführen konnten, wenn sie ihren Kindern bei den Hausaufgaben halfen. Keith, Keith, Bickley und Singh (1992) weisen hingegen im Rahmen ihrer längsschnittlichen Analysen positive Auswirkungen durch die Beteiligung der Eltern im Rahmen der Hausaufgaben auf Testergebnisse nach. Insgesamt zeigt sich, dass die lernbezogene Unterstützung ein starker Prädiktor für die Leistungen darstellt (vgl. Catsambis, 1998; Izzo et al., 1999). Dass die Partizipation von Eltern vor allem dann zu Leistungsverbesserungen der Kinder führt, wenn das Engagement in unmittelbarem Zusammenhang mit dem Lernen der Kinder steht, fassen darüber hinaus Boethel (2003), Cotton und Wikelund (1989) sowie Crosnoe (2001) zusammen. Als erstes Zwischenfazit lässt sich festhalten, dass es teilweise inkonsistente Befunde gibt. Während viele Untersuchungen einen positiven Zusammenhang zwischen der jeweiligen Partizipationsform und den Schulleistungen gefunden haben, konstatieren auch einige Studien eher negative Zusammenhänge, zum Beispiel bezogen auf die Hilfe bei Hausaufgaben. Diese Befunde wurden sowohl in Quer- als auch in Längsschnittuntersuchungen nachgewiesen. Die übergreifenden Metaanalysen und Reviews von Fan und Chen (2001), Hill und Tyson (2009), Jeynes (2007) sowie Shute et al. (2011) zeigen, dass insbesondere von den Eltern geäußerte Erwartungen bzw. die schulische Aspiration in Zusammenhang mit der Leistung der Schülerinnen und Schüler stehen. Aber auch das schulische, organisatorische Engagement hängt positiv mit dem Schulerfolg zusammen (vgl. Fan & Chen, 2001; Jeynes, 2007). Jeynes (2007) findet zudem heraus, dass sich für das Kontrollieren von Hausaufgaben signifikante Effektstärken in Verbindung mit den Schulnoten ergeben. Die Metaanalyse von Hill und Tyson (2009), in der 50 empirische Studien berücksichtigt werden, verweist auf signifikant positive Korrelationen zwischen der schulbasierten Partizipation und der Leistung und zwischen der schulischen Sozialisation und der Leistung. Zudem stellen auch Hill und Tyson (2009) fest, dass die Hilfe bei Hausaufgaben signifikant negativ mit der Leistung zusammenhängt. Im Gegensatz dazu weisen andere lernfördernde, zu Hause stattfindende Aktivitäten eine signifikant positive Korrelation mit der Leistung auf. Neben der Feststellung, dass schulbasiertes Engagement wie die Mithilfe bei schulischen Veranstaltungen einen eher moderaten Zusammenhang mit der Leistung aufweist, halten die beiden Autoren zusammenfassend fest:

„Among the types of involvement, parental involvement that creates an understanding about the purposes, goals, and meaning of academic performance; communicates expectations about involvement; and provides strategies that students can effectively use (i.e., academic socialization) has the strongest positive relation with achievement. Involvement pertaining to homework assistance and supervising or checking homework was the only type of involvement that was not consistently related with achievement" (Hill & Tyson, 2009, S. 758).

Das Literaturreview von Shute et al. (2011) kommt insgesamt zu dem Ergebnis, dass viele Studien positive Zusammenhänge zwischen der Elternpartizipation und der Schulleistung finden konnten, die überwiegend jedoch moderat ausfallen. Positive Effekte konnten in vielen Studien für folgende Aspekte des Engagements gefunden werden: Eltern sprechen mit ihren Kindern über schulische Angelegenheiten, Eltern äußern hohe schulische Erwartungen, Eltern pflegen einen Stil, der Entschiedenheit und Verlässlichkeit ausstrahlt (vgl. Shute et al., 2011). Allgemein verweisen die Autoren bezüglich der Vergleichbarkeit der Studien zum Zusammenhang zwischen Elternpartizipation und Schulleistung auf drei problematische Faktoren hin: Es werden unterschiedliche Definitionen von Elternpartizipation genutzt, es gibt einen Mangel an experimentellen Studien in diesem Bereich und Mediations- und Interaktionseffekte werden häufig ignoriert, wenn es um die Analyse der Beziehung zwischen der Elternpartizipation und der schulischen Leistung geht.

Es kann bezüglich des Zusammenhangs zwischen Elternpartizipation und Schulleistungen festgehalten werden, dass der bloße Kontakt zur Schule (Besuch von Elternsprechtagen) oder das Engagement für die Schule (Hilfeleistungen) weniger effektiv ist. Demgegenüber weisen Aktivitäten und von den Eltern formulierte Erwartungen, die sich auf das Lernen der Kinder beziehen, den stärksten Zusammenhang mit der Leistung auf. Domina (2005) konnte belegen, dass die positiven Zusammenhänge einiger Partizipationsformen mit der Leistung abnehmen, wenn der familiäre Hintergrund kontrolliert wird. Familiäre Hintergrundmerkmale sind in diesem Zusammenhang also von Bedeutung. Dass die positiven Zusammenhänge zwischen der Elternpartizipation und der Schulleistung nicht nur für ausgewählte Schülergruppen gelten, weist Jeynes (2003) in seiner Metaanalyse nach. Er konnte zeigen, dass auch Schülerinnen und Schüler, die zu einer ethnischen Minderheit gehören, von einem Engagement ihrer Eltern profitieren.

Dass die Beteiligung der Eltern aber nicht ausschließlich mit den Leistungen und Schulnoten der Schülerinnen und Schüler in Verbindung steht, sondern auch Auswirkungen auf die Einstellungen und das Verhalten wahrgenommen werden können, wird im Folgenden skizziert. Während die vorgestellten Befunde veranschaulichen, dass ein Engagement der Eltern zu Hause und vor allem die Unterstützung bei Hausaufgaben einen schwachen oder negativen Zusammenhang mit Leistungen aufweist, hat diese Partizipationsform nach Shumow und Miller (2001) sowie Trusty (1999) positive Effekte auf die Einstellungen der Schülerinnen und Schüler gegenüber der Schule. Auch Catsambis (1998), El Nokali, Bachman und Votruba-Drzal (2010), Sanders und Herting (2000), Simon (2000) sowie Simons-Morton und Chen (2009) konnten positive Zusammenhänge zwischen dem Elternengagement und den Einstellungen der Schülerinnen und Schüler gegenüber der Schule finden. Auch Domina

(2005) belegt, dass Verhaltensauffälligkeiten von Schülerinnen und Schülern geringer sind, wenn Eltern konzeptionell eingebunden sind, sie Hilfeleistungen innerhalb und außerhalb des Klassenraums erbringen und die Hausaufgaben überprüfen. Diese Befunde erwiesen sich auch bei Kontrolle des familiären Hintergrunds als stabil. Simon (2000) stellt dar, dass sich Schülerinnen und Schüler besser auf den Unterricht vorbereiten, wenn sie mit ihren Eltern über schulische Angelegenheiten sprechen. McNeal (1999) sowie Rumberger, Ghatak, Poulos, Ritter und Dornbusch (1990) konnten zeigen, dass elterliches Engagement dazu beitragen kann, dass Schülerinnen und Schüler weniger im Unterricht fehlen. Vor allem Gespräche und Diskussionen zwischen den Eltern und dem Kind haben den Effekt, dass das Kind weniger in der Schule fehlt. Neben allgemein positiveren Einstellungen zur Schule konnte in verschiedenen Studien nachgewiesen werden, dass sich durch die Elternpartizipation die Motivation der Schülerinnen und Schüler erhöht (vgl. Cheung & Pomerantz, 2012; Fan, Williams & Wolters, 2012; Gonzalez-DeHass et al., 2005), mehr Zeit für die Anfertigung der Hausaufgaben investiert (vgl. Keith et al., 1986; Trusty, 1996) sowie die psychische und emotionale Verfassung positiv beeinflusst wird (vgl. Pomerantz, Moorman & Litwack, 2007). Darüber hinaus konnten Hinweise gefunden werden, dass ein bildungsbezogenes Engagement von Eltern dazu führt, dass ihre Kinder weniger Opfer von Diskriminierung werden (vgl. Jeynes, 2008).

Insgesamt kann also auf der Grundlage der vorgestellten Quer- und Längsschnittstudien festgehalten werden, dass sich ein schulbezogenes und heimbasiertes Engagement der Eltern für die Schülerinnen und Schüler lohnen kann. Auch wenn einige Untersuchungen nur moderate bzw. vereinzelt auch negative Zusammenhänge konstatiert haben, können insgesamt sowohl die schulischen Leistungen als auch die Einstellungen und das Verhalten der Schülerinnen und Schüler positiv beeinflusst werden, wenn sich die Eltern beteiligen.

5.3.2 Effekte für Lehrkräfte und für die Schule

Im Hinblick auf die Auswirkungen einer Zusammenarbeit zwischen Schule und Eltern sowie einer Partizipation der Eltern für die Lehrkräfte und generell die Schule finden sich positive Befunde. Lehrkräfte und Schulen können von einer Zusammenarbeit mit den Eltern sowie deren Beteiligung an schulischen Veranstaltungen oder Entscheidungen insgesamt profitieren. Henderson und Berla (1994) berichten beispielsweise im Rahmen ihres Literaturreviews über eine

Verbesserung der Lehrereinstellungen (positivere Haltungen und bessere Stimmung im Kollegium), günstigere Meinungen über die Eltern sowie positivere Einschätzungen der Lehrkräfte durch die Eltern sowie mehr Unterstützung der Schule und der Lehrkräfte durch die Familien der Schülerinnen und Schüler.

Zu den weiteren Vorteilen, die sich durch eine Zusammenarbeit mit den Eltern bzw. durch das Engagement der Eltern ergeben können, gehören zum einen ein besseres Verhältnis zu den Eltern sowie unter den Lehrkräften; und zum anderen berichten Lehrkräfte über eine gestiegene Zufriedenheit mit ihrem Beruf (vgl. Lim, 2008).

Zudem konnten Neuenschwander et al. (2004) zeigen, dass Lehrkräfte zunächst eine Belastung durch Elternarbeit wahrnehmen, bei gelingender Kooperation mit den Eltern jedoch eine Entlastung empfinden.

Wyrick und Rudasill (2009) stellen auf Basis einer Stichprobe von Drittklässlern fest, dass eine erhöhte Elternpartizipation dazu führt, dass das Verhältnis zwischen Lehrkräften sowie Schülerinnen und Schülern enger und gleichzeitig weniger durch Konflikte geprägt ist: „Children with more involved parents were more likely to have close relationships with their teachers. These children with high levels of parent involvement were also less likely to have relationships with teachers characterized by high levels of conflict" (Wyrick & Rudasill, 2009, S. 857).

Zudem können Lehrkräfte durch die Zusammenarbeit mit den Eltern Informationen über den familiären und sozio-kulturellen Hintergrund der Schülerinnen und Schüler erhalten, die beispielsweise für die Einschätzung des Verhaltens des Kindes wichtig sein könnten (vgl. Haynes & Ben-Avie, 1996; Haynes, Gebreyesus & Comer, 1993). Allerdings konnte Barg (2013) auch zeigen, dass elterliches Engagement und der soziale Hintergrund der Schülerinnen und Schüler einen Einfluss auf die Schulempfehlungen der Lehrkräfte haben. Benachteiligt werden demnach Familien mit einem niedrigeren sozialen Status (vgl. Barg, 2013).

Für die Schule im Allgemeinen werden durch die Kooperation mit den Eltern und deren Engagement ein verbessertes Image der Schule in der Region sowie eine bessere gemeinschaftliche Unterstützung festgestellt. Zudem weisen Schulen, an denen sich viele Eltern engagieren, häufig ein qualitativ gutes Programm zur Partizipation der Eltern auf (vgl. Lim, 2008). Programme zur Elternpartizipation stehen wiederum im Zusammenhang mit akademischen Leistungen (vgl. Jeynes, 2012). Insgesamt kann also eine Zusammenarbeit zwischen Lehrkräften und Eltern für die Institution Schule und auf der individuellen Ebene für die Lehrkräfte gewinnbringend sein.

5.3.3 Effekte für Eltern

Neben den dargestellten positiven Effekten sowohl für Schülerinnen und Schüler als auch für Lehrkräfte und die Schule, die sich durch die Kooperation zwischen Schule und Eltern sowie durch eine Partizipation der Eltern ergeben können, lassen sich positive Auswirkungen auch für die Eltern feststellen.

Nach Henderson und Berla (1994) entwickeln Eltern mehr Selbstvertrauen bezogen auf die Erziehung ihrer Kinder, haben mehr Vertrauen in die Arbeit der Schule und können insgesamt ihr Selbstkonzept verbessern. Zudem entwickeln Lehrkräfte, mit denen die Eltern zusammenarbeiten, positive Meinungen über die Eltern sowie höhere Erwartungen an die Kinder. Nach Sacher (2012a) zeigen sich positive Veränderungen hinsichtlich des Selbstkonzepts von Eltern vor allem, „[...] wenn es gelang ihnen die Überzeugung zu vermitteln, dass sie durch ihr Engagement für die Schule und für das Lernen ihrer Kinder wesentlich zu den Leistungen ihrer Kinder sowie zu einem günstigen Verhalten und positiven Einstellungen beitragen können" (Sacher, 2012a, S. 237).

Zudem können sich durch die aktive Kooperation zwischen Eltern und Lehrkräften sowie durch ein schul- und heimbasiertes Engagement ein besseres Verständnis für die Arbeit der Schule und der Lehrkräfte, eine bildungsfördernde Atmosphäre in den Familien oder auch eine verstärkte Partizipation am Schulleben der Kinder einstellen (vgl. Lim, 2008; Sacher, 2012a). Dadurch, dass Eltern durch den Kontakt mit den Lehrkräften besser darüber informiert sind, was ihre Kinder in der Schule lernen, können sie gleichzeitig zu Hause mehr lernbezogene Unterstützung leisten. Als weitere Effekte lassen sich stärkere Bindungen der Eltern zu der Schule ihres Kindes, mehr Interaktionen und Diskussionen mit dem Kind sowie eine stärkere Berücksichtigung der sozialen, emotionalen und kognitiven Bedürfnisse des Kindes feststellen (vgl. Lim, 2008).

Der Überblick über die Auswirkungen einer Zusammenarbeit mit der Schule und einer aktiven Beteiligung für Eltern hat also gezeigt, dass auch Eltern Vorteile durch ein Engagement haben können. Vor allem ein gesteigertes Selbstvertrauen und eine verstärkte Teilnahme der Eltern an schulrelevanten Angelegenheiten können sich wiederum positiv auf die Kinder auswirken.

5.4 Breite und Intensität des Elternengagements

Obwohl die Kooperation von Eltern und Schule bzw. die Elternpartizipation positive Effekte für alle Beteiligten haben kann, wird das Verhältnis, wie in Abschnitt 5.2 dargestellt, im deutschsprachigen Raum häufig als belastet und distanziert beschrieben (vgl. Busse & Helsper, 2008; Gomolla, 2011; Sacher, 2005; Wild & Lorenz, 2010). Im Falle einer Zusammenarbeit ist die Kontaktdichte zwischen Eltern und Lehrkräften eher gering, da ein Zusammentreffen meist nur im Rahmen von Elternsprechtagen und Elternabenden stattfindet (vgl. Busse & Helsper, 2008). Hingegen sind längere Gespräche oder Hausbesuche, wodurch eine intensivere und aktive Unterstützung der Eltern erfolgen könnte, eher selten, sodass keine dauerhafte und generelle Zusammenarbeit gegeben ist (vgl. Busse & Helsper, 2008; Sacher, 2008a).

Umfang der Partizipation nach Jahrgangsstufe
Kommt es trotz der eher negativen Befunde zum Verhältnis zwischen Schule und Elternhaus zu einer Zusammenarbeit, so zeigt sich, dass die Partizipation von Eltern am höchsten im Primarbereich ausfällt (vgl. Abbildung 10). Das Elternengagement sowie die Zusammenarbeit mit den Lehrkräften geht folglich mit höherer Klassenstufe zurück (vgl. Hornby & Lafaele, 2011; Schwaiger & Neumann, 2011; von Rosenbladt & Thebis, 2003).

Für die Abnahme der Partizipation mit höherer Klassenstufe lassen sich nach Schwaiger und Neumann (2011) folgende Erklärungen heranziehen: Durch den Übergang der Kinder auf eine weiterführende Schule vergrößert sich häufig auch die Distanz zur Schule und ältere Kinder gehen alleine zur Schule, sodass sich die Kontaktintensität zu den Lehrkräften verringert. Ein weiterer Aspekt besteht darin, dass Schülerinnen und Schüler an weiterführenden Schulen mehrere Fachlehrkräfte haben und es somit für die Eltern auch mehrere Ansprechpartner gibt. Hinzu kommt, dass das Curriculum vielfältiger wird und sich Eltern womöglich überfordert fühlen, sich damit intensiv auseinanderzusetzen. Zudem wünschen sich Schülerinnen und Schüler in höheren Klassenstufen eher eine geringe Beteiligung ihrer Eltern im Schulkontext, da ein Bestreben nach mehr Selbstständigkeit besteht (vgl. Schwaiger & Neumann, 2011). Auch Sacher (2008a) verweist darauf, dass Schülerinnen und Schüler in der Primarstufe keine Einwände gegen einen engen Kontakt zwischen ihren Eltern und den Lehrkräften haben, in höheren Klassen lehnen dies drei Viertel der befragen Schülerinnen und Schüler eher ab (vgl. Sacher, 2008a).

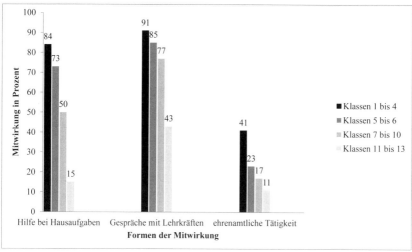

Abbildung 10: Formen der Elternmitwirkung nach Klassenstufe (von Rosenbladt & Thebis, S. 8)

Organisatorische Partizipation
In Bezug auf die drei Formen der Partizipation wird deutlich, dass sich Eltern vor allem im außerunterrichtlichen Bereich engagieren und dabei häufig organisatorische Aufgaben übernehmen. Im Rahmen der Studie von Witjes und Zimmermann wurden Eltern aller Schulformen und Klassenstufen in ausgewählten Bundesländern (Baden-Württemberg, Bremen, Hessen, Nordrhein-Westfalen und Thüringen) befragt. Dabei zeigt sich, dass 87 Prozent der befragten Eltern bei Schulfesten helfen und 54 Prozent Klassenfahrten begleiten (vgl. Witjes & Zimmermann, 2000). Die eigenverantwortliche Durchführung oder Betreuung von Selbsthilfegruppen, Werkstätten oder eines Elterncafés wird demgegenüber von weniger als 10 Prozent der Eltern wahrgenommen (vgl. Witjes & Zimmermann, 2000). Auch Börner (2010), im Rahmen der wissenschaftlichen Begleitung zur offenen Ganztagsschule im Primarbereich, und Sacher (2004) stellen fest, dass ein hoher Anteil von Eltern regelmäßig bei Schulfesten mitwirkt. Im Rahmen des Bildungsbarometers zur Kooperation zwischen Elternhaus und Schule wurden Eltern aus allen deutschen Bundesländern auch zu ihrer Mitwirkung in der Schule des Kindes befragt (vgl. Jäger-Flor & Jäger, 2010). Zu den eher organisatorisch geprägten Bereichen äußern sich die Eltern wie folgt: 49 Prozent geben an, bei Schulfesten mitzuhelfen und knapp 10 Prozent begleiten Klassenfahrten. In Bezug auf die Beteiligung von

Eltern an Ganztagsschulen konnte im Rahmen von StEG (Studie zur Entwicklung von Ganztagsschulen; (vgl. Holtappels, Klieme, Rauschenbach & Stecher, 2008)) gezeigt werden, dass Eltern häufig organisatorische Aktivitäten übernehmen (vgl. Züchner, 2008). Diese Beteiligungsbereiche lassen sich weiter differenzieren: Die 345 befragten Schulleitungen geben an, dass die Eltern an ihren Schulen gelegentlich (51.6 Prozent) bzw. häufig (16.9 Prozent) Klassenfahrten oder Ausflüge begleiten. Die Mitarbeit in Projekten, AGs, Kursen im außerunterrichtlichen Angebot (31.1 Prozent engagieren sich gelegentlich und 12.5 Prozent häufig) sowie die Unterstützung des Freizeitbereichs (30.4 Prozent beteiligen sich gelegentlich und 8.9 Prozent regelmäßig) ist nach Aussage der Schulleitungen etwas weniger stark ausgeprägt (vgl. Züchner, 2008). Eine untergeordnete Rolle spielt die Unterstützung der Eltern bei der Hausaufgabenbetreuung – hier wirken nach Auffassung der Schulleitungen über 70 Prozent der Eltern bisher nicht mit. Die Partizipation der Eltern wurde zudem in ausgewählten Bereichen nach der Teilnahmehäufigkeit des Kindes am Ganztag erhoben. Hinsichtlich der Teilnahme der Eltern an Schulfesten oder Schulveranstaltungen wird deutlich, dass 50.5 Prozent der 21.211 befragten Eltern insgesamt eine regelmäßige Teilnahme angeben. Nur 7.8 Prozent waren bisher nie bzw. 10.7 Prozent nur selten bei Schulfesten oder Schulveranstaltungen vertreten. Differenziert nach der Ganztagsteilnahme der Kinder lässt sich feststellen, dass mit einer häufigeren Teilnahme auch der Besuch von Schulfesten und Schulveranstaltungen leicht ansteigt: Nimmt das Kind an jedem möglichen Tag am Ganztag teil, wirken 54.7 Prozent der Eltern an Schulfesten oder Schulveranstaltungen mit (vgl. Züchner, 2008). Der Ganztagsschulbesuch wirkt sich in diesem Fall somit positiv auf die Intensität der Elternpartizipation aus. Aus der StEG-Elternbefragung, die im Jahr 2007 durchgeführt wurde, lassen sich folgende Befunde ableiten: Im Rahmen des Ganztagsbetriebs wirken 2.6 Prozent der über 8.000 befragten Eltern unterstützend bei der Mittagsbetreuung mit, 2.1 Prozent engagieren sich bei der Hausaufgabenhilfe und 3.9 Prozent führen Angebote im Ganztag durch (vgl. Züchner, 2011).

Konzeptionelle Partizipation
Die konzeptionelle Mitarbeit von Eltern findet im Gegensatz zu Hilfeleistungen in einem geringeren Umfang statt. Börner (2010), Witjes und Zimmermann (2000) sowie Züchner (2008) verdeutlichen, dass weniger als 30 Prozent der Eltern regelmäßig im Rahmen von Nachhilfekursen oder der Unterrichtsgestaltung mitwirken. Darüber hinaus zeigt sich, dass sich 17 Prozent in Schulgremien, 4 Prozent im Elternverein und 28 Prozent im Förderverein engagieren (vgl.

Börner, 2010). Auch von Rosenbladt und Thebis (2003), die sich mit den Formen und dem Umfang der Elternmitwirkung auseinandergesetzt haben, stellen fest, dass die Elternmitwirkung auf Klassen- bzw. Schulebene weniger stark ausgeprägt ist: Jeweils ein Viertel der befragten Eltern an Primar- und Sekundarschulen gibt an, dass sie als Elternvertreter oder im Elternbeirat tätig sind oder sonstige ehrenamtliche Aufgaben im Schulkontext übernehmen (vgl. von Rosenbladt & Thebis, 2003). Für den Ganztagsschulbereich hat StEG eine deutlich höhere Mitwirkung von Eltern in Schulgremien festgestellt: An über 70 Prozent der Schulen wirken Eltern häufig in der Klassenpflegschaft, im Elternbeirat oder in der Schulkonferenz mit. 14.8 Prozent der Befragten sind im Elternbeirat/in der Elternpflegschaft, 4.4 Prozent im Elternverein und 13.2 Prozent im Schulförderverein tätig (vgl. Züchner, 2008). Diese Zahlen steigen leicht an, wenn das Kind regelmäßig am Ganztag teilnimmt. Die Angaben der Eltern hinsichtlich ihrer Mitwirkung in Gremien entsprechen damit eher den bisher genannten Befunden. Auch die Mitarbeit im Förderverein und die Sammlung von Spenden für die Schule wurden im Rahmen von StEG erfasst: Hier sind 32.2 Prozent der Eltern häufig bzw. 40.3 Prozent gelegentlich aktiv. Werden die Daten aus der StEG-Elternbefragung aus den Jahren 2005 und 2007 sowie die Beteiligung an Elternbeirat, Elternpflegschaft, Elternverein und Schulförderverein zur Variable „Mitarbeit in einem der Schulgremien" zusammengefasst, ergibt sich Folgendes (vgl. Abbildung 11): Nimmt das Kind nicht am Ganztag teil, leisten 9.5 Prozent der Eltern kontinuierlich Gremienarbeit. Ist hingegen eine Teilnahme des Kindes am Ganztagsbetrieb sowohl im Jahr 2005 als auch im Jahr 2007 gegeben, erhöht sich die regelmäßige Partizipation in einem der Schulgremien auf 16.1 Prozent (vgl. Züchner, 2011). Die Partizipation in zwei weiteren konzeptionellen Bereichen fällt laut Schulleitungen geringer aus: 16.1 Prozent wirken häufig bzw. 29.7 Prozent gelegentlich in konzeptionellen Arbeitsgruppen mit, in denen es beispielsweise um die Arbeit am Schulprogramm oder am Schulkonzept geht. Zudem haben bisher über 50 Prozent nicht an Fachkonferenzen oder der Lehrplanarbeit mitgewirkt. Die Befunde weisen somit darauf hin, dass Eltern an Grund- und Sekundarschulen eher organisatorische statt konzeptionelle Aufgaben übernehmen.

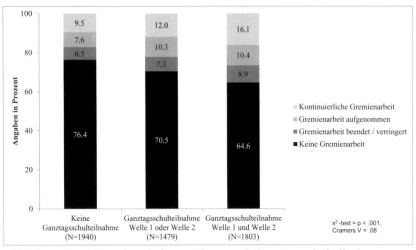

Abbildung 11: Gremienarbeit von Eltern nach Ganztagsschulteilnahme (Züchner, 2011, S. 74)

Lernbezogene Partizipation

Was die lernbezogene Unterstützung von Eltern im schulischen und familiären Kontext betrifft, zeigt sich eine hohe Beteiligungsbereitschaft. Börner (2010), von Rosenbladt und Thebis (2003) sowie Killus (2012) konnten feststellen, dass über 90 Prozent der Eltern sowohl in der Grundschule als auch an weiterführenden Schulen regelmäßig Elternsprechtage besuchen und damit an der schulischen Entwicklung ihres Kindes interessiert sind. Auch Sacher (2004) stellt vergleichbare Befunde fest: Von den befragten Eltern an bayerischen Schulen geben 83 Prozent an, dass sie ein- bis zweimal im Jahr einen Elternabend besuchen und knapp 65 Prozent ein- bis zweimal im Jahr an Elternsprechtagen teilnehmen. Hierbei konnten auch schulartspezifische Unterschiede konstatiert werden: Eltern von Schülerinnen und Schülern an weiterführenden Schulen besuchen häufiger Elternsprechtage als Eltern an Grundschulen. Für Elternabende ergibt sich, dass Eltern an Haupt- und Grundschulen häufiger präsent sind als beispielweise Eltern von Gymnasiasten (vgl. Sacher, 2004). Eine hohe Elternbeteiligung in diesem Bereich konnte auch für Ganztagsschulen nachgewiesen werden: 81.2 Prozent der über 21000 befragten Eltern nehmen an Elternabenden teil und dies gilt unabhängig davon, wie häufig das Kind am Ganztag teilnimmt. Elternsprechtage werden regelmäßig von 67.3 Prozent der Eltern besucht. Hierbei zeigt sich jedoch, dass Eltern, deren Kind den Ganztag so häufig wie möglich besucht, regelmäßiger – mit einem Anteil von

73 Prozent – Elternsprechtage besuchen (vgl. Züchner, 2008). Zudem kann im Rahmen von StEG gezeigt werden, dass Eltern, unabhängig von der Teilnahme des Kindes am Ganztag, an dem Schulleben ihrer Kinder interessiert sind: Zum einen unterhalten sich die befragten Eltern regelmäßig mit ihren Kindern über Schulthemen und gegebenenfalls über schulische Probleme und zum anderen achten sie darauf, dass ihr Kind für die Schule vorbereitet ist (vgl. Züchner, 2011). Insgesamt hat der Ganztag somit auch hier einen Einfluss auf die Häufigkeit der Elternbeteiligung. Darüber hinaus zeigt sich, dass viele Eltern (82 Prozent) mit Lehrkräften individuelle Gespräche über das Kind führen (vgl. von Rosenbladt & Thebis, 2003), wobei die Inhalte der Gespräche nicht erfragt wurden. Auch die aktive Unterstützung der Kinder seitens der Eltern (regelmäßige Hilfe bei den Hausaufgaben des Kindes) ist häufig gegeben. Für die Grundschule verweisen von Rosenbladt und Thebis (2003) darauf, dass 84 Prozent ihren Kindern bei den Hausaufgaben helfen und 91 Prozent mit den Lehrkräften Gespräche führen.

Internationale Perspektive

Da sich die Mitwirkungsmöglichkeiten von Eltern in verschiedenen Ländern unterscheiden, wodurch eine Vergleichbarkeit zu den deutschsprachigen Befunden nicht umfassend gegeben ist, werden internationale Ergebnisse zum Umfang der Elternpartizipation im Folgenden nur skizziert. [21]

Im Rahmen der Internationalen Grundschul-Lese-Untersuchung (IGLU) werden auch Aussagen zur Zusammenarbeit zwischen Schule und Elternhaus getätigt (vgl. Lankes, Bos, Mohr, Plaßmeier & Schwippert, 2003). Die Schulleiterinnen und Schulleiter wurden gebeten, eine Einschätzung abzugeben, ob Eltern an Gesprächen mit Lehrkräften teilnehmen, regelmäßig in der Schule helfen, Veranstaltungen besuchen oder sich bei der Beschaffung finanzieller Mittel engagieren. Für Deutschland zeigt sich, dass die Grundschuleltern vor allem an Gesprächen mit den Lehrkräften teilnehmen sowie schulische Veranstaltungen besuchen. Im Gegensatz dazu helfen nach Angaben der Schulleitungen nur sehr wenige Eltern regelmäßig in der Schule (vgl. Lankes et al., 2003). Im internationalen Vergleich nehmen zwischen einem Viertel und der Hälfte der Eltern an Gesprächen mit Lehrkräften teil. Vor allem in Schweden sind mehr als die Hälfte der Eltern sehr daran interessiert, sich regelmäßig auszutauschen, und setzen dieses lernbezogene Interesse um. Hinsichtlich der Mithilfe

---

21 Für einen Überblick siehe zum Beispiel European Education Information Network (1997).

in der Schule und damit der organisatorischen Partizipation sind die niederländischen und italienischen Eltern vergleichsweise aktiv. Zudem besuchen sowohl Eltern in den Niederlanden als auch Eltern in Schottland häufig schulische Veranstaltungen und unterstützen die Schule bei der Beschaffung von finanziellen Mitteln (vgl. Lankes et al., 2003). Im Hinblick auf das Engagement von Eltern in den USA lassen sich größtenteils ähnliche Befunde konstatieren. Im Rahmen einer repräsentativen Erfassung der Elternbeteiligung in den USA für das Schuljahr 2007 wird festgestellt, dass 78 Prozent aller befragten Eltern regelmäßig mit den Lehrkräften im Rahmen von Elternsprechtagen zusammen kommen sowie 74 Prozent an schulischen Veranstaltungen teilnehmen. Differenziert nach Klassenstufe zeigt sich, dass die Mitwirkung hinsichtlich beider Bereiche für den Primarbereich höher ausfällt. Demgegenüber steht ein Anteil von 46 Prozent der befragten Eltern, die in Gremien mitwirken. Auch hier findet sich im Primarbereich ein höherer Anteil von Eltern, die sich engagieren. Zudem scheint eine regelmäßige Zusammenarbeit zwischen Eltern und Lehrkräften zustande zu kommen, da über 80 Prozent der Eltern von den Lehrkräften über Unterstützungsmöglichkeiten bei Hausaufgaben informiert werden (vgl. Herrold & O'Donnell, 2008). Eccles und Harold (1996) konnten nachweisen, dass Eltern von Schülerinnen und Schülern der Jahrgangsstufe 7 ein- bis zweimal im Schuljahr freiwillige Hilfeleistungen übernehmen. In Vereinen wie der *Parent Teacher Student Association* (PTSA) sind 61 Prozent der Befragten, wobei dort nur 5 bis 6 Prozent eine Führungsposition innehaben. Was das lernbezogene Engagement betrifft, so geben die befragten Eltern an, dass sie ihren Kindern ein- bis dreimal in der Woche bei den Hausaufgaben helfen und bis zu viermal die Woche die Hausaufgaben überprüfen (vgl. Eccles & Harold, 1996).

Ein vergleichsweise hohes lernbezogenes Engagement, wie die Bereitstellung einer aktivierenden Lernumgebung oder die Hilfe bei den Hausaufgaben, konnte auch in der Studie von Şad und Gürbüztürk (2013) konstatiert werden. Freiwillige Hilfeleistungen wurden in einem geringeren Umfang übernommen (vgl. Şad & Gürbüztürk, 2013).

Zusammenfassung

Anhand der Befunde zur Beteiligung von Eltern differenziert nach den drei Partizipationsformen konnte gezeigt werden, dass sich Eltern vor allem dann engagieren, wenn es um die Unterstützung ihrer Kinder geht. Eltern beteiligen sich also vergleichsweise stark im lernbezogenen Bereich. Zudem wurde deutlich, dass Eltern insgesamt, unabhängig von der Schulform, eher organisatorischen statt konzeptionellen Tätigkeiten nachgehen. Die Mitwirkungsintensität scheint an Grundschulen höher zu sein als an Sekundarschulen.

Da im Rahmen der vorliegenden Arbeit auch die Partizipation verschiedener Elterngruppen untersucht werden soll, wird im folgenden Kapitel auf soziale und migrationsspezifische Aspekte der Elternpartizipation eingegangen. Hierzu wird zunächst auf Rahmenbedingungen der Mitarbeit von Eltern mit unterschiedlichen sozialen und kulturellen Hintergründen fokussiert, bevor anschließend Befunde zur aktiven Beteiligung dargelegt werden.

5.5 Soziale und migrationsspezifische Aspekte der Elternarbeit

Voraussetzungen
Internationale Schulleistungsstudien wie IGLU haben gezeigt, dass es deutliche Leistungsunterschiede zwischen Kindern deutscher und nicht-deutscher Herkunft (vgl. Schwippert et al., 2012) sowie zwischen Schülerinnen und Schülern höherer und niedriger sozialer Lagen (vgl. Wendt et al., 2012) in Deutschland gibt. Zudem haben Schülerinnen und Schüler aus höheren sozialen Schichten sowie Kinder, deren Eltern in Deutschland geboren wurden, eine höhere Chance für eine Gymnasialpräferenz (vgl. Arnold, Bos, Richert & Stubbe, 2007; Stubbe, Bos & Euen, 2012). Die Zugangsmöglichkeiten zu höheren Bildungsgängen sind damit ungleich verteilt. Als eine Reaktion auf diese Befunde gilt die Forderung nach mehr Elternbeteiligung in der Schule, sodass die Schulerfolgschancen aller Kinder erhöht werden. Hinsichtlich der Arbeit mit Eltern ist in diesem Kontext jedoch zu berücksichtigen:

„Eltern sind immer eine heterogene Gruppe, hinsichtlich des sozioökonomischen Status, ethnischer Zugehörigkeiten, des Geschlechts, der Religion, des Alters, der Familienformen, der Vertrautheit mit dem staatlichen Bildungssystem und generell sehr unterschiedlichen Ressourcen, ihre Interessen und Wünsche im Kontext von Schule zur Sprache zu bringen und zu verfolgen" (Fürstenau & Gomolla, 2009a, S. 13).

Dementsprechend sollte auch im Hinblick auf das Thema Elternarbeit zwischen verschiedenen Elterngruppen mit unterschiedlichen Merkmalen differenziert werden (vgl. Eccles & Wigfield, 2002). Insgesamt ist jedoch festzustellen, dass es bisher eher wenige Studien gibt, die sich beispielsweise insbesondere mit Eltern mit Migrationshintergrund und deren Erfahrungen sowie Meinungen zum Schulkontext befassen (vgl. Gomolla & Rotter, 2012). Von Seiten der

Schulen wird häufig angemerkt, dass Eltern mit Migrationshintergrund sowie Eltern mit niedrigem sozialen Status schwer erreichbar sind und den Kontakt zur Schule meiden (vgl. Hillesheim, 2009; Sacher, 2008a).[22] Demgegenüber fällt es Schulen leichter, privilegierte Elterngruppen für eine Zusammenarbeit zu gewinnen (vgl. Neuenschwander et al., 2005). Während Eltern aus mittleren oder höheren Sozialschichten ihre Interessen gegenüber der Schule meist klar formulieren und Mitbestimmung fordern, müssen Eltern mit Migrationshintergrund häufig besondere Hemmschwellen überwinden.

Trotz dieser Barrieren heben verschiedene Studien hervor, dass Eltern mit Migrationshintergrund eine hohe Bildungsaspiration haben (vgl. Bittlingmayer & Bauer, 2007; Kristen & Dollmann, 2009; Relikowski, Yilmaz & Blossfeld, 2012; Segeritz, Walter & Stanat, 2010; Stanat, Segeritz & Christensen, 2010). Zudem ist ein positiver Zusammenhang zwischen der elterlichen Bildungsaspiration und dem höchsten sozioökonomischen Status (vgl. Paulus & Blossfeld, 2007; Rohlfs, 2011) sowie zwischen der Bildungsaspiration und dem höchsten Bildungsabschluss in der Familie vorhanden (vgl. Paulus & Blossfeld, 2007). Aber nicht nur die Bildungsaspiration hängt von Hintergrundmerkmalen wie dem sozioökonomischen Status ab: „Da Bildungsnutzen, Statuserhaltmotiv, Erfolgserwartung und relative Investitionskosten nach Klassenlage variieren, ergeben sich klassenspezifische Bildungsabsichten" (Maaz et al., 2006, S. 319). Konkret können nach Gresch und Becker (2010) sowie Gresch, Baumert und Maaz (2010) hinsichtlich der Kosten und des Nutzens von bestimmten Bildungsentscheidungen, in diesem Fall die Übergangsentscheidung, Befunde von Kristen (1999), Ditton, Krüsken und Schauenberg (2005) sowie Paulus und Blossfeld (2007) wie folgt zusammengefasst werden: Für Eltern mit einem höheren sozioökonomischen Status ist der wahrgenommene Nutzen von Bildung höher als für weniger privilegierte Familien. Die relativen Bildungskosten sind darüber hinaus für Eltern mit einem geringeren sozioökonomischen Status höher ausgeprägt als für Eltern mit einem hohen sozioökonomischen Status (vgl. Gresch et al., 2010). Auch die wahrgenommene Erfolgswahrscheinlichkeit, beispielsweise bezogen auf die Erfüllung von Leistungsanforderungen, ist von Hintergrundmerkmalen abhängig: Eltern aus sozial privilegierten und kulturell besser gestellten Verhältnissen schätzen die Erfolgswahrscheinlichkeit

---

22 Das Thema „schwer erreichbare Eltern", über das es im angloamerikanischen Raum unter dem Stichwort „hard to reach parents" eine breite Diskussion gibt, soll hier nicht ausführlich theoretisch dargestellt werden. Für weitere Informationen und Befunde zu diesem Bereich siehe zum Beispiel Aronson (1996), Feiler (2010), Harris, Andrew-Power und Goodall (2009) oder Sacher (2012b).

höher ein als Eltern mit einem niedrigeren sozioökonomischen Status (vgl. Gresch & Becker, 2010). Davis-Kean (2005) sowie Kim, Sherraden und Clancy (2013) belegen hierzu, dass je höher das elterliche Bildungsniveau und je höher das Einkommen in der Familie, desto höher sind die bildungsspezifischen Erwartungen der Eltern. Dass die Bewertung von Bildungserträgen und -kosten sowie die Erfolgserwartungen hinsichtlich Bildungsentscheidungen zwischen den sozialen Klassen variieren, konnte auch Becker (2000) unter Anwendung werterwartungstheoretischer Erklärungsansätze empirisch feststellen. Kosten-Nutzen-Abwägungen sowie wahrgenommene Erfolgserwartungen können damit auch bezogen auf die Partizipationsfrage für Eltern mit unterschiedlichen Hintergrundmerkmalen einen Einfluss haben.

Um die Perspektive von Eltern mit Migrationshintergrund abzubilden und deren Auffassungen darzustellen, warum die Zusammenarbeit mit der Schule trotz der hohen Bildungsaspiration eher gering ausfällt, hat Hawighorst (2009) Interviews mit türkisch- und russischsprachigen Müttern und Vätern durchgeführt. Im Gegensatz zu der Einschätzung von Lehrkräften, dass Migranteneltern wenig Interesse an den schulischen Belangen ihrer Kinder haben, kann Hawighorst (2009) zeigen, dass das Thema Schule innerhalb der Familien ein relevantes Thema darstellt. Die befragten Eltern sind sich über ihre Bedeutung für den schulischen Erfolg ihrer Kinder bewusst und äußern vielfach hohe schulische sowie berufliche Erwartungen (vgl. Hawighorst, 2009). Darüber hinaus sind sie sehr an einer Zusammenarbeit mit den Lehrkräften interessiert und der Auffassung, von Elternarbeit profitieren zu können (vgl. Fürstenau & Hawighorst, 2008; Neuenschwander et al., 2004). Allerdings stehen dem Interesse und der Bereitschaft zur Zusammenarbeit mit der Schule Barrieren gegenüber. Die befragten Mütter und Väter mit Migrationshintergrund nennen die mangelnde Kenntnis der deutschen Sprache, die fehlende Vertrautheit mit der deutschen Schule, was zu einem falschen Respekt vor der Institution Schule führen kann, sowie das ausgrenzende Verhalten seitens der Schule als Hürden, um mit den Lehrkräften in Kontakt zu treten (vgl. Deniz, 2012; Gomolla, 2009). Auch Studien aus dem angloamerikanischen Raum verweisen auf eine mangelnde sprachliche Kompetenz, die einem schulischen Engagement entgegensteht (vgl. Kuperminc, Darnell & Alvarez-Jimenez, 2008; López, Scribner & Mahitivanichcha, 2001). Dazu kommen unflexible Arbeitszeiten sowie eine Unsicherheit darüber, welche Erwartungen Lehrkräfte und Schulleitungen an die Eltern haben, was wiederum mit der unzureichenden Vertrautheit mit dem deutschen Schulsystem und dessen Akteuren zusammenhängt (vgl. Kuperminc et al., 2008). Die sich daraus entwickelnde Unsicherheit führt nach Hawighorst (2009) zur Zurückhaltung im Schulkontext. Die aus Sicht der Eltern dringend benötigte Gesprächsbereitschaft von Seiten der Lehrkräfte ist selten gegeben. Zwar werden regelmäßig Elternsprechtage angeboten, aber informelle Gespräche, deren Bedeutung von den Befragten betont wird, sind die Ausnahme.

López et al. (2001) stellen darüber hinaus fest, dass es wichtig ist, dass Schulen die Bedürfnisse und Einstellungen der Eltern mit Migrationshintergrund gegenüber der Schule berücksichtigen, damit eine Beteiligung gelingt. Eine unzureichende Berücksichtigung der unterschiedlichen Vorstellungen, Meinungen und Wünsche von Eltern mit Migrationshintergrund, was ihre Rolle und damit ihre Partizipation im Schulkontext betrifft, könnte somit ein Grund für eine geringere Beteiligung dieser Elterngruppe sein (vgl. Leyendecker, 2008; López et al., 2001). Um die Zusammenarbeit mit Migrantinnen und Migranten sowie deren Partizipation zu erhöhen, schlägt Deniz (2012) zehn Punkte vor, die es vor allem bei der Arbeit mit Eltern mit Migrationshintergrund zu berücksichtigen gilt: Formulierung von Zielen, Beenden der Sonderbehandlung von Eltern mit Migrationshintergrund, Erhöhung des Anteils multikulturellen Personals, Abbau von Zugangsbarrieren, bessere Vernetzung der Schulen mit außerschulischen Partnern, Öffnung zum sozialen Umfeld, Förderung der Partizipation von Migrantinnen und Migranten in Gremien, Anpassung von Schulbüchern an die Lebenswelt von Migrantinnen und Migranten, Förderung der interkulturellen Fortbildung sowie Evaluation der umgesetzten Maßnahmen (Deniz, 2012, S. 328ff.). Statusunterschiede zwischen den Lehrkräften und Eltern sollten damit keine Rolle spielen bzw. die Kooperation nicht nachteilig beeinflussen (vgl. Sacher, 2011; Schwaiger & Neumann, 2011).

Partizipation nach Hintergrundmerkmalen

Nachdem auf Rahmenbedingungen zur schicht- und migrationsspezifischen Elternarbeit eingegangen wurde, geht es im Folgenden um die Partizipation verschiedener Elterngruppen. Dass die Schichtzugehörigkeit, das Bildungsniveau sowie der Migrationshintergrund der Eltern bedeutsam sind und einen signifikanten Einfluss auf die Beziehung zwischen Elternhaus und Schule ausüben, veranschaulicht beispielsweise Sacher (2006) im Rahmen seiner bayerischen Befragung.

Quantitative sowie qualitative Studien zur aktiven Elternpartizipation verdeutlichen beim Vergleich des schulischen Engagements von Eltern mit verschiedenen Gruppenmerkmalen, dass die Partizipation mit einem höheren sozialen Status häufig ansteigt und sich Eltern mit Migrationshintergrund seltener engagieren (vgl. Börner, 2010; Züchner, 2008). Zudem zeigen häufig Eltern mit einem höheren Bildungsniveau ein stärkeres Engagement (vgl. Useem, 1992).

Differenziert nach den Formen der Partizipation konstatieren Friedrich und Kröner (2009), Sacher (2008a) sowie Züchner (2008) bezüglich des konzeptionellen Bereichs, dass Eltern mit Migrationshintergrund weniger im Rahmen von schulischen Entscheidungsgremien partizipieren als Eltern ohne Migrationshintergrund. Konkret partizipieren Eltern mit Migrationshintergrund signifikant seltener im Rahmen von Elternbeiräten/Elternpflegschaften, Elternvereinen und Schulfördervereinen (vgl. Züchner, 2008, 2011). Hingegen wirken Eltern mit einem höheren Bildungsniveau sowie einem höheren sozioökonomischen Status signifikant häufiger in den genannten konzeptionellen Bereichen mit. Die Expertise zur Mitwirkung von Eltern mit Migrationshintergrund in Elternvertretungen macht zudem deutlich, dass es eine Unterrepräsentation von Migranteneltern in Schulgremien, vor allem an Gymnasien, im Vergleich zur Anzahl der Schülerinnen und Schüler mit Migrationshintergrund gibt (vgl. Friedrich & Kröner, 2009). Zu einem gegenteiligen Ergebnis hinsichtlich des Migrationshintergrunds und der konzeptionellen Partizipation kommen Gomolla und Rotter (2012) im Rahmen der JAKO-O Bildungsstudie, wobei zu berücksichtigen ist, dass ausschließlich zwischen Eltern mit türkischem und russischem sowie Eltern ohne Migrationshintergrund differenziert wird. Die Befunde deuten darauf hin, dass sowohl Eltern mit türkischem als auch Eltern mit russischem Migrationshintergrund häufiger angeben, in Gremien – wie der Elternvertretung – beteiligt zu sein, als Eltern ohne Migrationshintergrund. Dieser Effekt zeigt sich auch bei Berücksichtigung des Bildungsniveaus: Es sind vor allem türkische und russische Eltern mit einem niedrigen Bildungsniveau, die sich konzeptionell engagieren.

Weitere Analysen von Gomolla und Rotter (2012) verdeutlichen, dass türkische und russische Eltern ein hohes Engagement zeigen, wenn es um die lernbezogene Unterstützung ihres Kindes und zwar konkret um die Erarbeitung von Lerninhalten und Lernstoff geht. Allerdings engagieren sich auch Eltern ohne Migrationshintergrund stark lernbezogen und zwar vor allem vor Klassenarbeiten und Referaten (vgl. Gomolla & Rotter, 2012). Der Umfang der lernbezogenen Unterstützung ist in diesem Kontext also ausgeglichen. Zu diesem Ergebnis kommt auch Sacher (2006a): Eltern mit und ohne Migrationshintergrund besuchen ähnlich häufig Elternabende. Elternsprechtage, die auf Einzelgespräche und einen direkten Kontakt mit den Lehrkräften abzielen, werden von Eltern mit Migrationshintergrund allerdings weniger besucht und eher gemieden.

Züchner (2011) kann bezüglich der häuslichen Schulunterstützung nachweisen, dass Eltern mit einem höheren Bildungsniveau sowie Sozialprestige stärker an dem schulischen Leben ihres Kindes interessiert sind und aktiver die Schulvorbereitung begleiten. Für den Bereich der regelmäßigen Schulkontakte (Teilnahme am Elternsprechtag und Elternabend) konnte gezeigt werden, dass eher Eltern mit einem höheren Bildungsabschluss sowie Eltern ohne Migrationshintergrund einen regelmäßigeren Kontakt zur Schule halten (vgl. Züchner, 2011).

Bezüglich organisatorischer Aktivitäten, wie der Besuch von Schulfesten, Theateraufführungen oder auch die Begleitung von Klassenfahrten, wird deutlich, dass Eltern mit Migrationshintergrund eher zurückhaltend sind und weniger mitwirken (vgl. Sacher, 2006). Bezogen auf die in StEG im Jahr 2007 erfassten Partizipationsbereiche, Unterstützung bei der Mittagsbetreuung, Mitwirkung bei der Hausaufgabenhilfe und Durchführung von Angeboten im Ganztag, zeigt sich hingegen, dass Eltern mit Migrationshintergrund in allen drei Bereichen engagierter sind (vgl. Züchner, 2011). Differenziert nach dem HISEI als Maß für den sozioökonomischen Status ist die Beteiligungsquote in den drei Bereichen relativ ausgeglichen. Nur bei der Unterstützung der Hausaufgabenhilfe partizipieren Eltern mit einem niedrigeren sozialen Status etwas häufiger als Eltern mit einem hohen sozialen Status (vgl. Züchner, 2011). Im Rahmen einer Dokumentation zur Situation von Schülerinnen und Schülern mit Migrationserfahrungen an Frankfurter Schulen, die vom Deutschen Institut für Internationale Pädagogische Forschung durchgeführt wurde (vgl. Plath, Bender-Szymanski & Kodron, 2002), äußerten sich 132 Schulleitungen unter anderem zur schulbezogenen Partizipation von Eltern mit Migrationshintergrund. Hinsichtlich der Mitwirkung dieser Elterngruppe an organisatorischen Aktivitäten aus der Perspektive der befragten Schulleitungen an Frankfurter Schulen zeigt sich folgendes Bild: 39.4 Prozent der Befragten geben an, dass Eltern nichtdeutscher Herkunftssprache Unterrichtsprojekte oder Projekttage mitgestalten. Geht es um die Mithilfe bei Frühstückspausen oder beim Mittagessen, ist die Beteiligungsquote mit 10.6 Prozent eher gering. Ähnliches gilt für die Durchführung von schulischen Arbeitsgemeinschaften: Hier sind nach Einschätzung der Schulleitungen nur 6.1 Prozent Eltern nichtdeutscher Herkunftssprache beteiligt. Geht es allerdings um die Mithilfe bei der Organisation und Durchführung von Sport-, Schul- und Klassenfesten, dann partizipieren 56.1 Prozent der Eltern mit Migrationshintergrund. Eltern mit Migrationshintergrund scheinen also zumindest in einigen Bereichen an den untersuchten Frankfurter Schulen nach Auskunft der Schulleitungen engagiert zu sein.

Für den deutschsprachigen Raum zeigen sich somit zum Teil inkonsistente Befunde zur Partizipation von Eltern mit unterschiedlichen Merkmalen. Je nach Operationalisierung der Hintergrundvariablen und der untersuchten Partizipationsbereiche können sich Unterschiede ergeben, wie beispielsweise bezüglich der organisatorischen Partizipation. Konsistenter erscheinen die Ergebnisse zur konzeptionellen Partizipation: Hier deuten die Befunde insgesamt eher darauf hin, dass Eltern mit Migrationshintergrund, Eltern mit einem niedrigeren Bildungsniveau und mit einem niedrigeren sozioökonomischen Status weniger konzeptionelle Aufgaben übernehmen. Die lernbezogene Unterstützung scheint demgegenüber zwischen verschiedenen Elterngruppen eher ausgeglichen und sich hinsichtlich des Umfangs auf einem ähnlich hohen Niveau zu befinden.

In angloamerikanischen Untersuchungen lassen sich folgende Befunde finden: Bezogen auf den sozioökonomischen Status haben verschiedene Studien festgestellt, dass sich eher Eltern mit einem höheren SES engagieren (vgl. Fehrmann, Keith & Reimers, 1987; Grolnick, Benjet, Kurowski & Apostoleris, 1997; Lareau, 1987; Reynolds, Mavrogenes, Bezruczko & Hagemann, 1996; Stevenson & Baker, 1987; Sui-Chu & Willms, 1996). Differenziert nach unterschiedlichen Partizipationsbereichen zeigen Grolnick et al. (1997) darüber hinaus, dass ein Engagement von Eltern mit einem höheren SES vor allem für die schulische und kognitive (lernbezogene) Partizipation gilt. In den Studien von Cooper und Crosnoe (2007), Hill (2001), Lee und Bowen (2006), Ritblatt, Beatty, Cronan und Ochoa (2002) sowie in dem Literaturüberblick von Henderson und Mapp (2002) lassen sich Hinweise finden, dass sich Eltern mit einem höheren Einkommen stärker organisatorisch und konzeptionell beteiligen. Für die lernbezogene Unterstützung konnten jedoch keine bedeutsamen Unterschiede konstatiert werden (vgl. Lee & Bowen, 2006). Zudem spielen das individuelle Alter sowie die Leistungen des Kindes eine Rolle: „Economically disadvantaged parents were less involved in the schooling process than were middle- or upper-class parents, but this association was driven mostly by the greater age and lower achievement of disadvantaged children" (Cooper & Crosnoe, 2007, S. 385). Dass sich Eltern mit einem niedrigeren Einkommen weniger im Schulkontext beteiligen, wird darauf zurückgeführt, dass sich diese Eltern schämen und Angst haben, dass ihre wirtschaftliche Situation als Grund für mögliches schulisches Versagen ihrer Kinder herangezogen wird (vgl. Bloom, 2001).

Die Frage, ob der Migrationshintergrund von Eltern einen Einfluss auf ihre Elternarbeit hat, lässt sich mit Blick auf internationale Studien nicht eindeutig beantworten. Beispielsweise zeigen Huntsinger und Jose (2009) sowie Lee und Bowen (2006), dass sich Eltern europäisch-amerikanischer Herkunft signifikant häufiger in der Schule beteiligen und mehr schulische Gespräche mit ihren Kindern führen als Eltern mit einem afroamerikanischen und lateinamerikanischen bzw. asiatischen Hintergrund. In Bezug auf die lernbezogene Unterstützung zu Hause zeigte sich, dass chinesisch-amerikanische Eltern ihre Kinder mehr gefördert haben (vgl. Huntsinger & Jose, 2009). Asiatisch-amerikanische Eltern engagieren sich insgesamt eher zu Hause und möchten dort ein anregungsreiches Lernumfeld gestalten (vgl. Sy, 2006; Yamamoto & Holloway, 2010). Dass Eltern, die einer ethnischen Minderheit angehören, einige Partizipationsbereiche präferieren, zeigen darüber hinaus Catsambis und Garland (1997) sowie Sui-Chu und Willms (1996). Eltern afrikanischer und lateinamerikanischer Herkunft formulieren beispielsweise höhere schulische Erwartungen als amerikanische Eltern ohne Migrationshintergrund (vgl. Catsambis & Garland, 1997; Overstreet, Devine, Bevans & Efreom, 2005; Zarate, 2007). Des Weiteren kommunizieren afrikanisch-amerikanische Eltern gerne mit den Schulen, übernehmen freiwillige Hilfeleistungen und verstehen ihr Engagement auch als eine Entlastung für die Lehrkräfte (vgl. Graves & Wright, 2011; Wong & Hughes, 2006). Für lateinamerikanische Eltern konnte darüber hinaus belegt werden, dass diese gerne mit ihren Kindern über schulische Angelegenheiten sprechen (vgl. Carreón, Drake & Barton, 2005) und zudem bei der Erledigung von Hausaufgaben Unterstützung leisten (vgl. Mena, 2011; Zarate, 2007). Die Befunde zu einer geringeren Beteiligung von Eltern einer ethnischen Minderheit lassen sich insgesamt also nicht verallgemeinern (vgl. Hill & Tyson, 2009) und sind aufgrund einander widersprechender Ergebnisse nicht konsistent (vgl. Crosnoe, 2001; Desimone, 1999; Klugman, Lee & Nelson, 2012).

In Bezug auf das Bildungsniveau der Eltern zeigt sich schließlich, dass Eltern mit einem höheren Abschluss signifikant häufiger in der Schule des Kindes partizipieren (vgl. Hill et al., 2004) und auch Diskussionen mit dem Kind über schulische Angelegenheiten häufiger stattfinden (vgl. Caro, 2011; Lee & Bowen, 2006). Wie auch bei den anderen Gruppenvergleichen ergeben sich hier keine Unterschiede nach dem Bildungsabschluss, was die Hilfe bei Hausaufgaben angeht. In dem repräsentativen Bericht über die Elternbeteiligung in den USA im Schuljahr 2006/2007 wird für die Mithilfe in Schulgremien sowie für die Teilnahme an Elternsprechtagen und an schul- oder klassenbezogenen Festen ersichtlich, dass Eltern mit einem hohen Abschluss eine höhere Partizipationsquote aufweisen (vgl. Herrold & O'Donnell, 2008).

Für den angloamerikanischen Raum lässt sich anhand der dargestellten Studien zusammenfassen: Verschiedene Elterngruppen sind in unterschiedlichem Ausmaß involviert und dies gilt vor allem hinsichtlich des sozioökonomischen Status: Es sind eher Eltern mit einem höheren sozialen Status, die sich in verschiedenen Bereichen stärker engagieren als Eltern mit einem niedrigen sozialen Status. Differenziert nach dem Bildungsniveau der Eltern deuten die Untersuchungen darauf hin, dass die Partizipation mit einem höheren Bildungsniveau ansteigt. Inwieweit sich die Elternpartizipation differenziert nach dem Migrationshintergrund der Eltern unterscheidet, kann für den angloamerikanischen Raum aufgrund differierender Ergebnisse nicht eindeutig beantwortet werden. In Bezug auf die drei Partizipationsformen deuten die Studien – analog zu den Befunden im deutschsprachigen Raum – darauf hin, dass es keine bedeutsamen Unterschiede bei der lernbezogenen Unterstützung gibt.

Insgesamt lässt sich festhalten, dass in den beschriebenen Studien zur Partizipation von Eltern mit unterschiedlichen Merkmalen in verschiedenen Bereichen teilweise differierende Ergebnisse konstatiert wurden, sodass die Formulierung eines eindeutigen Fazits nur eingeschränkt möglich ist. Dies liegt unter anderem an der unterschiedlichen Berücksichtigung von Hintergrundmerkmalen und deren Operationalisierung sowie der Einbeziehung unterschiedlicher Partizipationsbereiche. Dennoch lässt sich sagen, dass die dargestellten Befunde darauf hindeuten, dass Eltern ohne Migrationshintergrund, Eltern mit einem höheren sozioökonomischen Status sowie Eltern mit einem höheren Bildungsniveau tendenziell häufiger partizipieren.

5.6 Motivation für Elternarbeit

Mit der aktiven Beteiligung von Eltern an der Schule des Kindes und dem Engagement im häuslichen Bereich stellt sich die Frage nach der Motivation der Eltern, die sie zur aktiven Partizipation bewegt. Hierzu gibt es bisher allerdings nur wenige Untersuchungen (vgl. Green, Walker, Hoover-Dempsey & Sandler, 2007).

Eine Studie, die sich mit den Gründen für ein Elternengagement auseinandersetzt, ist die von Hoover-Dempsey und Sandler (1997). Die beiden Autoren haben ein Modell zur Elternpartizipation entwickelt und auf Basis der Analyse psychologischer Theorien und Studien dargestellt, warum sich Eltern engagieren und welchen Einfluss ihr Engagement auf die schulischen Leistungen ihres Kindes hat (vgl. Tabelle 4).

In dem Modell wird davon ausgegangen, dass die Entscheidung, ob sich Eltern im schulischen Kontext engagieren, auf motivationalen Aspekten basiert. Dazu zählen:

a) „an active role construction for involvement (i.e., parents believe that they should be involved) and a positive sense of efficacy for helping the child learn;

b) perception of invitations to involvement from the school, teacher, and student; and

c) important elements of parents' life context that allow or encourage involvement" (Hoover-Dempsey et al., 2005, S. 106).

„*Parental role construction*" bezieht sich auf die Definition der Elternrolle hinsichtlich der schulischen Partizipation und der Frage, inwieweit Eltern sich im Rahmen der schulischen Bildung ihrer Kinder engagieren möchten. Es geht hierbei um generelle Überzeugungen der Eltern, wie sie ihre Rolle in Bezug auf das Schulleben ihres Kindes definieren und inwieweit sie zur schulischen Entwicklung ihres Kindes beitragen möchten bzw. können.

Das Konstrukt „*parents' sense of efficacy for helping the child succeed in school*" fokussiert auf Selbstwirksamkeitsüberzeugungen im Hinblick auf die schulische Förderung der Kinder und basiert auf Annahmen der Selbstwirksamkeitstheorie Banduras.[23] Ob sich Eltern also dazu entscheiden, eine aktive Rolle einzunehmen, und sich in der Schule ihres Kindes beteiligen, kann davon abhängen, ob Eltern überzeugt sind, durch ihr Engagement positive schulische Auswirkungen hervorzurufen (vgl. Hoover-Dempsey et al., 2005).

„*Invitations to involvement*" kann nach Hoover-Dempsey und Sandler (1997) und Hoover-Dempsey et al. (2005) als eines der wichtigsten Motivationsmerkmale für das Engagement von Eltern gelten. Obwohl auch Selbstwirksamkeitsüberzeugungen für ein Engagement von Eltern relevant sind, sind vor allem die Einladungen oder Aufforderungen zur Partizipation von Seiten der Schule ausschlaggebend. Die Einladungen seitens der Schule verdeutlichen den Eltern, dass ihre Mitarbeit willkommen, nützlich und akzeptiert ist (vgl. Hoover-Dempsey et al., 2005). Vor allem beispielsweise für passive Eltern, deren Selbstwirksamkeitsgefühl eher gering sein könnte, können Einladungen und Aufforderungen zur Partizipation bedeutend sein. Neben Einladungen von Seiten der Schule spielt aber auch die Aufforderung des eigenen Kindes eine

---

23 Nach Bandura (1977, 1997) umfasst die Selbstwirksamkeit die Überzeugung von den eigenen Fähigkeiten und Kompetenzen. Personen mit einer hohen Selbstwirksamkeit, die also an ihre Fähigkeiten glauben, werden sich eher Aufgaben und Herausforderungen stellen als Personen mit einer geringen Selbstwirksamkeitserwartung.

wesentliche Rolle, um das Verantwortungsbewusstsein der Eltern für die schulische Entwicklung ihres Kindes zu stärken.

Schließlich ist noch der Lebenskontext der Eltern von Bedeutung, wenn es um die Frage geht, ob Eltern in der Schule ihres Kindes mitwirken. Beispielsweise kann der sozioökonomische Status der Familie einen Einfluss auf die Partizipationsentscheidung der Eltern haben. Darüber hinaus gelten als wesentliche Faktoren, die die elterliche Entscheidung zur Beteiligung bedingen: Wissen, Fähigkeiten/Qualifikation, Zeit, Aufwand. Neben den bereits genannten Aspekten ist die Entscheidung der Eltern demnach einerseits von ihrer Einschätzung abhängig, inwieweit sie durch ihr Wissen und ihre Fähigkeiten ihren Kindern in schulischen Angelegenheiten helfen können. Andererseits beeinflusst aber auch die zur Verfügung stehende Zeit und die Abwägung, ob sich ein Engagement lohnt, die Entscheidung der Eltern (vgl. Hoover-Dempsey et al., 2005). Die Zeitressource, als Grund sich eher weniger zu engagieren, wird vor allem von arbeitenden und alleinerziehenden Eltern geäußert (vgl. Harris et al., 2009).

Tabelle 4: Motive elterlicher Partizipation nach Hoover-Dempsey und Sandler (1997) (Green et al., 2007, S. 533)

Influences on parents' involvement						
Parents' motivational beliefs		Parents' perceptions of invitations for involvement from others			Parents' perceived life context	
Parental role construction	Parental self-efficacy	General school invitations	Specific teacher invitations	Specific child invitations	Skills and knowledge	Time and energy

Die von Hoover-Dempsey und Sandler (1997) genannten Aspekte finden sich teilweise bereits bei Eccles und Harold (1993). Nach Eccles und Harold (1993) sind acht Merkmale auf der Elternebene für ein Engagement wichtig. Die sozialen und psychologischen Ressourcen, elterliche Selbstwirksamkeitsüberzeugungen, elterliche Erwartungen an das Kind, elterliche Rollendefinition bezüglich der schulischen Bildung ihres Kindes, elterliche Einstellungen gegenüber der Schule, elterliche ethnische Identität, elterliche Erziehungs- und Sozialisationspraktiken sowie elterliche Erfahrungen hinsichtlich einer Partizipation.

Insgesamt bewährt sich das von Hoover-Dempsey und Sandler (1997) entwickelte Modell bei empirischer Überprüfung (vgl. Park & Holloway, 2013). In

Bezug auf die Motivation für die lernbezogene Partizipation der Eltern bei den Hausaufgaben ihres Kindes haben Hoover-Dempsey et al. (2001) mehrere Studien analysiert. Dabei konnten sie zeigen, dass drei der motivationalen Aspekte ihres Modells relevant sind:

„Taken together, this literature suggests that parents decide to become involved in students' homework because they believe they should be involved, believe their involvement will make a difference, and perceive that their involvement is wanted and expected" (Hoover-Dempsey et al., 2001, S. 206).

Green et al. (2007) konnten bei Anwendung des Ansatzes von Hoover-Dempsey und Sandler (1997) aufzeigen, dass elterliches Engagement vor allem durch Faktoren des sozialen Kontexts beeinflusst wird. Hinsichtlich des Engagements zu Hause sind die Aufforderung des Kindes, Selbstwirksamkeitsüberzeugungen sowie zeitliche Ressourcen wesentliche Prädiktoren. Diese Aspekte sowie Einladungen von Seiten der Schule zur Beteiligung sind für ein Engagement der Eltern im Schulkontext von Bedeutung (vgl. Green et al., 2007). Auf ähnliche Ergebnisse verweisen Ice und Hoover-Dempsey (2011): Für eine zu Hause stattfindende Partizipation sind vor allem Selbstwirksamkeitsüberzeugungen, die Aufforderung/Einladung seitens des Kindes sowie das soziale Netzwerk der Eltern relevant.

Des Weiteren haben Deslandes und Bertrand (2005) auf Basis der Überlegungen von Hoover-Dempsey und Sandler (1997) die Motivation von Eltern für ihre schulbezogene und heimbasierte Partizipation, differenziert nach den Klassenstufen 7, 8 und 9, analysiert. Hinsichtlich der lernbezogenen Partizipation zu Hause zeigt sich, dass sich Eltern von Schülerinnen und Schülern der Jahrgangsstufe 7 vor allem dann einbringen, wenn ihr Kind danach fragt und die Beteiligung einfordert. Einen signifikanten Einfluss haben auch generelle Überzeugungen der Eltern zu der Frage, inwieweit sie in schulischen Angelegenheiten involviert sein und Verantwortung übernehmen möchten. Einen geringeren, aber dennoch signifikanten Einfluss hat die Überzeugung der Eltern, durch ihr Engagement beispielsweise zum Schulerfolg beitragen zu können (vgl. Deslandes & Bertrand, 2005). Bezogen auf die Jahrgangsstufe 8 waren in erster Linie Interaktionen zwischen Eltern und Kind (zum Beispiel Diskussionen über Fernsehsendungen) ausschlaggebend. Eltern von Schülerinnen und Schülern der Jahrgangsstufe 9 engagieren sich vor allem dann zu Hause, wenn ihr Kind sie dazu aufforderte. Die Überzeugung, ob ihr Engagement zu besseren Leistungen beitragen kann, ist kein bedeutsamer Prädiktor mehr (vgl. Deslandes & Bertrand, 2005). Im Hinblick auf das Engagement der Eltern in

der Schule wird für die Klassenstufe 7 deutlich, dass das Verantwortungsbewusstsein (als ein Aspekt des Verständnisses der Elternrolle), die Einladungen
seitens der Schule und die Interaktion zwischen Eltern und Kind signifikante
Einflussfaktoren darstellen. Die beiden zuletzt genannten Aspekte spielen auch
in der Jahrgangsstufe 8 eine Rolle für das Engagement der Eltern. Bezüglich
der Jahrgangsstufe 9 konnten Deslandes und Bertrand (2005) zeigen, dass Einladungen von Seiten der Lehrkräfte und die Einstellung, dass die Mitwirkung
ein Teil der elterlichen Verantwortung ist, signifikante Prädiktoren für die schulische Partizipation sind (vgl. Deslandes & Bertrand, 2005). Die Ergebnisse von
Deslandes und Bertrand (2005) verdeutlichen also zum einen, dass sich die von
Hoover-Dempsey und Sandler (1997) eruierten psychologischen Aspekte zur
Erklärung von Elternpartizipation heranziehen lassen. Zum anderen ist es im
Rahmen weiterer Forschungsvorhaben wichtig, hinsichtlich der Motivation für
ein Elternengagement zwischen verschiedenen Formen zu differenzieren:
„Obviously, the different models obtained in this study require more research
that examines the influences on parent involvement at home and at school sepa-
rately" (Deslandes & Bertrand, 2005, S. 173).

Zu den Prädikatoren und den Gründen für ein Elternengagement haben auch
Grolnick et al. (1997) eine Untersuchung durchgeführt. Sie unterscheiden zum
einen die schulische, kognitive und persönliche Partizipationsform und zum
anderen individuelle, kontextuelle sowie institutionelle Einflussfaktoren. Grolnick et al. (1997) können zeigen, dass das schulbezogene Engagement (zum
Beispiel die Mithilfe bei Schulveranstaltungen) sowie kognitiv bezogene Unterstützung durch individuelle Variablen wie dem sozioökonomischen Status
oder die Familienkonstellation beeinflusst wird. Keinen Einfluss haben hingegen Kontextfaktoren wie die soziale Unterstützung oder Einstellungen der
Lehrkräfte (vgl. Grolnick et al., 1997). Hinsichtlich des persönlichen Engagements, das sich beispielsweise auf schulbezogene Gespräche zwischen Eltern
und Kind bezieht, wird deutlich, dass Eltern, die über ein schwieriges soziales
Umfeld berichten, weniger engagiert sind. Grolnick et al. (1997) konnten also
konstatieren, dass sowohl individuelle Faktoren, Lehrereinstellungen und familiäre Kontextmerkmale jeweils für die verschiedenen Partizipationsformen
relevante Bedingungen darstellen.

Eine Studie, die sich im deutschsprachigen Raum mit Bedingungsfaktoren
einer Beteiligung bzw. einer Nicht-Beteiligung von Eltern beschäftigt hat, wurde von Börner (2010) durchgeführt. Im Rahmen einer qualitativen Studie im
Ganztagsschulkontext wurden Gruppeninterviews mit Eltern durchgeführt und

auf die Bedingungen der Partizipation hin analysiert. Börner (2010) nennt vier Aspekte, die sich im Rahmen der Interviews als wesentliche Faktoren für eine Beteiligung herausgestellt haben. Der erste Aspekt ist die Kindorientierung. Dadurch, dass sich Eltern für die Entwicklung und Lebenswelt ihres Kindes interessieren, erachten sie es als wichtig, sich in der Schule zu engagieren. Auch der Wunsch des Kindes, dass sich ihre Eltern in der Schule engagieren, kann ausschlaggebend sein (vgl. Börner, 2010). Die Erziehungsverantwortung, als zweiter Faktor, bezieht sich darauf, dass Eltern ihre Erziehungsverantwortung nicht vollständig der Schule überlassen und somit in der Schule partizipieren möchten. Hierbei spielt ein Pflichtbewusstsein gegenüber den Kindern und der Schule eine Rolle. Die Loyalität gegenüber der Schule wird als dritter wesentlicher Faktor für ein Engagement herauskristallisiert. Damit ist der Wunsch einiger Eltern verknüpft, der Schule und den Lehrkräften durch ihre Partizipation etwas zurückgeben zu können und damit die Arbeit der Schule wertzuschätzen. Schließlich werden das individuelle Interesse und der persönliche Nutzen zusammengefasst als vierter Aspekt genannt. Die befragten Eltern äußern in diesem Zusammenhang, dass sie sich konkret für einige Veranstaltungsthemen interessieren und auch daran interessiert sind, die Schule sowie andere Eltern kennenzulernen. Gleichzeitig werden – neben dem Spaß, der mit einer Partizipation verbunden wird – aber auch folgende Nutzen hervorgehoben:

„Eltern erhalten Anerkennung durch die Schule, haben häufiger die Möglichkeit zum Gespräch mit den Lehrkräften, bekommen vom Schulleben mehr mit und erhalten Informationen durch die engen Kontakte zur Schule früher als andere und teilweise auch in größerem Umfang" (Börner, 2010, S. 11).

Insgesamt zeigt sich also in den Analysen von Börner (2010), dass sich Eltern aufgrund des Verantwortungs- und Pflichtbewusstseins ihren Kindern und der Schule gegenüber engagieren. Aber auch der persönliche Nutzen und das Interesse der Eltern sind entscheidend.

In Bezug auf Gründe für oder gegen ein konzeptionelles Engagement in der Elternvertretung von Eltern mit Migrationshintergrund haben Kröner et al. (2012) eine qualitative Studie durchgeführt, die auf der Theorie des geplanten Verhaltens von Ajzen (1991) basiert. Kröner et al. (2012) nehmen an, dass sich Gründe für oder gegen eine elterliche Partizipation nach den übergeordneten Kategorien Einstellung, subjektive Norm, wahrgenommene Verhaltenskontrolle sowie Gewohnheit finden und differenzieren lassen. Hinsichtlich der Kategorie

Einstellung[24] wird deutlich, dass für 13 von den 31 befragten Elternvertretern mit Migrationshintergrund der intrinsische Wert und damit die Freude oder das Interesse für eine Mitarbeit in der Elternvertretung ausschlaggebend ist. Motivationale Aspekte hinsichtlich des Nutzens sind für 29 Eltern mit Migrationshintergrund wichtig. Dabei wird zusätzlich zwischen den Ergebnissen und Folgen für die eigenen Belange und für andere Personen unterschieden: 24 der Befragten nennen beispielsweise die Förderung des Wohlergehens des eigenen Kindes, die Verwirklichung eigener Ziele und Vorstellungen, das Gewinnen von Informationen oder das Knüpfen von Kontakten als Gründe für eine Partizipation in der Elternvertretung (vgl. Kröner et al., 2012). Relevant ist darüber hinaus aber auch der Nutzen eines konzeptionellen Engagements, der sich für andere Eltern und Kinder sowie die schulischen Akteure ergibt. Es handelt sich hierbei also eher um „altruistische Erwägungen" (Kröner et al., 2012, S. 715).

Aussagen, die sich der subjektiven Norm[25] zuordnen lassen, verdeutlichen, dass vor allem andere Eltern ($N = 20$) und deren Erwartungshaltungen zu einem Engagement in der Elternvertretung geführt haben. Sechs der 31 Eltern mit Migrationshintergrund nennen zudem die Gruppe der Lehrkräfte und Schulleitung, die einen Einfluss auf die konzeptionelle Partizipation haben (vgl. Kröner et al., 2012). Die Erwartungen der eigenen Kinder spielen demgegenüber keine Rolle, wenn es um die Entscheidung für oder gegen eine Beteiligung in der Elternvertretung geht. Auch die dritte Kategorie der wahrgenommenen Verhaltenskontrolle[26] findet sich in den Interviews und lässt sich in weitere untergeordnete Bereiche differenzieren: Selbstvertrauen und Angstfreiheit, sprachliche Kompetenz, Feldkompetenz und Sachkenntnis, sozioökonomischer Hintergrund, Verfügbarkeit von Zeit sowie Rahmenbedingungen in der Schule (vgl. Kröner et al., 2012). In diesen Bereichen werden auch Gründe von Eltern mit Migrationshintergrund genannt, die gegen ein Engagement sprechen. Beispielsweise kann geringes Selbstvertrauen oder ein schlechtes Schulklima dazu führen, dass sich diese Elterngruppe nicht in der Elternvertretung engagiert. Der vierten von Kröner et al. (2012) differenzierten Kategorie, „Gewohnheit", konnten insgesamt sieben Nennungen zugewiesen werden. Das bedeutet, in

---

24 In der Theorie des geplanten Verhaltens umfasst das Konstrukt „Einstellung", Überzeugungen zum Verhalten sowie die Bewertung möglicher Folgen (vgl. Ajzen, 1991).

25 Mit „subjektiver Norm" ist die Überzeugung gemeint, welche Erwartungen andere Personen an das eigene Verhalten haben (vgl. Ajzen, 1991).

26 „Wahrgenommene Verhaltenskontrolle" bezieht sich auf Überzeugungen, ein Verhalten mit Schwierigkeit oder Leichtigkeit ausführen zu können (vgl. Ajzen, 1991).

sieben der 21 Interviews geben Eltern mit Migrationshintergrund an, dass sie
sich in der Elternvertretung aus Gewohnheit engagieren.

Des Weiteren haben sich die befragten Eltern mit Migrationshintergrund,
die bereits in Schulgremien mitarbeiten, über Hinderungsgründe von anderen
nicht engagierten Eltern mit Migrationshintergrund geäußert. Die Einschätzungen lassen sich zwei der vier genannten Kategorien zuordnen: Zum einen nennen 12 Eltern eine negative Einstellung, die sich auf einen geringen intrinsischen Wert und damit auf eine geringe Freude an der Arbeit in der Elternvertretung bezieht. Zum anderen finden sich in 29 Interviews Aussagen zu einer
geringen wahrgenommenen Verhaltenskontrolle. Vor allem die Bereiche der
sprachlichen Kompetenz ($N = 26$), die Verfügbarkeit von Zeit ($N = 15$) sowie
Selbstvertrauen und Angstfreiheit ($N = 11$) werden häufiger angesprochen.
Aber auch kulturelle bzw. religiöse Gründe, die gegen eine konzeptionelle
Partizipation sprechen, werden von den Befragten genannt (vgl. Kröner et al.,
2012).

Einige der (motivationalen) Gründe für eine Partizipation von Eltern in der
Schule und zu Hause aus den dargestellten Studien von Börner (2010), Hoover-
Dempsey und Sandler (1997) sowie Kröner et al. (2012) finden sich auch in
dem Erwartungs-Wert-Modell von Eccles und Wigfield (2002), das in der vorliegenden Arbeit auf den Bereich der Elternarbeit übertragen wird. Die Definition der Elternrolle, Selbstwirksamkeitsüberzeugungen oder Aspekte der Erzie-
hungs- und Bildungsverantwortung der Eltern (vgl. Börner, 2010; Hoover-
Dempsey & Sandler, 1997) werden beispielsweise im Rahmen der Skalen zur
persönlichen Bedeutung (*attainment value*) und zur Erfolgserwartung umgesetzt. Die Aspekte des persönlichen Nutzens sowie des individuellen Interesses,
die Börner (2010) und Kröner et al. (2012) als Faktoren für eine Beteiligung
der Eltern eruiert haben, werden durch die Skalen zum intrinsischen Erleben
(*intrinsic value*) und dem Nutzen (*utility value*) abgebildet. Hinderliche Bedingungen wie die Sprachkompetenz oder die zeitlichen Ressourcen werden im
Rahmen der Skala zu den relativen Kosten (*relative cost*) erhoben. Zudem wird
der Lebenskontext der Eltern, operationalisiert zum Beispiel durch den sozioökonomischen Status der Familie oder das Bildungsniveau der Eltern, in die
Analysen einbezogen.

Es kann zusammenfassend festgehalten werden, dass die beschriebenen
Studien, die sich mit den Bedingungen und Motivstrukturen einer Elternpartizipation befassen, verschiedene Facetten in den Blick nehmen. Neben Rahmenbedingungen wie zeitliche Ressourcen oder Strukturen in der Schule sind stu-
dienübergreifend beispielsweise der persönliche Nutzen, der intrinsische Wert

oder die Beteiligung auf Wunsch des Kindes bzw. aufgrund der Förderung des Kindes relevant. Aber auch Selbstwirksamkeitsüberzeugungen oder Pflichtbewusstsein können für ein Engagement ausschlaggebend sein.

Hindernisse einer Elternpartizipation

Im vorhergehenden Abschnitt wurden Befunde zu motivationalen Aspekten, die einer Partizipation zugrunde liegen können, dargestellt und damit gleichzeitig Hinderungsgründe skizziert. Im Folgenden werden systematisch wesentliche Hindernisse, die einer Elternpartizipation entgegenstehen, zusammengefasst.

Börner (2010) hat neben den Gründen, die ein Engagement bedingen, im Rahmen ihrer Untersuchung auch explizit nach Faktoren gefragt, die gegen eine Beteiligung in der Schule sprechen. Hierbei wurden sowohl Eltern berücksichtigt, die sich aktiv engagieren, als auch Eltern, die sich nicht beteiligen. In Bezug auf die Aussagen der Eltern, die nicht in der Schule aktiv mitwirken, lassen sich zwei übergeordnete Aspekte finden: Zum einen verhindern strukturelle Aspekte und zum anderen individuelle Einstellungen eine Beteiligung (vgl. Börner, 2010). Hinsichtlich der strukturellen Merkmale wird von den Eltern mehrfach der Zeitfaktor genannt. Durch die Berufstätigkeit beider Elternteile ist eine Partizipation im Rahmen der regulären Schulzeit nicht möglich. Auch Belastungen in anderen Bereichen werden als Grund für eine geringe oder gar keine Beteiligung genannt. Hierzu zählen beispielsweise die Betreuung weiterer Kinder, die Haushaltsführung oder generelle Verpflichtungen in anderen Bereichen. Neben diesen beiden Faktoren werden aber auch strukturelle Hinderungsgründe beschrieben, die sich auf die Institution Schule beziehen. Die jeweiligen unzureichenden Beteiligungsstrukturen an der Schule können dazu führen, dass Eltern wenig Möglichkeiten zur Partizipation sehen (vgl. Börner, 2010). Bezüglich der individuellen Einstellungen zeigt sich, dass einige Eltern die Distanz zur Schule aufrechterhalten und sich somit nicht so viel in der Schule engagieren möchten. Aber auch Aussagen über wenig Freude und Lust an der Mitwirkung in der Schule lassen sich in den Interviews finden. Zudem nennen engagierte Eltern als mögliche Gründe für eine Nicht-Beteiligung beispielsweise allgemeines Desinteresse, Abgabe der Verantwortung an die Schule sowie unterschiedliche Formen von Hemmungen (vgl. Börner, 2010).

Williams und Sanchez (2013) haben durch die Befragung afrikanischamerikanischer Eltern ähnliche Ergebnisse eruiert. Als Hinderungsgründe werden fehlende Zeit, unzureichende Zugänge zur Schule, geringe finanzielle Ressourcen sowie wenige Informationen über schulbezogene Angelegenheiten genannt (vgl. Williams & Sanchez, 2013).

Die von Börner (2010) sowie Williams und Sanchez (2013) eruierten Hindernisse lassen sich teilweise auch in das von Hornby und Lafaele (2011) skizzierte Schema zu den Barrieren einer Elternpartizipation einordnen. Hornby und Lafaele (2011) differenzieren vier übergeordnete Bereiche, in denen sich jeweils Barrieren eines Elternengagements finden lassen (vgl. Abbildung 12). Der Bereich zu den individuellen Faktoren der Eltern und der Familie spiegelt im Wesentlichen die Elemente des Modells von Hoover-Dempsey et al. (2005) wider. Demnach können niedrige Überzeugungen der Eltern, durch ihre Beteiligung etwas zu erreichen, dazu führen, dass sie sich aus dem Schulkontext heraushalten und den Kontakt zu den Lehrkräften eher meiden (vgl. Hoover-Dempsey et al., 2005). Wie beschrieben, stellen auch die Bereitschaft der Lehrkräfte und Einladungen bzw. Aufforderungen zur Beteiligung eine Rolle: Haben Eltern das Gefühl, dass ihr Engagement von der Schule nicht gewollt ist und eher eine ablehnende Haltung seitens der Lehrkräfte besteht, werden Eltern eher nicht partizipieren.

Der dritte von Hoover-Dempsey et al. (2005) beschriebene Aspekt bezieht sich auf den Lebenskontext der Eltern. Hierzu werden unter anderem das Bildungsniveau der Eltern, Familienkonstellationen (wie Ein-Eltern-Familien oder große Familien) oder die Arbeitssituation der Eltern gezählt. Gehen beispielsweise beide Elternteile arbeiten, bleibt wenig Zeit für ein Engagement im Rahmen von Schulfesten oder -gremien (vgl. Hillesheim, 2009; Hornby & Lafaele, 2011). Des Weiteren werden die soziale Lage, die ethnische Zugehörigkeit sowie das Geschlecht als mögliche Barrieren genannt (vgl. Hornby & Lafaele, 2011). Da hierauf bereits in vorhergehenden Abschnitten eingegangen wurde, kann an dieser Stelle zusammenfassend gesagt werden: Eltern, die eher einer unteren sozialen Lage und einer ethnischen Minderheit angehören, interessieren sich häufig weniger für ein schulbezogenes Engagement und beteiligen sich in vielen Fällen in einem geringeren Umfang (vgl. Kohl, Lengua, McMahon & Conduct Problems Prevention Research Group, 2000; Lareau, 1987; Lynch & Stein, 1987; Reay, 1998). Zudem zeigt sich, dass Elternpartizipation in der Regel eine Aufgabe ist, der die Mütter nachgehen (vgl. Hornby & Lafaele, 2011; Reay, 1998).

Der zweite Bereich berücksichtigt kindbezogene Faktoren: Alter, Lernschwierigkeiten, Hochbegabung sowie Verhaltensauffälligkeiten. Hinsichtlich des Alters wurde bereits aufgezeigt, dass ein Engagement von Eltern häufig mit zunehmender Klassenstufe abnimmt (vgl. Hornby & Lafaele, 2011; Schwaiger

& Neumann, 2011; von Rosenbladt & Thebis, 2003). Dies liegt vor allem an dem Bestreben der Jugendlichen, mehr Selbstständigkeit zu erlangen. Weisen Kinder Lernschwierigkeiten oder -behinderungen auf, so zeigt sich, dass sich Eltern stärker in der Schule einbringen und aktiv partizipieren (vgl. Eccles & Harold, 1993). Dies liegt meist daran, dass eine enge individuelle Abstimmung mit den Lehrkräften notwendig ist. Aber auch hier können Hindernisse sowie Unstimmigkeiten auftreten, wenn Eltern beispielsweise davon überzeugt sind, dass ihre Kinder akademisch mehr erreichen könnten (vgl. Hornby & Lafaele, 2011). Gleichzeitig ist es möglich, dass Eltern von hochbegabten Kindern das Vertrauen zur Schule verlieren und damit weniger partizipieren, wenn sie die Förderung ihrer Kinder als nicht ausreichend erachten. Ein weiteres Hindernis besteht in Verhaltensauffälligkeiten der Schülerinnen und Schüler: Aus Angst vor schlechten Nachrichten meiden Eltern eher den Kontakt zur Schule und zu den Lehrkräften (vgl. Hornby & Lafaele, 2011).

Individual parent and family factors	Child factors
• parents' beliefs about PI • perceptions of invitations for PI • current life contexts • class, ethnicity and gender	• age • learning difficulties and disabilities • gifts and talents • behavioural problems
Parent–teacher factors	**Societal factors**
• differing goals and agendas • differing attitudes • differing language used	• historical and demographic • political • economic

Abbildung 12: Barrieren einer Elternpartizipation nach Hornby und Lafeale (2011, S. 39)[27]

Bezüglich der Kooperation zwischen Eltern und Lehrkräften unterscheiden Hornby und Lafaele (2011) drei mögliche hinderliche Faktoren: unterschiedliche Ziele, unterschiedliche Einstellungen und die genutzte Sprache. Die ersten beiden Aspekte wurden in der vorliegenden Arbeit bereits diskutiert: Eltern und Lehrkräfte haben teilweise unterschiedliche Ziele und Einstellungen bezogen

---

27 „PI" steht in der Tabelle als Abkürzung für *parental involvement*.

auf eine angemessene Zusammenarbeit und eine sinnvolle elterliche Beteiligung. Auch Diskussionen über Zuständigkeiten und das Verhältnis von Erziehung und Bildung kommen hier zum Tragen. Der Aspekt der Sprache bezieht sich auf die Verwendung von Begriffen rund um Elternpartizipation. Beispielsweise impliziert die Beschreibung *„parents and professionals"*, dass Lehrkräfte und nicht Eltern die Experten sind. Ein weiteres Beispiel bezieht sich auf den Begriff der Partnerschaft: „The use of language such as partnership, sharing, mutuality, collaboration, reciprocity, and participation, masks the inequalities that exist in reality in the practice of PI" (Hornby & Lafaele, 2011, S. 46f.).

Der vierte und letzte Bereich, in dem Barrieren zu finden sind, bezieht sich auf die Gesellschaft. Historische und demographische Faktoren beziehen sich auf Strukturen innerhalb der Schule und Familie. Beispielsweise finden sich in Schulen teilweise noch unflexible Strukturen, die eine Beteiligung von Eltern erschweren. Aber auch bereits beschriebene Wandlungsprozesse in der Familie wie veränderte Arbeitsbedingungen und eine notwendige Mobilität von Eltern können Faktoren sein, die für eine Partizipation von Eltern hinderlich sind (vgl. Hornby & Lafaele, 2011). Auch politische Faktoren und damit rechtliche Rahmenbedingungen spielen auf der gesellschaftlichen Ebene eine Rolle. Damit einhergehen ökonomische Faktoren: Für langfristige und nachhaltige Programme, die sich auf Elternpartizipation beziehen, sind in den Schulen kaum Ressourcen vorhanden.

Die Barrieren, die einer Partizipation von Eltern entgegenstehen können, lassen sich also auf verschiedenen Ebenen verorten: individuelle Faktoren auf Seiten der Eltern (zum Beispiel Einstellungen oder Lebensumstände) und des Kindes (zum Beispiel Verhalten oder Leistungen), Konflikte zwischen Eltern und Lehrkräften sowie strukturelle Merkmale (zum Beispiel Mitwirkungsstrukturen in der Schule oder rechtliche Rahmenbedingungen) können einem schul- und heimbasierten Engagement von Eltern im Wege stehen.

5.7 Zwischenfazit

Nach den theoretischen Ausführungen zum Thema Elternarbeit und dem Überblick zum Forschungsstand sollen an dieser Stelle wesentliche Inhalte zusammengefasst und ein Zwischenfazit gezogen werden.

In Kapitel 2 wurden theoretische Bestimmungen zum Verhältnis von Schule und Familie vorgenommen, die relevant sind, um Befunde zur Zusammenarbeit dieser beiden Institutionen beurteilen zu können. Es konnte dargestellt werden, dass Familie und Schule aufgrund der Tatsache, dass sie zwei getrennte soziale Systeme darstellen, unterschiedliche Funktionen wahrnehmen (vgl. Neuenschwander et al., 2004). Dies kann, wie erläutert wurde, dazu führen, dass das Verhältnis von Schule und Elternhaus in der Literatur häufig als spannungsreich beschrieben wird. Die Kooperation zwischen Eltern und Lehrkräften ist jedoch wichtig, wenn man dem Argument von Plath et al. (2002) folgt:

„Die zu Grunde liegende Hypothese ist, dass sich durch eine verbesserte Kooperation das Bildungsengagement der Eltern erhöht und in der Folge eine Minderung von Chancenungleichheit durch Leistungssteigerung bei den Schülern zu erwarten ist" (Plath et al., 2002, S. 173).

Hinsichtlich der Partizipation von Eltern ist allerdings darauf zu achten, dass möglichst alle Elterngruppen erreicht werden, da, wie in Kapitel 2 dargestellt, nach Alba et al. (2011) eine verstärkte Elternpartizipation die Gefahr einer Erhöhung der Bildungsungerechtigkeit birgt. Dies gilt vor allem für Eltern mit Migrationshintergrund (vgl. Alba et al., 2011). Im Rahmen des Kapitels wurde schließlich in Abschnitt 2.4 aufgezeigt, wie bedeutend die Familie bzw. familiäre Hintergrundmerkmale und Strukturbedingungen für Schülerleistungen sein können.

Im Anschluss daran wurde in Kapitel 3 konkret auf das Thema Elternarbeit fokussiert, indem zunächst die Entwicklung der Elternarbeit sowie Begriffsbestimmungen und Ziele dargestellt wurden. Dabei wurde verdeutlicht, dass sich Eltern in verschiedenen Bereichen engagieren können und der Begriff in der Literatur nicht einheitlich definiert wird (vgl. z.b. Sacher, 2008a). Zudem ist ein theoriebasiertes Modell der Elternpartizipation, das inhaltlich zwischen drei Formen differenziert, im deutschsprachigen Raum bisher nicht gegeben. In Modellen zur Elternpartizipation im angloamerikanischen Raum wurde bisher eher zwischen einem Engagement zu Hause und in der Schule differenziert. Zudem wird wie in dem Modell von Grolnick und Slowiaczek (1994) die lernbezogene Partizipation mit dem kulturellen Kapital verbunden. Nach Lareau und Weininger (2003) kann Elternpartizipation jedoch einen Aspekt des kulturellen Kapitals darstellen. Insgesamt können aus theoretischen Arbeiten – sowohl aus dem deutschsprachigen als auch angloamerikanischen Raum – drei Formen der Elternpartizipation abgeleitet werden, und zwar die organisatorische, konzeptionelle und lernbezogene Form. Diese drei Formen liegen schließlich den Analysen der vorliegenden Arbeit zugrunde. Des Weiteren wurden rechtliche Rahmenbedingungen zur Partizipation erläutert, die aufzeigen, dass Eltern individuelle (zielen meist auf die Beteiligung der Eltern an der individuellen Entwicklung des Kindes ab) sowie kollektive Rechte (zum Beispiel zur Einflussnahme auf schulbezogene institutionelle Angelegenheiten) haben (vgl. z.b. Meier, 2005; Rux, 2008). Die Ausführungen zu Ansprüchen von Eltern und Lehrkräften an die Umsetzung von Elternarbeit machen deutlich, dass teilweise unterschiedliche Erwartungshaltungen auf beiden Seiten bestehen, wodurch es zu Unstimmigkeiten kommen kann. Dass Unsicherheiten auf Seiten der Lehrkräfte bezüglich des Umgangs und der Zusammenarbeit mit Eltern mit der unzureichenden Vorbereitung in der Lehrerausbildung in Verbindung stehen, konnte in Abschnitt 3.6 veranschaulicht werden.

Da in der vorliegenden Arbeit zusätzlich zu den Formen der Elternpartizipation die Motivstrukturen im Vordergrund stehen, wurden in Kapitel 4 theoretische Aspekte zum Thema Motivation sowie Erwartungs- und Werttheorien sowohl aus soziologischer als auch aus psychologischer Perspektive beleuchtet. Für die Analysen wird das Erwartungs-Wert-Modell von Eccles und Wigfield (2002) genutzt und auf den Bereich Elternpartizipation transferiert. Mithilfe des Erwartungs-Wert-Modells können Bildungs- und Leistungsentscheidungen von Personen durch vier subjektive Werte (*attainment value*, *intrinsic value*, *utility value* und *relative cost*) und die wahrgenommene Erfolgserwartung erklärt werden. Da das Erwartungs-Wert-Modell von Eccles und Wigfield (2002) aufgrund der Differenzierung der Wertkomponenten und der Erfolgserwartung einen breiten theoretischen Rahmen bietet und nicht nur, wie der *Rational-Choice*-Ansatz der Wert-Erwartungstheorie auf Kosten und Nutzen einer Handlung fokussiert, stellt dieses Modell die Grundlage der Analysen dar. Anhand des Erwartungs-Wert-Modells soll schließlich untersucht werden, welchen Einfluss die persönliche Bedeutung, der intrinsische Wert, der Nutzen der Partizipation sowie die mit der Elternarbeit verbundenen Kosten und Erfolgserwartungen auf die Entscheidung der Eltern haben, sich organisatorisch, konzeptionell bzw. lernbezogen zu engagieren.

In diesem Kapitel 5 wurden schließlich Forschungsbefunde zum Thema Elternarbeit aufgearbeitet. Nach der Darstellung von Ergebnissen zur Kooperation zwischen Eltern und Schule wurde in Abschnitt 5.3 die Frage nach den Auswirkungen der Zusammenarbeit zwischen Eltern und Lehrkräften sowie der Elternpartizipation beantwortet. Es konnte gezeigt werden, dass die schulischen Leistungen, Einstellungen und das Verhalten von Schülerinnen und Schülern positiv beeinflusst werden (vgl. z.B. Cheung & Pomerantz, 2012; El Nokali, Bachman und Votruba-Drzal, 2010; Fan, Williams & Wolters, 2012; Hill & Tyson, 2009; Jeynes, 2007; Shute et al., 2011). Auch für Schülerinnen und Schüler, die einer ethnischen Minderheit angehören, hat Jeynes (2003) in seiner

Metaanalyse verdeutlicht, dass es einen Zusammenhang zwischen Elternpartizipation und akademischen Leistungen gibt. Dabei wurde allerdings nicht untersucht, ob das Konstrukt der Elternpartizipation in allen Gruppen das Gleiche misst. Auch Lehrkräfte (zum Beispiel positivere Haltungen und bessere Stimmung im Kollegium) sowie Eltern (zum Beispiel gesteigertes Selbstvertrauen und verstärkte Teilnahme der Eltern an der Bildungslaufbahn ihres Kindes) können von einer Zusammenarbeit und einem Engagement profitieren (vgl. z.b. Henderson & Berla, 1994; Lim, 2008; Sacher, 2012a; Wyrick und Rudasill, 2009). Die Forschungsbefunde zu Formen und Umfang der Elternpartizipation haben deutlich gemacht, dass sich Eltern unabhängig von der Schulform in verschiedenen Bereichen engagieren. Hinsichtlich der drei Partizipationsformen (organisatorische, konzeptionelle und lernbezogene Beteiligung) kann aus verschiedenen Studien die Schlussfolgerung abgeleitet werden, dass sich Eltern insgesamt stark engagieren, wenn es um lernbezogene Aktivitäten geht (vgl. z.B. Killus, 2012; Sacher, 2004; Züchner, 2008, 2011; von Rosenbladt und Thebis, 2003). Zudem nehmen Eltern in der Schule eher organisatorische als konzeptionelle Aufgaben wahr (vgl. Abschnitt 5.4). Inwieweit sich die beschriebenen Ergebnisse auch in dieser Untersuchung bei der Analyse des theoriebasierten Modells der Elternpartizipation zeigen, wird in Kapitel 8 veranschaulicht. Da in der vorliegenden Arbeit auch Unterschiede hinsichtlich der organisatorischen, konzeptionellen und lernbezogenen Partizipation zwischen verschiedenen Elterngruppen von Interesse sind, wurde auf diesen Aspekt in Abschnitt 5.5 eingegangen. Die dargestellten Voraussetzungen zur Partizipation deuten darauf hin, dass Eltern mit Migrationshintergrund und Eltern mit einem niedrigeren sozioökonomischen Status teilweise Hindernissen gegenüberstehen. Unsicherheiten, was den Umgang mit Lehrkräften oder dem deutschen Schulsystem betrifft, sprachliche Hürden, distanzierte Haltungen der Lehrkräfte oder Schamgefühle können dazu gehören (vgl. Denzi, 2012; Gomolla, 2009; Kuperminc, Darnell & Alvarez-Jimenez, 2008). Die anschließend präsentierten Befunde zur aktiven Beteiligung von Eltern mit unterschiedlichen sozialen und kulturellen Hintergründen weisen darauf hin, dass Eltern mit Migrationshintergrund, einem niedrigen Bildungsniveau sowie einem niedrigen sozioökonomischen Status weniger organisatorischen, konzeptionellen sowie lernbezogenen Aktivitäten nachgehen (vgl. Abschnitt 5.5). Allerdings sind die Befunde im deutschsprachigen und angloamerikanischen Raum diesbezüglich teilweise inkonsistent, sodass hierzu Erkenntnisse mittels der vorliegenden Arbeit beigetragen werden sollen. Zudem wurde nicht untersucht, ob die Formen der Partizipation in den verschiedenen Gruppen das Gleiche messen und die Ergebnisse damit vergleichbar sind. Abschließend wurden in Abschnitt 5.6 motivationale Aspekte sowie Hindernisse einer Elternpartizipation in den Blick genommen. Es konnte gezeigt werden, dass bei der Entscheidung für oder gegen eine Beteiligung, Bedingungen auf verschiedenen Ebenen eine Rolle spielen. Hintergrundmerkmale, Selbstwirksamkeitsüberzeugungen, Pflicht- und Verantwortungsbewusstsein der Eltern, individuelles Interesse, erwarteter Nutzen, Alter und Leistungen des Kindes sowie strukturelle Merkmale sind einige der Faktoren (vgl. z.B. Börner, 2010; Eccles & Harold, 1993; Grolnick et al., 1997; Hoover-Dempsey et al., 2005; Kröner et al., 2012). Insgesamt geben die dargestellten Studien einen Überblick darüber, welche Motive zur Partizipation entscheidend sein können. Die Untersuchungen sind jedoch nur ansatzweise theoriebasiert oder fokusieren nur einen Ausschnitt relevanter motivationaler Aspekte und möglicher Partizipationsformen. Zudem bezieht sich zum Beispiel das Modell von Hoover-Dempsey und Sandler (1997) nur auf Elternpartizipation und wurde bisher nicht wie das Erwartungs-Wert-Modell von Eccles und Wigfield (2002) in anderen Bereichen angewendet. Die vorliegende Arbeit soll somit einen Beitrag leisten, die Forschungslücke zu Motiven der Elternarbeit zu schließen. Auf welchem Weg dies erfolgen soll, wird im folgenden Kapitel 6 durch die Darstellung der dieser Arbeit zugrundeliegenden Forschungsfragen aufgezeigt.

6. Forschungsfragen der eigenen Untersuchung

In den bisherigen Kapiteln dieser Arbeit wurden theoretische Aspekte sowie Forschungsbefunde zum Thema Elternarbeit dargestellt und damit auch die Relevanz des Themas illustriert. Auf dieser Grundlage werden nachfolgend die Fragestellungen, die dieser Arbeit zugrunde liegen, erörtert. In Abschnitt 6.1 werden zunächst die Forschungsfragen und Hypothesen zu Formen und Umfang der Elternarbeit und damit verbundene gruppenspezifische Unterschiede (Eltern differenziert nach ihrem Migrationshintergrund, dem sozioökonomischen Status sowie dem Bildungsniveau) dargestellt. Im Anschluss daran werden in Abschnitt 6.2 die Fragestellungen und Hypothesen zu den Motivstrukturen der Elternpartizipation präsentiert.

6.1 Formen und Umfang der Elternarbeit

Im Rahmen verschiedener Arbeiten zur Zusammenarbeit von Elternhaus und Schule sowie zur Partizipation von Eltern, vor allem im angloamerikanischen Raum, finden sich Modelle zur Einbindung der Eltern, aus denen drei übergeordnete Formen der Elternpartizipation ableiten lassen: organisatorische, konzeptionelle und lernbezogene Elternarbeit (vgl. Kapitel 3). Durch die Unterscheidung dieser drei Formen kann eine deutliche Trennung von verschiedenen inhaltlichen Beteiligungsbereichen erfolgen, so dass eine differenzierte Analyse der Elternpartizipation durch die Berücksichtigung relevanter Bereiche des Engagements möglich wird. Da es die theoriebasierte Differenzierung dieser drei konkreten Formen zu einem Modell der Elternarbeit bisher im deutschsprachigen Raum nicht gibt und dies somit eine Neuentwicklung darstellt, gilt es in einem ersten Schritt zu prüfen, ob sich eine organisatorische, konzeptionelle und lernbezogene Partizipation der Eltern empirisch trennen lässt. Es soll daher untersucht werden:

1. Können die drei aus der Theorie abgeleiteten Formen der Elternarbeit (organisatorisch, konzeptionell und lernbezogen) empirisch nachgewiesen werden?

H1: Auf der Grundlage bisheriger Modelle zur Elternpartizipation ist davon auszugehen, dass sich die genannten Formen nicht nur inhaltlich trennen, sondern auch empirisch nachweisen lassen. Zudem wird aufgrund der stärkeren

inhaltlichen Differenzierung der Elternarbeit erwartet, dass das dreidimensio-
nal geschätzte Modell die Daten signifikant besser abbildet als ein zweidimen-
sionales (Elternpartizipation zu Hause und in der Schule) und ein eindimensio-
nales Modell (Elternpartizipation als übergeordneter Faktor).
Im Anschluss wird zur Durchführung gruppenspezifischer Analysen geprüft, ob die eingesetzten Instrumente in den verschiedenen Elterngruppen
vergleichbar sind und ob damit das Messmodell der Elternarbeit gruppenübergreifende Gültigkeit besitzt. Bisher wurde in den dargestellten Studien (vgl.
Kapitel 5), in denen die Elternpartizipation nach verschiedenen Hintergrundmerkmalen analysiert wurde, nicht untersucht, ob das Konstrukt der Elternbeteiligung in allen einbezogenen Gruppen das Gleiche misst. Es stellt sich zusammenfassend folgende Frage:

1.1 Überprüfung von Messinvarianz: Messen die eingesetzten Instrumente
zur Erfassung der Elternpartizipation in verschiedenen Gruppen (Eltern differenziert nach ihrem Migrationshintergrund, dem sozioökonomischen Status sowie dem Bildungsniveau) das Gleiche?

Hierzu liegen bisher insgesamt eher wenige Erkenntnisse vor. Hong und Ho
(2005) konnten im Rahmen ihrer Untersuchung zeigen, dass hinsichtlich der
überwiegenden Anzahl der Variablen zwischen den verschiedenen Migrationsgruppen keine signifikanten Unterschiede vorliegen und somit die Gruppen
miteinander verglichen werden können.
H2: Es wird daher für die vorliegende Arbeit vermutet, dass Eltern trotz un-
terschiedlicher sozialer und kultureller Hintergründe ein einheitliches Ver-
ständnis hinsichtlich der einzelnen Beteiligungsbereiche haben. Somit wird
erwartet, dass die eingesetzten Instrumente in den einzelnen Gruppen ver-
gleichbar sind und Messinvarianz nachgewiesen werden kann.
Darauffolgend werden die inhaltlichen Aspekte und Beteiligungsbereiche
im Rahmen der folgenden Fragestellung untersucht:

1.2 In welchen Bereichen beteiligen sich Eltern in der Grundschule ihres
Kindes?

H3: Es wird aufgrund der Forschungsergebnisse davon ausgegangen, dass
sich Eltern in der Grundschule stark lernbezogen und organisatorisch und
weniger konzeptionell engagieren.
Zudem sollen, nach überprüfter Messinvarianz, bei der Analyse der Formen
und des Umfangs der Elternpartizipation gruppenspezifische Unterschiede in
den Blick genommen werden. Hierbei werden der Migrationshintergrund, der

sozioökonomische Status sowie das Bildungsniveau der Eltern berücksichtigt. Wie in Abschnitt 5.5 dargestellt, ist es wichtig, dass zwischen verschiedenen Elterngruppen differenziert wird, da Eltern keine homogene Gruppe darstellen. Zudem wurde in Kapitel 4 dargestellt, dass Aspekte des kulturellen Milieus und damit auch familiäre Hintergrundvariablen im Rahmen des Erwartungs-Wert-Modells nach Eccles und Wigfield (2002) eine Rolle spielen und auf subjektive Werte und Erfolgserwartungen indirekt Einfluss nehmen können. Die Fragestellung lautet:

1.3 Gibt es in Bezug auf den Umfang der organisatorischen, konzeptionellen und lernbezogenen Elternarbeit gruppenspezifische Unterschiede in Abhängigkeit vom Migrationshintergrund der Eltern, dem sozioökonomischen Status der Familie sowie dem Bildungsniveau der Eltern?

Bisherige empirische Befunde ergeben hierzu kein konsistentes Bild, was unter anderem an der unterschiedlichen Operationalisierung der Hintergrundvariablen liegen könnte. Zudem ergeben sich unterschiedliche Befunde je nach Partizipationsform. Dennoch lassen sich auf Basis der in Kapitel 5 präsentierten Befunde folgende Hypothesen formulieren:

H4: Es wird erwartet, dass sich signifikante Gruppenunterschiede für die organisatorische, konzeptionelle und lernbezogene Partizipation bezogen auf den Migrationshintergrund, den sozioökonomischen Status und das Bildungsniveau ergeben. Für den lernbezogenen Bereich kann konkret angenommen werden, dass sich Eltern mit Migrationshintergrund stärker lernbezogen engagieren als Eltern ohne Migrationshintergrund. Zudem kann erwartet werden, dass Eltern mit einem höheren Bildungsniveau aufgrund des Wunsches nach Statuserhalt häufiger lernbezogen partizipieren.

6.2 Motivstrukturen der Elternarbeit

Neben den Formen und dem Umfang wird auf die Gründe einer Elternpartizipation fokussiert, da theoriebasierte Befunde im deutschsprachigen Raum hierzu bisher nicht bzw. nur ansatzweise vorliegen. Zudem wurde ein theoriebasiertes Modell zur Analyse von Motivstrukturen im deutschsprachigen Raum bislang nicht auf verschiedene ausdifferenzierte Partizipationsformen bezogen. Es soll daher folgender übergeordneter Frage nachgegangen werden:

2. Welche Gründe und Motive tragen zur Entscheidung der Eltern bei, sich an der Grundschule ihres Kindes in verschiedenen Bereichen zu beteiligen?

Die in Abschnitt 5.6 dargestellten Befunde haben gezeigt, dass vielfältige Gründe für eine elterliche Partizipation bestehen und sowohl individuelle als auch strukturelle Aspekte relevant sind. Es liegen damit erste Befunde zu den Gründen elterlicher Beteiligung, die sich größtenteils im Rahmen qualitativer Studien gezeigt haben (vgl. Börner, 2010; Kröner et al., 2012), vor. Allerdings steht eine theoriebasierte Analyse der Gründe noch aus und es ist zu berücksichtigen, dass sich die Ergebnisse von Kröner et al. (2012) nur auf eine konzeptionelle Partizipation von Eltern mit Migrationshintergrund beziehen. In Bezug auf das Modell von Hoover-Dempsey und Sandler (1997) lässt sich sagen, dass dieses bisher nur für den Bereich der Elternpartizipation überprüft wurde und sich nicht im Gegensatz zum Erwartungs-Wert-Modell von Eccles und Wigfield (2002) in verschiedenen Bereichen der empirischen Bildungsforschung bewährt hat. Darüber hinaus beziehen sich die motivationalen Gründe im Modell von Hoover-Dempsey und Sandler (1997) vor allem auf die Definition der Elternrolle und die Frage, ob Eltern eine Partizipation für notwendig erachten sowie auf Selbstwirksamkeitsüberzeugungen und die Frage, ob ein Engagement positive Auswirkungen hat. Aspekte des Selbstschemas als einflussnehmende Dimension auf die Wert- und Erfolgserwartungskomponenten sind jedoch auch im Erwartungs-Wert-Modell enthalten. Weitere relevante Motive wie intrinsische Werte oder der Nutzen, die sich beispielsweise im Rahmen des Erwartungs-Wert-Modells von Eccles und Wigfield (2002) bewährt haben, sind bei Hoover-Dempsey und Sandler (1997) nicht berücksichtigt. Des Weiteren wird bei der Anwendung des Modells von Hoover-Dempsey und Sandler (1997) bisher nur auf die Partizipation zu Hause und in der Schule fokussiert (vgl. Deslandes & Bertrand, 2005; Green et al., 2007; Ice & Hoover-Dempsey, 2011). Aus diesen Gründen werden die Motive und Gründe organisatorischer, konzeptioneller und lernbezogener Partizipation in dieser Arbeit mit Hilfe des Erwartungs-Wert-Modells von Eccles und Wigfield (2002) analysiert.

H5: Es wird aufgrund der Forschungsbefunde angenommen, dass die persönliche Bedeutung (Aspekte des Pflicht- und Verantwortungsbewusstseins), der persönliche Nutzen, das individuelle Interesse, Kosten/Barrieren (wie sprachliche Hindernisse oder zeitliche Ressourcen) sowie Erfolgserwartungen die Partizipation von Eltern vorhersagen können.

Mit diesen Ausführungen sind damit bereits Annahmen über die folgenden zwei Fragestellungen skizziert:

2.1 Lässt sich das Erwartungs-Wert-Modell (nach Eccles und Wigfield, 2002) auf den Bereich Elternarbeit übertragen?

→ Prüfung der Messinstrumente: Können die im Eccles Modell theoretisch postulierten vier subjektiven Wertkomponenten (attainment value, intrinsic value, utility value, relative cost) sowie die Erfolgserwartungskomponente für den Anwendungsbereich der Elternarbeit in der Grundschule empirisch etabliert werden?

H6: Konkret wird angenommen, dass sich das Erwartungs-Wert-Modell auf den Bereich Elternarbeit übertragen lässt und damit die subjektiven Wert- sowie die Erfolgserwartungskomponenten für den Anwendungsbereich der Elternpartizipation empirisch nachgewiesen werden können.

Diese Hypothesen basieren im Wesentlichen auf theoretischen Aspekten und empirischen Befunden, die in Abschnitt 4.3.3 dargestellt wurden. Es konnte aufgezeigt werden, dass das Erwartungs-Wert-Modell von Eccles und Wigfield bereits häufig im Kontext der empirischen Bildungsforschung angewendet wurde und sich dabei bewährt hat. Da angenommen werden kann, dass bei der elterlichen Entscheidung zur organisatorischen, konzeptionellen und lernbezogenen Partizipation ähnliche Mechanismen und Motive wirken, wird eine Übertragbarkeit des Erwartungs-Wert-Modells auf den Bereich der Elternpartizipation erwartet. Zudem wurde, wie bereits beschrieben, in empirischen Studien gezeigt, dass die im Erwartungs-Wert-Modell enthaltenen motivationalen Aspekte Prädiktoren für Elternpartizipation darstellen können.

Um die Anwendung des Modells auf den Bereich Elternarbeit und die Frage danach, ob durch das Erwartungs-Wert-Modell ein Beitrag zur Vorhersage der Elternpartizipation (organisatorischer, konzeptioneller und lernbezogener Art) geleistet werden kann, geht es im Rahmen der folgenden Fragestellungen:

2.2 Welchen Einfluss haben die vier subjektiven Wertkomponenten sowie die Erfolgserwartungen auf die Entscheidung der Eltern, sich an der Grundschule ihres Kindes zu beteiligen?

→ Prüfung des Gesamtmodells: Inwieweit kann durch das Erwartungs-Wert-Modell die Teilnahme an den drei Formen der Elternarbeit erklärt werden?

Aus den empirischen Befunden, die in Abschnitt 5.6 dargestellt wurden, lassen sich weitere differenzierte Hypothesen ableiten:

H7: Da eine organisatorische Partizipation eine freiwillige Hilfeleistung für die Schule darstellt, wird erwartet, dass vor allem die persönliche Bedeutung, der intrinsische Wert, die relativen Kosten und die Erfolgserwartung wesentliche Prädiktoren sind.

H8: Hinsichtlich der konzeptionellen Partizipation wird angenommen, dass die persönliche Bedeutung, der intrinsische Wert, der Nutzen, die relativen Kosten sowie die Erfolgserwartung relevante Prädiktoren darstellen.

H9: Bezüglich der dritten Form, die lernbezogene Partizipation, wird vermutet, dass die persönliche Bedeutung, der Nutzen und die Erfolgserwartung Prädiktoren für ein Engagement darstellen.

Neben der Prüfung des Erwartungs-Wert-Modells für die Gesamtstichprobe sollen gruppenspezifische Analysen durchgeführt werden. In einem ersten Schritt werden Effekte des sozioökonomischen Status, des Bildungsniveaus und des Migrationshintergrunds der Eltern auf die vier subjektiven Wertkomponenten und die Erfolgserwartung im Rahmen der folgenden Fragestellungen untersucht:

2.3   Welchen Effekt haben der Migrationshintergrund der Eltern, der sozioökonomische Status der Familie sowie das Bildungsniveau der Eltern auf die Motive der Elternarbeit?

Die Ausführungen zu sekundären Herkunftseffekten haben gezeigt, dass Eltern aus niedrigen sozialen Schichten die Bildungskosten überschätzen, den Nutzen von höheren Bildungsabschlüssen eher unterschätzen und gleichzeitig die Erfolgserwartung als gering bewerten (vgl. Becker, 2000; Esser, 1999; Gresch et al., 2010; Gresch & Becker, 2010). Es konnte auch dargestellt werden, dass schichtspezifische Unterschiede in der Bildungsaspiration vorliegen: Eltern mit Migrationshintergrund haben häufig eine hohe Bildungsaspiration[28] (vgl. Bittlingmayer & Bauer, 2007; Kristen & Dollmann, 2009; Segeritz et al., 2010; Stanat, Segeritz, et al., 2010). Zudem gibt es einen positiven Zusammenhang zwischen der elterlichen Bildungsaspiration und dem höchsten SES (vgl. Paulus & Blossfeld, 2007; Rohlfs, 2011) sowie zwischen der Bildungsaspiration und dem höchsten Bildungsabschluss in der Familie (vgl. Paulus & Blossfeld, 2007). Es zeigt sich also, dass Kosten-Nutzen-Abwägungen mit dem sozialen und kulturellen Hintergrund der Eltern einhergehen.

---

28 Die Bildungsaspiration resultiert nach Boudon (1974) aus unterschiedlichen Kosten-Nutzen-Abwägungen, die zwischen verschiedenen sozialen Schichten variieren.

Bezüglich der dargestellten Fragestellung lassen sich auf Basis der bisherigen Ausführungen folgende Hypothesen ableiten:

H10: Hinsichtlich des Migrationshintergrunds wird angenommen, dass Eltern mit Migrationshintergrund die relativen Kosten höher bewerten als Eltern ohne Migrationshintergrund. Aufgrund der Befunde zur Bildungsaspiration kann darüber hinaus vermutet werden, dass Eltern mit Migrationshintergrund die persönliche Bedeutung und den subjektiv wahrgenommenen Nutzen als stärkere Motive wahrnehmen als Eltern ohne Migrationshintergrund.

H11: Für Eltern mit einem hohen sozioökonomischen Status sind die Motive der persönlichen Bedeutung, des Nutzens und der Erfolgserwartung stärker als für Eltern mit einem niedrigen sozioökonomischen Status. Zudem werden die relativen Kosten von Eltern mit einem niedrigen sozioökonomischen Status höher eingeschätzt als von Eltern mit einem hohen sozioökonomischen Status.

H12: Für das Bildungsniveau der Eltern können aufgrund der Befunde zum Statuserhalt analoge Annahmen geäußert werden: Eltern mit einem hohen Bildungsniveau schätzen die Motive der persönlichen Bedeutung, des Nutzens und der Erfolgserwartung höher ein als Eltern mit einem niedrigeren Bildungsniveau. Gleichzeitig sind die relativen Kosten für Eltern mit einem niedrigeren Bildungsniveau höher als für Eltern mit einem hohen Bildungsniveau.

Des Weiteren wurde dargestellt, dass individuelle Faktoren und damit Hintergrundmerkmale einen direkten Einfluss auf die Elternarbeit haben können (vgl. Abschnitt 5.6). Zudem wurde im Erwartungs-Wert-Modell nach Eccles und Wigfield (2002) das kulturelle Milieu und damit auch familiäre Hintergrundmerkmale berücksichtigt. Eine Prüfung dieser Zusammenhänge in Bezug auf das Thema der Elternarbeit wurde bisher nicht durchgeführt. Um in dieser Arbeit die Hintergrundmerkmale im Rahmen des Erwartungs-Wert-Modells in Bezug auf die Elternpartizipation zu berücksichtigen, wird im Rahmen der folgenden Fragestellungen untersucht, inwieweit sich durch die Berücksichtigung des Migrationshintergrunds, des sozioökonomischen Status sowie des Bildungsniveaus der Eltern die Zusammenhänge zwischen den Wertkomponenten sowie den Erfolgserwartungen und der Elternarbeit verändern:

2.4   Welche Unterschiede ergeben sich für die Erklärung von Elternarbeit bei Berücksichtigung des Migrationshintergrunds der Eltern, des sozioökonomischen Status der Familie und des Bildungsniveaus der Eltern?

Generell lässt sich die Bedeutung der Hintergrundmerkmale aus dem Erwartungs-Wert-Modell ableiten. Vermittelt über Aspekte des Selbstschemas, die bei Hoover-Dempsey und Sandler (1997) Prädiktoren der Elternpartizipation darstellen, wirkt sich das kulturelle Milieu nach Wigfield et al. (2004) auf die Einschätzung von Werten sowie Erfolgserwartungen und damit auf eine Entscheidung oder Handlung aus. Im vorherigen Abschnitt wurde hierzu zusammenfassend dargestellt, dass sich Erwartungen und Einstellungen von Eltern zu Kosten und Nutzen bildungsspezifischer Fragen nach den Hintergrundmerkmalen der Eltern unterscheiden können. Des Weiteren wurde belegt, dass die Partizipation mit verschiedenen Hintergrundmerkmalen der Eltern variiert. Hinsichtlich der Frage, inwieweit die subjektiven Werte und Erfolgserwartungen Prädiktoren der Elternarbeit darstellen, ist es demnach von Bedeutung, dass die Hintergrundmerkmale von Eltern berücksichtigt werden.

Es lässt sich festhalten, dass nach Wigfield et al. (2004) davon auszugehen ist, dass sich Aspekte des kulturellen Milieus auf Erwartungen und subjektive Werte und dadurch auf Entscheidungen wie die Elternarbeit auswirken. Hinsichtlich der Auswirkungen, die sich durch Berücksichtigung der Hintergrundmerkmale ergeben können, soll auf den Zusammenhang zwischen der Partizipation und Schulleistungen Bezug genommen werden. Hier zeigt sich, dass durch die Kontrolle von Hintergrundvariablen gefundene Effekte geringer werden (vgl. Catsambis, 1998; Domina, 2005; Sui-Chu & Willms, 1996). Gilt der Einfluss der Hintergrundmerkmale auch für den Zusammenhang zwischen den Wert-/Erfolgserwartungskomponenten und der Elternarbeit, so lässt sich auf Basis der Befunde und durch den angenommenen Zusammenhang zwischen den Hintergrundmerkmalen und den Formen der Elternarbeit sowie zwischen den Hintergrundmerkmalen und den Wert-/Erwartungskomponenten folgende Vermutung aufstellen:

H13: Durch die zusätzliche Berücksichtigung der Hintergrundmerkmale der Eltern ergeben sich Veränderungen der Zusammenhänge zwischen den Wert- und Erfolgserwartungskomponenten und den Formen der Elternpartizipation. Es kann angenommen werden, dass sich die Zusammenhänge insgesamt verringern.

Tabelle 5: Forschungsfragen und Hypothesen der Arbeit

Formen und Umfang der Elternarbeit

1. Können die drei aus der Theorie abgeleiteten Formen der Elternarbeit (organisatorisch, konzeptionell und lernbezogen) empirisch nachgewiesen werden?

H1: Auf der Grundlage bisheriger Modelle zur Elternpartizipation ist davon auszugehen, dass sich die genannten Formen nicht nur inhaltlich trennen, sondern auch empirisch nachweisen lassen. Zudem wird aufgrund der stärkeren inhaltlichen Differenzierung der Elternarbeit erwartet, dass das dreidimensional geschätzte Modell die Daten signifikant besser abbildet als ein zweidimensionales (Elternpartizipation zu Hause und in der Schule) und ein eindimensionales Modell (Elternpartizipation als übergeordneter Faktor).

1.1 Messen die eingesetzten Instrumente zur Erfassung der Elternpartizipation in verschiedenen Gruppen (Eltern differenziert nach ihrem Migrationshintergrund, dem sozioökonomischen Status sowie dem Bildungsniveau) das Gleiche?

H2: Es wird angenommen, dass Eltern trotz unterschiedlicher sozialer und kultureller Hintergründe ein einheitliches Verständnis hinsichtlich der einzelnen Beteiligungsbereiche haben. Somit wird erwartet, dass die eingesetzten Instrumente in den einzelnen Gruppen vergleichbar sind und Messinvarianz nachgewiesen werden kann.

1.2 In welchen Bereichen beteiligen sich Eltern in der Grundschule ihres Kindes?

H3: Es wird aufgrund der Forschungsergebnisse davon ausgegangen, dass sich Eltern in der Grundschule stark lernbezogen und organisatorisch und weniger konzeptionell engagieren.

1.3 Gibt es in Bezug auf den Umfang der organisatorischen, konzeptionellen und lernbezogenen Elternarbeit gruppenspezifische Unterschiede in Abhängigkeit vom Migrationshintergrund der Eltern, dem sozioökonomischen Status der Familie sowie dem Bildungsniveau der Eltern?

H4: Es wird erwartet, dass sich signifikante Gruppenunterschiede für die organisatorische, konzeptionelle und lernbezogene Partizipation bezogen auf den Migrationshintergrund, den sozioökonomischen Status und das Bildungsniveau ergeben. Für den lernbezogenen Bereich kann konkret angenommen werden, dass sich Eltern mit Migrationshintergrund stärker lernbezogen engagieren als Eltern ohne Migrationshintergrund. Zudem kann erwartet werden, dass Eltern mit einem höheren Bildungsniveau aufgrund des Wunsches nach Statuserhalt häufiger lernbezogen partizipieren.

Tabelle 5 (Fortsetzung): Forschungsfragen und Hypothesen der Arbeit

Motivstrukturen der Elternarbeit

2. Welche Gründe und Motive tragen zur Entscheidung der Eltern bei, sich an der Grundschule ihres Kindes in verschiedenen Bereichen zu beteiligen?

H5: Es wird aufgrund der Forschungsbefunde angenommen, dass die persönliche Bedeutung (Aspekte des Pflicht- und Verantwortungsbewusstseins), der persönliche Nutzen, das individuelle Interesse, Kosten/ Barrieren (wie sprachliche Hindernisse oder zeitliche Ressourcen) sowie Erfolgserwartungen die Partizipation von Eltern vorhersagen können.

2.1 Lässt sich das Erwartungs-Wert-Modell (nach Eccles und Wigfield, 2002) auf den Bereich Elternarbeit übertragen?

→ Prüfung der Messinstrumente: Können die im Eccles Modell theoretisch postulierten vier subjektiven Wertkomponenten (attainment value, intrinsic value, utility value, relative cost) sowie die Erfolgserwartungskomponente für den Anwendungsbereich der Elternarbeit in der Grundschule empirisch etabliert werden?

H6: Konkret wird angenommen, dass sich das Erwartungs-Wert-Modell auf den Bereich Elternarbeit übertragen lässt und damit die subjektiven Wert- sowie die Erfolgserwartungskomponenten für den Anwendungsbereich der Elternpartizipation empirisch nachgewiesen werden können.

2.2 Welchen Einfluss haben die vier subjektiven Wertkomponenten sowie die Erfolgserwartungen auf die Entscheidung der Eltern, sich an der Grundschule ihres Kindes zu beteiligen?

→ Prüfung des Gesamtmodells: Inwieweit kann durch das Erwartungs-Wert-Modell die Teilnahme an den drei Formen der Elternarbeit erklärt werden?

H7: Da eine organisatorische Partizipation eine freiwillige Hilfeleistung für die Schule darstellt, wird erwartet, dass vor allem die persönliche Bedeutung, der intrinsische Wert, die relativen Kosten und die Erfolgserwartung wesentliche Prädiktoren sind.

H8: Hinsichtlich der konzeptionellen Partizipation wird angenommen, dass die persönliche Bedeutung, der intrinsische Wert, der Nutzen, die relativen Kosten sowie die Erfolgserwartung relevante Prädiktoren darstellen.

H9: Bezüglich der dritten Form, die lernbezogene Partizipation, wird vermutet, dass die persönliche Bedeutung, der Nutzen und die Erfolgserwartung Prädiktoren für ein Engagement darstellen

Tabelle 5 (Fortsetzung): Forschungsfragen und Hypothesen der Arbeit

Motivstrukturen der Elternarbeit

2.3 Welchen Effekt haben der Migrationshintergrund der Eltern, der sozioökonomische Status der Familie sowie das Bildungsniveau der Eltern auf die Motive der Elternarbeit?

H10: Hinsichtlich des Migrationshintergrunds wird angenommen, dass Eltern mit Migrationshintergrund die relativen Kosten höher bewerten als Eltern ohne Migrationshintergrund. Aufgrund der Befunde zur Bildungsaspiration kann darüber hinaus vermutet werden, dass Eltern mit Migrationshintergrund die persönliche Bedeutung und den subjektiv wahrgenommenen Nutzen als stärkere Motive wahrnehmen als Eltern ohne Migrationshintergrund.

H11: Für Eltern mit einem hohen sozioökonomischen Status sind die Motive der persönlichen Bedeutung, des Nutzens und der Erfolgserwartung stärker als für Eltern mit einem niedrigen sozioökonomischen Status. Zudem werden die relativen Kosten von Eltern mit einem niedrigen sozioökonomischen Status höher eingeschätzt als von Eltern mit einem hohen sozioökonomischen Status.

H12: Für das Bildungsniveau der Eltern können aufgrund der Befunde zum Statuserhalt analoge Annahmen geäußert werden: Eltern mit einem hohen Bildungsniveau schätzen die Motive der persönlichen Bedeutung, des Nutzens und der Erfolgserwartung höher ein als Eltern mit einem niedrigeren Bildungsniveau. Gleichzeitig sind die relativen Kosten für Eltern mit einem niedrigeren Bildungsniveau höher als für Eltern mit einem hohen Bildungsniveau.

2.4 Welche Unterschiede ergeben sich für die Erklärung von Elternarbeit bei Berücksichtigung des Migrationshintergrunds der Eltern, des sozioökonomischen Status der Familie und des Bildungsniveaus der Eltern?

H13: Durch die zusätzliche Berücksichtigung der Hintergrundmerkmale der Eltern ergeben sich Veränderungen der Zusammenhänge zwischen den Wert- und Erfolgserwartungskomponenten und den Formen der Elternpartizipation. Es kann angenommen werden, dass sich die Zusammenhänge insgesamt verringern.

7. Daten und Methode

Nachdem im vorhergehenden Kapitel die Fragestellungen erläutert wurden, geht es in diesem Kapitel um die Darstellung der genutzten Daten und Methoden für die Analysen der vorliegenden Arbeit. Es wird zunächst in Abschnitt 7.1 das Projekt „Ganz In – Mit Ganztag mehr Zukunft. Das neue Ganztagsgymnasium NRW" vorgestellt, in dessen Rahmen diese Arbeit erstellt wird. Anschließend wird auf die Daten eingegangen (Abschnitt 7.2): Es werden Aussagen zur Stichprobe, zu den genutzten Instrumenten, zu dem Umgang mit fehlenden Werten und zur Gruppierung der Daten getroffen. In Abschnitt 7.3 werden schließlich die verschiedenen Auswertungsverfahren dargestellt.

7.1 Das Projekt „Ganz In – Mit Ganztag mehr Zukunft. Das neue Ganztagsgymnasium NRW"

Die vorliegende Arbeit greift auf Daten des Schulentwicklungsprojekts „Ganz In – Mit Ganztag mehr Zukunft. Das neue Ganztagsgymnasium NRW" zurück. „Ganz In" ist ein gemeinsames Projekt der Stiftung Mercator, des Instituts für Schulentwicklungsforschung der TU Dortmund (IFS) – stellvertretend für die drei am Projekt ebenfalls beteiligten Hochschulen der Universitätsallianz Metropole Ruhr (UAMR) – und des Ministeriums für Schule und Weiterbildung des Landes Nordrhein-Westfalen (MSW). In diesem Projekt arbeiten 31 ausgewählte Gymnasien des Landes NRW mit.

Projektziele und -design
Im Rahmen von „Ganz In" werden die 31 beteiligten Projektgymnasien bei der Entwicklung zum gebundenen Ganztag unterstützt. Dazu gehört sowohl eine nachhaltige Optimierung organisatorischer Strukturen der Ganztagsgymnasien als auch der Ausbau einer besonderen Kultur der individuellen Förderung durch die Unterrichtsentwicklung. Im Fokus stehen dabei insbesondere Schülerinnen und Schüler mit hohen Potentialen, aber weniger günstigen familiären Startbedingungen (vgl. Berkemeyer, Bos, Holtappels, Meetz & Rollett, 2010).

Als übergeordnetes Projektziel von „Ganz In" ist die Erhöhung der Abschlüsse mit Allgemeiner Hochschulreife von Jugendlichen aus bildungsfernen Milieus bzw. mit Migrationshintergrund bei Beibehaltung des absoluten Anteils von Abschlüssen der bisherigen gymnasialen Klientel zu nennen. Zudem soll eine Verbesserung der Qualität der Abschlüsse insgesamt (wie die Steigerung der Schülerkompetenzen) erreicht werden (vgl. Berkemeyer et al., 2010). Weitere untergeordnete Projektziele sind zum Beispiel die Entwicklung eines pädagogischen Schulkonzepts für das Ganztagsgymnasium und dessen Integration in das bestehende Schulprogramm, die Weiterentwicklung des Unterrichts und die Entwicklung von Diagnose- und Förderkonzepten sowie die Erprobung und Entwicklung flexibler Zeitstrukturen (vgl. Berkemeyer et al., 2010).

Um die zentralen Projektziele zu erreichen wurde das Projekt längerfristig angelegt sowie breit aufgestellt: „Ganz In" wurde im Jahr 2009 begonnen und umfasst eine Laufzeit von sechs Jahren mit der Option auf vier Jahre Verlängerung. In dem Projekt erhalten die Schulen durch eine fachdidaktische- und Schulentwicklungsberatung Unterstützung sowie datengestützte Rückmeldungen durch die qualitative und quantitative wissenschaftliche Begleitforschung. Fachdidaktische Maßnahmen, wie etwa die Weiterentwicklung des Unterrichts sowie Lern- und Leistungsdiagnosen, werden durch sechs Fachdidaktiken an drei Universitäten getragen. Dazu gehören die Fächer Deutsch, Englisch, Mathematik, Biologie, Chemie sowie Physik. Zudem ist übergreifend die Lehr-Lernforschung beteiligt.

Wissenschaftliche Begleitforschung
Um die von den Schulen umgesetzten Maßnahmen zu evaluieren, gibt es im Rahmen von „Ganz In" eine wissenschaftliche Begleitforschung, die sich an folgenden Zielen orientiert:

- Sicherstellung der Prüfbarkeit des Erfolgs der Maßnahme im Bereich der Kompetenzentwicklung von Schülerinnen und Schülern
- Identifizierung von Gelingensbedingungen beim Umbau zum Ganztagsgymnasium
- Evaluation der Entwicklung der Unterrichtsqualität
- Evaluation der Veränderung des Professionswissens bei Lehrkräften
- Entwicklung und Evaluation der Wirksamkeit von Förderkonzepten
- Evaluation von außerunterrichtlichen Ganztagsangeboten
- Beobachtung von Entwicklungsverläufen des organisatorischen Wandels
- Beobachtung der Bildungsbeteiligung, der Bildungserfolge (Abschlussniveau) und der Bildungslaufbahn (Klassenwiederholung, Schulwechsel, Übergänge)

Zur Bearbeitung der genannten Ziele werden unter anderem die standardisierten Befragungen sowie die Kompetenzerhebungen in den Jahrgangsstufen 5, 7 und

9 herangezogen. Diese verschiedenen Erhebungen bilden als Panelstudie mit mehreren Messzeitpunkten insgesamt drei Längsschnitte (vgl. Abbildung 13).

Die erste Erhebung, die sogenannte Ausgangserhebung, wurde im Schuljahr 2010/11 an allen 31 Gymnasien durchgeführt: Es wurden die Schülerinnen und Schüler der Jahrgangsstufe 5 in 121 Klassen sowie ihre Eltern befragt. Zudem fanden Online-Befragungen von Lehrkräften und Schulleitungen sowie des weiteren pädagogisch tätigen Personals statt. Durch diese ersten Erhebungen war es möglich, die Ausgangslage der Schülerkompetenzen sowie die strukturellen und personellen Startbedingungen an den Projektgymnasien festzustellen (vgl. Becker, Drossel, Schwanenberg, Wendt & Bos, in Vorbereitung). Durch mehrere Messzeitpunkte ist schließlich eine Beobachtung und Evaluation der verschiedenen Entwicklungen möglich.

Im Hinblick auf die Rückläufe der Ausgangserhebung zeigt sich, dass 3329 Schülerinnen und Schüler in 121 Schulklassen an den 31 „Ganz In"-Gymnasien befragt wurden, was einer Rücklaufquote von 92 Prozent entspricht. Die Schülerinnen und Schüler wurden dabei zu ihrem sozialen und kulturellen Hintergrund sowie zu ihrem Interesse und Selbstkonzept in bestimmten Schulfächern befragt. Darüber hinaus fanden Kompetenzerhebungen in den Fächern Deutsch, Englisch, Mathematik, Biologie, Chemie und Physik sowie ein kognitiver Fähigkeitstest (KFT) statt. Damit die Schülerinnen und Schüler zuverlässige Aussagen über den Unterricht treffen können, wurde zudem eine Befragung zur wahrgenommenen Unterrichtsqualität im Sommer 2011 durchgeführt.

An der Elternbefragung haben $N = 2742$ Personen teilgenommen, was einer insgesamt hohen Beteiligungsquote von 79 Prozent entspricht. Für die Lehrerbefragung ($N = 564$) war der Rücklauf vergleichsweise gering und lag bei 26 Prozent. An der Online-Befragung der Schulleitungen haben $N = 27$ Schulleiterinnen und Schulleiter teilgenommen, sodass sich hier eine Rücklaufquote von 87 Prozent ergibt. Hinsichtlich des weiteren pädagogisch tätigen Personals ($N = 74$; zum Beispiel SozialarbeiterInnen) kann keine abgesicherte Rücklaufquote errechnet werden, da keine konkreten Beschäftigungszahlen an den einzelnen Gymnasien vorlagen.[29]

---

29 Der zweite Messzeitpunkt fand zu Beginn des Schuljahres 2012/2013 statt, auf den nicht weiter eingegangen wird, da in dieser Arbeit Daten des ersten Messzeitpunktes genutzt werden.

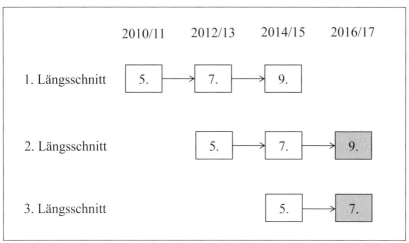

Abbildung 13: Längsschnittdesign im Projekt „Ganz In" (eigene Darstellung)

7.2 Daten

Im Folgenden wird die Datengrundlage dieser Arbeit dargestellt. Es wird zunächst in Abschnitt 7.2.1 auf die Zusammensetzung der Stichprobe und damit auch auf die verschiedenen Elterngruppen fokussiert. Im Anschluss wird in Abschnitt 7.2.2 beschrieben, welche Instrumente für die Analysen genutzt werden. Darüber hinaus wird auf den Umgang mit fehlenden Werten (Abschnitt 7.2.3) und die Gruppierung der Elterndaten (Abschnitt 7.2.4) eingegangen.

7.2.1 Stichprobe

Für die Analysen wird auf Daten der Elternbefragung aus der „Ganz In"-Ausgangserhebung, die im Schuljahr 2010/11 stattfand, zurückgegriffen. Im Rahmen von „Ganz In" gab es zwei Testtage, um die Kompetenzerhebungen und die Schülerbefragung durchzuführen. Der Elternfragebogen wurde von den Testleiterinnen und Testleitern am ersten Testtag an die Schülerinnen und Schüler verteilt, mit der Bitte, diesen nach Möglichkeit am zweiten Testtag ausgefüllt wieder mit in die Schule zu bringen. War eine Rückgabe am zweiten Testtag nicht möglich, konnte der Elternfragebogen nachträglich in der Schule zur Weiterleitung an die datenverarbeitende Stelle abgegeben werden. Um die

Angaben der Eltern denen der Schülerinnen und Schüler zuzuordnen, wurden auf die Fragebögen Codes[30] geschrieben.

Wie bereits dargestellt, haben an der Elternbefragung 2742 Eltern teilgenommen, wodurch eine Rücklaufquote von 79 Prozent erreicht werden konnte. Nach Ausschluss ungültiger Fälle verbleiben schließlich noch Angaben von 2729 Eltern. An dieser Stelle soll bereits darauf hingewiesen werden, dass zur Analyse der Formen, des Umfangs sowie der Motivstrukturen von Elternarbeit retrospektive Daten genutzt werden. Das bedeutet: Die Eltern der Schülerinnen und Schüler der Jahrgangsstufe 5 wurden nach ihrer Partizipation an der Grundschule und zusätzlich am Gymnasium befragt.[31] Da die Eltern sechs bis acht Wochen nach dem Übergang ihres Kindes auf das Gymnasium für das Gymnasium nur Partizipationswünsche angeben konnten, wird im Rahmen dieser Arbeit auf die tatsächliche Beteiligung in der Grundschule fokussiert. Trotz der Tatsache, dass es sich um retrospektive Aussagen der Eltern handelt, ist davon auszugehen, dass die Angaben zur Partizipation sowie zu den subjektiven Werten und der Erfolgserwartung aufgrund des kurzen Zeitraums von sechs bis acht Wochen relativ valide sind.[32]

Einen Überblick über die Zusammensetzung der Elternschaft ist den folgenden Tabellen zu entnehmen.[33] Es zeigt sich zunächst, dass sich vorwiegend die Mütter der Fünftklässlerinnen und Fünftklässler an der Elternbefragung beteiligt haben (N = 2084). Wird darüber hinaus die Familienstruktur der Befragten betrachtet, so zeigt sich, dass die an der Befragung beteiligten Eltern zu einem Großteil verheiratet sind (79.7 Prozent) und ein geringer Anteil (11.6 Prozent) alleinerziehend ist (vgl. Tabelle 6).

Verglichen mit der Verteilung der Familienformen im Jahr 2010 in Deutschland leben nach Angaben des Bundesministeriums für Familie, Senioren, Frauen und Jugend (2012) 72 Prozent in einer Ehe und 19 Prozent sind alleinerziehend. Bezogen auf die vorliegende Strichprobe wird deutlich, dass die befragten Gymnasialeltern zu einem höheren Anteil verheiratet und zu einem geringeren Prozentsatz alleinerziehend sind.

---

30 Der Code setzt sich aus einer laufenden Nummer und dem Buchstaben der jeweiligen Klasse zusammen (Beispiel: 01a).

31 Ausführliche Darstellungen zu den Instrumenten erfolgen in Abschnitt 7.2.2.

32 Einschränkungen bei der Operationalisierung der Wert- und Erfolgserwartungskomponenten werden in Abschnitt 7.2.2.2 näher erläutert.

33 Prozentangaben, die bei Addition nicht genau 100 ergeben, sind durch Rundungsfehler zu erklären.

Tabelle 6: Ausfüllende/r des Fragebogens und Familienstruktur

	N	Prozent
Ausfüllende/r	2699	
Mutter	2084	77.2
Vater	469	17.4
Mutter und Vater	133	4.9
Andere Person	13	0.5
Familienstruktur	2699	
Verheiratet	2151	79.7
Geschieden	96	3.6
Verwitwet	27	1.0
Ich lebe mit meiner Partnerin/ meinem Partner zusammen	112	4.1
Alleinerziehend	313	11.6

Neben der Frage, wer den Fragebogen ausgefüllt hat und wie sich die Zusammensetzung der Stichprobe hinsichtlich der Familienstruktur darstellt, soll ein Blick auf das kulturelle Kapital der Familien geworfen werden. Als ein Indikator des objektivierten und institutionalisierten kulturellen Kapitals kann die Anzahl der Bücher im Haushalt herangezogen werden. Für die vorliegende Stichprobe wird deutlich, dass der überwiegende Anteil der Eltern (43.1 Prozent) über mehr als 200 Bücher verfügt (vgl. Tabelle 7). Ein geringer Anteil von 6.1 Prozent der Stichprobe hat zwischen 0 und 25 Bücher zu Hause. Die Ergebnisse zur Anzahl der Bücher im Haushalt weisen somit darauf hin, dass die befragten Eltern als bildungsnah bezeichnet werden können. Bezogen auf die Anzahl der Bücher pro Haushalt in Deutschland im Jahr 2011 hat die Internationale Grundschul-Lese-Untersuchung festgestellt, dass 49.1 Prozent der Familien über mehr als 100 Bücher verfügt (vgl. Wendt et al., 2012).

Tabelle 7: Anzahl der Bücher im Haushalt

	N	Prozent
Bücher im Haushalt	2681	
0-10	39	1.5
11-25	123	4.6
26-100	815	30.4
101-200	548	20.4
mehr als 200	1156	43.1

In Bezug auf die Zusammensetzung der Stichprobe nach den für diese Arbeit relevanten Merkmalen, Migrationshintergrund, sozioökonomischer Status sowie Bildungsniveau, zeigt sich folgendes Bild: Hinsichtlich des Migrationshintergrunds wird deutlich, dass die Gruppe ‚kein Elternteil im Ausland geboren' mit einem Anteil von 57.3 Prozent und die Gruppe ‚ein Elternteil im Ausland geboren' mit einem Anteil von 21.7 Prozent vertreten sind. Bei einem geringeren Anteil der Eltern (21.0 Prozent) sind beide Elternteile im Ausland geboren (vgl. Tabelle 8). Insgesamt hatten im Jahr 2011 19.5 Prozent der in Deutschland lebenden Personen einen Migrationshintergrund. Einbezogen wurden Zugewanderte und in Deutschland geborene Ausländerinnen und Ausländer (vgl. Statistisches Bundesamt, 2012).

Tabelle 8: Zusammensetzung der Stichprobe nach dem Migrationshintergrund

	N	Prozent
Migrationsstatus	2079	
Kein Elternteil im Ausland geboren	1192	57.3
Ein Elternteil im Ausland geboren	451	21.7
Beide Elternteile im Ausland geboren	436	21.0

Bezüglich des sozioökonomischen Status, der in dieser Arbeit über das Bruttohaushaltseinkommen operationalisiert wird, zeigt sich, dass über 70 Prozent der Eltern über ein mittleres bis hohes Einkommen verfügen. Nur 3.3 Prozent erwirtschaften ein Bruttoeinkommen von unter 10.000 € und verfügen damit über ein geringes ökonomisches Kapital (vgl. Tabelle 9). Bei Betrachtung des durchschnittlichen Einkommens in Deutschland im Jahr 2011 zeigt sich, dass ein monatliches Bruttohaushaltseinkommen von 3.871 € vorlag (vgl. Statistisches Bundesamt, 2013b). Wird dieser Betrag auf das Jahr hochgerechnet, so verfügten die privaten Haushalte in Deutschland im Jahr 2011 durchschnittlich über etwa 46.000 €.[34]

---

34 In dem Bericht des Statistischen Bundesamtes (2013b) werden die Einkünfte pro Monat angeben. Zudem erfolgt keine prozentuale Verteilung der monatlichen Einkommen.

Tabelle 9:   Zusammensetzung der Stichprobe nach dem sozioökonomischen
             Status

	N	Prozent
Sozioökonomischer Status (Bruttohaushaltseinkommen)	2329	
unter 10.000€	78	3.3
10.000€ bis 39.999€	815	35.0
40.000€ bis 69.999€	808	34.7
70.000€ und mehr	628	27.0

Bei Betrachtung der Stichprobe nach dem Bildungsniveau der Eltern, hier aufgrund der Gymnasialstichprobe nach den Kategorien kein Abitur, Abitur und
Fachhochschul-/Hochschulabschluss, zeigt sich, dass die Eltern insgesamt hohe
Bildungsabschlüsse erworben haben. 23.0 Prozent der Befragten geben an,
ausschließlich das Abitur als höchsten Abschluss erreicht zu haben und somit
nicht zusätzlich über einen Fachhochschul-/Hochschulabschluss zu verfügen.
45.7 Prozent der Eltern haben darüber hinaus einen Fachhochschul-/
Hochschulabschluss als höchsten Bildungsabschluss (vgl. Tabelle 10). Hinsichtlich des Bildungsniveaus in Deutschland im Jahr 2012 zeigt sich, dass
27.3 Prozent eine Fachhochschul- oder Hochschulreife erworben haben (vgl.
Statistisches Bundesamt, 2013a). Zudem haben 12.9 Prozent einen Fachhoch-
schul-/Hochschulabschluss. Differenziert nach der Schulform wird deutlich,
dass 35.2 Prozent der Eltern eines Kindes am Gymnasium über einen Fach-
hochschul-/Hochschulabschluss verfügen (vgl. Statistisches Bundesamt,
2013a).

Tabelle 10: Zusammensetzung der Stichprobe nach dem Bildungsniveau

	N	Prozent
Bildungsniveau	2628	
Kein Abitur	821	31.2
Abitur	605	23.0
Fachhochschul-/ Hochschulabschluss	1202	45.7

7.2.2   Instrumente

In den folgenden Abschnitten wird ein Überblick über die in der vorliegenden
Arbeit eingesetzten Skalen und Einzelitems gegeben. Es werden die Skalen zur

Operationalisierung der drei Formen der Elternarbeit, der vier subjektiven Wertkomponenten und der Erfolgserwartung dargestellt. Darüber hinaus wird die Erhebung der Individualmerkmale, sozioökonomischer Status, Bildungsniveau und Migrationshintergrund, beschrieben.

7.2.2.1 Operationalisierung der Elternarbeit

Um zu erfassen, inwieweit sich Eltern engagieren, wurden sie im Rahmen der Ausgangserhebung von „Ganz In" gefragt: „In welchen Bereichen waren Sie an der Grundschule Ihres Kindes beteiligt bzw. in welchen Bereichen möchten Sie am Gymnasium Ihres Kindes beteiligt sein?". Um im Rahmen der Ausgangserhebung in der Jahrgangsstufe 5 die Elternmitwirkung umfassend zu erheben, wurde diese Zweiteilung der Frage gewählt. Auf diese Weise konnten Eltern zum einen ihre Mitwirkung in der Grundschule und zum anderen ihre Beteiligungswünsche am Gymnasium in verschiedenen Bereichen einschätzen (vgl. Tabelle 11 sowie Tabelle A.1). Es wurde davon ausgegangen, dass Eltern sechs bis acht Wochen nach dem Übergang des Kindes auf das Gymnasium noch keine konkreten Angaben zu ihrer tatsächlichen Partizipation am Gymnasium machen konnten. Durch die gewählte Fragestellung sollte somit erreicht werden, die tatsächliche Partizipation in der Grundschule und Wünsche für ein Engagement am Gymnasium zu erheben. Um die realisierte Partizipation zu analysieren, wurden in dieser Arbeit, wie erwähnt, die Angaben zur Mitwirkung in der Grundschule genutzt. Die Eltern konnten auf einer vierstufigen Skala (1 = trifft nicht zu, 2 = trifft eher nicht zu, 3 = trifft eher zu, 4 = trifft zu) eine Einschätzung zu insgesamt 21 Items abgeben, welche die organisatorische, konzeptionelle und lernbezogene Elternarbeit abdecken.[35] In der nachfolgenden Tabelle 11 sind die Einzelitems sowie die dazugehörigen Mittelwerte und Standardabweichungen der Partizipation der Eltern an der Grundschule angegeben. Bei der organisatorischen Elternpartizipation wurde die Mithilfe bei Schulfesten (Item: Orga1) am häufigsten ($M = 3.54$, $SD = 0.76$) und die Hilfe bei der Mittagsbetreuung (Item: Orga5) am wenigsten ($M = 1.29$, $SD = 0.61$) durchgeführt. Hinsichtlich der konzeptionellen Elternarbeit zeigt sich die höchste Zustimmung für die Mitgliedschaft im Elternverein (Item: Konz1) ($M = 2.45$,

---

35 Bei der Zusammenstellung der Items zur organisatorischen, konzeptionellen und lernbezogenen Elternpartizipation wurde auf Instrumente der Internationalen Grundschul-Lese-Untersuchung (IGLU) 2001 (vgl. Bos et al., 2005), der Trends in International Mathematics and Science Study (TIMSS) 2007 (vgl. Bos, Bonsen, Kummer, Lintorf & Frey, 2009), der Studie zur Entwicklung von Ganztagsschulen (StEG) (vgl. Quellenberg, 2009), der Repräsentativ-Befragung zur Elternarbeit (vgl. Sacher, 2004; Sacher, 2008b) und des IFS-Schulbarometers (vgl. Institut für Schulentwicklungsforschung, 2001) zurückgegriffen.

$SD = 1.37$) und die geringste für die Mitgliedschaft in der Steuergruppe (Item: Konz4) ($M = 1.24$, $SD = 0.62$). Bei den Items zur lernbezogenen Beteiligung ist der Mittelwert für den Besuch von Elternsprechtagen (Item: Lern2) am höchsten ($M = 3.94$, $SD = 0.32$) und am niedrigsten für die Mitarbeit im Unterricht des Kindes (Item: Lern8) ($M = 1.89$, $SD = 1.13$).

Tabelle 11: Items zur Operationalisierung der Elternarbeit

Bereiche der Elternarbeit		M	SD	N
Organisatorische Elternarbeit				
Orga1	Mithilfe bei Schulfesten	3.54	0.76	2652
Orga2	Begleitung von Klassenfahrten und Ausflügen	2.67	1.18	2640
Orga3	Mitgestaltung von Projekten oder Arbeitsgemeinschaften	2.48	1.10	2624
Orga4	Mitarbeit im Freizeitbereich der Schule	2.03	1.03	2617
Orga5	Hilfe bei der Mittagsbetreuung	1.29	0.61	2616
Orga6	Unterstützung der Schule bei der Hausaufgabenbetreuung	1.33	0.69	2620
Konzeptionelle Elternarbeit				
Konz1	Mitglied im Elternverein	2.45	1.37	2618
Konz2	Übernahme von Aufgaben im Förderverein	1.70	1.02	2617
Konz3	Einsammeln von Spenden für die Schule	1.89	1.09	2626
Konz4	Mitglied in der Steuergruppe	1.24	0.62	2537
Konz5	Teilnahme an Schulkonferenzen	1.84	1.19	2615
Konz6	Mitarbeit bei der Erstellung des Schulprogramms	1.40	0.76	2614
Konz7	Mitwirkung bei der Lehrplanarbeit	1.30	0.68	2598

Antwortformat: 1 = trifft nicht zu, 2 = trifft eher nicht zu, 3 = trifft eher zu, 4 = trifft zu.

Tabelle 11 (Fortsetzung): Items zur Operationalisierung der Elternarbeit

Bereiche der Elternarbeit		M	SD	N
Lernbezogene Elternarbeit				
Lern1	Teilnahme an Elternabenden/ Informationsveranstaltungen	3.84	0.54	2651
Lern2	Besuch von Elternsprechtagen	3.94	0.32	2653
Lern3	Regelmäßige Kontaktaufnahme mit dem Klassenlehrer meines Kindes	3.54	0.78	2648
Lern4	Regelmäßige Gespräche mit den Lehrkräften über individuelle Fördermöglichkeiten für mein Kind führen	2.97	1.06	2635
Lern5	Mit meinem Kind zu Hause lernen, wenn ich von den Lehrkräften Übungsmaterial erhalte	3.23	1.05	2640
Lern6	Mein Kind zu Hause nach Absprache mit den Lehrkräften in bestimmten Fächern fördern	3.10	1.10	2628
Lern7	Mit meinem Kind den Lernstoff wiederholen, wenn Klassenarbeiten oder Tests geschrieben werden	3.44	0.91	2632
Lern8	Mitarbeit im Unterricht meines Kindes	1.89	1.13	2609

Antwortformat: 1 = trifft nicht zu, 2 = trifft eher nicht zu, 3 = trifft eher zu, 4 = trifft zu.

In Kapitel 8 wird das Ergebnis der konfirmatorischen Faktorenanalyse dargestellt und gezeigt, welche der eingesetzten Items darauf basierend für die Skalenbildung berücksichtigt werden.

7.2.2.2 Operationalisierung des Erwartungs-Wert-Modells

Wie in Kapitel 4 veranschaulicht, werden im Rahmen des Erwartungs-Wert-Modells vier subjektive Wertkomponenten sowie die Erfolgserwartung berücksichtigt. Die subjektiven Werte, persönliche Bedeutung, intrinsischer Wert, Nutzen und relative Kosten, wurden jeweils mit sechs und die Erfolgserwartung mit drei Items operationalisiert. Hinsichtlich der Erwartungs- und Wertkomponenten wurde jeweils eine vierstufige Antwortskala eingesetzt: Zur Einschätzung der persönlichen Bedeutung, des intrinsischen Werts, des Nutzens und der relativen Kosten war die Skalierung 1 = trifft nicht zu, 2 = trifft eher nicht zu, 3 = trifft eher zu, 4 = trifft zu. Um die Erfolgserwartung zu erheben, wurden die Eltern gefragt, für wie wahrscheinlich sie es halten, dass sie a) die Umsetzung von außerschulischen Aktivitäten (wie Schulfeste oder Ausflüge) durch Ihre

Beteiligung erfolgreich unterstützen, b) in konzeptionellen Arbeitsgruppen (zum Beispiel beim Schulprogramm oder der Lehrplanarbeit) die Weiterentwicklung der Schule erfolgreich mitgestalten und c) durch aktive Zusammenarbeit und Austausch mit den Lehrkräften die schulische Entwicklung Ihres Kindes erfolgreich fördern. Hierzu war eine Einschätzung auf folgender Skala möglich: 1 = überhaupt nicht wahrscheinlich, 2 = eher nicht wahrscheinlich, 3 = eher wahrscheinlich, 4 = sehr wahrscheinlich.

Zur Erfassung der persönlichen Bedeutung der Elternarbeit (*attainment value*) wurden die Eltern gefragt: „Jeder hat unterschiedliche Meinungen zu dem Thema, wie wichtig es ist, dass Eltern an der Schule ihres Kindes aktiv beteiligt sind. Inwiefern treffen die folgenden Aussagen auf Sie zu?". Die Einzelitems sind in der folgenden Tabelle 12 dargestellt.

Tabelle 12: Items zur Operationalisierung der persönlichen Bedeutung der Elternarbeit

Persönliche Bedeutung (attainment value)		*M*	*SD*	*N*
Att1	Es ist mir wichtig, dass ich als Elternteil gut mit den Lehrkräften meines Kindes zusammenarbeite.	3.66	0.58	2667
Att2	Aktiv in der Schule meines Kindes mitzuarbeiten, ist ein wichtiger Teil meiner Rolle als Elternteil.	2.86	0.89	2656
Att3	Eine enge Zusammenarbeit mit der Schule meines Kindes zu pflegen, hat für mich persönlich einen hohen Stellenwert.	3.07	0.87	2654
Att4	Es ist für mich selbstverständlich, dass die Schule meines Kindes auf mich als Elternteil zählen kann, wenn Unterstützung gebraucht wird.	3.45	0.69	2668
Att5	Aufgaben in der Schule meines Kindes zu übernehmen, ist wichtig für meinen persönlichen Wunsch, zu den aktiven Eltern zu gehören.	2.56	0.92	2646
Att6	Gebraucht zu werden ist etwas Schönes – daher engagiere ich mich verlässlich in der Schule meines Kindes.	2.48	0.93	2651

Antwortformat: 1 = trifft nicht zu, 2 = trifft eher nicht zu, 3 = trifft eher zu, 4 = trifft zu.

Es zeigt sich, dass die höchste Zustimmung zu dem Item „Es ist mir wichtig, dass ich als Elternteil gut mit den Lehrkräften meines Kindes zusammenarbeite." gegeben wurde (M = 3.66, SD = 0.58). Die geringste Zustimmung findet die Aussage „Gebraucht zu werden ist etwas Schönes – daher engagiere ich mich verlässlich in der Schule meines Kindes." (M = 2.48, SD = 0.93). Der zweite subjektive Wert im Rahmen des Erwartungs-Wert-Modells ist durch die Freude an einer Handlung und damit durch das intrinsische Erleben gekennzeichnet. Der intrinsische Wert der elterlichen Beteiligung (*intrinsic value*) wurde im Rahmen der vorliegenden Arbeit mit den folgenden sechs Items erfasst (vgl. Tabelle 13). Die Eltern wurden gefragt: „Wie empfinden Sie persönlich die Zusammenarbeit mit dem Gymnasium Ihres Kindes?". Trotz der Tatsache, dass die Eltern nach der Kooperation mit dem Gymnasium gefragt wurden, kann angenommen werden, dass die Skala zur Abbildung des intrinsischen Erlebens der Partizipation an der Grundschule herangezogen werden kann. Zum einen werden die Werte allgemein als stabile Überzeugungen einer Person (vgl. Feather, 1982) und das individuelle Interesse konkret als stabiles Konstrukt verstanden: „Individual interest is a relatively stable evaluative orientation towards certain domains [...]" (Eccles & Wigfield, 2002, S. 114). Zum anderen ist anzunehmen, dass die Eltern aufgrund des kurzen Zeitraums nach dem Übergang eher Erfahrungen und Erlebnisse an der Grundschule einfließen lassen.

Die Eltern stimmten vor allem den Aussagen „Es freut mich, wenn ich mein Kind bei schulischen Angelegenheiten in Kooperation mit den Lehrkräften unterstützen kann." (M = 3.34, SD = 0.69) sowie „Ich unterstütze die Schule meines Kindes gerne." (M = 3.34, SD = 0.67) zu. Am wenigsten traf die Aussage „Es macht mich glücklich, zu wissen, dass ich als Elternteil an schulischen Aktivitäten mitwirken kann." (M = 2.74, SD = 0.86) zu.

Tabelle 13: Items zur Operationalisierung des intrinsischen Werts der Elternarbeit

Intrinsischer Wert (intrinsic value)	M	SD	N
Int1 Mich in der Schule meines Kindes aktiv zu engagieren, bereitet mir Freude.	2.90	0.80	2605
Int2 Es freut mich, wenn ich mein Kind bei schulischen Angelegenheiten in Kooperation mit den Lehrkräften unterstützen kann.	3.34	0.69	2620
Int3 Es macht mich glücklich, zu wissen, dass ich als Elternteil an schulischen Aktivitäten mitwirken kann.	2.74	0.86	2603
Int4 Die Zusammenarbeit mit der Schule macht mir Spaß.	3.03	0.77	2569
Int5 Ich bin neugierig darauf, durch die Zusammenarbeit mit der Schule mehr über die schulischen Angelegenheiten zu erfahren.	3.11	0.79	2609
Int6 Ich unterstütze die Schule meines Kindes gerne.	3.34	0.67	2622

Antwortformat: 1 = trifft nicht zu, 2 = trifft eher nicht zu, 3 = trifft eher zu, 4 = trifft zu.

Die dritte von Eccles und Wigfield (2002) differenzierte Wertkomponente zielt auf den Nutzen einer Handlung oder Entscheidung ab.[36] Der Nutzen (*utility value*) wurde in der vorliegenden Arbeit durch die in Tabelle 14 dargestellten Items abgebildet. Der höchste Mittelwert ergab sich für das Item „Der Austausch mit den Lehrkräften meines Kindes ist sinnvoll, damit ich Tipps für das Üben zu Hause erhalte." (*M* = 3.12, *SD* = 0.85) und der niedrigste für „Durch meine Ideen kann ich dazu beitragen, die Schule meines Kindes voranzubringen." (*M* = 2.53, *SD* = 0.85).

---

36 Nach Eccles und Wigfield (2002) geht es im Rahmen dieser Wertkomponente um den persönlichen Nutzen einer Handlung/Entscheidung für zukünftige Ziele. Zur Operationalisierung des Konstrukts in dieser Arbeit wurde auch der Nutzen für das Kind und die Schule berücksichtigt.

Tabelle 14: Items zur Operationalisierung des Nutzens der Elternarbeit

Nutzen (utility value)		M	SD	N
Util1	Ich arbeite eng mit den Lehrkräften zusammen, um mein Kind in der schulischen Entwicklung zu unterstützen.	3.06	0.84	2611
Util2	Ich bin der Meinung, dass ich mein Kind in schulischen Fragen besser fördern kann, wenn ich mich aktiv in der Schule einbringe.	2.70	0.87	2618
Util3	Der Austausch mit den Lehrkräften meines Kindes ist sinnvoll, damit ich Tipps für das Üben zu Hause erhalte.	3.12	0.85	2625
Util4	Wenn ich mit der Schule eng in Kontakt stehe, dient dies dazu, dass die Schule mein Kind besser fördern kann.	2.73	0.92	2603
Util5	Durch meine aktive Mitarbeit kann die Qualität der Schule gesteigert werden.	2.68	0.86	2595
Util6	Durch meine Ideen kann ich dazu beitragen, die Schule meines Kindes voranzubringen.	2.53	0.85	2583

Antwortformat: 1 = trifft nicht zu, 2 = trifft eher nicht zu, 3 = trifft eher zu, 4 = trifft zu.

Der vierte subjektive Wert umfasst die relativen Kosten (*relative cost*), die mit einer Partizipation der Eltern verbunden sein können. Auch hier wurden sechs Items eingesetzt, um die Wertkomponente der relativen Kosten abzubilden (vgl. Tabelle 15). Es werden hierbei verschiedene Kosten berücksichtigt: zeitliche und finanzielle Kosten, Opportunitätskosten sowie Kosten, die bei der Überwindung sozialer und kultureller Hindernisse entstehen können. Eine hohe Zustimmung zeigt sich für die Aussage „Mich aktiv in der Schule meines Kindes zu beteiligen, kostet mich Zeit und Energie." ($M = 3.11$, $SD = 0.85$). Am geringsten stimmten die Befragten der Aussage „Ich arbeite ungern mit der Schule meines Kindes zusammen, da es dabei sprachliche Probleme gibt." zu ($M = 1.21$, $SD = 0.60$), wobei zu berücksichtigen ist, dass diese Aussage nur auf einen geringen Anteil der Stichprobe zutrifft.

Tabelle 15: Items zur Operationalisierung der relativen Kosten der Elternarbeit

Relative Kosten (relative cost)	M	SD	N
Cost1	Mich aktiv in der Schule meines Kindes zu beteiligen, kostet mich Zeit und Energie.	3.11	0.85	2623
Cost2	Die Schule zu unterstützen, ist für mich eine finanzielle Belastung.	1.86	0.85	2615
Cost3	Um aktiv in der Schule mitarbeiten zu können, musste ich andere Aktivitäten aufgeben.	2.14	0.97	2604
Cost4	Die zeitlichen Anforderungen an eine Kooperation mit der Schule stören manchmal das Verhältnis zu meiner Familie oder zu meinen Freunden.	1.74	0.84	2608
Cost5	Ich arbeite ungern mit der Schule meines Kindes zusammen, da es dabei sprachliche Probleme gibt.	1.21	0.60	2621
Cost6	Es kostet mich Überwindung, aktiv die Schule meines Kindes mitzugestalten, da ich Angst habe die Ansprüche nicht erfüllen zu können.	1.51	0.79	2607

Antwortformat: 1 = trifft nicht zu, 2 = trifft eher nicht zu, 3 = trifft eher zu, 4 = trifft zu.

Nachdem die Items zur Abbildung der vier subjektiven Wertkomponenten dargestellt wurden, wird in Tabelle 16 die Operationalisierung der Erfolgserwartungskomponente (*expectation of success*) veranschaulicht.[37] Wie ersichtlich ist, wurde mit je einem Item die Erfolgserwartung der organisatorischen, konzeptionellen und lernbezogenen Elternarbeit erfasst.

---

37 Analog zur Erfassung des intrinsischen Werts, wurde die Fragestellung zur Erfolgserwartung auf das Gymnasium bezogen. Auch hier ist davon auszugehen, dass die Einschätzungen zur Erfolgserwartung aufgrund des kurzen Zeitraums stabil geblieben sind. Eine Anwendung bzw. Übertragbarkeit auf die Elternpartizipation in der Grundschule wird daher als möglich bewertet.

Tabelle 16: Items zur Operationalisierung der Erfolgserwartung der Elternarbeit

Erfolgserwartung (expectation of success)	*M*	*SD*	*N*
Für wie wahrscheinlich halten Sie es, dass Sie selber am Gymnasium Ihres Kindes…			
Efe1 die Umsetzung von außerschulischen Aktivitäten (z.b. Schulfeste oder Ausflüge) durch Ihre Beteiligung erfolgreich unterstützen werden?	3.01	0.80	2626
Efe2 in konzeptionellen Arbeitsgruppen (z.b. beim Schulprogramm oder der Lehrplanarbeit) die Weiterentwicklung der Schule erfolgreich mitgestalten werden?	2.23	0.72	2622
Efe3 durch aktive Zusammenarbeit und Austausch mit den Lehrkräften die schulische Entwicklung Ihres Kindes erfolgreich fördern werden?	3.06	0.78	2627

Antwortformat: 1 = überhaupt nicht wahrscheinlich, 2 = eher nicht wahrscheinlich, 3 = eher wahrscheinlich, 4 = sehr wahrscheinlich.

7.2.2.3 Individualmerkmale

Nachdem die relevanten Instrumente zur Elternarbeit und zum Erwartungs-Wert-Modell beschrieben wurden, soll abschließend auf die Operationalisierung der Individualmerkmale eingegangen werden.

Sozioökonomischer Status: Im Rahmen dieser Arbeit wird der sozioökonomische Status über das jährliche Brutto-Haushaltseinkommen operationalisiert, da in der Ausgangserhebung des Projekts „Ganz In" kein Index für den sozioökonomischen Status (wie beispielsweise der ISEI[38] nach Ganzeboom, de Graaf, Treimann und de Leeuw (1992)) erhoben wurde. Die Eltern konnten im Fragebogen folgende Angaben zu dem Brutto-Haushaltseinkommen treffen: 1 = unter 10.000 Euro, 2 = 10.000 bis 19.999 Euro, 3 = 20.000 bis 29.999 Euro, 4 = 30.000 bis 39.999 Euro, 5 = 40.000 bis 49.999 Euro, 6 = 50.000 bis 59.999 Euro, 7 = 60.000 bis 69.999 Euro oder 8 = 70.000 Euro oder mehr. Um für die Analysen eine geringere Anzahl von Gruppen mit einer jeweils ausreichenden Stichprobenanzahl zu erhalten, wurden in dieser Arbeit Stufen des Einkommens zusammengefasst. Es wird zwischen folgenden vier Einkommensgruppen

---

38 Der Internationale Sozioökonomische Index des beruflichen Status (*International Socio-Economic Index of Occupational Status*) setzt Angaben zum Beruf voraus, die nach der internationalen Klassifikation der Berufe (ISCO-88) verschlüsselt sind. Im Rahmen der Ausgangserhebung von „Ganz In" wurde der konkrete Beruf der Eltern allerdings nicht erfasst.

unterschieden: 1 = unter 10.000 €, 2 = 10.000 bis 39.999 €, 3 = 40.000 bis 69.999 € sowie 4 = 70.000 € und mehr.

Migrationshintergrund: Der Migrationshintergrund wird im Rahmen der Studie über das Geburtsland der Eltern und damit ausschließlich über Angaben der Elterngeneration erfasst. Die Angaben der Eltern zu ihrem Geburtsland werden zu einer Variablen mit drei Ausprägungen umcodiert und in dieser Form für die Analysen genutzt: 0 = beide Elternteile im Ausland geboren, 1 = ein Elternteil im Ausland geboren und 2 = kein Elternteil im Ausland geboren.

Bildungsniveau: Da im Rahmen dieser Studie die berufliche Stellung nicht als Indikator der sozialen Lage bzw. des sozioökonomischen Staus einbezogen werden kann, wird das Bildungsniveau der Eltern gesondert berücksichtigt. Damit wird neben dem ökonomischen auch das kulturelle Kapital erfasst. Die Mütter und Väter bzw. die Erziehungsberechtigten konnten im Elternfragebogen ihren höchsten Bildungsabschluss angeben. Für die Analysen in dieser Arbeit wurden die unterschiedlichen Antworten (von „kein Abschluss" bis „Hochschulabschluss") aufgrund der selektiven (eher bildungsnahen) Stichprobe zu einer dreistufigen Variablen zusammengefasst: 0 = kein Abitur, 1 = Abitur, 2 = Fachhochschul-/Hochschulabschluss.

7.2.3 Umgang mit fehlenden Werten

In vielen breit angelegten sozialwissenschaftlichen Studien tritt das Problem von fehlenden Werten auf, sodass Datensätze unvollständig sind. Dies kann daran liegen, dass Personen einige Fragen nicht beantworten möchten, die Antworten unleserlich sind oder Antworten als ungültig bewertet werden müssen (vgl. Allison, 2001; Little & Rubin, 2002). Hinzu kommt das Problem, dass im Rahmen von längsschnittlichen Studien über mehrere Messzeitpunkte häufig ein Ausfall von Personen zu beobachten ist. Damit ergeben sich nach Lüdtke, Robitzsch, Trautwein & Köller (2007) drei wesentlich Probleme: Durch eine geringere Stichprobengröße ist die Parameterschätzung hinsichtlich ihrer Effizienz eingeschränkt, die Anwendung statistischer Verfahren, die vollständige Datenmatrizen voraussetzen, begrenzt und zudem ist die Gefahr verzerrter Parameterschätzungen gegeben.

Um ein Verfahren zur Imputation fehlender Werte auswählen zu können, gilt es zunächst das Muster der Ausfälle zu identifizieren. Nach Rubin (1976) lassen sich drei Typen unterscheiden: MCAR (*Missing Completely At Random*) berücksichtigt vollständig zufällig zustande gekommene Ausfälle, was bedeutet, dass Befragte, die fehlende Werte aufweisen, eine Zufallsstichprobe darstellen (vgl. Lüdtke et al., 2007). Die zweite, schwächere, Annahme ist, dass fehlende Werte zufällig entstanden sind, was als MAR (*Missing At Random*) beschrieben wird. Damit ist gemeint, dass fehlende Werte bei einer bestimmten Variable (zum Beispiel beim Einkommen) nach Kontrolle zusätzlicher Variablen (zum Beispiel Alter, Bildung) nicht mehr von der Ausprägung der Variablen selbst (dem Einkommen) abhängt (vgl. Lüdtke et al., 2007). Kommen fehlende Werte nicht zufällig zustande, ist von MNAR (*Missing Not At Random*) die Rede. Das heißt, dass auch nach Kontrolle zusätzlicher Variablen fehlende Werte mit den Ausprägungen einer bestimmten unbeobachteten Variable selbst zusammenhängen.

Nachdem identifiziert wurde, ob fehlende Werte als MCAR, MAR oder MNAR vorliegen, gilt es, das Verfahren zum Umgang mit fehlenden Werten auszuwählen. Es gibt klassische Verfahren (fallweiser und paarweiser Ausschluss sowie Gewichtung), die allerdings nach Lüdtke et al. (2007) häufig Mängel aufweisen und sich somit nicht in allen Fällen eignen. Das imputationsbasierte Verfahren versucht demgegenüber, „[…] die fehlenden Werte durch sinnvolle Schätzungen zu ersetzen. Diese Klasse von Verfahren zeichnet sich dadurch aus, dass zuerst die fehlenden Werte durch Schätzungen ersetzt werden und dann auf der Basis der aufbereiteten Daten das interessierende Modell berechnet wird" (Lüdtke et al., 2007, S. 107). Der Vorteil der einfachen oder mehrfachen Imputation gegenüber klassischen Verfahren besteht darin, dass keine Fälle ausgeschlossen und im Datensatz vorhandene Informationen zur Schätzung der fehlenden Werte herangezogen werden (vgl. Lüdtke et al., 2007). Eine dritte Möglichkeit zum Umgang mit fehlenden Werten stellen modellbasierte Verfahren dar, die in einem Schritt die fehlenden Werte behandeln und eine Modellschätzung vornehmen. Durch das *Maximum-Likelihood* (ML)-Verfahren können Populationsparameter durch Berücksichtigung aller Personen im Datensatz geschätzt werden. Darüber hinaus können robuste *Maximum-Likelihood*-Verfahren wie der MLR-Schätzer genutzt werden: „Der Vorteil dieser Verfahren besteht darin, dass sie robust gegenüber nicht-normalverteilten Daten sind" (Christ & Schlüter, 2012, S. 47). Hierbei werden für das entsprechende Modell die Standardfehler sowie die Chi^2-Verteilung korrigiert (vgl. Christ & Schlüter, 2012). Die *Full Information Maximum Likelihood* (FIML)-Methode bietet sich vor allem zur Behandlung von fehlenden Werten und zur Modellschätzung im Rahmen von Strukturgleichungsmodellen an. Im Gegensatz zu den imputationsbasierten Verfahren werden keine fehlenden Werte geschätzt, „[…] vielmehr wird eine Schätzung der Populationsparameter und ihrer Standardfehler auf der Basis der beobachteten Daten unter der Annahme MAR vorgenommen" (Lüdtke et al., 2007, S. 112). Dabei werden auch die Personen berücksichtigt, die fehlende Werte aufweisen. In Simulationsstudien konnte gezeigt werden, dass die FIML-Methode den klassischen Verfahren vorzuziehen ist, da sie zu valideren Ergebnissen führt, wenn es um den Umgang mit fehlenden Werten geht (vgl. Lüdtke et al., 2007). Im Rahmen dieser Studie konnte hinsichtlich der Elternbefragung mit 79 Prozent eine hohe Rücklaufquote erreicht werden. In Bezug auf die Frage nach den Partizipationsbereichen zeigt sich, dass zwischen 93 und 97 Prozent der Eltern eine Einschätzung zu den 21 Items abgegeben haben. Für die subjektiven Wertkomponenten und die Erfolgserwartung liegen Angaben von 94 bis 98 Prozent der Eltern vor. Geringer fällt die Rücklaufquote für die Hintergrundmerkmale des Migrationshintergrunds, des sozioökonomischen Status und des Bildungsniveaus aus: Hierzu haben zwischen 76 und 96 Prozent der Eltern Auskunft gegeben. Bezüglich des Umgangs mit fehlenden Werten in dieser Arbeit wird auf die FIML-Methode zurückgegriffen, da zur Beantwortung der Forschungsfragen vor allem Strukturgleichungsmodelle angewendet werden. Die *Full Information Maximum Likelihood*-Methode als Verfahren zum Umgang mit fehlenden Werten ist als Voreinstellung in dem Programm Mplus (ab Version 5) implementiert (vgl. Muthén & Muthén, 2010). Zudem wird auf den MLR-Schätzer zurückgegriffen, um eine verlässlichere Schätzung der Standardfehler zu erhalten.

7.2.4   Gruppierung (Clustering) der Elterndaten

Im Rahmen der Analysen wird in dieser Arbeit auf das Clustern der Elterndaten verzichtet, da die retrospektiven Daten zur Grundschule verwendet werden. Aus statistischer Sicht ist eine Gruppierung von Daten vor allem dann sinnvoll, wenn berücksichtigt werden soll, dass sich Schülerinnen und Schüler innerhalb von Schulklassen ähnlicher sind als Schülerinnen und Schüler sowie deren Eltern insgesamt (vgl. Bortz, 2005). Würden in dieser Arbeit also die Angaben zur Elternarbeit am Gymnasium analysiert werden, wäre das Clustering auf Klassenebene folgerichtig. Hinsichtlich der retrospektiven Angaben zur Partizipation an der Grundschule ist ein Clustern nach den Gymnasialklassen allerdings nicht notwendig, da nicht von selektiven Klassenzuweisungen auszugehen ist und sich die Klassen in den Gymnasien somit anders zusammensetzen als in den Grundschulen. Es wird demnach davon ausgegangen, dass sich Eltern innerhalb der Klassen nicht ähnlicher in Bezug auf die Elternarbeit und die zu Grunde liegenden Motive sind.[39]

7.3 Auswertungsverfahren

Im Folgenden werden die in die Arbeit verwendeten Analyseverfahren dargestellt. Es werden die Faktorenanalyse sowie die Analyse von linearen Strukturgleichungsmodellen (vgl. Abschnitt 7.3.1), der Mehrgruppenvergleich zur Überprüfung der Messinvarianz (vgl. Abschnitt 7.3.2) sowie der t-Test und die Varianzanalyse (vgl. Abschnitt 7.3.3) erläutert. Für die Faktorenanalysen, die Strukturgleichungsmodelle sowie für die Mehrgruppenvergleiche wird das Programm Mplus (Version 5.2) genutzt. Die Varianzanalysen werden mit dem Programm SPSS (Version 21) durchgeführt.

7.3.1 Faktorenanalyse und Strukturgleichungsmodelle

Faktorenanalyse
In Bezug auf die Faktorenanalyse lassen sich zwei Methoden mit unterschiedlichen Zielsetzungen unterscheiden: die explorative Faktorenanalyse (EFA) als ein Verfahren zur Hypothesengenerierung und die konfirmatorische Faktorenanalyse (CFA) als ein Verfahren zur Hypothesenprüfung (vgl. Backhaus, Erichson, Plinke & Weiber, 2011; Moosbrugger & Schermelleh-Engel, 2012). Da für die Analysen in der vorliegenden Arbeit die konfirmatorische Faktorenanalyse von Bedeutung ist, wird nur kurz auf die EFA eingegangen.

   Die explorative Faktorenanalyse wird herangezogen, wenn hinsichtlich der Anzahl und Zuordnung von Variablen zu verschiedenen Faktoren keine Vorannahmen bestehen. „Faktoren sind dabei als hypothetische, nicht beobachtete Variablen (Konstrukte) definiert, die den beobachteten Variablen Gemeinsames abbilden" (Wolff & Bacher, 2010, S. 334). Das Ziel der EFA ist es, eine existierende Faktorenstruktur aufzufinden und eine Dimensionsreduktion vorzunehmen, indem beispielsweise die Methode der Hauptkomponentenanalyse angewendet wird (vgl. Moosbrugger & Schermelleh-Engel, 2012). Damit dient

---

39 In Bezug auf die in Abschnitt 8.2 dargestellten Analysen wurden ausgewählte Modelle zur
    Absicherung mit Clusterung repliziert. Dabei haben sich inhaltlich vergleichbare Ergebnisse
    und keine wesentlichen Veränderungen hinsichtlich der signifikanten Zusammenhänge erge-
    ben, sondern vor allem leichte Verbesserungen der Fitmeasures. Der Argumentation in Ab-
    schnitt 7.2.4 folgend, werden also in Abschnitt 8.2 die Modelle ohne Clusterung dargestellt.

die EFA der Fragebogenkonstruktion, indem Items identifiziert werden, die möglichst nur auf einem Faktor laden und sich daher zur Skalenbildung eignen. Von der explorativen ist die konfirmatorische Faktorenanalyse zu unterscheiden, die dann zur Anwendung kommt, wenn über die Faktorenladungsmuster bereits Hypothesen bestehen und diese überprüft werden sollen (vgl. Backhaus et al., 2011). Die Tatsache, dass bereits im Vorfeld Hypothesen über die Zuordnung der manifesten (direkt beobachtbar und messbar) zu den latenten (nicht direkt beobachtbar und messbar) Variablen formuliert werden, impliziert eine bereits vorgenommene inhaltliche Bestimmung der latenten Variablen. Die CFA, die zur Gruppe der Strukturgleichungsmodelle gehört, dient damit der Spezifizierung eines Messmodells und überprüft die Passung der empirischen Daten mit dem theoretischen Modell anhand der Modellgüte (vgl. Jöreskog, 1969). Das konfirmatorische Faktorenmodell, in dem latente Variablen durch manifeste Indikatoren mit Messfehler gemessen werden, lässt sich wie folgt spezifizieren (Bollen, 1989, S. 233):

$$x = \Lambda_x\xi + \delta \qquad (1)$$

Dabei ist x der Vektor der manifesten und ξ der Vektor der latenten Variablen (vgl. Abbildung 14). Die Matrix der Faktorladungen und damit die Beziehungen zwischen latenten und manifesten Variablen werden durch Λ_x dargestellt. Mit δ wird der Vektor der Messfehler bezeichnet.

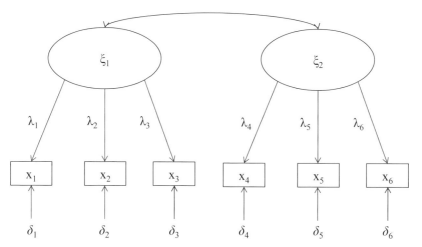

Abbildung 14: Hypothetisches Messmodell mit zwei latenten Variablen (eigene Darstellung)

Nachdem das Modell spezifiziert und die Schätzung der Parameter erfolgt ist, gilt es, die Modellgüte und damit die Passung zwischen den empirischen Daten und dem theoretischen Modell zu beurteilen. Hierzu lassen sich verschiedene Kriterien heranziehen. Zunächst kann der Wert des Chi^2-Tests bei einer ausreichend großen Stichprobe beurteilt werden: Hier gilt, dass der Wert des Chi^2-Tests möglichst klein sein sollte, und zwar „[…] kleiner als zweimal die Anzahl der Freiheitsgrade […]" (Moosbrugger & Schermelleh-Engel, 2012, S. 319). Da der Chi^2-Wert von der Stichprobegröße abhängt, werden weitere Kriterien zur Beurteilung der Modellgüte berücksichtigt (vgl. Tabelle 17).

Der *RMSEA* umgeht die Stichprobenabhängigkeit und prüft, wie der Chi^2-Test, die Passung eines Modells. Der Wert sollte dabei möglichst gering sein (vgl. Moosbrugger & Schermelleh-Engel, 2012). Der *CFI* prüft einen approximativen Modellfit und untersucht, inwieweit das geschätzte Modell besser ist als das Nullmodell. Der *SRMR*, der zu den *Goodness-of-Fit-Indizes* zählt, weist wie der *CFI* eine vergleichsweise Robustheit gegenüber Verletzungen der Verteilungsannahme auf (vgl. Backhaus, Erichson & Weiber, 2011). Grundlage des *SRMR* „[…] liefert die Differenzbildung zwischen der empirischen Varianz-Kovarianz einer Variablen und der modelltheoretisch errechneten Varianz-Kovarianz dieser Variablen" (Backhaus, Erichson & Weiber, 2011, S. 145). Der *TLI* basiert auf der Anzahl der Freiheitsgrade und berücksichtigt die Komplexität des Modells (vgl. Hu & Bentler, 1999).

Tabelle 17:   Ausgewählte Kriterien zur Beurteilung der Modellgüte (vgl. Hu & Bentler, 1999; Marsh, Balla & Hau, 1996; Moosbrugger & Schermelleh-Engel, 2012)

Fitmaß	Kriterien
χ^2 / df	< 3 gut, < 2 sehr gut
RMSEA (Root Mean Square Error of Approximation)	< .05 gut, < .08 akzeptabel
CFI (Comparative Fit Index)	> .97 sehr gut, > .95 gut, > .90 akzeptabel
SRMR (Standardized Root Mean Square Residual)	< .08 gut
TLI (Tucker Lewis Index)	> .95 gut, > .90 akzeptabel

Strukturgleichungsmodelle (SEM)

Wie dargestellt, ist die konfirmatorische Faktorenanalyse (in den Messmodellen) ein Bestandteil von linearen Strukturgleichungsmodellen: „Das allgemeine Strukturgleichungsmodell mit latenten Variablen verbindet die Pfadanalyse mit der konfirmatorischen Faktorenanalyse, wobei Struktur- und Messmodell einer simultanen Prüfung unterzogen werden" (Reinecke & Pöge, 2010, S. 781).

Nachdem im Messmodell die Zuordnung der manifesten zu den latenten Variablen vorgenommen wurde, werden im Strukturmodell Zusammenhänge zwischen abhängigen und unabhängigen Variablen in Form von Pfadanalysen spezifiziert. Die Pfadanalyse stellt dabei eine Erweiterung der multiplen Korrelations- und Regressionsanalyse[40] dar, in der ausschließlich manifeste Variablen vorhanden sind. Reinecke und Pöge (2010) geben hierzu folgendes Beispiel: In einem Pfadmodell (vgl. Abbildung 15) mit einer unabhängigen Variable x_1 und zwei abhängigen Variablen x_2 und x_3 kann für jede abhängige Variable folgende Gleichung aufgestellt werden (Reinecke & Pöge, 2010, S. 776):

$$x_2 = p_{21}x_1 + p_{2e}e_{x2} \qquad (2)$$

$$x_3 = p_{31}x_1 + p_{32}x_2 + p_{3e}e_{x3} \qquad (3)$$

Dabei geben die Pfadkoeffizienten p_{21}, p_{31} und p_{32} die Stärke der Beziehungen zwischen den drei Variablen an. Die Pfadkoeffizienten p_{2e} und p_{3e} veranschaulichen demgegenüber den Einfluss der Residuen e_{x2} und e_{x3} auf die abhängigen Variablen (vgl. Reinecke & Pöge, 2010).

---

40 Die Regression bezeichnet die Art des Zusammenhangs zwischen zwei Variablen. Über die Regressionsgleichung $y = b \cdot x + a$ lässt sich eine Vorhersage von y aus x bestimmen (vgl. Rasch, Friese, Hofmann & Naumann, 2010b).

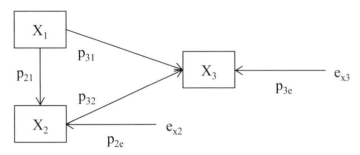

Abbildung 15: Pfadmodell mit drei Variablen nach Reinecke und Pöge (2010, S. 776)

Das Strukturmodell lässt sich mit folgender Gleichung spezifizieren (Bollen, 1989, S. 13):

$$\eta = B\eta + \Gamma\xi + \zeta \text{ mit} \tag{4}$$

η = Vektor der abhängigen latenten Variablen,
ξ = Vektor der unabhängigen latenten Variablen,
B = Matrix der Beziehungen der abhängigen latenten Variablen untereinander,
Γ = Matrix der Beziehungen zwischen unabhängigen und abhängigen latenten Variablen,
ζ = Vektor der Residuen der abhängigen latenten Variablen.

Das vollständige Strukturgleichungsmodell, das manifeste und latente Variablen, gerichtete und ungerichtete Pfade sowie Mess- und Strukturmodelle umfasst, ist in Abbildung 16 dargestellt. Es enthält eine latente unabhängige Variable ξ_1 (mit den manifesten Variablen x_1, x_2 und x_3) und eine latente abhängige Variable η_1 (mit den manifesten Variablen y_1, y_2 und y_3), die durch den Strukturkoeffizienten γ_{11} verbunden sind. Die Fehlerterme der manifesten Variablen x_1, x_2 und x_3 sind durch ε_1, ε_2 und ε_3 dargestellt, während die Fehlerterme der manifesten Variablen y_1, y_2 und y_3 durch δ_1, δ_2 und δ_3 hervorgehoben sind. Zudem ist in dem Strukturgleichungsmodell neben den jeweiligen Faktorladungen λ eine latente Residualvariable ζ_1 enthalten.

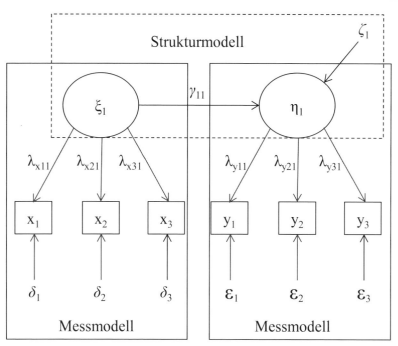

Abbildung 16: Strukturgleichungsmodell in Anlehnung an Geiser (2011, S. 42)
sowie Reinecke und Pöge (2010, S. 782)

7.3.2 Mehrgruppenvergleich

Die Überprüfung von Messinvarianz stellt in empirischen Studien einen wichti-·
gen Schritt dar (vgl. Schulte, Nonte & Schwippert, 2013). In dem vorhergehenden Kapitel 6 wurde dargestellt, dass hinsichtlich der Elternpartizipation verschiedene Elterngruppen berücksichtigt werden. Damit in diesem Zusammenhang über Gruppenunterschiede verlässliche Aussagen getroffen werden können, sollte Messinvarianz somit gewährleistet sein. Das bedeutet, es wird überprüft, ob ein eingesetztes Instrument in verschiedenen Gruppen das Gleiche
misst und somit die geschätzten Beziehungen zwischen manifesten und latenten
Variablen in den Gruppen äquivalent sind (vgl. Byrne, Shavelson & Muthén,
1989; Cheung & Rensvold, 1999; Little, 1997; Meredith, 1993; Steenkamp &
Baumgartner, 1998). Die manifesten Variablen y müssen also die latente(n)
Variable(n) Θ in verschiedenen Gruppen in gleicher Weise indizieren
(Kankaraš, Vermunt & Moors, 2011, S. 283):

$$f(y|\Theta, g) = f(y|\Theta) \tag{5}$$

Die Überprüfung auf Messinvarianz ist vor allem dann von Bedeutung, wenn es um die Erfassung latenter Konstrukte geht, die eine Einschätzung von Items auf einer mehrstufigen Antwortskala voraussetzt (vgl. Temme & Hildebrandt, 2008). Es wäre nämlich möglich, dass Personen mit unterschiedlichen Hintergrundmerkmalen differierende Assoziationen mit bestimmten Fragen haben, die sich auf deren Beantwortung auswirken. In dem Fall wäre eine Messäquivalenz nicht gewährleistet und Verzerrungen hinsichtlich Mittelwertunterschiede zwischen Gruppen möglich (vgl. Temme & Hildebrandt, 2008). Kann jedoch Messinvarianz nachgewiesen werden, so sind die eingesetzten Instrumente und damit die Messung gruppenübergreifend vergleichbar.

Um den Test auf Messinvarianz durchzuführen, wird auf die Methode der Mehrgruppenanalyse im Rahmen der konfirmatorischen Faktorenanalyse zurückgegriffen (vgl. Jöreskog, 1971). Die Schätzung eines Faktormodells erfolgt dabei simultan für mehrere Gruppen (vgl. Jöreskog, 1971). Dadurch besteht der Vorteil, dass Beschränkungen wie die Gleichheit von Faktorladungsmatrixen eingeführt werden können, die für mehrere Gruppen gleichzeitig gelten. Durch die Festlegung von Beschränkungen für verschiedene Stichproben wird die Komplexität des Modells erhöht. Dies hat zur Konsequenz, dass die Fitmaße des Modells abnehmen, „[...] da die Schätzungen nicht mehr an die einzelnen Stichproben angepaßt werden, sondern simultan an alle einbezogenen Stichproben" (Salzberger, 1999, S. 115).

Hinsichtlich des Tests auf Messinvarianz lassen sich nach Steenkamp und Baumgartner (1998) drei Ebenen unterscheiden, die verschiedene Formen von Beschränkungen umfassen: die konfigurale, metrische und skalare Invarianz (vgl. Abbildung 17). Die konfigurale Invarianz stellt den ersten Schritt dar. Es soll zunächst geprüft werden, ob bei der Beantwortung von bestimmten Fragen ein vergleichbares Verständnis des Konstrukts zugrunde lag und ob somit eine identische Struktur der Faktorladungsmatrix in den verschiedenen Stichproben gegeben ist. Es wird also eine Gleichheit der Dimensionalität und identische Zuordnung von Items zu den latenten Variablen geprüft (vgl. Temme & Hildebrandt, 2008). Wird schließlich ein Messmodell gefunden, das allen Gruppen zugrunde liegt und akzeptable Fitindizes aufweist, so ist die konfigurale Invarianz nachgewiesen.

Darauf aufbauend gilt es, die metrische Invarianz und damit die Bedingung gleicher Faktorladungen zu überprüfen (vgl. Steenkamp & Baumgartner, 1998). Es muss also nicht nur die Faktorladungsstruktur in verschiedenen Gruppen übereinstimmen, sondern auch die Stärke des Zusammenhangs zwischen manifesten und latenten Variablen muss identisch sein (vgl. Steenkamp & Baumgartner, 1998). Zur Prüfung dieser Bedingung werden die im ersten Schritt frei geschätzten Faktorladungsparameter nun gleichgesetzt. Anschließend wird ein Chi^2-Differenztest (vgl. Bentler & Bonett, 1980) durchgeführt, um die Modelle bzw. die Fitindizes der metrischen und konfiguralen Invarianz miteinander zu vergleichen. Ergibt sich dabei ein nicht signifikanter ΔChi^2, so kann angenommen werden, dass die Bedingung gleicher Faktorladungen erfüllt ist und metrische Invarianz vorliegt. Dementsprechend „[…] messen die manifesten die entsprechenden latenten Variablen in allen einbezogenen Gruppen gleich gut. Die Metrik der Meßwerte stimmt somit überein" (Salzberger, 1999, S. 120).

Konnte die metrische Invarianz empirisch nachgewiesen werden, wird in einem weiteren Schritt überprüft, ob ein additiver Bias vorliegt und die restriktive Bedingung gleicher *item intercepts* in den Gruppen erfüllt ist. Dieser Schritt stellt die Überprüfung der skalaren Invarianz dar (vgl. Steenkamp & Baumgartner, 1998). Hierzu werden die *item intercepts* gleichgesetzt und die Modelle der metrischen (freie Schätzung der *item intercepts*) sowie der skalaren (Gleichsetzung der *item intercepts*) Invarianz anhand des Chi^2-Differenztests miteinander verglichen. Zeigt sich ein nicht signifikanter ΔChi^2-Wert, so liegt skalare Invarianz vor. Damit können schließlich Mittelwertvergleiche und Signifikanztests, auch der latenten Variablen, durchgeführt werden (vgl. Temme & Hildebrandt, 2008). Um Aussagen über Gruppenunterschiede treffen zu können, stellt der Nachweis der skalaren Invarianz eine wichtige Voraussetzung dar.

Die dargestellten Schritte zur Überprüfung, ob ein Instrument in verschiedenen Gruppen das Gleiche misst, basieren auf der Annahme der vollständigen Invarianz aller Indikatoren. Der Nachweis einer vollständigen Messinvarianz stellt allerdings ein ideales Ergebnis dar, welches in vielen Studien schwer zu erreichen ist (vgl. Byrne et al., 1989; Cheung & Rensvold, 1999; Steenkamp & Baumgartner, 1998). Byrne et al. (1989) haben aus diesem Grund den Ansatz der partiellen Messinvarianz vorgeschlagen. Durch die partielle Invarianz ist es möglich, einzelne nichtinvariante Items zuzulassen und die fehlende Messinvarianz für diese Indikatoren in den Analysen zu kontrollieren (vgl. Byrne et al., 1989; Cheung & Rensvold, 1999; Steenkamp & Baumgartner, 1998).

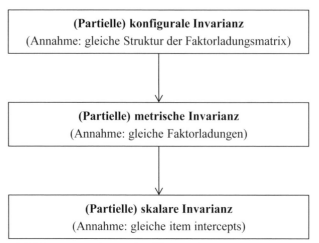

Abbildung 17: Ebenen der Überprüfung von Messinvarianz in Anlehnung an Temme und Hildebrandt (2008)

Im ersten Schritt erfolgt die Prüfung der konfiguralen Invarianz und damit die Identifizierung eines Messmodells, das allen Gruppen zugrunde liegt (vgl. Abbildung 18). Nach dem empirischen Nachweis konfiguraler Invarianz kann zum Test der metrischen Invarianz übergegangen werden. Wie beschrieben, werden in diesem Schritt alle Faktorladungen gleichgesetzt. Ergibt sich dabei beim Vergleich des Modells der konfiguralen und metrischen Invarianz anhand des Chi^2-Differenztests ein signifikant schlechterer ΔChi^2, so besteht zunächst keine metrische Invarianz und weitere Tests sind notwendig. Anhand der *modification indices* lassen sich Hinweise finden, bei welchen Items keine metrische Invarianz vorliegt (vgl. Steenkamp & Baumgartner, 1998). Für diese Items werden darauffolgend die Faktorladungen freigeschätzt, wodurch partielle metrische Invarianz erreicht werden kann. Analog wird bezüglich der skalaren Invarianz vorgegangen: Kann durch die Freisetzung von *item intercepts* nichtinvarianter Indikatoren ein nicht signifikanter ΔChi^2-Wert erzielt werden, ist partielle skalare Invarianz gegeben und damit eine gruppenübergreifende Vergleichbarkeit von Mittelwerten möglich.

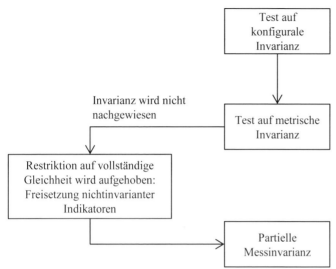

Abbildung 18: Ablaufschritte partieller Invarianz (vereinfachte Darstellung in Anlehnung an Cheung und Rensvold, 1999)

Wird auf das Konzept der partiellen Invarianz zurückgegriffen, sollten folgende Aspekte Berücksichtigung finden: Zum einen gilt es bei der Freisetzung nichtinvarianter Items sicherzustellen, dass mindestens bei zwei Items pro Konstrukt metrische und skalare Invarianz besteht, um alle Bedingungen zu erfüllen (vgl. Steenkamp & Baumgartner, 1998). Zum anderen sollte der Ansatz der triangulativen Heuristik berücksichtigt werden (vgl. Cheung & Rensvold, 1999). Das bedeutet, dass in den Tests auf konfigurale, metrische und skalare Invarianz gleichbleibende Markeritems/Referenzindikatoren zu finden sind, die im Rahmen der Testungen auf 1 gesetzt werden (vgl. Cheung & Rensvold, 1999; Steenkamp & Baumgartner, 1998; Temme & Hildebrandt, 2008).

7.3.3 Tests auf Gruppenunterschiede

Zur Überprüfung von Unterschieden zwischen Gruppen bezogen auf eine oder mehrere abhängige Variable(n) kommen inferenzstatistische Auswertungsverfahren zum Einsatz. Dabei kann zwischen dem *t*-Test und der Varianzanalyse unterschieden werden. Für die Analysen in der vorliegenden Arbeit ist vor allem die Varianzanalyse von Bedeutung. Dennoch werden Grundlagen des *t*-Tests im Folgenden erläutert.

Der t-Test wird genutzt, um signifikante Unterschiede zwischen zwei Mittelwerten zu prüfen (vgl. Bortz & Schuster, 2010; Kuckartz, Rädiker, Ebert & Schehl, 2010; Schäfer, 2011). Hierzu ist die Unterscheidung zwischen der Nullhypothese H_0 (es gibt keinen Unterschied zwischen Stichproben) und der Alternativhypothese H_1 (es gibt einen Unterschied zwischen Stichproben) relevant. Ist die Auftretenswahrscheinlichkeit der Mittelwertdifferenz kleiner als das angegebene Signifikanzniveau ($p \leq \alpha$), so wird die Nullhypothese abgelehnt und die Alternativhypothese angenommen (vgl. Bortz & Schuster, 2010). Je nach Fragestellung lassen sich verschiedene Varianten des t-Tests unterscheiden. Der t-Test für zwei unabhängige Stichproben wird eingesetzt, wenn Mittelwertunterschiede zweier sich nicht beeinflussender Stichproben zu prüfen sind. Hierbei gilt es nach Durchführung des Tests die Homogenität der Varianzen mittels des *Levene*-Tests zu prüfen. Ist das Ergebnis des *Levene*-Tests nicht signifikant, so unterscheiden sich die Varianzen hinsichtlich eines untersuchten Merkmals nicht signifikant voneinander und Varianzhomogenität liegt vor (vgl. Kuckartz et al., 2010). Der t-Test für abhängige Stichproben wird angewendet, wenn Stichproben miteinander in Beziehung stehen und sich paarweise verbinden lassen. Als dritte Form lässt sich der t-Test für eine Stichprobe unterscheiden, der den Mittelwert eines Merkmals einer Stichprobe gegen einen theoretischen Mittelwert prüft. Dieser t-Test ist vor allem auch dann von Bedeutung, wenn Messwiederholungen stattfinden und Messwerte einer Person zu unterschiedlichen Zeitpunkten verglichen werden sollen (vgl. Rasch et al., 2010b).

Während der t-Test zur Prüfung von Mittelwertunterschieden von maximal zwei Stichproben Anwendung findet, wird die Varianzanalyse herangezogen, wenn mehr als zwei Gruppen miteinander verglichen werden sollen (vgl. Bortz & Schuster, 2010). Dabei wird die Wirkung einer oder mehrerer unabhängiger Variablen auf eine oder mehrere abhängige Variablen überprüft, wobei die unabhängige Variable nominales und die abhängige Variable metrisches Skalenniveau aufweisen sollten. Besteht die Zielsetzung, die Wirkung einer gestuften unabhängigen Variablen auf eine abhängige Variable zu untersuchen, ist von einer einfaktoriellen Varianzanalyse (ANOVA; *Analysis of Variance*) die Rede. Die ANOVA kann sich auch auf die Analyse von zwei unabhängigen und einer abhängigen Variablen beziehen, sodass eine zweifaktorielle Varianzanalyse vorliegt (vgl. Bortz & Schuster, 2010; Rasch, Friese, Hofmann & Naumann, 2010a). Von einer mehrfaktoriellen Varianzanalyse (MANOVA; *Multivariate Analysis of Variance*) wird gesprochen, wenn eine oder mehrere unabhängige Variablen sowie mindestens zwei abhängige Variablen analysiert werden (vgl. Backhaus et al., 2011; Bortz & Schuster, 2010; Rasch et al., 2010a). Im Folgenden wird auf die einfaktorielle Varianzanalyse fokussiert. Der Varianzanalyse liegt das Prinzip der Streuungszerlegung zugrunde. Das bedeutet, dass die Gesamtabweichung aller Mittelwerte in die erklärte und nicht erklärte Abweichung zerlegt wird (vgl. Tabelle 18). Folgende Notation ist nachfolgend zu berücksichtigen (Backhaus et al., 2011, S. 161):

- y_{gk} = Beobachtungswert
- g = Kennzeichnung einer Faktorstufe als Ausprägung einer unabhängigen Variablen (g = 1, 2, …, G)
- k = Kennzeichnung des Beobachtungswertes innerhalb einer Faktorstufe (k = 1, 2, …, K)
- $\bar{y}_g$ = Mittelwert der Beobachtungswerte einer Faktorstufe
- $\bar{y}$ = Gesamtmittelwert aller Beobachtungswerte

Tabelle 18: Zerlegung der Summe der Gesamtabweichung

Gesamtabweichung =	Erklärte Abweichung +	Nicht erklärte Abweichung
Summe der quadrierten = Gesamtabweichungen	Summe der quadrierten + Abweichungen zwischen den Faktorstufen	Summe der quadrierten Abweichungen innerhalb der Faktorstufen
$$\sum_{g=1}^{G}\sum_{k=1}^{K}\left(y_{gk}\text{-}\bar{y}\right)^2$$	$$\sum_{g=1}^{G}K\left(\bar{y}_g\text{-}\bar{y}\right)^2$$	$$\sum_{g=1}^{G}\sum_{k=1}^{K}\left(y_{gk}\text{-}\bar{y}_g\right)^2$$
$SS_{t(otal)}$	$SS_{b(etween)}$	$SS_{w(ithin)}$

Die Summe der quadrierten Gesamtabweichungen ($SS_{t(otal)}$) setzt sich also aus der Summe der quadrierten Abweichungen zwischen den Faktorstufen ($SS_{b(etween)}$) und der Summe der quadrierten Abweichungen innerhalb den Faktorstufen ($SS_{w(ithin)}$) zusammen. Die Quadratsumme der Abweichungen gilt als Maß für die Streuung. Um die Varianz bzw. die mittlere quadratische Abweichung zu erhalten, wird die Summe der quadrierten Gesamtabweichungen (SS) durch die Zahl der Beobachtungen minus 1 geteilt (Backhaus et al., 2011, S. 163):

$$\text{Varianz} = \frac{SS}{\text{Zahl der Beobachtungen -1}}$$

(6)

Im Nenner ist damit die Zahl der Freiheitsgrade (*df*) angegeben. Damit lässt sich einer der Beobachtungswerte aus den anderen Beobachtungswerten (*G* * *K* -1) und dem Mittelwert errechnen. Anhand der Freiheitsgrade lassen sich folglich sowohl die Varianzen zwischen den und innerhalb der Faktorstufen als auch die Gesamtvarianz ermitteln (Backhaus et al., 2011, S. 164):

Mittlere quadratische Gesamtabweichung (MS_t)	Mittlere quadratische Abweichung zwischen den Faktorstufen (MS_b)	Mittlere quadratische Abweichung innerhalb der Faktorstufen (MS_w)
$MS_t = \dfrac{SS_t}{G \cdot K - 1}$	$MS_b = \dfrac{SS_b}{G - 1}$	$MS_w = \dfrac{SS_w}{G \cdot (K - 1)}$

Nach Darstellung des Grundprinzips der Varianzanalyse, soll nun auf das statistische Modell der einfaktoriellen Varianzanalyse und die Signifikanzprüfung eingegangen werden. Das statistische Modell der einfaktoriellen Varianzanalyse lässt sich wie folgt darstellen (Backhaus et al., 2011, S. 165):

$$y_{gk} = \mu + \alpha_g + \epsilon_{gk}$$

(7)

Der Beobachtungswert y_{gk} setzt sich aus dem Gesamtmittelwert der Grundgesamtheit μ (geschätzt durch $\bar{y}$ der Stichprobe), α_g (erfasst die Wirkung der Stufe g des Faktors), und ϵ_{gk} (nicht erklärter Einfluss der Zufallsgrößen) zusammen (vgl. Backhaus et al., 2011). Um schließlich die Prüfung von signifikanten Unterschieden vornehmen zu können, werden die Werte von MS_b und MS_w durcheinander geteilt, sodass sich ein interpretierbarer F-Wert ergibt (Backhaus et al., 2011, S. 165):

$$F = \frac{MS_b}{MS_w}$$

(8)

Zur Überprüfung der Nullhypothese wird der F-Test herangezogen (vgl. Bortz & Schuster, 2010). Es wird geprüft, ob sich zwei Stichproben in Bezug auf die Varianz eines Merkmals signifikant unterscheiden. Wird die Nullhypothese verworfen und die Alternativhypothese angenommen, wird ein F-Wert erwartet, der größer als 1,0 ist (vgl. Bortz & Schuster, 2010). Zur Interpretation des F-Werts wird die F-Verteilung herangezogen, sodass der empirische F-Wert mit dem theoretischen F-Wert in der Tabelle abgeglichen werden kann. Dabei gilt: „Ist der empirische Wert größer als der theoretische, dann kann die Nullhypothese verworfen werden, d.h., es kann ein Einfluss des Faktors gefolgert werden" (Backhaus et al., 2011, S. 165). Anhand eines signifikanten F-Werts kann also abgelesen werden, dass sich zumindest eine Stufe des analysierten Faktors von einer anderen signifikant unterscheidet. Die angenommene Alternativhypothese H_1 ist in diesem Fall allerdings noch unspezifisch (vgl. Rasch et al., 2010a). Um konkrete Angaben darüber zu erhalten zwischen welchen Gruppen es bedeutsame Unterschiede gibt, werden Post-Hoc-Tests durchgeführt.

Die Wahl eines Post-Hoc-Tests hängt davon ab, ob die Varianzen des untersuchten Merkmals homogen oder heterogen sind. Hierzu wird der *Levene*-Test genutzt. Wie bereits beschrieben: Ein nicht signifikantes Ergebnis des *Levene*-Tests deutet darauf hin, dass sich die Varianzen hinsichtlich eines untersuchten Merkmals nicht signifikant voneinander unterscheiden. Damit liegt Varianzhomogenität vor. Bei Varianzhomogenität wird in dieser Arbeit auf den *Tukey HSD*-Test zurückgegriffen. Dieser verwendet die Student-Verteilung[41] und nimmt einen paarweisen Vergleich der analysierten Gruppen vor, indem die kleinste noch signifikante Differenz von zwei Mittelwerten berechnet wird (vgl. Rasch et al., 2010a). Zudem berücksichtigt der *Tukey HSD*-Test die α-Fehler-Kumulierung[42], ohne dass die Teststärke geringer wird: „Die Teststärke des *Tukey HSD*-Tests ist mindestens so hoch wie die Teststärke des getesteten Haupteffekts in der Varianzanalyse. Es entsteht also trotz der Einzelvergleiche kein Verlust an Power" (Rasch et al., 2010a, S. 46). Insgesamt wird der *Tukey*-Test häufig bei homogenen Varianzen eingesetzt, da er robust gegenüber Verletzungen von Annahmen ist (vgl. Janssen & Laatz, 2007). Zudem kann der *Tukey HSD*-Test auch bei ungleichen Stichproben eingesetzt werden. Hierfür wird die *Tukey-Kramer*-Modifikation eingeführt. Im Vergleich zum Scheffé-Test ist der *Tukey*-Test weniger konservativ, hat mehr Power und ist bei ausschließlichen Paarvergleichen weniger verzerrt (vgl. Werner, 1997).

---

41 Anhand der „Student-t-Verteilung" kann die Wahrscheinlichkeit eines t-Werts bestimmt werden. Die „Student-t-Verteilung" ist mit der Standardnormalverteilung vergleichbar und hat einen Erwartungswert von $\mu = 0$ (vgl. Bortz, 2005). Allerdings ist die t-Verteilung schmalgipfliger, was mit den Stichprobenumfängen bzw. den Freiheitsgraden zusammenhängt (vgl. Rasch et al., 2010a).

42 Im Rahmen von Varianzanalysen kann es zu einer α-Fehler-Kumulierung kommen, „[…] wenn mehrere Tests zur Testung einer Hypothese an denselben Daten durchgeführt werden" (Rasch et al., 2010a, S. 5). Durch die einzelnen Tests summieren sich die α-Niveaus, sodass sich ein insgesamt höheres Gesamt-α-Niveau ergibt. Durch einen parallel erfolgten Vergleich der Mittelwerte bei Post-Hoc-Verfahren, wie dem *Tukey HSD*-Test, wird die α-Fehler-Kumulierung vermieden (vgl. Rasch et al., 2010a).

Liegen heterogene Varianzen vor, wird in dieser Arbeit als Post-Hoc-Test der *Games-Howell*-Test angewendet. Dieser ist, wie der *Tukey*-Test, ein paarweiser Vergleichstest und relativ robust, wenn Annahmen verletzt werden und beispielsweise die abhängigen Variablen keine Normalverteilung aufweisen (vgl. Janssen & Laatz, 2007). Der *Games-Howell*-Test basiert auf dem *Welch-Satterthwaite*-Test, der vergleichbar mit dem *t*-Test ist, aber darüber hinaus heterogene Varianzen berücksichtigt. Die Vorteile des weniger konservativen *Games-Howell*-Tests sind, dass er bei ungleichen Stichprobengrößen angewendet werden kann und mehr Power als vergleichbare Tests aufweist (vgl. Field, 2000; Hayes, 2005).

8. Ergebnisse

In diesem Kapitel werden die Ergebnisse der Analysen dargestellt. Es wird zunächst auf den Analysebereich zu den Formen und dem Umfang der Elternarbeit fokussiert (Abschnitt 8.1).[43] In Abschnitt 8.1.1 wird überprüft, ob sich die drei Formen der Elternarbeit empirisch nachweisen lassen, bevor in Abschnitt 8.1.2 die Frage beantwortet wird, ob die eingesetzten Instrumente zur Erfassung der Elternpartizipation in den verschiedenen Gruppen das Gleiche messen. Anschließend werden deskriptive Befunde sowie die Ergebnisse der Varianzanalysen zu Formen und Umfang der Elternarbeit (Abschnitt 8.1.3) dargestellt. Dadurch kann aufgezeigt werden, inwieweit es gruppenspezifische Unterschiede in Abhängigkeit vom sozioökonomischen Status (SES), dem Bildungsniveau und dem Migrationshintergrund der Eltern gibt.

Im Abschnitt 8.2 stehen die Ergebnisse zu den Motivstrukturen der Elternarbeit im Vordergrund. Zunächst wird überprüft, ob sich das Erwartungs-Wert-Modell auf den Bereich Elternarbeit übertragen lässt und die Wert- und Erfolgserwartungskomponenten für den Anwendungsbereich der Elternarbeit empirisch nachweisen lassen (Abschnitt 8.2.1). Nach der Überprüfung der Messinstrumente wird der Einfluss der vier subjektiven Wertkomponenten sowie der Erfolgserwartungen auf die Partizipationsentscheidung der Eltern dargestellt (Abschnitt 8.2.2). Zudem wird veranschaulicht, welche Effekte sich für die Motive, Elternarbeit wahrzunehmen, in Abhängigkeit vom sozioökonomischen Status der Familie, dem Bildungsniveau sowie dem Migrationshintergrund der Eltern zeigen (Abschnitt 8.2.3). Abschließend werden Ergebnisse zu dem Einfluss der verschiedenen Elternmerkmale auf die Vorhersage der Elternarbeit präsentiert (Abschnitt 8.2.4).

---

43 Teile der Ergebnisse zu dem Messmodell und dem Umfang der Elternarbeit (wie gruppenspezifische Unterschiede nach Migrationshintergrund und SES) finden sich auch in Schwanenberg, Becker, McElvany und Pfuhl (2013).

8.1 Formen und Umfang der Elternarbeit

8.1.1 Empirische Überprüfung des Modells der Elternarbeit

Es wurde in Kapitel 3 dargestellt, dass sich aus der Theorie drei Formen der Elternarbeit ableiten lassen: die organisatorische, konzeptionelle und lernbezogene Elternpartizipation. Im Folgenden wird der ersten Forschungsfrage nachgegangen, ob diese drei Formen auch empirisch nachgewiesen werden können. Zur Erfassung dieser drei Formen wurden, wie in Kapitel 7 veranschaulicht, insgesamt 21 Items eingesetzt. Das Grundmodell, das die Zuordnung aller 21 Items zu den drei Formen enthält, musste allerdings wegen schlechter Modellfitwerte und inhaltlicher Überlegungen modifiziert werden.[44] Es erfolgte aus diesen Gründen eine schrittweise Optimierung des Grundmodells. Die Items Lern1 („Teilnahme an Elternabenden/Informationsveranstaltungen"), Lern2 („Besuch von Elternsprechtagen") und Lern8 („Mitarbeit im Unterricht meines Kindes") wurden aufgrund von zu geringen Faktorladungen ($\lambda = .19$, $\lambda = .25$ und $\lambda = .34$) ausgeschlossen. Lern3 („Regelmäßige Kontaktaufnahme mit dem Klassenlehrer meines Kindes") blieb aufgrund inhaltlicher Überlegungen unberücksichtigt: Die Kontaktaufnahme mit dem Klassenlehrer impliziert noch keine lernbezogene Unterstützung. Hinsichtlich der organisatorischen Elternarbeit wurden die Items Orga5 („Hilfe bei der Mittagsbetreuung") und Orga6 („Unterstützung der Schule bei der Hausaufgabenbetreuung") nicht berücksichtigt, da diese beiden Items vergleichsweise geringe Faktorladungen ($\lambda = .41$ und $\lambda = .38$) und kaum Varianz hinsichtlich der Antworten aufweisen. Für den latenten Faktor der konzeptionellen Elternarbeit wurden schließlich die Items Konz1 („Mitglied im Elternverein") und Konz3 („Einsammeln von Spenden für die Schule") aufgrund von konzeptionellen Erwägungen und vergleichsweise geringen Faktorladungen ausgeschlossen. Zum einen korreliert Konz1 („Mitglied im Elternverein") sehr hoch mit Konz2 („Übernahme von Aufgaben im Förderverein") und zum anderen ist die Faktorladung von Konz1 mit $\lambda = .46$ im Vergleich zu den anderen konzeptionellen Items am geringsten. Konz3 („Einsammeln von Spenden für die Schule") wurde schließlich nicht berücksichtigt, da das Einsammeln von Spenden auch eine organisatorische Aufgabe darstellen kann und somit nicht zwangsläufig der konzeptionellen Elternarbeit zuzuordnen ist.

---

44 Das Messmodell, das alle 21 Items der Elternarbeit enthält, ist im Anhang der Arbeit dargestellt.

In Abbildung 19 ist das Ergebnis der konfirmatorischen Faktorenanalyse und somit das Modell der Elternarbeit dargestellt. Um ein Modell mit ausreichend guten Modellfitwerten zu identifizieren, wurden inhaltlich angemessene Messfehlerkorrelationen von Items zugelassen, die in einem inhaltlichen Zusammenhang stehen.[45] Generell wird das Zulassen von korrelierten Fehlertermen solcher Items als eher unproblematisch gesehen, die denselben Faktor messen (vgl. Jöreskog, 1993). In Bezug auf das Modell der Elternarbeit zeigt sich, dass die latente Variable der organisatorischen Elternarbeit durch vier manifeste Variablen konstituiert wird: „Mithilfe bei Schulfesten" (Schulfeste, Orga1), „Begleitung von Klassenfahrten und Ausflügen" (Ausflüge, Orga2), „Mitgestaltung von Projekten oder Arbeitsgemeinschaften" (AGs, Orga3) und „Mitarbeit im Freizeitbereich der Schule" (Freizeitb., Orga4).[46] Die konzeptionelle Form der Elternarbeit setzt sich aus den manifesten Variablen „Übernahme von Aufgaben im Förderverein" (Förderverein, Konz2), „Mitglied in der Steuergruppe" (Steuergruppe, Konz4), „Teilnahme an Schulkonferenzen" (Schulkonf., Konz5), „Mitarbeit bei der Erstellung des Schulprogramms" (Schulprogr., Konz6) und „Mitwirkung bei der Lehrplanarbeit" (Lehrplanarbeit, Konz7) zusammen.[47] Die lernbezogene Elternarbeit wird durch die folgenden beobachteten Variablen abgebildet: „Regelmäßige Gespräche mit den Lehrkräften über individuelle Fördermöglichkeiten für mein Kind führen" (Gespr. Förd., Lern4), „Mit meinem Kind zu Hause lernen, wenn ich von den Lehrkräften Übungsmaterial erhalte" (Üb.mat., Lern5), „Mein Kind zu Hause nach Absprache mit den Lehrkräften in bestimmten Fächern fördern" (Förd. Abspr., Lern6) sowie „Mit meinem Kind den Lernstoff wiederholen, wenn Klassenarbeiten oder Tests geschrieben werden" (Wdh. Lernstoff, Lern7).[48]

---

45 Es werden zwischen den Items Orga1 („Schulfeste") und Orga2 („Ausflüge"), Konz5 („Schulkonf.") und Konz6 („Schulprogr.") sowie zwischen Lern6 („Förd. Abspr.") und Lern7 („Wdh. Lernstoff") korrelierte Fehlerterme zugelassen.

46 Ausgeschlossen wurden die Items: „Hilfe bei der Mittagsbetreuung" (Orga5) und „Unterstützung der Schule bei der Hausaufgabenbetreuung" (Orga6).

47 Ausgeschlossen wurden die Items: „Mitglied im Elternverein" (Konz1) und „Einsammeln von Spenden für die Schule" (Konz3).

48 Ausgeschlossen wurden die Items: „Teilnahme an Elternabenden/Informationsveranstaltungen" (Lern1), „Besuch von Elternsprechtagen" (Lern2), „Regelmäßige Kontaktaufnahme mit dem Klassenlehrer meines Kindes" (Lern3) und „Mitarbeit im Unterricht meines Kindes" (Lern8).

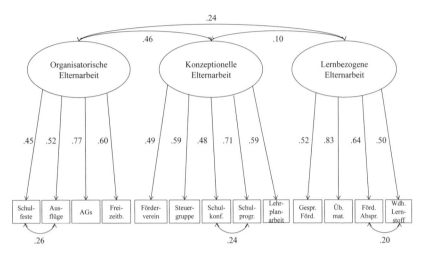

Abbildung 19: Dreifaktorielles Modell der Elternarbeit

$N = 2673$, $Chi^2 = 465.064$, $df = 59$, $p < .001$, $CFI = .932$, $TLI = .910$, $RMSEA = .051$, $SRMR = .042$. Alle berichteten Koeffizienten sind signifikant $(p < .05)$.

Es zeigt sich, dass die Modellgüte des in Abbildung 19 dargestellten Modells der Elternarbeit insgesamt zufriedenstellend ist: Der Wert des *CFI* liegt bei .932 und der des *RMSEA* bei .051. Anhand des Ergebnisses der konfirmatorischen Faktorenanalyse lässt sich in Bezug auf die erste Forschungsfrage sagen, dass sich die drei theoretisch angenommenen Formen der Elternarbeit für den Grundschulbereich empirisch nachweisen lassen.[49] Die eingesetzten manifesten Variablen eignen sich insgesamt, um die latenten Faktoren abzubilden. Wie der Abbildung 19 zu entnehmen ist, weisen die Variablen „Mitgestaltung von Projekten oder Arbeitsgemeinschaften" ($\lambda = .77$) und „Mitarbeit im Freizeitbereich der Schule" ($\lambda = .60$) hinsichtlich der organisatorischen Form die höchsten Faktorladungen auf. Für die Items „Mithilfe bei Schulfesten" und „Begleitung von Klassenfahrten und Ausflügen" sind die Faktorladungen mit $\lambda = .45$ und $\lambda = .52$ geringer. In Bezug auf die konzeptionelle Elternpartizipation sind die Faktorladungen für die Variablen „Übernahme von Aufgaben im Förderverein" ($\lambda = .49$) und „Teilnahme an Schulkonferenzen" ($\lambda = .48$) im Vergleich zu den

---

49 Auf Basis der aufsummierten Summenscores (mögliche unterschiedliche Gewichtungen einzelner Items werden dabei nicht berücksichtigt) weisen die drei Skalen folgende Kennwerte auf. Organisatorische Elternarbeit: $M = 2.69$, $SD = 0.74$, *Cronbachs Alpha* $= .69$. Konzeptionelle Elternarbeit: $M = 1.50$, $SD = 0.59$, *Cronbachs Alpha* $= .68$. Lernbezogene Elternarbeit: $M = 3.18$, $SD = 0.77$, *Cronbachs Alpha* $= .73$.

anderen Items relativ gering. Die höchste Faktorladung zeigt sich für das Item „Mitarbeit bei der Erstellung des Schulprogramms" (λ = .71). Für die lernbezogene Elternarbeit ist ersichtlich, dass die Variablen „Regelmäßige Gespräche mit den Lehrkräften über individuelle Fördermöglichkeiten für mein Kind führen" (λ = .52) und „Mit meinem Kind den Lernstoff wiederholen, wenn Klassenarbeiten oder Tests geschrieben werden" (λ = .50) vergleichsweise geringe Faktorladungen aufweisen. Höhere Faktorladungen ergeben sich für die Variablen „Mein Kind zu Hause nach Absprache mit den Lehrkräften in bestimmten Fächern fördern" (λ = .64) und „Mit meinem Kind zu Hause lernen, wenn ich von den Lehrkräften Übungsmaterial erhalte" (λ = .83). Darüber hinaus lässt sich erkennen, dass die drei latenten Variablen miteinander korrelieren: Die höchste Korrelation zeigt sich für die organisatorische und konzeptionelle Form (r = .46). Geringer fällt der Zusammenhang zwischen der organisatorischen und lernbezogenen (r = .24) sowie zwischen der konzeptionellen und lernbezogenen Elternarbeit (r = .10) aus.

Neben der Hypothese, dass sich ein dreifakorielles Modell der Elternarbeit empirisch nachweisen lässt, wurde angenommen, dass dieses dreidimensionale Modell insgesamt eine bessere Modellgüte aufweist als ein ein- und zweidimensionales Modell. In Tabelle 19 sind die Modellfitwerte des ein-, zwei- und dreidimensionalen Modells dargestellt. Bei Betrachtung der jeweiligen Modellindizes wird deutlich, dass das dreidimensionale Modell, das zwischen der organisatorischen, konzeptionellen und lernbezogenen Elternpartizipation differenziert, bessere Fitwerte aufweist als das zweidimensionale (Unterscheidung zwischen der Elternarbeit in der Schule und zu Hause) und eindimensionale Modell (Elternarbeit als Generalfaktor). Dieser erste Eindruck bestätigt sich nach der Durchführung von Chi^2-Differenztests: Das dreifaktorielle Modell ist dem ein- und zweifaktoriellen Modell signifikant überlegen.[50] Es wird also festgehalten, dass sich die drei Formen der Elternarbeit nicht nur theoretisch, sondern auch empirisch trennen lassen. Zudem lässt sich belegen, dass das dreifaktorielle Modell signifikant bessere Fitwerte aufweist als ein ein- oder zweifaktorielles Modell der Elternarbeit.

---

50 Vergleich des drei- und einfaktoriellen Modells: ΔChi^2 = 2911.05, Δdf = 3, p < .001. Vergleich des drei- und zweifaktoriellen Modells: ΔChi^2 = 564.69, Δdf = 2, p < .001.

Tabelle 19: Vergleich eines ein-, zwei- und dreifaktoriellen Modells der Elternarbeit (N = 2673)

Modell	Chi^2 (df)	CFI	TLI	RMSEA	SRMR
Einfaktorielles Modell (Elternarbeit als Generalfaktor)	2520.588 (62)	.588	.482	.122	.100
Zweifaktorielles Modell (Elternarbeit in der Schule und zu Hause)	1229.426 (61)	.804	.750	.085	.064
Dreifaktorielles Modell (organisatorische, konzeptionelle und lernbezogene Elternarbeit)	465.064 (59)	.932	.910	.051	.042

8.1.2 Ergebnisse der Tests auf Messinvarianz

Nachdem ein zufriedenstellendes Messmodell der Elternarbeit für die Gesamtstichprobe identifiziert wurde, wird im Folgenden überprüft, ob das dreidimensionale Modell auch für verschiedene Subgruppen gilt. Es wird also der Fragestellung nachgegangen, ob die eingesetzten Instrumente in allen Gruppen das Gleiche messen und damit Messinvarianz nachgewiesen werden kann.

8.1.2.1 Überprüfung der Invarianz für den Migrationshintergrund der Eltern

In Bezug auf den Migrationshintergrund werden in dieser Arbeit drei Gruppen unterschieden: Kein Elternteil im Ausland geboren, ein Elternteil im Ausland geboren und beide Elternteile im Ausland geboren. Um die Vergleichbarkeit der eingesetzten Instrumente zur Elternarbeit sicherzustellen, werden alle Gruppen auf Messinvarianz miteinander verglichen. Zunächst muss als grundlegende Voraussetzung die konfigurale Invarianz gewährleistet sein. Das bedeutet, es gilt, ein Messmodell zu identifizieren, welches allen zu vergleichenden Gruppen zugrunde liegt. In Abbildung 20 ist das Messmodell der Elternarbeit für die drei Gruppen 'kein Elternteil im Ausland geboren', 'ein Elternteil im Ausland geboren' und 'beide Elternteile im Ausland geboren' dargestellt. Aufgrund der Identifizierung eines Modells, das hinsichtlich der Struktur in allen Gruppen identisch ist, liegt vollständige konfigurale Invarianz vor.

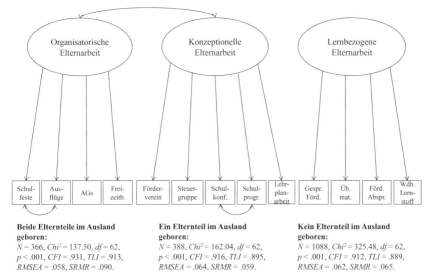

Beide Elternteile im Ausland geboren:
$N = 366$, $Chi^2 = 137.50$, $df = 62$, $p < .001$, $CFI = .931$, $TLI = .913$, $RMSEA = .058$, $SRMR = .090$.

Ein Elternteil im Ausland geboren:
$N = 388$, $Chi^2 = 162.04$, $df = 62$, $p < .001$, $CFI = .916$, $TLI = .895$, $RMSEA = .064$, $SRMR = .059$.

Kein Elternteil im Ausland geboren:
$N = 1088$, $Chi^2 = 325.48$, $df = 62$, $p < .001$, $CFI = .912$, $TLI = .889$, $RMSEA = .062$, $SRMR = .065$.

Abbildung 20: Messmodell für die drei Migrationsgruppen

Im Vergleich zum Messmodell für die Gesamtstichprobe wurden leichte Modifizierungen vorgenommen, um ein Modell mit zufriedenstellenden bis akzeptablen Fitindizes zu finden. Wie ersichtlich ist, sind die Korrelationen zwischen der lernbezogenen und der organisatorischen sowie zwischen der lernbezogenen und der konzeptionellen Elternarbeit auf 0 fixiert. Des Weiteren wurden im Vergleich zum Ausgangsmodell nur Korrelationen zwischen den Items Orga1 („Schulfeste") und Orga2 („Ausflüge") sowie Konz5 („Schulkonf.") und Konz6 („Schulprogr.") zugelassen. Hinsichtlich der Modellgüte wird deutlich, dass die Fitindizes in einem zufriedenstellenden bis akzeptablen Bereich liegen. Für die Gruppe ‚beide Elternteile im Ausland geboren' ergeben sich vergleichsweise die besten Modellfitwerte. Insgesamt zeigt sich aber, dass die Übereinstimmung des Modells mit den empirischen Daten und damit die Modellgüte im Vergleich zum vorgestellten Messmodell in Abbildung 19 in den drei Gruppen abnimmt. Dies ist, wie in Abschnitt 7.3.2 erläutert, darauf zurückzuführen, dass die Modellschätzung simultan für mehrere Gruppen erfolgt.

In den folgenden Abbildungen sind jeweils die Messmodelle mit standardisierten Faktorladungen für die jeweiligen Migrationsgruppen dargestellt.

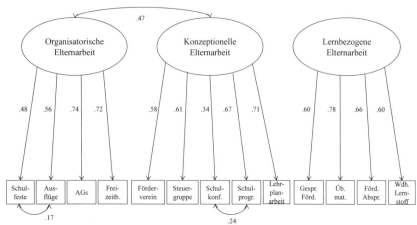

Beide Elternteile im Ausland geboren:
$N = 366$, $Chi^2 = 137.50$, $df = 62$, $p < .001$, $CFI = .931$, $TLI = .913$, $RMSEA = .058$, $SRMR = .090$.

Abbildung 21: Messmodell mit standardisierten Faktorladungen für die Gruppe ‚beide Elternteile im Ausland geboren'

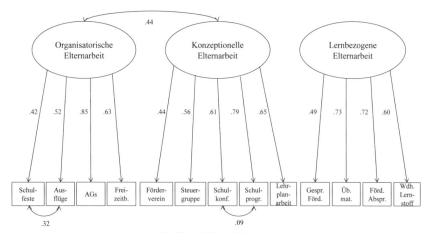

Ein Elternteil im Ausland geboren:
$N = 388$, $Chi^2 = 162.04$, $df = 62$, $p < .001$, $CFI = .916$, $TLI = .895$, $RMSEA = .064$, $SRMR = .059$.

Abbildung 22: Messmodell mit standardisierten Faktorladungen für die Gruppe ‚ein Elternteil im Ausland geboren'

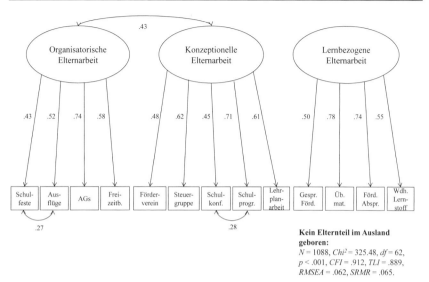

Abbildung 23: Messmodell mit standardisierten Faktorladungen für die Gruppe ‚kein Elternteil im Ausland geboren'

Wie in Abbildung 21 ersichtlich, ist die Faktorladung des Items Konz5 („Teilnahme an Schulkonferenzen") mit $\lambda = .34$ in der Gruppe ‚beide Elternteile im Ausland geboren' vergleichsweise gering. Dieses Item wird jedoch trotz der geringen Faktorladung nicht ausgeschlossen. Hierfür lassen sich zwei Begründungen anführen: Zum einen soll das Modell für die Migrationsgruppen die gleiche Struktur der Faktorladungsmatrix aufweisen als das allgemeine Messmodell (vgl. Abbildung 19), um vergleichende Analysen durchführen zu können. Zum anderen finden sich in der Literatur Hinweise, dass der *cut-off* für Faktorladungen nicht einheitlich geregelt ist: „There is no universally accepted cut-off value for factor loadings" (Doll, Raghunathan, Lim & Gupta, 1995, S. 182). Während einige Studien nur Faktorladungen ab .40 erlauben, werden auch Faktorladungen von .35 als zulässig und zufriedenstellend bewertet (vgl. Byrne, 1993; Knapp & Brown, 1995; Liu & Arnett, 2000). Da insgesamt festzustellen ist, dass die Faktorladungen teilweise erheblich zwischen den Gruppen variieren, wird in einem nächsten Schritt für jeden möglichen Gruppenvergleich die metrische und skalare Invarianz überprüft.

‚Beide Elternteile im Ausland geboren' vs. *‚ein Elternteil im Ausland geboren'*
Im Folgenden wird zunächst auf den Vergleich der beiden Gruppen ‚beide Elternteile im Ausland geboren' vs. ‚ein Elternteil im Ausland geboren' eingegangen (vgl. Tabelle 20). Wie der Tabelle 20 zu entnehmen ist, wurden zunächst die Ladungsmuster überprüft und alle Indikatoren frei geschätzt. Dabei zeigt sich, wie bereits in Abbildung 20 dargestellt, dass vollständige konfigurale Invarianz vorliegt und das Modell akzeptable Fitindizes aufweist.

Tabelle 20: Überprüfung der Messinvarianz für die Gruppen beide vs. ein Elternteil(e) im Ausland geboren

Modell	Schritt	x^2	df	CFI	TLI	RMSEA	SRMR	Modell-vergleich	Δx^2	Δdf	p
Modell 1: Test auf konfigurale Invarianz	Baseline model, Überprüfung der Ladungsmuster = freie Schätzung der Indikatoren										
Beide vs. ein Elternteil(e) im Ausland geboren		281.714	125	0.918	0.898	0.058	0.076	-	-	-	-
Restringiertes Modell 2: Test auf (partielle) metrische Invarianz	Überprüfung gleicher Faktorladungen; Ausnahmen: Konz5, Konz6, Konz7 freigesetzt										
Beide vs. ein Elternteil(e) im Ausland geboren		292.223	132	0.916	0.901	0.057	0.078	2 vs. 1	11.442	7	.120
Restringiertes Modell 3: Test auf (partielle) skalare Invarianz	Überprüfung der item intercepts; Ausnahmen: Konz5, Konz6, Konz7, Orga1 freigesetzt										
Beide vs. ein Elternteil(e) im Ausland geboren		301.168	138	0.915	0.903	0.056	0.080	3 vs. 2	8.558	6	.200

Aufbauend auf diesem Ergebnis konnte die metrische Invarianz getestet und damit geprüft werden, ob bei diesen beiden Gruppen die Bedingung gleicher Faktorladungen erfüllt ist. Da sich beim Vergleich der Modellfitwerte von metrischer und konfiguraler Invarianz mittels eines Chi^2-Differenztests ein signifikant schlechterer Modellfit ergab, wurde zunächst keine metrische Invarianz festgestellt, wodurch weitere kleinschrittigere Tests notwendig wurden. Im nächsten Schritt wurde geprüft, bei welcher Form der Elternarbeit (organisatorisch, konzeptionell und lernbezogen) metrische Invarianz vorliegt. Dabei zeigte sich, dass nur bei der konzeptionellen Elternarbeit beim Vergleich dieser

beiden Gruppen keine Invarianz zu finden ist, wodurch weitere Tests auf Itemebene durchgeführt wurden. Schließlich konnte eine partielle metrische Invarianz erreicht werden, indem die Faktorladungsparameter der Items Konz5
(„Teilnahme an Schulkonferenzen"), Konz6 („Mitarbeit bei der Erstellung des
Schulprogramms") und Konz7 („Mitwirkung bei der Lehrplanarbeit") frei geschätzt wurden. Die Metrik der Messwerte stimmt somit überein. Im Anschluss
wurde der Test auf skalare Invarianz durchgeführt, indem zunächst (mit Ausnahme der Items Konz5, Konz6 und Konz7) die *item intercepts* gleichgesetzt
wurden. Der Vergleich der Modelle der metrischen und skalaren Invarianz
mittels des Chi^2-Differenztests ergab allerdings einen signifikant schlechteren
Modellfit, sodass weitere Modifizierungen notwendig waren. Nach Betrachtung
der *modification indices* in Mplus wurden die *intercepts* des Indikators Orga1
(„Mithilfe bei Schulfesten") in beiden Gruppen freigesetzt, wodurch ein nicht
signifikanter ΔChi^2-Wert erreicht wurde. Das bedeutet, dass für die Gruppen
‚beide Elternteile im Ausland geboren' und ‚ein Elternteil im Ausland geboren'
partielle skalare Invarianz nachgewiesen werden konnte. Für diese beiden
Gruppen können damit Mittelwertvergleiche durchgeführt werden.

‚Beide Elternteile im Ausland geboren' vs. ‚kein Elternteil im Ausland geboren'
Der zweite Test auf Invarianz bezieht sich auf die Gruppen ‚beide Elternteile
im Ausland geboren' und ‚kein Elternteil im Ausland geboren' (vgl. Tabelle
21). Wie gezeigt wurde, konnte die konfigurale Invarianz nachgewiesen werden.

Um für Gruppen beide vs. kein Elternteil(e) im Ausland geboren die metrische Invarianz zu prüfen, wurden die Modelle der konfiguralen und metrischen
Invarianz mit einem Chi^2-Differenztest gegeneinander getestet Auch hier ergab
sich ein signifikanter ΔChi^2, wodurch (vollständige) metrische Invarianz zunächst als nicht erfüllt galt. Daraufhin wurde überprüft, bei welchen Formen
der Elternarbeit keine Invarianz vorliegt, und es konnte festgestellt werden,
dass dies sowohl bei der konzeptionellen als auch bei der lernbezogenen Elternarbeit der Fall war. Nach der Durchführung weiterer Chi^2-Differenztests auf
Itemebene wurden schließlich zur Testung der partiellen metrischen Invarianz
die Faktorladungen der Items Konz7 („Mitwirkung bei der Lehrplanarbeit"),
Lern5 („Mit meinem Kind zu Hause lernen, wenn ich von den Lehrkräften
Übungsmaterial erhalte") und Lern6 („Mein Kind zu Hause nach Absprache
mit den Lehrkräften in bestimmten Fächern fördern") frei geschätzt. Anhand
des p-Werts ist zu sehen, dass sich ein nicht signifikanter Wert ergab (ΔChi^2

von 11.916, $\Delta df = 7$), wodurch die Bedingung gleicher Faktorladungen nachgewiesen wurde. Der Test auf partielle skalare Invarianz gestaltete sich bei diesem Gruppenvergleich zunächst etwas schwieriger, da sich durch Freisetzung der Items Konz7, Lern5 und Lern6 sowie durch weitere Tests zunächst keine Invarianz nachweisen ließ.

Tabelle 21: Überprüfung der Messinvarianz für die Gruppen beide vs. kein Elternteil(e) im Ausland geboren

Modell	Schritt	x^2	df	CFI	TLI	RMSEA	SRMR	Modell-vergleich	Δx^2	Δdf	p
Modell 1: Test auf konfigurale Invarianz	Baseline model, Überprüfung der Ladungsmuster = freie Schätzung der Indikatoren										
Beide vs. kein Elternteil(e) im Ausland geboren		437.455	125	0.909	0.887	0.059	0.073	-	-	-	-
Restringiertes Modell 2: Test auf (partielle) metrische Invarianz	Überprüfung gleicher Faktorladungen; Ausnahmen: Konz7, Lern5 und Lern6 freigesetzt										
Beide vs. kein Elternteil(e) im Ausland geboren		446.684	132	0.909	0.892	0.057	0.074	2 vs. 1	11.916	7	.103
Restringiertes Modell 3: Test auf (partielle) skalare Invarianz	Überprüfung der item intercepts; Ausnahmen: Orga3, Orga4, Konz2, Konz4, Konz7, Lern5 und Lern6 freigesetzt										
Beide vs. kein Elternteil(e) im Ausland geboren		452.797	135	0.908	0.893	0.057	0.075	3 vs. 2	5.757	3	.124

Die *modification indices* gaben auch hier Hinweise darauf, welche Items zur Modellverbesserung zusätzlich freizusetzen sind. Um partielle skalare Invarianz zu erreichen und damit die beiden Gruppen beide und kein Elternteil(e) im Ausland geboren hinsichtlich der organisatorischen, konzeptionellen und lernbezogenen Elternarbeit miteinander vergleichen zu können, wurden die *item intercepts* der Indikatoren Orga3 („Mitgestaltung von Projekten oder Arbeitsgemeinschaften"), Orga4 („Mitarbeit im Freizeitbereich der Schule"), Konz2 („Übernahme von Aufgaben im Förderverein"), Konz4 („Mitglied in der Steuergruppe"), Konz7 („Mitwirkung bei der Lehrplanarbeit"), Lern5 („Mit meinem Kind zu Hause lernen, wenn ich von den Lehrkräften Übungsmaterial

erhalte") und Lern6 („Mein Kind zu Hause nach Absprache mit den Lehrkräften in bestimmten Fächern fördern") frei geschätzt (vgl. Tabelle 21). Die von
Steenkamp und Baumgartner (1998) geforderte Bedingung, dass Invarianz
mindestens bei zwei Items pro Konstrukt gegeben sein muss, ist trotz der Freisetzung der genannten Items erfüllt.

,Ein Elternteil im Ausland geboren' vs. ,kein Elternteil im Ausland geboren'
Der dritte Gruppenvergleich hinsichtlich des Migrationshintergrunds ist der
zwischen der Gruppe ,ein Elternteil im Ausland geboren' vs. ,kein Elternteil im
Ausland geboren' (vgl. Tabelle 22). Analog zu den anderen beiden Gruppenvergleichen konnte vollständige konfigurale Invarianz nachgewiesen werden,
sodass die Grundvoraussetzung der identischen Faktorladungsstruktur erfüllt
ist. Auch hier sind die Werte für die Modellgüte akzeptabel.

Im Gegensatz zu den anderen beiden Gruppenvergleichen ist der Tabelle 22
für die Gruppen ein vs. kein Elternteil im Ausland geboren zu entnehmen, dass
beim Vergleich der Modelle der konfiguralen und metrischen Invarianz anhand
des Chi^2-Differenztests im ersten Schritt ein nicht signifikanter ΔChi^2-Wert
festgestellt werden konnte. Damit ist die Bedingung gleicher Faktorladungen
ohne Einschränkungen in beiden Gruppen erfüllt, wodurch vollständige metrische Invarianz und eine gruppenübergreifende Messgüte der Instrumente vorliegt.

Bei der Überprüfung der skalaren Invarianz mussten die *item intercepts* der
Indikatoren Orga3 („Mitgestaltung von Projekten oder Arbeitsgemeinschaften") und Orga4 („Mitarbeit im Freizeitbereich der Schule") freigesetzt werden,
um zumindest partielle skalare Invarianz nachweisen zu können. Es liegt damit
auch für diesen Gruppenvergleich (partielle) Messinvarianz mit übereinstim-
menden Faktorladungen und *item intercepts* vor.

Tabelle 22: Überprüfung der Messinvarianz für die Gruppen ein vs. kein Elternteil im Ausland geboren

Modell	Schritt	x^2	df	CFI	TLI	RMSEA	SRMR	Modell-vergleich	Δx^2	Δdf	p
Modell 1: Test auf konfigurale Invarianz	Baseline model, Überprüfung der Ladungsmuster = freie Schätzung der Indikatoren										
Ein vs. kein Elternteil im Ausland geboren		460.873	125	0.906	0.883	0.060	0.064	-	-	-	-
Restringiertes Modell 2: Test auf metrische Invarianz	Überprüfung gleicher Faktorladungen										
Ein vs. kein Elternteil im Ausland geboren		468.108	135	0.907	0.893	0.058	0.065	2 vs. 1	12.570	10	.250
Restringiertes Modell 3: Test auf (partielle) skalare Invarianz	Überprüfung der item intercepts; Ausnahmen: Orga3, Orga4 freigesetzt										
Ein vs. kein Elternteil im Ausland geboren		483.467	143	0.905	0.897	0.057	0.065	3 vs. 2	14.532	8	.069

In der nachfolgenden Tabelle 23 sind die Ergebnisse der Tests auf Invarianz zusammengefasst. Sowohl für den Gruppenvergleich beide vs. ein Elternteil(e) im Ausland geboren als auch für beide vs. kein Elternteil(e) im Ausland geboren, wurde partielle metrische und partielle skalare Invarianz gefunden. Für den Gruppenvergleich ein vs. kein Elternteil im Ausland geboren, zeigte sich vollständige metrische sowie partielle skalare Messinvarianz. Bei Betrachtung der Items, die in den jeweiligen Gruppen freigeschätzt werden mussten, zeigt sich, dass vor allem Orga3 („Mitgestaltung von Projekten oder Arbeitsgemeinschaften"), Orga4 („Mitarbeit im Freizeitbereich der Schule") sowie Konz7 („Mitwirkung bei der Lehrplanarbeit") problematisch sind. Bezüglich dieser Items liegt in den Migrationsgruppen möglicherweise ein unterschiedliches Verständnis vor. Insgesamt kann aufgrund der Ergebnisse festgehalten werden, dass Mittelwertvergleiche hinsichtlich der organisatorischen, konzeptionellen und lernbezogenen Elternpartizipation zwischen den drei Migrationsgruppen möglich sind.

Tabelle 23: Zusammenfassung der Tests auf Messinvarianz bezüglich des Migrationshintergrunds der Eltern

	Beide vs. ein Elternteil(e) im Ausland geboren	Beide vs. kein Elternteil(e) im Ausland geboren	Ein vs. kein Elternteil im Ausland geboren
Volle konfigurale Invarianz	✓	✓	✓
Volle metrische Invarianz	X	X	✓
Partielle metrische Invarianz	✓	✓	—
Volle skalare Invarianz	X	X	X
Partielle skalare Invarianz	✓	✓	✓

Legende: ✓ = Invarianz nachgewiesen, X = Invarianz nicht nachgewiesen, – = Test nicht durchgeführt/erforderlich.

8.1.2.2 Überprüfung der Invarianz für den sozioökonomischen Status der Familie

Nach Überprüfung der Messinvarianz für die Migrationsgruppen, wird nachfolgend der Frage nachgegangen, ob die Instrumente zur organisatorischen, konzeptionellen und lernbezogenen Elternarbeit auch bezüglich der verschiedenen Einkommensgruppen das Gleiche messen. Im Hinblick auf den sozioökonomischen Status sind vier Einkommensgruppen zu unterscheiden: ‚unter 10.000 €‘, ‚10.000 bis 39.999 €‘, ‚40.000 bis 69.999 €‘ sowie ‚70.000 € und mehr‘. Zunächst wurde erneut ein Messmodell gesucht, das gruppenübergreifende Gültigkeit besitzt. Dieses Messmodell ist in Abbildung 24 dargestellt. Die Korrelationen zwischen der konzeptionellen und lernbezogenen sowie zwischen der organisatorischen und lernbezogenen Elternarbeit wurden auf 0 fixiert. Zudem wurde eine Korrelation zwischen den manifesten Variablen Orga1 („Mithilfe bei Schulfesten") und Orga2 („Begleitung von Klassenfahrten und Ausflügen") zugelassen.

Bei Betrachtung der Modellfitwerte für die einzelnen Gruppen wird deutlich, dass das identifizierte Messmodell für die Gruppen unterschiedlich gut fittet. Für die Einkommensgruppen ‚10.000 bis 39.999 €‘ und ‚40.000 bis 69.999 €‘ liegen die Werte für den *CFI* und den *RMSEA* im zufriedenstellenden bis akzeptablen Bereich. Schlechter fallen die Fitindizes für die beiden Einkommensgruppen ‚unter 10.000 €‘ und ‚über 70.000 €‘ aus. Vor allem für die Gruppe ‚unter 10.000 €‘ sind die Fitwerte weniger gut, was mit der vergleichsweise geringen Stichprobe von $N = 71$ zusammenhängen könnte. Bezüglich des *Chi²*-Werts haben Kenny und McCoach (2003) belegt, dass eine kleine Stichprobe die Power des Tests reduziert, was dazu führen kann, dass nicht mehr ausreichend zwischen einem gut und einem schlecht fittenden Modell unterschieden werden kann. Trotz der vergleichsweise weniger guten Fitwerte, die Werte für den *CFI* und *RMSEA* befinden sich zumindest annähernd im akzeptablen Bereich, werden die Gruppen ‚unter 10.000 €‘ und ‚über 70.000 €‘ zur Überprüfung der metrischen und skalaren Invarianz berücksichtigt.

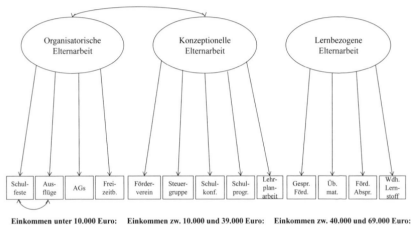

Einkommen unter 10.000 Euro:
$N = 71$, $Chi² = 96.44$, $df = 63$,
$p < .005$, $CFI = .874$, $TLI = .844$,
$RMSEA = .086$, $SRMR = .127$.

Einkommen zw. 10.000 und 39.000 Euro:
$N = 718$, $Chi² = 260.49$, $df = 63$,
$p < .001$, $CFI = .902$, $TLI = .876$,
$RMSEA = .066$, $SRMR = .064$.

Einkommen zw. 40.000 und 69.000 Euro:
$N = 742$, $Chi² = 218.92$, $df = 63$,
$p < .001$, $CFI = .924$, $TLI = .905$,
$RMSEA = .058$, $SRMR = .065$.

Einkommen über 70.000 Euro:
$N = 583$, $Chi² = 222.67$, $df = 63$,
$p < .001$, $CFI = .888$, $TLI = .862$,
$RMSEA = .066$, $SRMR = .059$.

Abbildung 24: Messmodell für die vier Einkommensgruppen

Um zu überprüfen, ob alle Einkommensgruppen miteinander verglichen werden dürfen, sind im Folgenden weitere einzelne Gruppenvergleiche erforderlich. Vorher werden noch die Messmodelle für die einzelnen Gruppen dargestellt. Es wird anhand der Abbildungen sichtbar, dass sich die Faktorladungen zum Teil deutlich zwischen den Gruppen unterscheiden. Beispielsweise liegen die Faktorladungen für das Item Lern5 („Mit meinem Kind zu Hause lernen, wenn ich von den Lehrkräften Übungsmaterial erhalte") zwischen $\lambda = .62$ und $\lambda = .80$. Dies deutet darauf hin, dass ein differierendes Verständnis hinsichtlich einzelner Items zwischen den Einkommensgruppen besteht.

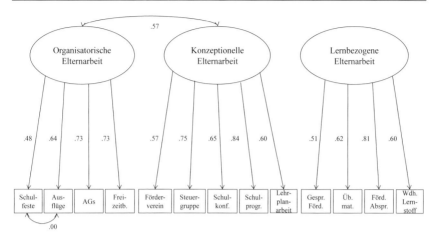

Abbildung 25: Messmodell mit standardisierten Faktorladungen für die Gruppe 'Einkommen unter 10.000 Euro'

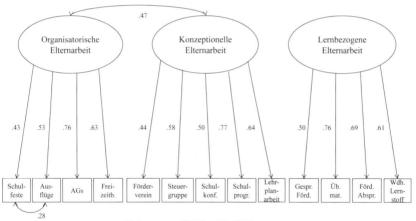

Abbildung 26: Messmodell mit standardisierten Faktorladungen für die Gruppe 'Einkommen zwischen 10.000 und 39.999 Euro'

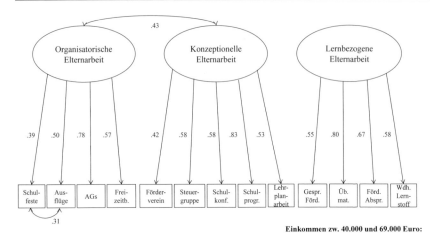

Einkommen zw. 40.000 und 69.000 Euro:
$N = 742$, $Chi^2 = 218.92$, $df = 63$,
$p < .001$, $CFI = .924$, $TLI = .905$,
$RMSEA = .058$, $SRMR = .065$.

Abbildung 27: Messmodell mit standardisierten Faktorladungen für die Gruppe ‚Einkommen zwischen 40.000 und 69.999 Euro'

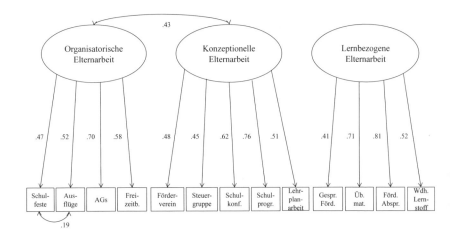

Einkommen über 70.000 Euro:
$N = 583$, $Chi^2 = 222.67$, $df = 63$,
$p < .001$, $CFI = .888$, $TLI = .862$,
$RMSEA = .066$, $SRMR = .059$.

Abbildung 28: Messmodell mit standardisierten Faktorladungen für die Gruppe ‚Einkommen über 70.000 Euro'

Einkommen: ‚unter 10.000 €' vs. ‚10.000 bis 39.999 €'

Als erstes wird das Ergebnis des Tests auf Messinvarianz für die Gruppe ‚unter 10.000 €' im Vergleich mit der Gruppe ‚10.000 bis 39.999 €' dargestellt (vgl. Tabelle 24). Wie gezeigt wurde, fällt der Test auf konfigurale Invarianz für diese beiden Gruppen positiv aus. Das bedeutet, dass vergleichbare Ladungsmuster hinsichtlich der organisatorischen, konzeptionellen und lernbezogenen Elternarbeit vorliegen. Daran anknüpfend wurde die Gleichheit der Faktorladungen überprüft. Wie der Tabelle 24 zu entnehmen ist, konnte für den Vergleich der Gruppen ‚unter 10.000 €' und ‚10.000 bis 39.999 €' vollständige metrische Invarianz mit einem ΔChi^2-Wert von 6.023 (Δdf = 10) festgestellt werden. Die Metrik der Messwerte ist damit identisch. Zur Testung der skalaren Invarianz für diese beiden Einkommensgruppen wurden zunächst alle *item intercepts* frei geschätzt. Da sich durch einen ΔChi^2-Wert von 16.720 mit Δdf = 10 ein nicht signifikant schlechterer Modellfit ergab, kann für den Vergleich der Einkommensgruppen ‚unter 10.000 €' und ‚10.000 bis 39.999 €' vollständige skalare Messinvarianz aufgezeigt werden. Die eingesetzten Instrumente messen in diesen beiden Gruppen dementsprechend das Gleiche.

Tabelle 24: Überprüfung der Messinvarianz für die Einkommensgruppen ‚unter 10.000 €' vs. ‚10.000 bis 39.999 €'

Modell	Schritt	x^2	df	CFI	TLI	RMSEA	SRMR	Modell-vergleich	Δx^2	Δdf	p
Modell 1: Test auf konfigurale Invarianz	Baseline model, Überprüfung der Ladungsmuster = freie Schätzung der Indikatoren										
unter 10.000 € vs. 10.000 bis 39.999 €		335.401	128	0.896	0.873	0.064	0.072	-	-	-	-
Restringiertes Modell 2: Test auf metrische Invarianz	Überprüfung gleicher Faktorladungen										
unter 10.000 € vs. 10.000 bis 39.999 €		341.910	138	0.898	0.884	0.061	0.073	2 vs. 1	6.023	10	.813
Restringiertes Modell 3: Test auf skalare Invarianz	Überprüfung der item intercepts										
unter 10.000 € vs. 10.000 bis 39.999 €		359.793	148	0.894	0.888	0.060	0.074	3 vs. 2	16.720	10	.080

Einkommen: ‚unter 10.000 €' vs. ‚40.000 bis 69.999 €'

Ob die geschätzten Beziehungen zwischen manifesten und latenten Variablen auch bei Gegenüberstellung der Gruppen ‚unter 10.000 €' vs. ‚40.000 bis

69.999 €' äquivalent sind, wird nachfolgend überprüft (vgl. Tabelle 25). Das Ergebnis des Tests auf konfigurale Invarianz verdeutlicht, dass die Ladungs- muster, wie bereits in Abbildung 24 veranschaulicht, identisch sind. Die Fitin- dizes liegen mit einem *CFI* von .915, einem *RMSEA* von .059 und einem *SRMR* von .072 insgesamt im zufriedenstellenden bis akzeptablen Bereich.

Nicht nur die Faktorladungsstruktur, sondern auch die Stärke der Faktorla- dungen stimmt nach Prüfung mit der metrischen Invarianz überein. Bei Testung des Modells der metrischen gegen das Modell der konfiguralen Invarianz mit- tels des Chi^2-Differenztests ergibt sich ohne zusätzliche Freisetzung von Fak- torladungsparameter ein nicht signifikanter ΔChi^2-Wert von 12.569 ($\Delta df = 10$). Damit ist für den Vergleich der zwei Gruppen 'unter 10.000 €' und '40.000 bis 69.999 €' vollständige metrische Invarianz nachgewiesen. Auch die restriktive Bedingung gleicher *item intercepts* ist nach Testung des Modells der skalaren gegen das Modell der metrischen Invarianz in den Gruppen erfüllt. Allerdings mit der Ausnahme, dass die *intercepts* für den Indikator Orga4 („Mitarbeit im Freizeitbereich der Schule") in den Gruppen frei geschätzt wurde. Es kann damit für den Gruppenvergleich 'unter 10.000 €' und '40.000 bis 69.999 €' partielle skalare Invarianz konstatiert werden, wodurch Mittelwertvergleiche und Signifikanztests der latenten Variablen möglich sind.

Tabelle 25: Überprüfung der Messinvarianz für die Einkommensgruppen 'un- ter 10.000 €' vs. '40.000 bis 69.999 €'

Modell	Schritt	x^2	df	CFI	TLI	RMSEA	SRMR	Modell- vergleich	Δx^2	Δdf	p
Modell 1: Test auf konfigurale Invarianz	Baseline model, Überprüfung der Ladungsmuster = freie Schätzung der Indikatoren										
unter 10.000 € vs. 40.000 bis 69.999 €		307.075	128	0.915	0.897	0.059	0.072	-	-	-	-
Restringiertes Modell 2: Test auf metrische Invarianz	Überprüfung gleicher Faktorladungen										
unter 10.000 € vs. 40.000 bis 69.999 €		319.502	138	0.914	0.903	0.057	0.075	2 vs. 1	12.569	10	.249
Restringiertes Modell 3: Test auf (partielle) skalare Invarianz	Überprüfung der item intercepts; Ausnahme: Orga4 freigesetzt										
unter 10.000 € vs. 40.000 bis 69.999 €		333.724	147	0.912	0.906	0.056	0.076	3 vs. 2	13.568	9	.139

Einkommen: ‚unter 10.000 €' vs. ‚über 70.000 €'

Als Nächstes erfolgt der Vergleich der Elterngruppen, die über das geringste (unter 10.000 €) und höchste Einkommen (70.000 € und mehr) verfügen. Ob auch diese beiden Gruppen mit einem niedrigen und hohen SES hinsichtlich der Elternpartizipation miteinander verglichen werden dürfen, ist in der Tabelle 26 dargestellt.

Nachdem bereits festgestellt wurde, dass eine identische Struktur der Faktorladungsmatrix in den beiden Stichproben vorliegt, konnte die Überprüfung gleicher Faktorladungsparameter durchgeführt werden. Es zeigte sich dabei, dass das restringierte Modell, was die Gleichsetzung der Faktorladungen betrifft, nicht signifikant schlechter fittet als das Modell mit frei geschätzten Faktorladungen (vgl. Tabelle 26). Damit liegt für die Gruppen mit dem niedrigsten und höchsten Einkommen vollständige metrische Messinvarianz vor (ΔChi^2 = 9.245, Δdf = 10).

Tabelle 26: Überprüfung der Messinvarianz für die Einkommensgruppen ‚unter 10.000 €' vs. ‚über 70.000 €'

Modell	Schritt	x^2	df	CFI	TLI	RMSEA	SRMR	Modell-vergleich	Δx^2	Δdf	p
Modell 1: Test auf konfigurale Invarianz	Baseline model, Überprüfung der Ladungsmuster = freie Schätzung der Indikatoren										
unter 10.000 € vs. über 70.000 €		309.292	128	0.883	0.858	0.066	0.070	-	-	-	-
Restringiertes Modell 2: Test auf metrische Invarianz	Überprüfung gleicher Faktorladungen										
unter 10.000 € vs. über 70.000 €		318.168	138	0.884	0.869	0.063	0.072	2 vs. 1	9.245	10	.509
Restringiertes Modell 3: Test auf (partielle) skalare Invarianz	Überprüfung der item intercepts; Ausnahme: Orga4 freigesetzt										
unter 10.000 € vs. über 70.000 €		333.978	147	0.880	0.872	0.062	0.073	3 vs. 2	15.579	9	.076

Die Testung des Modells der skalaren gegen das Modell der metrischen Invarianz anhand des Chi^2-Differenztests ergab zunächst einen signifikanten p-Wert. Dadurch musste geprüft werden, welche Form der Elternarbeit bzw. welche einzelnen Items nicht invariant waren. Das Ergebnis war, dass durch die Freisetzung der *item intercepts* des Indikators Orga4 („Mitarbeit im Freizeitbereich der Schule") partielle skalare Invarianz erzielt wurde, sodass auch die beiden Elterngruppen mit dem geringsten und höchsten Einkommen miteinander verglichen werden dürfen.

Einkommen: ‚10.000 bis 39.999 €' vs. ‚40.000 bis 69.999 €'
Der vierte Gruppenvergleich hinsichtlich des sozioökonomischen Status bezieht sich auf Eltern, die über ein Einkommen zwischen 10.000 und 39.999 € und denen, die über 40.000 bis 69.999 € verfügen. Im Vergleich zu dem dritten Mehrgruppenvergleich (Einkommen unter 10.000 € und über 70.000 €) lassen sich der Tabelle 27 bessere Werte für die Modellgüte entnehmen.

Analog zu allen vorhergehenden Tests für die Einkommensgruppen auf metrische Invarianz zeigt sich auch beim Vergleich der Gruppen ‚10.000 bis 39.999 €' vs. ‚40.000 bis 69.999 €' ohne Freisetzung von Faktorladungsparameter ein nicht signifikanter ΔChi^2-Wert, der bei 15.062 (Δdf = 10) liegt. Es ergibt sich damit vollständige metrische Invarianz. Für den Nachweis der Bedingung gleicher *item intercepts* in den Gruppen waren mehrere Chi^2-Differenztests notwendig.

Tabelle 27: Überprüfung der Messinvarianz für die Einkommensgruppen ‚10.000 bis 39.999 €' vs. ‚40.000 bis 69.999 €'

Modell	Schritt	x^2	df	CFI	TLI	RMSEA	SRMR	Modell-vergleich	Δx^2	Δdf	p
Modell 1: Test auf konfigurale Invarianz	Baseline model, Überprüfung der Ladungsmuster = freie Schätzung der Indikatoren										
10.000 bis 39.999 € vs. 40.000 bis 69.999 €		433.598	127	0.908	0.887	0.058	0.065	-	-	-	-
Restringiertes Modell 2: Test auf metrische Invarianz	Überprüfung gleicher Faktorladungen										
10.000 bis 39.999 € vs. 40.000 bis 69.999 €		445.011	137	0.908	0.895	0.055	0.067	2 vs. 1	15.062	10	.130
Restringiertes Modell 3: Test auf (partielle) skalare Invarianz	Überprüfung der item intercepts; Ausnahmen: Orga3, Orga4, Konz4, Konz7 freigesetzt										
10.000 bis 39.999 € vs. 40.000 bis 69.999 €		454.588	143	0.907	0.898	0.055	0.067	3 vs. 2	8.456	6	.207

Eine vollständige skalare Invarianz wurde für die beiden Gruppen ‚10.000 bis 39.999 €' und ‚40.000 bis 69.999 €' nicht gefunden. Es zeigte sich bei Überprüfung der Invarianz für die drei Formen der Elternpartizipation, dass sowohl für die organisatorische als auch für die konzeptionelle Form Unterschiede vorlagen. Nach Betrachtung der Einzelitems wurde schließlich festgestellt, dass die Items Orga3 („Mitgestaltung von Projekten oder Arbeitsgemeinschaften"), Orga4 („Mitarbeit im Freizeitbereich der Schule"), Konz4 („Mitglied in der Steuergruppe") und Konz7 („Mitwirkung bei der Lehrplanarbeit") nicht invariant sind und dementsprechend die *item intercepts* frei geschätzt werden müssen. Durch die Freisetzung der genannten Items konnte partielle skalare Invarianz für die Gruppen ‚10.000 bis 39.999 €' und ‚40.000 bis 69.999 €' gefunden werden, womit die Messung gruppenübergreifend vergleichbar ist.

Einkommen: ‚10.000 bis 39.999 €' vs. ‚über 70.000 €'
Das Ergebnis des anschließenden Gruppenvergleichs (Einkommen 10.000 bis 39.999 € vs. über 70.000 €) wird in Tabelle 28 präsentiert. Für das Modell der konfiguralen Invarianz lassen sich zusammenfassend folgende Modellfitwerte feststellen: $Chi^2 = 437.886$, $df = 127$, $CFI = .891$, $RMSEA = .061$ und $SRMR = .062$. Die Modellgüte ist damit noch akzeptabel.

Vergleicht man die Ergebnisse der bisher durchgeführten Tests auf metrische Invarianz mit dem in Tabelle 28 dargestellten Vergleich, so zeigt sich, dass hier keine vollständige metrische Invarianz erreicht werden konnte. Bei der Testung des Modells der metrischen gegen das Modell der konfiguralen Invarianz ergab der Chi^2-Differenztest einen signifikant schlechteren Modellfit bei Gleichsetzung der Faktorladungsparameter. Bei weiteren Tests wurde ermittelt, dass die konzeptionelle Form der Elternarbeit nicht invariant ist und mindestens ein Indikator in beiden Gruppen nicht die gleiche Metrik aufweist. Dies gilt für das Item Konz7 („Mitwirkung bei der Lehrplanarbeit"), dessen Faktorladungsparameter darauffolgend frei geschätzt wurden, um partielle metrische Invarianz mit einem nicht signifikanten p-Wert von .076 zu erzielen. Da keine vollständige metrische Invarianz nachgewiesen werden konnte, ist davon auszugehen, dass auch keine vollständige skalare Invarianz mit noch restriktiveren Bedingungen zu konstatieren ist. Ähnlich zum vorausgehenden Gruppenvergleich zeigt sich auch für die Einkommensgruppen ‚10.000 bis 39.999 €' und ‚über 70.000 €' keine Invarianz bezüglich der organisatorischen und konzeptionellen Elternarbeit. Zur Erreichung partieller skalarer Invarianz und damit der Möglichkeit, diese beiden Gruppen hinsichtlich der Mittelwerte vergleichen zu können, wurden die *item intercepts* der vier Indikatoren Orga3 („Mitgestaltung von Projekten oder Arbeitsgemeinschaften"), Orga4 („Mitarbeit im Freizeitbereich der Schule"), Konz2 („Übernahme von Aufgaben im Förderverein") und Konz7 („Mitwirkung bei der Lehrplanarbeit") freigesetzt. Der nicht signifikante ΔChi^2-Wert liegt bei 9.208 mit 6 Δdf.

Tabelle 28: Überprüfung der Messinvarianz für die Einkommensgruppen ,10.000 bis 39.999 €' vs. ,über 70.000 €'

Modell	Schritt	x^2	df	CFI	TLI	RMSEA	SRMR	Modell-vergleich	Δx^2	Δdf	p
Modell 1: Test auf konfigurale Invarianz	Baseline model, Überprüfung der Ladungsmuster = freie Schätzung der Indikatoren										
10.000 bis 39.999 € vs. über 70.000 €		437.886	127	0.891	0.866	0.061	0.062	-	-	-	-
Restringiertes Modell 2: Test auf (partielle) metrische Invarianz	Überprüfung gleicher Faktorladungen; Ausnahme: Konz7 freigesetzt										
10.000 bis 39.999 € vs. über 70.000 €		451.727	136	0.889	0.873	0.060	0.064	2 vs. 1	15.584	9	.076
Restringiertes Modell 3: Test auf (partielle) skalare Invarianz	Überprüfung der item intercepts; Ausnahmen: Orga3, Orga4, Konz2, Konz7 freigesetzt										
10.000 bis 39.999 € vs. über 70.000 €		462.020	142	0.887	0.876	0.059	0.066	3 vs. 2	9.208	6	.162

Einkommen: ,40.000 bis 69.999 €' vs. ,über 70.000 €'

Der letzte Test auf Messinvarianz für die verschiedenen Einkommensgruppen bezieht sich auf den Vergleich der Gruppe, die ein Einkommen von 40.000 bis 69.999 € zur Verfügung hat mit der Gruppe, die ein jährliches Bruttohaushaltseinkommen von 70.000 € und mehr erwirtschaftet (vgl. Tabelle 29). Auch hier lässt sich, wie bereits gezeigt, vollständige konfigurale Invarianz mit zufriedenstellenden bis akzeptablen Fitindizes nachweisen.

Beim Vergleich des restringierten Modells (gleichgesetzte Faktorladungen) mit dem Modell frei geschätzter Faktorladungsparameter ließ sich ein nicht signifikanter ΔChi^2 ermitteln, sodass vollständige metrische Invarianz für diesen Gruppenvergleich vorliegt. Die Metrik der Messwerte stimmt damit überein. Für den darauffolgenden Test mit zusätzlichen Beschränkungen zeigte sich allerdings keine vollständige skalare Invarianz. Die Bedingung gleicher *item intercepts* war damit zunächst nicht erfüllt. Durch die Freisetzung von *item intercepts* zweier Indikatoren, Orga4 („Mitarbeit im Freizeitbereich der Schule") und Konz4 („Mitglied in der Steuergruppe") wurde schließlich jedoch partielle skalare Invarianz nachgewiesen. Damit ist eine gruppenübergreifende Vergleichbarkeit der eingesetzten Instrumente zur organisatorischen, konzeptionellen und lernbezogenen Elternarbeit sichergestellt.

Tabelle 29: Überprüfung der Messinvarianz für die Einkommensgruppen ‚40.000 bis 69.999 €' vs. ‚über 70.000 €'

Modell	Schritt	x^2	df	CFI	TLI	RMSEA	SRMR	Modell-vergleich	Δx^2	Δdf	p
Modell 1: Test auf konfigurale Invarianz	Baseline model, Überprüfung der Ladungsmuster = freie Schätzung der Indikatoren										
40.000 bis 69.999 € vs. über 70.000 €		411.273	127	0.905	0.883	0.058	0.062	-	-	-	-
Restringiertes Modell 2: Test auf metrische Invarianz	Überprüfung gleicher Faktorladungen										
40.000 bis 69.999 € vs. über 70.000 €		425.650	137	0.903	0.890	0.056	0.065	2 vs. 1	16.749	10	.080
Restringiertes Modell 3: Test auf (partielle) skalare Invarianz	Überprüfung der item intercepts; Ausnahmen: Orga4, Konz4 freigesetzt										
40.000 bis 69.999 € vs. über 70.000 €		437.466	145	0.902	0.895	0.055	0.065	3 vs. 2	10.936	8	.205

Eine Zusammenfassung aller Tests auf Invarianz hinsichtlich der verschiedenen Einkommensgruppen ist in Tabelle 30 dargestellt. Es wird deutlich, dass für alle Gruppenvergleiche, außer für den Vergleich zwischen den Gruppen ‚10.000 bis 39.999 €' und ‚über 70.000 €', vollständige metrische Invarianz erzielt werden konnte. Vollständige skalare Invarianz wurde demgegenüber nur für den Gruppenvergleich ‚unter 10.000 €' vs. ‚10.000 bis 39.999 €' nachgewiesen. Für die übrigen Gruppen konnte jedoch partielle skalare Invarianz festgestellt werden. Es lässt sich demnach zusammenfassen, dass alle Bedingungen erfüllt sind und Mittelwertvergleiche zwischen den vier Einkommensgruppen hinsichtlich der latenten Variablen der organisatorischen, konzeptionellen und lernbezogenen Elternarbeit möglich sind. Messinvarianz gilt damit als nachgewiesen. Abschließend soll noch ein Blick auf die Items geworfen werden, die sich bei mehreren Gruppenvergleichen als nicht invariant erwiesen haben: Orga3 („Mitgestaltung von Projekten oder Arbeitsgemeinschaften"), Orga4 („Mitarbeit im Freizeitbereich der Schule"), Konz4 („Mitglied in der

Steuergruppe") und Konz7 („Mitwirkung bei der Lehrplanarbeit"). Hinsichtlich dieser Items scheint es zwischen den Gruppen unterschiedliche Assoziationen zu geben.

Tabelle 30: Zusammenfassung der Tests auf Messinvarianz bezüglich des sozioökonomischen Status der Eltern

	unter 10.000 € vs. 10.000 bis 39.999 €	unter 10.000 € vs. 40.000 bis 69.999 €	unter 10.000 € vs. über 70.000 €	10.000 bis 39.999 € vs. 40.000 bis 69.999 €	10.000 bis 39.999 € vs. über 70.000 €	40.000 bis 69.999 € vs. über 70.000 €
Volle konfigurale Invarianz	✓	✓	✓	✓	✓	✓
Volle metrische Invarianz	✓	✓	✓	✓	X	✓
Partielle metrische Invarianz	—	—	—	—	✓	—
Volle skalare Invarianz	✓	X	X	X	X	X
Partielle skalare Invarianz	—	✓	✓	✓	✓	✓

Legende: ✓ = Invarianz nachgewiesen, X = Invarianz nicht nachgewiesen, — = Test nicht durchgeführt/erforderlich.

8.1.2.3 Überprüfung der Invarianz für das Bildungsniveau der Eltern

Nach den Mehrgruppenvergleichen für die Migrations- und Einkommensgruppen folgen nun die Tests auf Messinvarianz für die Elterngruppen, die das Abitur nicht erreicht haben, die das Abitur erworben haben und die über einen Fachhochschul-/Hochschulabschluss verfügen. Das den drei Gruppen zugrunde gelegte Messmodell ist in Abbildung 29 dargestellt. Das Messmodell weist eine vergleichbare Struktur zu dem Ausgangsmodell für die Gesamtstichprobe und für die Migrations- und Einkommensgruppen auf: Die organisatorische Elternarbeit wird durch die vier bekannten Items abgebildet, die konzeptionelle Form wird durch die fünf bewährten Indikatoren konstituiert und die lernbezogene Elternpartizipation wird durch die bereits beschriebenen Items Lern4 bis Lern7 dargestellt. Zudem werden wie im Ausgangsmodell Korrelationen zwischen Orga1 und Orga2 sowie zwischen Konz5 und Konz6 zugelassen. Hinsichtlich der Zusammenhänge zwischen den latenten Variablen ist zu sagen, dass nur die Korrelation zwischen der konzeptionellen und lernbezogenen Elternarbeit auf 0 fixiert werden musste.

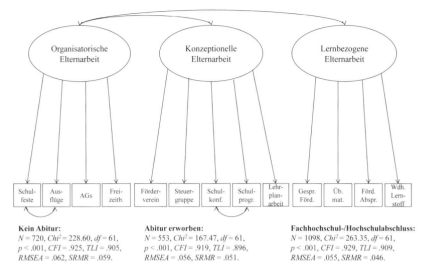

Abbildung 29: Messmodell für die drei Bildungsgruppen

Bei Betrachtung der Modellfitindizes für die drei Gruppen wird ersichtlich, dass diese insgesamt zufriedenstellend sind und eine Passung zwischen den empirischen Daten und dem theoretischen Modell vorliegt. Die besten Modellfitwerte mit einem *CFI* von .929, einem *TLI* von .909 und einem *RMSEA* von .055 ergeben sich für die Gruppe ‚Fachhochschul-/Hochschulabschluss'. Durch die Identifizierung eines theoretischen Modells für die Gruppen ‚kein Abitur', ‚Abitur erworben' und ‚Fachhochschul-/Hochschulabschluss' ist damit die Grundvoraussetzung einer identischen Struktur der Faktorladungsmatrix für die weiteren Tests auf Messinvarianz gegeben.

Nachfolgend werden die Messmodelle für alle einzelnen Gruppen mit standardisierten Faktorladungen wiedergegeben. Auch für die Gruppen differenziert nach ihrem Bildungsabschluss werden Unterschiede bezüglich der Faktorladungen ersichtlich. Die größte Differenz ergibt sich für das Item Lern7 („Mit meinem Kind den Lernstoff wiederholen, wenn Klassenarbeiten oder Tests geschrieben werden"). Hier variieren die Faktorladungen zwischen $\lambda = .48$ und $\lambda = .62$.

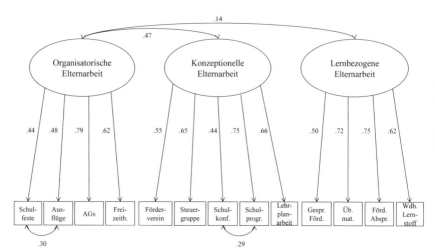

Kein Abitur:
$N = 720$, $Chi^2 = 228.60$, $df = 61$,
$p < .001$, $CFI = .925$, $TLI = .905$,
$RMSEA = .062$, $SRMR = .059$.

Abbildung 30: Messmodell mit standardisierten Faktorladungen für die Gruppe ‚kein Abitur'

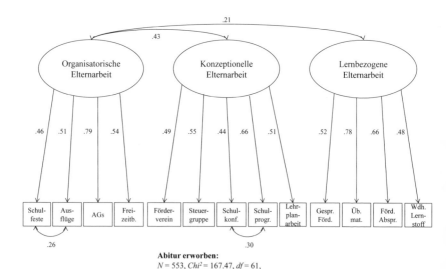

Abitur erworben:
$N = 553$, $Chi^2 = 167.47$, $df = 61$,
$p < .001$, $CFI = .919$, $TLI = .896$,
$RMSEA = .056$, $SRMR = .051$.

Abbildung 31: Messmodell mit standardisierten Faktorladungen für die Gruppe ‚Abitur erworben'

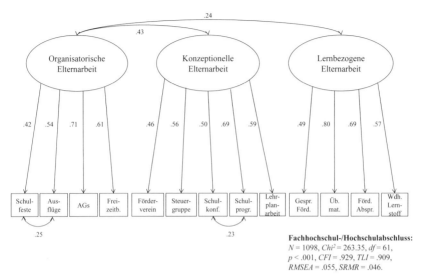

Abbildung 32: Messmodell mit standardisierten Faktorladungen für die Gruppe ‚Fachhochschul-/Hochschulabschluss'

Im Folgenden werden die einzelnen Gruppenvergleiche dargestellt und damit geprüft, ob hinsichtlich des Bildungsniveaus der Eltern Messinvarianz besteht.

Bildungsabschluss: ‚Kein Abitur' vs. ‚Abitur erworben'
Nachdem für die Gruppen ‚kein Abitur' vs. ‚Abitur erworben' die konfigurale Invarianz festgestellt werden konnte und damit eine Übereinstimmung der Faktorladungsmatrix sichergestellt ist, wurde im zweiten Schritt die metrische Invarianz für diesen Gruppenvergleich überprüft. Bei der Testung des restringierten Modells der metrischen gegen das Modell der konfiguralen Invarianz wurde deutlich, dass vollständige metrische Invarianz vorliegt (vgl. Tabelle 31). Zur Erfüllung der Bedingung gleicher Faktorladungen mussten also keine Faktorladungsparameter frei geschätzt werden.

Durch die Hinzunahme der Bedingung gleicher *item intercepts* in den beiden Gruppen zeigte sich nach Durchführung des *Chi²*-Differenztests zunächst ein signifikant schlechterer Modellfit, sodass keine vollständige skalare Invarianz vorliegt. Durch weitere Tests wurde ersichtlich, dass zwischen den beiden Gruppen Unterschiede hinsichtlich der konzeptionellen Elternarbeit bestehen. Um schließlich partielle skalare Invarianz erreichen und damit die Gruppen

‚kein Abitur' und ‚Abitur erworben' hinsichtlich der Elternarbeit vergleichen zu können, wurden die *item intercepts* von Konz6 („Mitarbeit bei der Erstellung des Schulprogramms") und Konz7 („Mitwirkung bei der Lehrplanarbeit") freigesetzt. Dadurch konnte ein nicht signifikanter ΔChi^2 erreicht werden.

Tabelle 31: Überprüfung der Messinvarianz für die Gruppen ‚kein Abitur' vs. ‚Abitur erworben'

Modell	Schritt	x^2	df	CFI	TLI	RMSEA	SRMR	Modell-vergleich	Δx^2	Δdf	p
Modell 1: Test auf konfigurale Invarianz	Baseline model, Überprüfung der Ladungsmuster = freie Schätzung der Indikatoren										
Kein Abitur vs. Abitur erworben		363.219	123	0.919	0.898	0.055	0.056	-	-	-	-
Restringiertes Modell 2: Test auf metrische Invarianz	Überprüfung gleicher Faktorladungen										
Kein Abitur vs. Abitur erworben		378.313	133	0.918	0.903	0.054	0.060	2 vs. 1	16.529	10	.085
Restringiertes Modell 3: Test auf (partielle) skalare Invarianz	Überprüfung der item intercepts; Ausnahmen: Konz6, Konz7 freigesetzt										
Kein Abitur vs. Abitur erworben		392.743	141	0.915	0.906	0.053	0.061	3 vs. 2	13.606	8	.093

Bildungsabschluss: ‚Kein Abitur' vs. ‚Fachhochschul-/Hochschulabschluss'
Der nächste Test auf Invarianz bezieht sich auf die Gruppe mit dem niedrigsten (kein Abitur) und dem höchsten Bildungsabschluss (Fachhochschul-/ Hochschulabschluss). Ob die eingesetzten Instrumente zur organisatorischen, konzeptionellen und lernbezogenen Elternpartizipation auch in diesen zwei Extremgruppen das Gleiche messen, veranschaulicht die nachfolgende Tabelle 32. Wie schon verdeutlicht, weist das Modell der konfiguralen Invarianz für diese zwei Gruppen gute bis zufriedenstellende Modellfitindizes auf.

Bei der Überprüfung der Gleichheit der Faktorladungen durch einen Chi^2-Differenztest wurde keine vollständige metrische Invarianz gefunden. Erst durch die Freisetzung der Faktorladungsparameter für den Indikator Konz7 („Mitwirkung bei der Lehrplanarbeit") konnte die Bedingung einer gleichen Metrik der Messwerte und damit partielle metrische Invarianz für diesen Gruppenvergleich konstatiert werden. Um darauffolgend die Bedingung skalarer Invarianz zu erfüllen, wurden die *item intercepts* mehrerer Indikatoren frei geschätzt.

Tabelle 32: Überprüfung der Messinvarianz für die Gruppen ‚kein Abitur' vs. ‚Fachhochschul-/Hochschulabschluss'

Modell	Schritt	x^2	df	CFI	TLI	RMSEA	SRMR	Modell-vergleich	Δx^2	Δdf	p
Modell 1: Test auf konfigurale Invarianz	Baseline model, Überprüfung der Ladungsmuster = freie Schätzung der Indikatoren										
Kein Abitur vs. Fachhochschul-/ Hochschulabschluss		460.844	123	0.921	0.900	0.055	0.053	-	-	-	-
Restringiertes Modell 2: Test auf (partielle) metrische Invarianz	Überprüfung gleicher Faktorladungen; Ausnahme: Konz7 freigesetzt										
Kein Abitur vs. Fachhochschul-/ Hochschulabschluss		473.406	132	0.920	0.905	0.053	0.055	2 vs. 1	14.246	9	.114
Restringiertes Modell 3: Test auf (partielle) skalare Invarianz	Überprüfung der item intercepts; Ausnahmen: Orga1, Orga4, Konz2, Konz7, Lern7 freigesetzt										
Kein Abitur vs. Fachhochschul-/ Hochschulabschluss		483.114	137	0.919	0.908	0.053	0.056	3 vs. 2	9.072	5	.106

Nach der Durchführung einiger *Chi²*-Differenztests mit der Freisetzung unterschiedlicher *item intercepts* ergab sich schließlich ein nicht signifikanter ΔChi^2-Wert von 9.072 (Δdf = 5) durch die freie Schätzung der *item intercepts* der Indikatoren Orga1 („Mithilfe bei Schulfesten"), Orga4 („Mitarbeit im Freizeitbereich der Schule"), Konz2 („Übernahme von Aufgaben im Förderverein"), Konz7 („Mitwirkung bei der Lehrplanarbeit") und Lern7 („Mit meinem Kind den Lernstoff wiederholen, wenn Klassenarbeiten oder Tests geschrieben werden"). Die Bedingung, dass mindestens zwei Items pro latenter Variable invariant sein müssen, kann damit erfüllt werden. Trotz der Tatsache, dass die Erreichung partieller skalarer Invarianz schwierig war, ist nach der Durchführung aller notwendigen Schritte ein Vergleich der Mittelwerte der zwei Gruppen ‚kein Abitur' und ‚Fachhochschul-/Hochschulabschluss' möglich.

Bildungsabschluss: ‚Abitur erworben' vs. ‚Fachhochschul-/Hochschulabschluss'

Abschließend wird der Frage nach der Vergleichbarkeit der Instrumente zur organisatorischen, konzeptionellen und lernbezogenen Elternarbeit für Gruppen ‚Abitur erworben' vs. ‚Fachhochschul-/Hochschulabschluss' nachgegangen. Zunächst lässt sich anhand der Ergebnisse in Tabelle 33 ablesen, dass die Modellfitwerte der konfiguralen Invarianz für diese beiden Gruppen vergleichsweise am besten sind ($CFI = .923$, $TLI = .902$, $RMSEA = .052$ und $SRMR = .048$). Darüber hinaus wird deutlich, dass sich beim Vergleich der Modelle der metrischen und konfiguralen Invarianz die Bedingung gleicher Faktorladungen vollständig und damit ohne zusätzliche Einschränkungen erfüllen lässt ($\Delta Chi^2 = 11.507$, $\Delta df = 10$, $p = .319$). Anschließend wurde überprüft, ob sich darüber hinaus die Bedingung gleicher *item intercepts* vollständig erfüllen lässt.

Tabelle 33: Überprüfung der Messinvarianz für die Gruppen ‚Abitur erworben' vs. ‚Fachhochschul-/Hochschulabschluss'

Modell	Schritt	x^2	df	CFI	TLI	RMSEA	SRMR	Modell-vergleich	Δx^2	Δdf	p
Modell 1: Test auf konfigurale Invarianz	Baseline model, Überprüfung der Ladungsmuster = freie Schätzung der Indikatoren										
Abitur erworben vs. Fachhochschul-/ Hochschulabschluss		395.568	123	0.923	0.902	0.052	0.048	-	-	-	-
Restringiertes Modell 2: Test auf metrische Invarianz	Überprüfung gleicher Faktorladungen										
Abitur erworben vs. Fachhochschul-/ Hochschulabschluss		404.998	133	0.923	0.910	0.050	0.050	2 vs. 1	11.507	10	.319
Restringiertes Modell 3: Test auf (partielle) skalare Invarianz	Überprüfung der item intercepts; Ausnahme: Lern7 freigesetzt										
Abitur erworben vs. Fachhochschul-/ Hochschulabschluss		421.154	142	0.921	0.913	0.049	0.051	3 vs. 2	14.981	9	.091

Wie zu erkennen ist, konnte keine vollständige skalare Invarianz erreicht werden, da mindestens ein Item der lernbezogenen Elternarbeit nicht invariant ist. Durch die Freisetzung der *item intercepts* des Indikators Lern7 („Mit meinem Kind den Lernstoff wiederholen, wenn Klassenarbeiten oder Tests geschrieben werden") in den Gruppen ‚Abitur erworben' und ‚Fachhochschul-/ Hochschulabschluss' konnte jedoch partielle skalare Invarianz nachgewiesen werden, wodurch die Instrumente und Messung gruppenübergreifend vergleichbar sind.

Abschließend gibt Tabelle 34 eine Zusammenfassung der durchgeführten Tests auf Messinvarianz für die drei Bildungsgruppen wieder. Es wird festgehalten, dass konfigurale Invarianz als Grundbedingung für alle Gruppen gefunden wurde. Zudem konnte vollständige metrische Invarianz für den Gruppenvergleich ‚kein Abitur' und ‚Abitur erworben' sowie ‚Abitur erworben' und ‚Fachhochschul-/Hochschulabschluss' festgestellt werden. Bezüglich der Gegenüberstellung der Gruppen ‚kein Abitur' und ‚Fachhochschul-/Hochschulabschluss' wurde partielle metrische Invarianz konstatiert. Im Hinblick auf die notwendige Bedingung gleicher *item intercepts* lässt sich festhalten, dass für alle Gruppenvergleiche partielle skalare Invarianz nachgewiesen werden konnte. Bezüglich nicht invarianter Items lässt sich festhalten, dass Konz7 („Mitwirkung bei der Lehrplanarbeit") sowie Lern7 („Mit meinem Kind den Lernstoff wiederholen, wenn Klassenarbeiten oder Tests geschrieben werden") auffällig waren und unterschiedlich in den Bildungsgruppen bewertet wurden.

Tabelle 34: Zusammenfassung der Tests auf Messinvarianz bezüglich des Bildungsabschlusses der Eltern

	Kein Abitur vs. Abitur erworben	Kein Abitur vs. Fachhochschul-/ Hochschulabschluss	Abitur erworben vs. Fachhochschul-/ Hochschulabschluss
Volle konfigurale Invarianz	✓	✓	✓
Volle metrische Invarianz	✓	X	✓
Partielle metrische Invarianz	—	✓	—
Volle skalare Invarianz	X	X	X
Partielle skalare Invarianz	✓	✓	✓

Legende: ✓ = Invarianz nachgewiesen, X = Invarianz nicht nachgewiesen, — = Test nicht durchgeführt/erforderlich.

Zwischenfazit

Es lässt sich zusammenfassen, dass für die einzelnen Migrations-, Einkommens- und Bildungsgruppen Messinvarianz festgestellt wurde und die Instrumente damit, wie angenommen, das Gleiche messen. Mittelwertvergleiche der latenten Variablen und weiterführende Analysen sind daher im Folgenden möglich. Für alle Gruppen wurden jedoch auch Items identifiziert, für die jeweils keine Invarianz nachgewiesen werden konnte. Über alle Gruppenvergleiche hinweg wurde festgestellt, dass die Items Orga3 („Mitgestaltung von Projekten oder Arbeitsgemeinschaften"), Orga4 („Mitarbeit im Freizeitbereich der Schule") sowie Konz7 („Mitwirkung bei der Lehrplanarbeit") in einigen der Migrations-, Einkommens- und Bildungsgruppen nicht das Gleiche messen. Es ist somit denkbar, dass verschiedene Eltern mit der Gestaltung von Projekten oder Arbeitsgemeinschaften, der Mitarbeit im Freizeitbereich der Schule und der Mitwirkung bei der Lehrplanarbeit teilweise unterschiedliche Assoziationen haben und damit ein unterschiedliches Verständnis dieser Beteiligungsbereiche vorliegt.

8.1.3   Formen und Umfang der Elternarbeit – deskriptive Befunde und Varianzanalysen

Nachdem die Ergebnisse der Mehrgruppenvergleiche dargestellt wurden, geht es im Folgenden um die Forschungsfragen, in welchen Bereichen sich die Eltern in der Grundschule ihres Kindes beteiligt haben und ob es hinsichtlich der Beteiligungsbereiche gruppenspezifische Unterschiede gibt. Hierzu werden in diesem Abschnitt zunächst jeweils die deskriptiven Befunde vorgestellt. Um signifikante gruppenspezifische Unterschiede in Abhängigkeit vom Migrationshintergrund der Eltern, dem sozioökonomischen Status der Familie und dem Bildungsniveau der Eltern feststellen zu können, werden im Anschluss die Ergebnisse der jeweiligen Varianzanalysen vorgestellt.[51] Abschließend erfolgt die Darstellung eines Regressionsmodells, das alle unabhängigen Hintergrundvariablen umfasst.[52]

---

51 Berechnungen mit Skalen, die auf Basis aufsummierter Summenscores gebildet wurden, weisen aufgrund der Gleichgewichtung der Items Beschränkungen auf. Diese Tatsache wurde in der vorliegenden Arbeit berücksichtigt. Die dargestellten signifikanten Ergebnisse wurden überprüft, indem eine Gewichtung der Items, gemäß den Faktorladungen in Abbildung 19, vorgenommen wurde. Die gruppenspezifischen signifikanten Unterschiede waren bei Gewichtung und Gleichgewichtung identisch.

52 Es werden zunächst Varianzanalysen durchgeführt, um die Hypothese bezüglich gruppenspezifischer Unterschiede jeweils für den Migrationshintergrund, den sozioökonomischen Status und das Bildungsniveau zu testen. Um dem Zusammenhang zwischen Migrationshintergrund, SES und Bildungsniveau Rechnung zu tragen, wird anschließend ein lineares Modell spezifiziert, das die drei Variablen umfasst und somit einen Rückschluss auf das Ausmaß der Konfundierung der in den Varianzanalysen beobachteten Mittelwertunterschiede erlaubt. Auf diese

Gesamtstichprobe

In der folgenden Tabelle 35 sind die deskriptiven Befunde zur Elternarbeit für die Gesamtstichprobe in Form von Prozent- und Mittelwertangaben dargestellt. Es sind die Items der drei Formen der Elternarbeit abgetragen, die sich im Rahmen der CFA bewährt haben.

Bei Betrachtung der Ergebnisse zeigt sich, dass sich die Eltern aus der „Ganz In"-Stichprobe vor allem in Bereichen der organisatorischen und lernbezogenen Elternarbeit engagiert haben. Hinsichtlich der organisatorischen Form wird deutlich, dass die Eltern am häufigsten bei Schulfesten mitgeholfen (*trifft zu* und *trifft eher zu* = 90.6 Prozent) und Klassenfahrten sowie Ausflüge begleitet haben (*trifft zu* und *trifft eher zu* = 55.7 Prozent). Bezüglich der Begleitung von Klassenfahrten oder Ausflügen geben insgesamt aber auch 44.3 Prozent der Eltern an, dass sie dieser Beteiligungsform bisher (eher) nicht nachgegangen sind. Die Standardabweichung von 1.18 ist bei diesem Item im Vergleich zu den anderen Indikatoren der organisatorischen Elternarbeit am höchsten (vgl. Tabelle 35). Eine vergleichsweise geringere Beteiligung zeigt sich für die Mitgestaltung von Projekten oder Arbeitsgemeinschaften (*trifft zu* und *trifft eher zu* = 48.2 Prozent) und für die Mitarbeit im Freizeitbereich der Schule (*trifft zu* und *trifft eher zu* = 29.3 Prozent).

Im Hinblick auf die Items zur konzeptionellen Elternarbeit lassen sich insgesamt geringe Beteiligungsquoten feststellen, was damit zusammenhängen könnte, dass nur ein Teil der Elternschaft beispielsweise in Gremien vertreten sein kann. Die Frage nach der Teilnahme der Eltern an Schulkonferenzen wird von insgesamt 27.7 Prozent mit Zustimmung beantwortet. 19.5 Prozent der Befragten gaben an, dass sie bereits Aufgaben im Förderverein übernommen haben. Deutlich geringer fallen die Zustimmungen für die übrigen drei Partizipationsbereiche aus: Fasst man die beiden Antwortkategorien *trifft zu* und *trifft eher zu* zusammen, dann waren 5.1 Prozent Mitglied in der Steuergruppe, 9.5 Prozent haben bei der Erstellung des Schulprogramms mitgearbeitet und 6.0 Prozent haben bei der Lehrplanarbeit mitgewirkt (vgl. Tabelle 35). Die Mittelwerte der fünf Items, die zwischen 1.84 und 1.24 liegen, unterstreichen den geringen Umfang konzeptioneller Elternpartizipation.

Weise können umsichtige Schlussfolgerungen zu den gruppenspezifischen Ergebnissen formuliert werden. Eine weiterführende umfassende Analyse der Zusammenhangsstruktur der unabhängigen Variablen ist nicht Ziel dieser Arbeit.

Tabelle 35: Partizipationsbereiche von Eltern an der Grundschule ihres Kindes (Zustimmungsangaben in Prozent)

Partizipationsbereiche	Trifft zu	Trifft eher zu	Trifft eher nicht zu	Trifft nicht zu	M (SD)	N
Organisatorische Elternarbeit*						
Mithilfe bei Schulfesten	67.4	23.2	5.8	3.6	3.54 (0.76)	2652
Begleitung von Klassenfahrten und Ausflügen	35.4	20.3	20.7	23.6	2.67 (1.18)	2640
Mitgestaltung von Projekten oder Arbeitsgemeinschaften	24.0	24.2	27.6	24.2	2.48 (1.10)	2624
Mitarbeit im Freizeitbereich der Schule	12.9	16.4	31.8	38.9	2.03 (1.03)	2617
Konzeptionelle Elternarbeit*						
Übernahme von Aufgaben im Förderverein	11.1	8.4	19.6	60.9	1.70 (1.02)	2617
Mitglied in der Steuergruppe	2.3	2.8	11.9	83.0	1.24 (0.62)	2537
Teilnahme an Schulkonferenzen	17.9	9.8	11.0	61.3	1.84 (1.19)	2615
Mitarbeit bei der Erstellung des Schulprogramms	3.7	5.8	17.5	73.0	1.40 (0.76)	2614
Mitwirkung bei der Lehrplanarbeit	3.3	2.7	14.8	79.2	1.30 (0.68)	2598
Lernbezogene Elternarbeit*						
Regelmäßige Gespräche mit den Lehrkräften über individuelle Fördermöglichkeiten für mein Kind führen	41.9	25.8	19.5	12.8	2.97 (1.06)	2635
Mit meinem Kind zu Hause lernen, wenn ich von den Lehrkräften Übungsmaterial erhalte	57.5	19.2	11.7	11.6	3.23 (1.05)	2640
Mein Kind zu Hause nach Absprache mit den Lehrkräften in bestimmten Fächern fördern	51.3	22.3	11.4	15.0	3.10 (1.10)	2628
Mit meinem Kind den Lernstoff wiederholen, wenn Klassenarbeiten oder Tests geschrieben werden	66.1	18.4	8.6	6.9	3.44 (0.91)	2632

* Antwortformat: 1 = trifft nicht zu, 2 = trifft eher nicht zu, 3 = trifft eher zu, 4 = trifft zu.

Für die Indikatoren zur lernbezogenen Elternarbeit sind insgesamt hohe Zustimmungen festzustellen. Werden die beiden Antwortkategorien *trifft zu* und *trifft eher zu* zusammengefasst, so zeigt sich, dass 84.5 Prozent mit ihren Kindern den Lernstoff wiederholt haben, wenn Klassenarbeiten oder Tests geschrieben wurden. 76.7 Prozent geben an, zu Hause mit ihren Kindern gelernt zu haben, wenn sie Übungsmaterial von den Lehrkräften erhalten haben. Zudem haben insgesamt 73.6 Prozent der befragten Eltern ihr Kind nach Absprache mit den Lehrkräften in bestimmten Fächern gefördert und 67.7 Prozent haben regelmäßig Gespräche mit den Lehrkräften über individuelle Fördermöglichkeiten für das Kind geführt. Insgesamt befand sich die lernbezogene Unterstützung der Eltern in der Grundschule (Mittelwerte zwischen 3.44 und 2.97) also auf einem hohen Niveau.

Dass sich die befragten Eltern, wie angenommen, umfassender in organisatorisch und lernbezogen geprägten Bereichen engagiert haben, verdeutlicht auch die Gegenüberstellung der Skalenmittelwerte (vgl. Tabelle 36). Während der Mittelwert für die organisatorische bei 2.69 ($SD = 0.74$) und der Mittelwert für die lernbezogene Elternarbeit bei 3.18 ($SD = 0.77$) liegen, ist der Mittelwert der konzeptionellen Elternarbeit 1.50 ($SD = 0.59$).

Tabelle 36: Gegenüberstellung der Mittelwerte der drei Formen der Elternarbeit

Formen der Elternarbeit	Min	Max	M	(SD)	N
Organisatorische Elternarbeit*	1	4	2.69	(0.74)	2644
Konzeptionelle Elternarbeit*	1	4	1.50	(0.59)	2622
Lernbezogene Elternarbeit*	1	4	3.18	(0.77)	2654

* Antwortformat: 1 = trifft nicht zu, 2 = trifft eher nicht zu, 3 = trifft eher zu, 4 = trifft zu.

Migrationshintergrund

Nachdem die Elternpartizipation für die Gesamtstichprobe dargestellt wurde, geht es im Folgenden um die Beteiligung der Eltern differenziert nach ihrem Migrationshintergrund (vgl. Tabelle 37). Zur besseren Übersichtlichkeit wurden die Antwortkategorien „*trifft zu*" und „*trifft eher zu*" zu „*trifft (eher) zu*" sowie „*trifft eher nicht zu*" und „*trifft nicht zu*" zu „*trifft (eher) nicht zu*" zusammengefasst.

Beim Vergleich der Partizipationsquoten der drei Migrationsgruppen hinsichtlich der organisatorischen Bereiche zeigt sich, dass die Gruppe ‚kein Elternteil im Ausland geboren' insgesamt häufiger in der Grundschule mitgewirkt hat als die Gruppen ‚beide Elternteile im Ausland geboren' und ‚ein Elternteil im Ausland geboren'. Es haben 92.4 Prozent der Eltern ohne Migrationshintergrund angegeben, dass sie bereits bei Schulfesten mitgeholfen haben im Vergleich zu 84.4 Prozent der Eltern mit Migrationshintergrund. Eine höhere Beteiligungsquote der Eltern ohne Migrationshintergrund wird auch für die Begleitung von Klassenfahrten und Ausflügen deutlich: Während 59.0 Prozent der in Deutschland geborenen Eltern in diesem Bereich in der Grundschule aktiv waren, haben 46.2 Prozent der im Ausland geborenen Eltern diese Aufgabe übernommen. Bei der Mitarbeit im Freizeitbereich war die Gruppe ‚ein Elternteil im Ausland geboren' am häufigsten beteiligt, wobei hier die prozentualen Unterschiede insgesamt gering sind (vgl. Tabelle 37).

In Bezug auf die Bereiche zur konzeptionellen Elternarbeit gibt es keine eindeutige Tendenz zu der Frage, welche Elterngruppe in der Grundschule in einem höheren Umfang partizipiert hat. Für die Items „Übernahme von Aufgaben im Förderverein" sowie „Mitglied in der Steuergruppe" ergibt sich ein höherer Partizipationsanteil für Eltern ohne Migrationshintergrund. Ein entgegengesetzter Befund lässt sich für die Mitarbeit bei der Erstellung des Schulprogramms und der Mitwirkung bei der Lehrplanarbeit feststellen, wobei die prozentualen Unterschiede für den erst genannten Bereich sehr gering sind (beide Elternteile im Ausland geboren: 9.2 Prozent, ein Elternteil im Ausland geboren: 11.6 Prozent und kein Elternteil im Ausland geboren: 8.6 Prozent).

Tabelle 37: Partizipationsbereiche von Eltern differenziert nach dem Migrationshintergrund der Eltern (Zustimmungsangaben in Prozent)

	Beide Elternteile im Ausland geboren			Ein Elternteil im Ausland geboren			Kein Elternteil im Ausland geboren		
Partizipationsbereiche	Trifft (eher) zu	Trifft (eher) nicht zu	N	Trifft (eher) zu	Trifft (eher) nicht zu	N	Trifft (eher) zu	Trifft (eher) nicht zu	N
Organisatorische Elternarbeit									
Mithilfe bei Schulfesten	84.4	15.6	410	91.3	8.7	435	92.4	7.6	1177
Begleitung von Klassenfahrten und Ausflügen	46.2	53.8	400	54.1	45.9	436	59.0	41.0	1174
Mitgestaltung von Projekten oder Arbeitsgemeinschaften	43.6	56.4	399	47.9	52.1	432	48.1	51.9	1169
Mitarbeit im Freizeitbereich der Schule	33.0	67.0	397	34.4	65.6	430	26.1	73.9	1165
Konzeptionelle Elternarbeit									
Übernahme von Aufgaben im Förderverein	15.1	84.9	391	17.0	83.0	429	21.5	78.5	1168
Mitglied in der Steuergruppe	4.2	95.8	385	4.6	95.4	413	6.0	94.0	1125
Teilnahme an Schulkonferenzen	28.3	71.7	392	27.9	72.1	427	28.0	72.0	1167
Mitarbeit bei der Erstellung des Schulprogramms	9.2	90.8	392	11.6	88.4	432	8.6	91.4	1161
Mitwirkung bei der Lehrplanarbeit	9.2	90.8	390	6.3	93.7	430	5.1	94.9	1152
Lernbezogene Elternarbeit									
Regelmäßige Gespräche mit den Lehrkräften über individuelle Fördermöglichkeiten für mein Kind führen	71.5	28.5	404	71.1	28.9	433	67.0	33.0	1170
Mit meinem Kind zu Hause lernen, wenn ich von den Lehrkräften Übungsmaterial erhalte	82.4	17.6	409	77.5	22.5	436	74.6	25.4	1167
Mein Kind zu Hause nach Absprache mit den Lehrkräften in bestimmten Fächern fördern	79.3	20.7	405	74.7	25.3	435	70.5	29.5	1166
Mit meinem Kind den Lernstoff wiederholen, wenn Klassenarbeiten oder Tests geschrieben werden	86.4	13.6	404	86.7	13.3	435	83.0	17.0	1169

Für Aufgaben, die der lernbezogenen Elternarbeit zuzuordnen sind, lässt sich der Tabelle 37 entnehmen, dass Eltern mit Migrationshintergrund insgesamt in einem höheren Umfang mitgewirkt haben. Während 82.4 Prozent der Eltern mit Migrationshintergrund (beide Elternteile im Ausland geboren) zu Hause mit ihrem Kind nach dem Erhalt von Übungsmaterial gelernt haben, haben dies 74.6 Prozent der Eltern ohne Migrationshintergrund umgesetzt. Ihr Kind zu Hause nach Absprache mit den Lehrkräften in bestimmten Fächern gefördert, haben in der Grundschule 79.3 Prozent der Gruppe ‚beide Elternteile im Ausland geboren', 74.7 Prozent der Gruppe ‚ein Elternteil im Ausland geboren' und 70.5 Prozent der Gruppe ‚kein Elternteil im Ausland geboren'. Für die anderen beiden Items „Regelmäßige Gespräche mit den Lehrkräften über individuelle Fördermöglichkeiten für mein Kind führen" und „Mit meinem Kind den Lernstoff wiederholen, wenn Klassenarbeiten oder Tests geschrieben werden" lassen sich vergleichbare Tendenzen ausmachen.

Bei Betrachtung der Ergebnisse der Varianzanalyse lassen sich die deskriptiven Befunde und Tendenzen weitgehend wiederfinden. Im Hinblick auf die organisatorische Elternarbeit wurde durch die durchgeführte Varianzanalyse zunächst verdeutlicht, dass zwischen mindestens zwei Gruppen signifikante Unterschiede bestehen ($F = 6.326$, $df = 2$, $p = .002$). Um darüber hinaus zu wissen, zwischen welchen Gruppen es konkret hinsichtlich der organisatorischen Form bedeutsame Unterschiede gibt, wurden Post-Hoc-Tests durchgeführt. Da der *Levene*-Test ergab, dass die Varianzen der organisatorischen Elternpartizipation bezüglich des Migrationshintergrunds heterogen sind, wurde der *Games-Howell*-Test angewendet. Beim Vergleich der Mittelwerte wird zunächst deutlich, dass sich die Gruppe ‚kein Elternteil im Ausland geboren' ($N = 1175$, $M = 2.71$, $SD = 0.72$) häufiger beteiligt hat als die Gruppen ‚ein Elternteil im Ausland geboren' ($N = 435$, $M = 2.69$, $SD = 0.77$) und ‚beide Elternteile im Ausland geboren' ($N = 404$, $M = 2.56$, $SD = 0.79$). Das Ergebnis des *Games-Howell*-Tests verdeutlicht, dass der Mittelwertunterschied sowohl zwischen den Gruppen ‚beide Elternteile im Ausland geboren' und ‚ein Elternteil im Ausland geboren' als auch zwischen ‚beide Elternteile im Ausland geboren' und ‚kein Elternteil im Ausland geboren' jeweils signifikant ist (vgl. Tabelle 38). Die Effektstärken (*Cohens d*) sind mit $d = 0.17$ (Vergleich ‚beide Elternteile im Ausland geboren' und ‚ein Elternteil im Ausland geboren') und $d = 0.20$ (Vergleich ‚beide Elternteile im Ausland geboren' und ‚kein Elternteil im Ausland geboren') jedoch eher klein. Kein bedeutsamer Unterschied liegt für den Gruppenvergleich ‚ein und kein Elternteil im Ausland geboren' vor. Das bedeutet: Wurden beide Elternteile im Ausland geboren, so hat diese Elterngruppe in der Grundschule vergleichsweise signifikant seltener in organisatorischen Bereichen mitgewirkt.

In Bezug auf die konzeptionelle Form der Elternarbeit wird anhand der Mittelwerte für die einzelnen Gruppen deutlich, dass es keine bedeutsamen Unterschiede gibt (beide Elternteile im Ausland geboren, $M = 1.51$, $SD = 0.58$; ein Elternteil im Ausland geboren, $M = 1.50$, $SD = 0.60$ und kein Elternteil im Ausland geboren, $M = 1.51$, $SD = 0.60$). Dies bestätigt auch das Ergebnis der Varianzanalyse: Zwischen den Gruppen liegen keine bedeutsamen Differenzen vor ($F = 0.096$, $df = 2$, $p = .908$). Die Durchführung eines Post-Hoc-Tests war somit nicht erforderlich. Es zeigt sich damit, dass alle Migrationsgruppen in einem geringen Umfang konzeptionelle Aufgaben während der Grundschulzeit übernommen haben.

Tabelle 38: Mittelwertvergleiche der Elternarbeit differenziert nach dem Migrationshintergrund der Eltern

	Organisatorische Elternarbeit[1]		Konzeptionelle Elternarbeit[2]		Lernbezogene Elternarbeit[3]	
	M	*(SD)*	M	*(SD)*	M	*(SD)*
a) Beide Elternteile im Ausland geboren	2.56^{II}	(0.79)	1.51^{I}	(0.58)	3.29^{II}	(0.75)
b) Ein Elternteil im Ausland geboren	2.69^{I}	(0.77)	1.50^{I}	(0.60)	$3.22^{I,II}$	(0.76)
c) Kein Elternteil im Ausland geboren	2.71^{I}	(0.72)	1.51^{I}	(0.60)	3.14^{I}	(0.78)

1) Games-Howell- Test. N = 404 (a), 435 (b), 1175 (c). F = 6.326, df = 2, ηp^2 = 0.006, p = .002.

2) Tukey HSD-Test. N = 394 (a), 432 (b), 1167 (c). F = 0.096, df = 2, ηp^2 = 0.000, p = .908.

3) Tukey HSD-Test. N = 411 (a), 438 (b), 1175 (c). F = 6.302, df = 2, ηp^2 = 0.006, p = .002.

Mittelwerte mit ungleichen Suffixen unterscheiden sich mit p < .05.

Antwortskalierung: 1 = trifft nicht zu, 2 = trifft eher nicht zu, 3 = trifft eher zu, 4 = trifft zu.

Ein anderer Befund zeigt sich hingegen für die lernbezogene Elternarbeit. Das Ergebnis der Varianzanalyse verdeutlicht, dass statistisch bedeutsame Gruppenunterschiede vorliegen (F = 6.302, df = 2, p = .002), sodass weitere Post-Hoc-Tests notwendig sind. Da der *Levene*-Test zeigte, dass die Varianzen der lernbezogenen Elternarbeit in Bezug auf den Migrationshintergrund homogen sind, konnte auf den *Tukey HSD*-Test zurückgegriffen werden. Bei Betrachtung der Mittelwerte zeigt sich, dass die Gruppen ‚beide Elternteile im Ausland geboren' (N = 411, M = 3.29, SD = 0.75) und ‚ein Elternteil im Ausland geboren' (N = 438, M = 3.22, SD = 0.76) häufiger lernbezogen engagiert waren als die Gruppe ‚kein Elternteil im Ausland geboren' (N = 1175, M = 3.14, SD = 0.78). Signifikant ist dabei der Unterschied zwischen den Gruppen ‚beide Elternteile im Ausland geboren' und ‚kein Elternteil im Ausland geboren' mit einer Effektstärke von d = 0.19. Die bereits anhand der deskriptiven Ergebnisse konstatierte Tendenz, dass Eltern mit Migrationshintergrund stärker lernbezogene Tätigkeiten übernommen haben als Eltern ohne Migrationshintergrund, kann also auch statistisch als abgesichert gelten.

Es lässt sich zusammenfassend festhalten, dass es in Abhängigkeit vom Migrationshintergrund Unterschiede hinsichtlich der Elternarbeit gibt. Bezogen auf die organisatorische Form haben Eltern mit Migrationshintergrund (beide

Elternteile im Ausland geboren) signifikant seltener mitgewirkt als die anderen beiden Gruppen. Ein entgegengesetzter Befund ergibt sich für die lernbezogene Elternarbeit: Hier waren im Ausland geborene Eltern aktiver als in Deutschland geborene Eltern. Entgegen der Hypothese, wurde kein bedeutsamer Unterschied für die konzeptionelle Elternarbeit konstatiert.

Sozioökonomischer Status
Der Vergleich der Elternarbeit nach dem sozioökonomischen Status (operationalisiert über das jährliche Bruttohaushaltseinkommen) ist in Tabelle 39 dargestellt. Auch hier wurden die Antwortkategorien *„trifft zu"* und *„trifft eher zu"* zu *„trifft (eher) zu"* sowie *„trifft eher nicht zu"* und *„trifft nicht zu"* zu *„trifft (eher) nicht zu"* zusammengefasst.

Für die organisatorisch geprägten Partizipationsbereiche lässt sich erkennen, dass der Umfang der Beteiligung mit höherem Einkommen und damit einem höheren sozioökonomischen Status insgesamt ansteigt. 80.5 Prozent der Eltern mit einem Einkommen von unter 10.000 € haben in der Grundschule bei Schulfesten mitgeholfen gegenüber 94.2 Prozent der Eltern mit einem Einkommen von über 70.000 € (Einkommen 10.000 bis 39.999 €: 87.5 Prozent und Einkommen 40.000 bis 69.999 €: 92.3 Prozent). Klassenfahrten und Ausflüge haben 44.6 Prozent der Eltern mit dem geringsten und 59.8 Prozent der Eltern mit dem höchsten Einkommen begleitet. Hinsichtlich der Mitgestaltung von Projekten und AGs ergibt sich ein Unterschied von fast 15 Prozentpunkten zwischen Eltern, die über das geringste (*trifft (eher) zu* = 37.8 Prozent) und denen, die über das höchste (*trifft (eher) zu* = 52.7 Prozent) Einkommen verfügen. Im Freizeitbereich haben eher Eltern mit einem geringen SES in der Grundschule mitgearbeitet (vgl. Tabelle 39).

Hinsichtlich der konzeptionellen Elternarbeit lässt sich anhand der prozentualen Verteilung kein eindeutiger Befund konstatieren. Eltern mit einem Einkommen von unter 10.000 € und einem Einkommen zwischen 10.000 und 39.999 € geben häufiger als die beiden übrigen Gruppen an, dass sie bei der Lehrplanarbeit mitgewirkt haben. Aufgaben im Förderverein haben am seltensten Eltern mit einem Einkommen zwischen 10.000 und 39.999 € (15.7 Prozent) übernommen. In diesem Bereich waren Eltern mit dem höchsten Einkommen von über 70.000 € (25.9 Prozent) engagiert. Die Angaben, Mitglied in der Steuergruppe gewesen zu sein, liegen für die ersten drei Einkommensgruppen zwischen 4.1 Prozent und 4.6 Prozent. Die Zustimmungsquote von Eltern mit einem Einkommen von 70.000 € und mehr beträgt 7.5 Prozent.

Für die Items „Teilnahme an Schulkonferenzen" und „Mitarbeit bei der Erstellung des Schulprogramms" liegen die prozentualen Anteile der Partizipation insgesamt dicht beieinander.

Tabelle 39: Partizipationsbereiche von Eltern differenziert nach dem jährlichen Bruttohaushaltseinkommen der Familie (Zustimmungsangaben in Prozent)

Partizipationsbereiche	Einkommen unter 10.000 €			Einkommen 10.000 bis 39.999 €			Einkommen 40.000 bis 69.999 €			Einkommen über 70.000 €		
	Trifft (eher) zu	Trifft (eher) nicht zu	N	Trifft (eher) zu	Trifft (eher) nicht zu	N	Trifft (eher) zu	Trifft (eher) nicht zu	N	Trifft (eher) zu	Trifft (eher) nicht zu	N
Organisatorische Elternarbeit												
Mithilfe bei Schulfesten	80.5	19.5	77	87.5	12.5	794	92.3	7.7	794	94.2	5.8	624
Begleitung von Klassenfahrten und Ausflügen	44.6	55.4	74	50.1	49.9	788	56.6	43.4	795	59.8	40.2	622
Mitgestaltung von Projekten oder Arbeitsgemeinschaften	37.8	62.2	74	43.8	56.2	781	47.7	52.3	791	52.7	47.3	622
Mitarbeit im Freizeitbereich der Schule	37.8	62.2	74	30.8	69.2	782	26.5	73.5	791	29.2	70.8	619
Konzeptionelle Elternarbeit												
Übernahme von Aufgaben im Förderverein	19.2	80.8	73	15.7	84.3	777	19.0	81.0	790	25.9	74.1	621
Mitglied in der Steuergruppe	4.1	95.9	73	4.6	95.4	761	4.4	95.6	766	7.5	92.5	598
Teilnahme an Schulkonferenzen	28.4	71.6	74	27.1	72.9	778	27.4	72.6	787	29.3	70.7	621
Mitarbeit bei der Erstellung des Schulprogramms	8.1	91.9	74	9.3	90.7	777	8.7	91.3	790	10.8	89.2	619
Mitwirkung bei der Lehrplanarbeit	11.0	89.0	73	7.6	92.4	775	5.6	94.4	784	4.7	95.3	616
Lernbezogene Elternarbeit												
Regelmäßige Gespräche mit den Lehrkräften über individuelle Fördermöglichkeiten für mein Kind führen	69.3	30.7	75	71.5	28.5	785	67.5	32.5	794	63.5	36.5	619
Mit meinem Kind zu Hause lernen, wenn ich von den Lehrkräften Übungsmaterial erhalte	80.3	19.7	76	80.0	20.0	790	75.9	24.1	792	73.7	26.3	619
Mein Kind zu Hause nach Absprache mit den Lehrkräften in bestimmten Fächern fördern	73.3	26.7	75	76.4	23.6	781	73.9	26.1	793	70.2	29.8	620
Mit meinem Kind den Lernstoff wiederholen, wenn Klassenarbeiten oder Tests geschrieben werden	90.8	9.2	76	85.8	14.2	780	84.0	16.0	796	83.4	16.6	619

Beim Vergleich des lernbezogenen Engagements zeigt sich, dass Eltern mit einem geringen SES vergleichsweise aktiver waren als Eltern mit einem hohen SES. Während 80.3 Prozent der Eltern mit dem geringsten Einkommen mit ihrem Kind zu Hause nach dem Erhalt von Übungsmaterial gelernt haben, wurde dies von 73.7 Prozent der Eltern mit dem höchsten Einkommen umgesetzt. Des Weiteren geben 90.8 Prozent der Eltern mit einem Einkommen von unter 10.000 € an, dass sie mit ihrem Kind zu Hause Lernstoff wiederholt haben, wenn Klassenarbeiten oder Tests geschrieben wurden. Im Vergleich dazu haben dieser Aussage 83.4 Prozent der Eltern mit einem Einkommen von

70.000 € und mehr zugestimmt. Auch für die übrigen zwei Items der lernbezogenen Elternarbeit zeigt sich die Tendenz, dass Eltern mit einem geringeren Einkommen einen höheren Umfang der Beteiligung angegeben haben. Möglicherweise engagieren sich Eltern mit einem geringeren Einkommen stark lernbezogen, weil sie im Gegensatz zu Eltern mit einem hohen Einkommen weniger finanzielle Mittel für Nachhilfe aufbringen können.

Werden die Ergebnisse der Varianzanalyse herangezogen, so zeigt sich für die organisatorische Elternarbeit, dass signifikante Unterschiede zwischen den Einkommensgruppen vorliegen ($F = 6.801$, $df = 3$, $p = .000$). Das Ergebnis des *Tukey HSD*-Tests macht deutlich, dass Eltern mit einem Einkommen von unter 10.000 € ($N = 75$, $M = 2.52$, $SD = 0.86$) und Eltern, die ein Bruttohaushaltseinkommen zwischen 10.000 und 39.999 € zur Verfügung haben ($N = 791$, $M = 2.61$, $SD = 0.75$), in der Grundschule signifikant seltener ein Engagement in organisatorischen Bereichen zeigten als Eltern mit einem Einkommen von 70.000 € und mehr ($N = 623$, $M = 2.77$, $SD = 0.72$). Die Effektstärke für den Vergleich der Gruppen ‚unter 10.000 €' und ‚70.000 € und mehr' liegt bei $d = 0.34$, während der signifikante Effekt des Gruppenvergleichs Bruttohaushaltseinkommen zwischen 10.000 und 39.999 € und 70.000 € und mehr eine geringere Stärke von $d = 0.22$ aufweist. Zwischen den übrigen Einkommensgruppen liegen keine statistisch bedeutsamen Differenzen vor. Die größte Streuung ergibt sich für die Gruppe mit dem geringsten Einkommen ($SD = 0.86$).

Keine signifikanten Unterschiede ergaben sich durch den Mittelwertvergleich für die konzeptionelle Elternarbeit ($F = 1.434$, $df = 3$, $p = .231$). Die Mittelwerte der verschiedenen Einkommensgruppen liegen auf einem vergleichbar niedrigen Niveau und unterscheiden sich daher nicht bedeutsam voneinander (Einkommen unter 10.000 €, $M = 1.51$, $SD = 0.69$; Einkommen zwischen 10.000 und 39.999 €, $M = 1.49$, $SD = 0.57$; Einkommen zwischen 40.000 und 69.999€, $M = 1.48$, $SD = 0.58$; Einkommen 70.000 € und mehr, $M = 1.54$, $SD = 0.62$).

Bei der Skala zu lernbezogenen Aktivitäten lassen sich wiederum signifikante Unterschiede feststellen ($F = 2.848$, $df = 3$, $p = .036$). Da das Ergebnis des *Levene*-Tests zur Überprüfung der Varianzhomogenität nicht signifikant ist, kann als Post-Hoc-Test der *Tukey HSD*-Test angewendet werden. Das Ergebnis des *Tukey HSD*-Tests zeigt, dass bei einem Gruppenvergleich bedeutsame Unterschiede hinsichtlich der lernbezogenen Elternarbeit bestehen: Eltern mit einem Einkommen zwischen 10.000 und 39.999 € ($N = 791$, $M = 3.23$,

$SD = 0.73$) sind signifikant häufiger lernbezogenen Aktivitäten nachgegangen als Eltern mit einem Einkommen von 70.000 € und mehr ($N = 623$, $M = 3.12$, $SD = 0.77$). Der Effekt ist jedoch mit $d = 0.14$ relativ klein. Eltern, die über ein Einkommen von unter 10.000 € verfügen ($N = 76$, $M = 3.23$, $SD = 0.76$) und Eltern mit einem Bruttohaushaltseinkommen zwischen 40.000 und 69.999 € ($N = 798$, $M = 3.18$, $SD = 0.78$) unterschieden sich von den anderen Gruppen nicht signifikant.

Tabelle 40: Mittelwertvergleiche der Elternarbeit differenziert nach dem jährlichen Bruttohaushaltseinkommen der Familie

	Organisatorische Elternarbeit[1]		Konzeptionelle Elternarbeit[2]		Lernbezogene Elternarbeit[3]	
	M	(SD)	M	(SD)	M	(SD)
a) Einkommen unter 10.000 €	2.52 [I]	(0.86)	1.51[I]	(0.69)	3.23 [I,II]	(0.76)
b) Einkommen zwischen 10.000 und 39.999 €	2.61 [I]	(0.75)	1.49[I]	(0.57)	3.23 [I]	(0.73)
c) Einkommen zwischen 40.000 und 69.999 €	2.68 [I,II]	(0.72)	1.48[I]	(0.58)	3.18 [I,II]	(0.78)
d) Einkommen 70.000 € oder mehr	2.77 [II]	(0.72)	1.54[I]	(0.62)	3.12 [II]	(0.77)

1) Tukey HSD-Test. N = 75 (a), 791 (b), 794 (c), 623 (d). F = 6.801, df = 3, ηp^2 = 0.009, p = .000.
2) Games-Howell-Test. N = 74 (a), 782 (b), 790 (c), 621 (d). F = 1.434, df = 3, ηp^2 = 0.002, p = .231.
3) Tukey HSD-Test. N = 76 (a), 791 (b), 798 (c), 623 (d). F = 2.848, df = 3, ηp^2 = 0.004, p = .036.
Mittelwerte mit ungleichen Suffixen unterscheiden sich mit p < .05.
Antwortskalierung: 1 = trifft nicht zu, 2 = trifft eher nicht zu, 3 = trifft eher zu, 4 = trifft zu.

Für die dargestellten Gruppenvergleiche lässt sich Folgendes zusammenfassen: Aufgaben, die zur organisatorischen Elternarbeit gezählt werden können, wurden in der Grundschule häufiger von Eltern mit einem hohen sozioökonomischen Status (Einkommen von 70.000 € und mehr) wahrgenommen. Signifikant seltener haben Eltern mit einem niedrigen SES (Bruttohaushaltseinkommen von unter 10.000€ sowie zwischen 10.000 und 39.999 €) mitgewirkt. Konzeptionell haben in der Grundschule sowohl Eltern mit einem niedrigen als auch Eltern mit einem hohen SES in einem geringen Umfang mitgearbeitet. Hier zeigten sich keine signifikanten Unterschiede zwischen den Einkommensgruppen. Hinsichtlich des lernbezogenen Engagements wurde dargestellt, dass Eltern mit einem geringeren Einkommen (zwischen 10.000 und 39.999 €) ihre Kinder beim Lernen signifikant häufiger unterstützt haben als Eltern mit dem höchsten Einkommen (70.000 € und mehr). Dies könnte mit einem Zeitmangel von Eltern mit einem hohen Einkommen zusammenhängen.

Bildungsniveau

Die deskriptiven Ergebnisse für die drei Elterngruppen bezüglich ihres Bildungsniveaus sind in Tabelle 41 zu finden. Es wird zwischen den Gruppen ‚kein Abitur', ‚Abitur erworben' sowie ‚Fachhochschul-/Hochschulabschluss' unterschieden.

Bei Betrachtung der Prozentangaben der Items zur organisatorischen Elternarbeit wird deutlich, dass Eltern mit dem niedrigsten Bildungsabschluss (kein Abitur) bei vier der fünf Bereiche die niedrigste Beteiligungsquote aufweisen, wobei die Differenzen jeweils nur um die fünf Prozentpunkte betragen. Während beispielsweise 88.7 Prozent der Eltern, die kein Abitur haben, angeben, dass sie bei Schulfesten geholfen haben, ergibt sich für Eltern mit einem Fachhochschul-/Hochschulabschluss eine Partizipationsquote von 91.9 Prozent. Generell kann für die organisatorischen Aktivitäten aber nicht festgestellt werden, dass Eltern mit dem höchsten Bildungsabschluss am engagiertesten waren: Sowohl hinsichtlich der Begleitung von Klassenfahrten und Ausflügen als auch bei der Mitgestaltung von Projekten und AGs sind es Eltern, die als höchsten Abschluss das Abitur erworben haben, die in einem geringfügig häufigeren Umfang partizipierten. Im Freizeitbereich haben 32.8 Prozent der Eltern ohne Abitur mitgearbeitet gegenüber 30.4 Prozent der Eltern mit Abitur und 26.0 Prozent der Eltern mit Fachhochschul-/Hochschulabschluss. Hier sind es also Eltern mit einem niedrigen Abschluss, die sich geringfügig häufiger engagiert haben (vgl. Tabelle 41).

Die Prozentangaben für die einzelnen Items der konzeptionellen Elternarbeit unterscheiden sich zwischen den drei Gruppen nicht deutlich voneinander. Geringfügig höhere Beteiligungsquoten (maximal 2.5 Prozentpunkte) für Eltern mit Fachhochschul-/Hochschulabschluss lassen sich für die Übernahme von Aufgaben im Förderverein, für die Teilnahme an Schulkonferenzen sowie für die Mitarbeit bei der Erstellung des Schulprogramms feststellen. An der Lehrplanarbeit haben hingegen Eltern ohne Abitur (8.8 Prozent) häufiger teilgenommen als Eltern mit Abitur (4.4 Prozent) und Eltern mit Fachhochschul-/Hochschulabschluss (4.7 Prozent).

Hinsichtlich lernbezogener Aktivitäten ist anhand der Prozentangaben festzustellen, dass die Partizipation mit zunehmendem Bildungsniveau abnimmt. 72.3 Prozent der Eltern ohne Abitur haben regelmäßig Gespräche mit den Lehrkräften über individuelle Fördermöglichkeiten des Kindes geführt, während dies 64.0 Prozent der Eltern mit Fachhochschul-/Hochschulabschluss angeben. Darüber hinaus haben 77.0 Prozent der Eltern ohne Abitur ihr Kind während der Grundschulschulzeit nach Absprache mit den Lehrkräften in bestimmten Fächern gefördert, während dieser Aufgabe 70.7 Prozent der Eltern mit Fachhochschul-/Hochschulabschluss nachkamen (vgl. Tabelle 41). Auch bei den zwei weiteren lernbezogenen Items weisen Eltern mit einem geringeren Bildungsabschluss eine höhere Partizipation auf.

Tabelle 41: Partizipationsbereiche von Eltern differenziert nach dem Bildungsabschluss der Eltern (Zustimmungsangaben in Prozent)

Partizipationsbereiche	Kein Abitur			Abitur erworben			Fachhochschul-/ Hochschulabschluss		
	Trifft (eher) zu	*Trifft (eher) nicht zu*	*N*	*Trifft (eher) zu*	*Trifft (eher) nicht zu*	*N*	*Trifft (eher) zu*	*Trifft (eher) nicht zu*	*N*
Organisatorische Elternarbeit									
Mithilfe bei Schulfesten	88.7	11.3	798	91.2	8.8	592	91.9	8.1	1188
Begleitung von Klassenfahrten und Ausflügen	53.1	46.9	793	58.5	41.5	591	56.6	43.4	1182
Mitgestaltung von Projekten oder Arbeitsgemeinschaften	45.5	54.5	787	50.2	49.8	586	49.0	51.0	1179
Mitarbeit im Freizeitbereich der Schule	32.8	67.2	786	30.4	69.6	585	26.0	74.0	1174
Konzeptionelle Elternarbeit									
Übernahme von Aufgaben im Förderverein	18.4	81.6	779	18.6	81.4	587	20.9	79.1	1179
Mitglied in der Steuergruppe	5.4	94.6	759	4.0	96.0	572	5.5	94.5	1137
Teilnahme an Schulkonferenzen	28.8	71.2	782	26.7	73.3	585	27.9	72.1	1177
Mitarbeit bei der Erstellung des Schulprogramms	10.2	89.8	782	6.3	93.7	588	10.5	89.5	1172
Mitwirkung bei der Lehrplanarbeit	8.8	91.2	774	4.4	95.6	587	4.7	95.3	1166
Lernbezogene Elternarbeit									
Regelmäßige Gespräche mit den Lehrkräften über individuelle Fördermöglichkeiten für mein Kind führen	72.3	27.7	791	67.9	32.1	591	64.0	36.0	1178
Mit meinem Kind zu Hause lernen, wenn ich von den Lehrkräften Übungsmaterial erhalte	79.9	20.1	793	79.0	21.0	590	73.1	26.9	1179
Mein Kind zu Hause nach Absprache mit den Lehrkräften in bestimmten Fächern fördern	77.0	23.0	784	74.4	25.6	586	70.7	29.3	1180
Mit meinem Kind den Lernstoff wiederholen, wenn Klassenarbeiten oder Tests geschrieben werden	86.5	13.5	788	86.9	13.1	588	81.6	18.4	1179

Die Ergebnisse der Varianzanalyse in Tabelle 42 verweisen darauf, dass bezüglich der organisatorischen Elternarbeit zwischen den drei Gruppen keine statistisch bedeutsamen Unterschiede vorliegen ($F = 1.529$, $df = 2$, $p = .217$). Eltern, die kein Abitur erworben haben ($N = 795$, $M = 2.66$, $SD = 0.77$), Eltern mit Abitur ($N = 591$, $M = 2.73$, $SD = 0.73$) und Eltern mit einem Fachhochschul-/

Hochschulabschluss ($N = 1185$, $M = 2.69$, $SD = 0.73$) haben in einem vergleichbaren Umfang mitgewirkt.

Ein vergleichbarer Befund konnte für die konzeptionelle Elternarbeit festgestellt werden. Alle drei Gruppen unterscheiden sich hinsichtlich ihrer Partizipation an konzeptionellen Aufgaben nicht signifikant voneinander ($F = 1.130$, $df = 2$, $p = .323$). Der Umfang der konzeptionellen Elternarbeit ist für Eltern ohne Abitur ($N = 783$, $M = 1.53$, $SD = 0.62$), für Eltern mit Abitur ($N = 589$, $M = 1.48$, $SD = 0.54$) und für Eltern mit einem Fachhochschul-/Hochschulabschluss ($N = 1178$, $M = 1.50$, $SD = 0.59$) ähnlich gering.

Tabelle 42: Mittelwertvergleiche der Elternarbeit differenziert nach dem Bildungsabschluss der Eltern

	Organisatorische Elternarbeit[1]		Konzeptionelle Elternarbeit[2]		Lernbezogene Elternarbeit[3]	
	M	*(SD)*	M	*(SD)*	M	*(SD)*
a) Kein Abitur	2.66[I]	(0.77)	1.53[I]	(0.62)	3.27 [I]	(0.74)
b) Abitur erworben	2.73[I]	(0.73)	1.48[I]	(0.54)	3.25 [I]	(0.74)
c) Fachhochschul-/ Hochschulabschluss	2.69[I]	(0.73)	1.50[I]	(0.59)	3.09 [II]	(0.79)

1) Tukey HSD-Test. $N = 795$ (a), 591 (b), 1185 (c). $F = 1.529$, $df = 2$, $\eta p^2 = 0.001$, $p = .217$.
2) Games-Howell-Test. $N = 783$ (a), 589 (b), 1178 (c). $F = 1.130$, $df = 2$, $\eta p^2 = 0.001$, $p = .323$.
3) Games-Howell-Test. $N = 796$ (a), 592 (b), 1187 (c). $F = 15.693$, $df = 2$, $\eta p^2 = 0.012$, $p = .000$.
Mittelwerte mit ungleichen Suffixen unterscheiden sich mit $p < .05$.
Antwortskalierung: 1 = trifft nicht zu, 2 = trifft eher nicht zu, 3 = trifft eher zu, 4 = trifft zu.

Der dritte Vergleich bezieht sich auf die lernbezogene Form der Elternarbeit. Hier wurde durch die Varianzanalyse in einem ersten Schritt belegt, dass zwischen mindestens zwei Gruppen signifikante Unterschiede bestehen ($F = 15.693$, $df = 2$, $p = .000$). Da der *Levene*-Test einen signifikanten Wert ergab, sind die Varianzen der lernbezogenen Elternarbeit in Abhängigkeit vom Bildungsniveau heterogen, sodass der *Games-Howell*-Test für die Post-Hoc-Analysen zum Einsatz kam. Wie bereits durch die prozentuale Verteilung in Abschnitt 8.1.3 angedeutet, zeigt sich anhand des *Games-Howell*-Tests, dass sich Eltern mit einem niedrigeren Bildungsabschluss in einem höheren Umfang lernbezogen beteiligt haben. Eltern, die das Abitur nicht erreicht haben ($N = 796$, $M = 3.27$, $SD = 0.74$) und Eltern, die über das Abitur verfügen ($N = 592$, $M = 3.25$, $SD = 0.74$) haben signifikant häufiger in lernbezogenen Bereichen partizipiert als Eltern mit einem Fachhochschul-/Hochschulabschluss ($N = 1187$, $M = 3.09$, $SD = 0.79$). Die Effektstärken liegen bei $d = 0.23$ (Ver-

gleich der Gruppen ‚kein Abitur' und ‚Fachhochschul-/Hochschulabschluss')
und $d = 0.21$ (Vergleich der Gruppen ‚Abitur erworben' und ‚Fachhochschul-/
Hochschulabschluss').

Es lässt sich festhalten, dass keine bedeutsamen Unterschiede zwischen den
Gruppen ‚kein Abitur', ‚Abitur erworben' sowie ‚Fachhochschul-/
Hochschulabschluss' bezogen auf den Umfang einer organisatorischen und
konzeptionellen Elternarbeit gefunden wurden. In Bezug auf die lernbezogene
Form konnte, entgegen der Hypothese, konstatiert werden, dass Eltern ohne
und mit Abitur signifikant häufiger in diesem Bereich beteiligt waren als Eltern
mit einem Fachhochschul-/Hochschulabschluss.

*Migrationshintergrund, sozioökonomischer Status und Bildungsniveau in einem
Modell*

Abschließend soll noch dargestellt werden, inwieweit die Mittelwertunterschiede bestehen bleiben, wenn alle relevanten Hintergrundvariablen in ein Modell
einfließen (vgl. Tabelle 43).[53] Es wird deutlich, dass es hinsichtlich des Migrationshintergrunds und des Einkommens weiterhin signifikante Unterschiede
zwischen den Gruppen gibt, was die organisatorische Partizipation betrifft.
Zudem gibt es durch die Kontrolle des Einkommens und des Migrationshintergrunds einen signifikanten Unterschied zwischen Eltern, die das Abitur erworben haben, und denen, die einen Fachhochschul- bzw. einen Hochschulabschluss haben.

Bezüglich der konzeptionellen Elternarbeit ist ersichtlich, dass sich bei
Kontrolle der jeweiligen Hintergrundmerkmale signifikante Unterschiede ergeben: Zwischen Eltern, die ein Einkommen von 10.000 bis 39.999 € haben und
denen, die über 70.000 € oder mehr verfügen sowie zwischen den Gruppen
‚40.000 und 69.999 €' und ‚70.000 € oder mehr'. Eltern mit einem höheren
Einkommen haben sich damit in der Grundschule stärker konzeptionell engagiert, wenn der Migrationshintergrund sowie der Bildungsabschluss der Eltern
kontrolliert werden. Des Weiteren ergibt sich ein bedeutsamer Unterschied
zwischen Eltern ohne Abitur und Eltern mit einem Fachhochschul- und Hochschulabschluss.

Bei der lernbezogenen Form wird deutlich, dass die berichteten signifikanten Unterschiede für den Migrationshintergrund und das Bildungsniveau beste-

---

53 Hierzu wurde in SPSS ein multivariates lineares Modell gerechnet, das sowohl die abhängigen
    Variablen der organisatorischen, konzeptionellen und lernbezogenen Elternarbeit als auch die
    unabhängigen Variablen (Migrationshintergrund, Bruttohaushaltseinkommen sowie Bildungs-
    niveau der Eltern) berücksichtigt.

hen bleiben. Hinsichtlich des Einkommens zeigt sich, dass der signifikante Unterschied zwischen zwei Gruppen bei Kontrolle des Migrationshintergrunds und der Bildung nicht mehr besteht.

Tabelle 43: Unterschiede hinsichtlich der Elternarbeit bei Berücksichtigung des Migrationshintergrunds, des sozioökonomischen Status und des Bildungsniveaus der Eltern

	Organisatorische Elternarbeit		Konzeptionelle Elternarbeit		Lernbezogene Elternarbeit		
	B	(SE)	B	(SE)	B	(SE)	N
Konstante	**2.76**	(.04)	**1.54**	(.03)	**3.07**	(.04)	
Beide Elternteile im Ausland geboren*	**-.13**	(.05)	.01	(.04)	**.14**	(.05)	328
Ein Elternteil im Ausland geboren*	-.02	(.05)	.01	(.09)	.06	(.05)	379
Einkommen unter 10.000€**	-.20	(.11)	-.09	(.04)	-.06	(.11)	59
Einkommen zwischen 10.000 und 39.999€**	**-.19**	(.05)	**-.12**	(.04)	.00	(.06)	571
Einkommen zwischen 40.000 und 69.999€**	**-.12**	(.05)	**-.10**	(.04)	-.02	(.05)	587
Kein Abitur***	.09	(.05)	**.04**	(.04)	**.15**	(.05)	510
Abitur vorhanden***	**.10**	(.05)	.04	(.04)	**.13**	(.05)	379

* „Kein Elternteil im Ausland geboren" als Referenzgruppe ($N = 991$).
** „Einkommen 70.000€ oder mehr" als Referenzgruppe ($N = 481$).
*** „Fachhochschul-/Hochschulabschluss" als Referenzgruppe ($N = 809$).
Signifikante Parameter ($p < .05$) sind fett gedruckt.
B = unstandardisierter Regressionskoeffizient.

8.1.4 Zusammenfassung der Ergebnisse zu Formen und Umfang der Elternarbeit

Nachdem die Ergebnisse zu dem Bereich der Formen und des Umfangs elterlicher Partizipation dargestellt wurden, werden im Folgenden wesentliche Befunde zusammengefasst.

In Abschnitt 8.1.1 wurde zunächst der Forschungsfrage nachgegangen, ob die drei aus der Theorie abgeleiteten Formen der Elternarbeit (organisatorisch, konzeptionell und lernbezogen) empirisch nachgewiesen werden können. Es konnte anhand der konfirmatorischen Faktorenanalyse dargestellt werden, dass sich die drei Formen auch empirisch abbilden lassen, so dass die Hypothese verifiziert werden konnte. Die Modellgüte erwies sich als zufriedenstellend ($CFI = .932$, $TLI = .910$, $RMSEA = .051$, $SRMR = .042$) und die eingesetzten manifesten Variablen eignen sich insgesamt, um die latenten Faktoren abzubilden. Darüber hinaus wurde anhand von Chi^2-Differenztests nachgewiesen, dass das dreidimensionale Modell, das zwischen der organisatorischen, konzeptionellen und lernbezogenen Elternpartizipation differenziert, bessere Fitindizes aufweist als das zweidimensionale (Unterscheidung zwischen der Elternarbeit in der Schule und zu Hause) und eindimensionale Modell (Elternarbeit als Generalfaktor). Damit konnte auch der zweite Teil von Hypothese 1 bestätigt werden.

In dem folgenden Abschnitt 8.1.2 wurden die Ergebnisse der Mehrgruppenvergleiche und damit der Tests auf Messinvarianz präsentiert. Es wurde der Frage nachgegangen, ob die eingesetzten Instrumente zur Erfassung der Elternpartizipation in verschiedenen Gruppen (Eltern differenziert nach ihrem Migrationshintergrund, dem sozioökonomischen Status sowie dem Bildungsniveau) das Gleiche messen. Der Nachweis von Messinvarianz ist wichtig, um verschiedene Gruppen einer Stichprobe hinsichtlich abhängiger Variablen miteinander vergleichen zu können. Zunächst wurde jeweils für alle Gruppen ein Messmodell mit zufriedenstellenden bis akzeptablen Modellfitindizes gefunden, womit die Grundlage für die weiteren Schritte gegeben war. Hinsichtlich des Migrationshintergrunds konnte festgestellt werden, dass für den Vergleich der Gruppen beide vs. ein Elternteil(e) im Ausland geboren sowie für beide vs. kein Elternteil(e) im Ausland geboren vollständige konfigurale (Bedingung einer identischen Faktorladungsstruktur), partielle metrische (Bedingung gleicher Faktorladungen) und partielle skalare (Bedingung gleicher *item intercepts*) Invarianz vorliegt. Der Vergleich der Gruppen ‚ein und kein Elternteil im Ausland geboren' ergab eine vollständige konfigurale und metrische sowie partielle skalare Messinvarianz. Das bedeutet also, dass Messinvarianz für das Merkmal des Migrationshintergrunds nachgewiesen wurde, sodass die Mittelwerte der drei Gruppen bezüglich der organisatorischen, konzeptionellen und lernbezogenen Elternarbeit miteinander verglichen werden können. Bei der Überprüfung der Messinvarianz für die unabhängige Variable ‚sozioökonomischer Status' zeigten sich folgende Ergebnisse: Die Bedingung einer gleichen Faktorladungsstruktur liegt für alle Gruppenvergleiche vor. Zudem wurde für den Vergleich aller Einkommensgruppen vollständige metrische Invarianz erreicht, abgesehen für den Vergleich der Gruppen ‚10.000 bis 39.999 €' vs. ‚über 70.000 €'. Hier liegt partielle metrische Invarianz vor. Vollständige skalare Invarianz wurde für den Gruppenvergleich ‚unter 10.000 €' vs. ‚10.000 bis 39.999 €' gefunden. Für die anderen Vergleiche wurde partielle skalare Invarianz ermittelt. Somit liegt Messinvarianz auch in dem Fall vor, sodass Gruppenvergleiche hinsichtlich des Einkommens möglich sind. Hinsichtlich des Bildungsniveaus konnte auch für alle Gruppen Messinvarianz nachgewiesen werden, sodass die Durchführung von Mittelwertvergleichen möglich ist. Beim Vergleich der Gruppen ‚kein Abitur' und ‚Abitur erworben' sowie ‚Abitur erworben' und ‚Fachhochschul-/Hochschulabschluss' konnte vollständige metrische Invarianz aufgezeigt werden. Der Vergleich der Gruppen ‚kein Abitur' und ‚Fachhochschul-/Hochschulabschluss' erbrachte partielle metrische Invarianz. Bezüglich des Nachweises gleicher *item intercepts* wurde für alle Gruppenvergleiche partielle skalare Invarianz konstatiert. Insgesamt hat sich die Hypothese also, dass Messinvarianz für die einzelnen Gruppen nachgewiesen werden kann, bestätigt.

Im Abschnitt 8.1.3 wurde den Forschungsfragen nachgegangen, in welchen Bereichen sich Eltern in der Grundschule ihres Kindes beteiligt haben und inwieweit es Gruppenunterschiede gibt. Für die Gesamtstichprobe wurde deutlich, dass Eltern während der Grundschulzeit ihres Kindes überwiegend in organisatorischen und lernbezogenen und weniger in konzeptionellen Bereichen mitgewirkt haben. Dieser Eindruck anhand der prozentualen Verteilung verfestigte sich beim Vergleich der Mittelwerte: Eltern haben sich am häufigsten lernbezogen ($M = 3.18$, $SD = 0.77$) und organisatorisch ($M = 2.69$, $SD = 0.74$) beteiligt als konzeptionell ($M = 1.50$, $SD = 0.59$). Die Hypothese wurde also bestätigt. Zur Frage, welche gruppenspezifischen Unterschiede sich in Abhängigkeit vom Migrationshintergrund der Eltern, dem sozioökonomischen Status der Familie und dem Bildungsniveau ergaben, ließen sich folgende Erkenntnisse gewinnen: Bezogen auf den Migrationshintergrund der Eltern zeigte sich, dass Eltern mit Migrationshintergrund (beide Elternteile im Ausland geboren) signifikant seltener organisatorische Partizipation gezeigt haben als die Gruppen ein und kein Elternteil im Ausland geboren. Im Gegensatz dazu engagierten sich Eltern mit Migrationshintergrund (beide Elternteile im Ausland geboren), wie erwartet, in einem signifikant häufigeren Umfang lernbezogen als Eltern ohne Migrationshintergrund (kein Elternteil im Ausland geboren). Diese Befunde zeigten sich auch bei gleichzeitiger Kontrolle des SES und des Bildungsniveaus. Für die konzeptionelle Form wurden keine statistisch bedeutsamen Unterschiede zwischen den Gruppen gefunden. Im Hinblick auf den sozioökonomischen Status wurde veranschaulicht, dass Eltern mit einem hohen Einkommen von über 70.000 € signifikant häufiger organisatorische Aufgaben übernommen haben als Eltern mit geringen Einkommen (unter 10.000 € sowie zwischen 10.000 und 39.999 €). Ein gegenteiliger Befund wurde für die lernbezogene Elternpartizipation gefunden: Eltern mit einem niedrigen SES (Einkommen zwischen 10.000 und 39.999 €) waren aktiver als Eltern mit einem hohen SES (Einkommen 70.000 € und mehr). Allerdings war dieses Ergebnis bei Kontrolle des Migrationshintergrunds und des Bildungsabschlusses nicht mehr signifikant. Für die konzeptionelle Form wurden ohne Kontrolle weiterer Variablen keine signifikanten Unterschiede zwischen den Einkommensgruppen konstatiert. Abschließend kann für das Bildungsniveau festgehalten werden, dass sich die organisatorische und konzeptionelle Elternarbeit zwischen den Gruppen ‚kein Abitur', ‚Abitur erworben' sowie ‚Fachhochschul-/ Hochschulabschluss' nicht signifikant unterscheidet. Werden der Migrationshintergrund und das Einkommen kontrolliert, zeigt sich hingegen, dass Eltern mit einem niedrigeren Abschluss in diesen Bereichen aktiver waren. Zudem wurden bedeutsame Unterschiede festgestellt, was die lernbezogenen Aktivitäten betrifft: Eltern, die kein Abitur erworben und Eltern, die das Abitur erreicht haben, waren signifikant häufiger lernbezogen während der Grundschulzeit engagiert als Eltern mit einem Fachhochschul-/Hochschulabschluss. Insgesamt konnte die Hypothese zu den gruppenspezifischen Unterschieden damit teilweise bestätigt werden.

Nach der Darstellung der Ergebnisse zu Formen und Umfang der Elternarbeit geht es in dem folgenden Abschnitt 8.2 um Motivstrukturen und somit um die Frage nach den Gründen einer Partizipation von Eltern.

8.2 Motivstrukturen der Elternarbeit

8.2.1 Empirische Überprüfung der Messinstrumente des Erwartungs-Wert-Modells

Bevor die Ergebnisse zu der Frage präsentiert werden, inwieweit durch das Erwartungs-Wert-Modell die organisatorische, konzeptionelle und lernbezogene Elternarbeit erklärt werden kann, wird zunächst auf die Überprüfung der Messinstrumente des Erwartungs-Wert-Modells eingegangen.[54] Da das Erwartungs-Wert-Modell bisher nicht auf den Bereich der Elternarbeit übertragen wurde, ist die Forschungsfrage zu beantworten, ob sich das Erwartungs-Wert-Modell auf Elternarbeit übertragen lässt und die subjektiven Wert- sowie die Erfolgserwartungskomponenten damit für den Anwendungsbereich der Elternarbeit empirisch nachgewiesen werden können.

---

54 Die Skalen des Erwartungs-Wert-Modells wurden nicht auf Messinvarianz überprüft, da diese, trotz der Übertragung auf Elternarbeit, insgesamt als erprobt gelten.

Zunächst wird überprüft, ob und inwieweit die neu entwickelten Skalen zu den Wert- und Erwartungskomponenten reliabel sind. In der nachfolgenden Tabelle 44 sind die Skalen zur persönlichen Bedeutung (*attainment value*), zum intrinsischen Wert (*intrinsic value*), zum Nutzen (*utility value*), zu den relativen Kosten (*relative cost*) und zur Erfolgserwartung (*expectation of success*) mit den dazugehörigen Mittelwerten, Standardabweichungen und *Cronbachs Alphas* abgetragen. Hinsichtlich der Mittelwerte wird deutlich, dass die Eltern die subjektiven Werte der persönlichen Bedeutung, des intrinsischen Werts und des Nutzens der Elternarbeit als relativ wichtig einschätzen. Die relativen Kosten der Elternarbeit scheinen dagegen eher niedrig zu sein. Bei der Erfolgserwartung zeigt sich eine mittlere Zustimmung mit einem Mittelwert von 2.77.

Bei Betrachtung der einzelnen *Cronbachs α* der entwickelten Skalen zu den Wert- und Erwartungskomponenten sind insgesamt gute bis akzeptable Werte zu konstatieren. Vor allem die Skalen zur persönlichen Bedeutung, zum intrinsischen Wert und zum Nutzen sind mit Werten zwischen .82 und .89 als reliabel zu bezeichnen. Deutlich weniger zufriedenstellend stellt sich die Reliabilität jeweils für die Skalen zu den relativen Kosten (α = .63) und zur Erfolgserwartung (α = .61) dar.

In einem weiteren Schritt wurden zunächst jeweils für alle Wert- und Erfolgserwartungskomponenten Messmodelle geschätzt, bevor ein komplexes Messmodell mit allen vier subjektiven Werten und der Erfolgserwartung berechnet wurde. Diese Ergebnisse werden im Folgenden dargestellt.

Tabelle 44: Reliabilitäten der Skalen zu den Wert- und Erfolgserwartungskomponenten

Skala	*M*	*SD*	*Cronbachs Alpha*
Persönliche Bedeutung*	3.02	0.61	.84
Intrinsischer Wert*	3.08	0.61	.89
Nutzen*	2.80	0.63	.82
Relative Kosten*	1.93	0.50	.63
Erfolgserwartung**	2.77	0.57	.61

* 1 = trifft nicht zu, 2 = trifft eher nicht zu, 3 = trifft eher zu, 4 = trifft zu.
** 1 = überhaupt nicht wahrscheinlich, 2 = eher nicht wahrscheinlich, 3 = eher wahrscheinlich, 4 = sehr wahrscheinlich.

Es wurde zunächst das Messmodell der subjektiven Wertkomponente der persönlichen Bedeutung elterlicher Partizipation berechnet (vgl. Abbildung 33). Dabei wurde eine gute Modellgüte festgestellt (*CFI* = .990, *TLI* = .976, *RMSEA* = .049, *SRMR* = .016). Um ausreichend gute Modellfitwerte zu erhalten, mussten Fehlerkorrelationen zwischen den inhaltlich zusammenhängenden manifesten Variablen Att1 („Es ist mir wichtig, dass ich als Elternteil gut mit den Lehrkräften meines Kindes zusammenarbeite") und Att3 („Eine enge Zusammenarbeit mit der Schule meines Kindes zu pflegen, hat für mich persönlich einen hohen Stellenwert"), Att1 („Es ist mir wichtig, dass ich als Elternteil gut mit den Lehrkräften meines Kindes zusammenarbeite") und Att4 („Es ist für mich selbstverständlich, dass die Schule meines Kindes auf mich als Elternteil zählen kann, wenn Unterstützung gebraucht wird") sowie zwischen Att5 („Aufgaben in der Schule meines Kindes zu übernehmen, ist wichtig für meinen persönlichen Wunsch, zu den aktiven Eltern zu gehören") und Att6 („Gebraucht zu werden, ist etwas Schönes – daher engagiere ich mich verlässlich in der Schule meines Kindes") zugelassen werden.

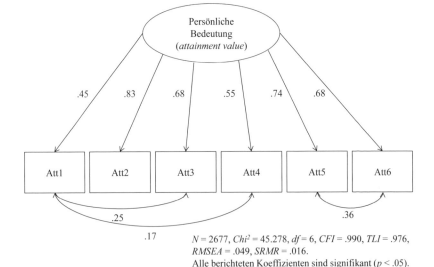

N = 2677, Chi² = 45.278, df = 6, CFI = .990, TLI = .976, RMSEA = .049, SRMR = .016.
Alle berichteten Koeffizienten sind signifikant (p < .05).

Abbildung 33: Messmodell der subjektiven Wertkomponente ‚persönliche Bedeutung'

Es wird deutlich, dass sich alle eingesetzten Indikatoren eignen, um die latente Variable der persönlichen Bedeutung abzubilden. Am besten wird die elterliche persönliche Bedeutung der Elternarbeit durch die Variablen Att2 („Aktiv in der Schule meines Kindes mitzuarbeiten, ist ein wichtiger Teil meiner Rolle als Elternteil"; $\lambda = .83$) und Att5 ($\lambda = .74$) vorhergesagt. Die geringste Faktorladung weist Att1 („Es ist mir wichtig, dass ich als Elternteil gut mit den Lehrkräften meines Kindes zusammenarbeite"; $\lambda = .45$) auf.

In Abbildung 34 ist das Messmodell des intrinsischen Werts der Elternarbeit dargestellt. Es zeigt sich, dass alle Modellfitindizes sehr gut bis gut sind ($CFI = .998$, $TLI = .996$, $RMSEA = .022$, $SRMR = .010$), wenn Fehlerkorrelationen zwischen den Items Int2 („Es freut mich, wenn ich mein Kind bei schulischen Angelegenheiten in Kooperation mit den Lehrkräften unterstützen kann") und Int6 („Ich unterstütze die Schule meines Kindes gerne") sowie zwischen Int3 („Es macht mich glücklich, zu wissen, dass ich als Elternteil an schulischen Aktivitäten mitwirken kann") und Int6 („Ich unterstütze die Schule meines Kindes gerne") zugelassen werden.

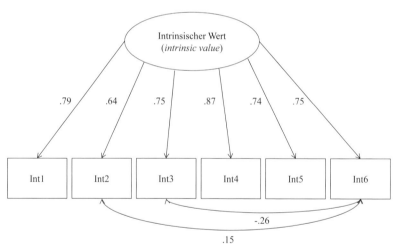

$N = 2653$, $Chi^2 = 16.077$, $df = 7$, $CFI = .998$,
$TLI = .996$, $RMSEA = .022$, $SRMR = .010$.
Alle berichteten Koeffizienten sind signifikant ($p < .05$).

Abbildung 34: Messmodell der subjektiven Wertkomponente ‚intrinsischer Wert'

Auch bei dieser subjektiven Wertkomponente eignen sich die sechs Indikatoren, um den intrinsischen Wert der Elternarbeit zu erfassen. Die höchsten Faktorladungen zeigen sich für die Items Int4 („Die Zusammenarbeit mit der Schule macht mir Spaß"; $\lambda = .87$) sowie Int1 („Mich in der Schule meines Kindes aktiv zu engagieren, bereitet mir Freude"; $\lambda = .79$). Es eignet sich weniger Indikator Int2 („Es freut mich, wenn ich mein Kind bei schulischen Angelegenheiten in Kooperation mit den Lehrkräften unterstützen kann"), um die latente Variable des intrinsischen Werts vorherzusagen ($\lambda = .64$).

Für die dritte subjektive Wertkomponente – den Nutzen einer elterlichen Beteiligung – wurden insgesamt auch gute Modellfitwerte konstatiert (*CFI* = .992, *TLI* = .977, *RMSEA* = .048, *SRMR* = .015). Um dieses gut fittende Messmodell zu identifizieren, mussten allerdings mehrere Fehlerkorrelationen zugelassen werden: Zwischen Util1 („Ich arbeite eng mit den Lehrkräften zusammen, um mein Kind in der schulischen Entwicklung zu unterstützen") und Util3 („Der Austausch mit den Lehrkräften meines Kindes ist sinnvoll, damit ich Tipps für das Üben zu Hause erhalte"), zwischen Util2 („Ich bin der Meinung, dass ich mein Kind in schulischen Fragen besser fördern kann, wenn ich mich aktiv in der Schule einbringe") und Util4 („Wenn ich mit der Schule eng in Kontakt stehe, dient dies dazu, dass die Schule mein Kind besser fördern kann"), zwischen Util3 und Util4 sowie zwischen Util5 („Durch meine aktive Mitarbeit kann die Qualität der Schule gesteigert werden") und Util6 („Durch meine Ideen kann ich dazu beitragen, die Schule meines Kindes voranzubringen"). Wie bereits dargestellt, ist es eher weniger problematisch Messfehlerkorrelationen zwischen Items zuzulassen, die dasselbe Konstrukt abbilden.

Um die latente Variable des Nutzens der Elternarbeit abzubilden, konnten alle sechs erhobenen Indikatoren im Messmodell berücksichtigt werden (vgl. Abbildung 35). Die Faktorladungen für Util2 („Ich bin der Meinung, dass ich mein Kind in schulischen Fragen besser fördern kann, wenn ich mich aktiv in der Schule einbringe"; $\lambda = .89$) sowie für Util4 („Wenn ich mit der Schule eng in Kontakt stehe, dient dies dazu, dass die Schule mein Kind besser fördern kann"; $\lambda = .81$) sind dabei am höchsten. Deutlich geringer, aber noch zufriedenstellend ist die Faktorladung für den Indikator Util3 („Der Austausch mit den Lehrkräften meines Kindes ist sinnvoll, damit ich Tipps für das Üben zu Hause erhalte"; $\lambda = .46$).

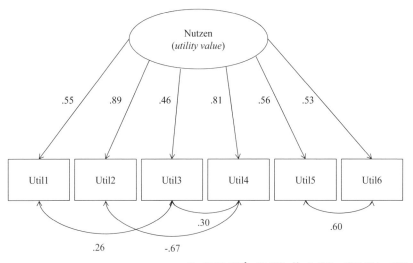

$N = 2644$, $Chi^2 = 35.790$, $df = 5$, $CFI = .992$, $TLI = .977$,
$RMSEA = .048$, $SRMR = .015$.
Alle berichteten Koeffizienten sind signifikant ($p < .05$).

Abbildung 35: Messmodell der subjektiven Wertkomponente ‚Nutzen'

Das Messmodell für die vierte subjektive Wertkomponente (die relativen Kosten) ist in Abbildung 36 dargestellt. Um ein Messmodell mit akzeptablen Modellfitindizes sowie zufriedenstellenden Faktorladungen zu finden, mussten die beiden Indikatoren Cost5 („Ich arbeite ungern mit der Schule meines Kindes zusammen, da es dabei sprachliche Probleme gibt") und Cost6 („Es kostet mich Überwindung, aktiv die Schule meines Kindes mitzugestalten, da ich Angst habe, die Ansprüche nicht erfüllen zu können") ausgeschlossen werden. Mit den verbleibenden vier Indikatoren wurde schließlich ein Messmodell mit sehr guten Fitwerten identifiziert ($CFI = .999$, $TLI = .996$, $RMSEA = .017$, $SRMR = .007$).

Die Faktorladungen sind insgesamt mit Werten zwischen $\lambda = .68$ und $\lambda = .40$ nicht sehr hoch. Am besten wird die latente Variable der relativen Kosten der Elternpartizipation durch Cost4 („Die zeitlichen Anforderungen an eine Kooperation mit der Schule stören manchmal das Verhältnis zu meiner Familie oder zu meinen Freunden"; $\lambda = .68$) und Cost3 („Um aktiv in der Schule mitarbeiten zu können, musste ich andere Aktivitäten aufgeben"; $\lambda = .65$) gemessen, die zu den Opportunitätskosten zählen. Die geringste, aber noch akzeptable,

Faktorladung von $\lambda = .40$ zeigt sich für das Item Cost1 („Mich aktiv in der Schule meines Kindes zu beteiligen kostet, mich Zeit und Energie").

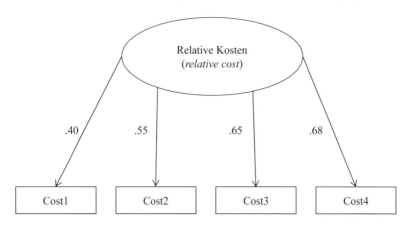

$N = 2639$, $Chi^2 = 3.586$, $df = 2$, $CFI = .999$, $TLI = .996$, $RMSEA = .017$, $SRMR = .007$.
Alle berichteten Koeffizienten sind signifikant ($p < .05$).

Abbildung 36: Messmodell der subjektiven Wertkomponente ‚relative Kosten'

Nachdem die Messmodelle für die subjektiven Wertkomponenten präsentiert wurden, findet sich in Abbildung 37 das Messmodell für die Erfolgserwartung der Partizipation von Eltern. Die latente Variable der Erfolgserwartung wird durch drei manifeste Indikatoren gemessen. Da die Anzahl der Freiheitsgrade 0 beträgt, liegen die *Fitmeasures* bei $CFI = 1.000$, $TLI = 1.000$, $RMSEA = .000$, $SRMR = .000$.

Während die Faktorladungen für Efe1 („Wahrscheinlichkeit der erfolgreichen Unterstützung bei der Umsetzung von außerschulischen Aktivitäten (z.b. Schulfeste oder Ausflüge)"; $\lambda = .68$) und Efe3 („Wahrscheinlichkeit, dass durch eine aktive Zusammenarbeit und den Austausch mit den Lehrkräften die schulische Entwicklung des Kindes erfolgreich gefördert werden kann"; $\lambda = .62$) zufriedenstellend sind, lädt Efe2 („Wahrscheinlichkeit in konzeptionellen Arbeitsgruppen, z.B. beim Schulprogramm oder der Lehrplanarbeit, die Weiterentwicklung der Schule erfolgreich mitzugestalten"; $\lambda = .45$) vergleichsweise gering auf der latenten Variable.

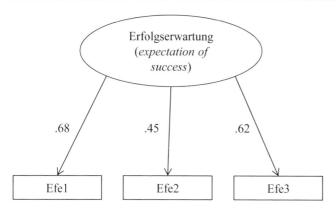

$N = 2633$, $Chi^2 = 0.000$, $df = 0$, $CFI = 1.000$,
$TLI = 1.000$, $RMSEA = .000$, $SRMR = .000$.
Alle berichteten Koeffizienten sind signifikant ($p < .05$).

Abbildung 37: Messmodell der Erfolgserwartungskomponente

Abschließend wird das komplexere Messmodell präsentiert, das mit allen subjektiven Wertkomponenten sowie der Erfolgserwartung der Elternarbeit fünf latente Variablen beinhaltet (vgl. Abbildung 38). Das identifizierte Messmodell weist insgesamt zufriedenstellende Modellfitindizes auf ($CFI = .925$, $TLI = .909$, $RMSEA = .052$, $SRMR = .041$). Dafür war es allerdings notwendig, mehrere Fehlerkorrelationen zuzulassen.[55] Bei Betrachtung des Modells zeigt sich, dass die latente Variable der persönlichen Bedeutung nach wie vor am besten durch Att2 („Aktiv in der Schule meines Kindes mitzuarbeiten, ist ein wichtiger Teil meiner Rolle als Elternteil"; $\lambda = .79$) gemessen wird. Bezüglich des intrinsischen Werts ergibt sich die höchste Faktorladung für Int4 („Die Zusammenarbeit mit der Schule macht mir Spaß"; $\lambda = .85$) und die niedrigste für Int2 („Es freut mich, wenn ich mein Kind bei schulischen Angelegenheiten in Kooperation mit den Lehrkräften unterstützen kann"; $\lambda = 65$). Die latente

---

55 In diesem komplexen Modell wurden auch solche Messfehlerkorrelationen zwischen Items zugelassen, die nicht denselben Faktor (z. B. intrinsischer Wert) messen, aber zum übergeordneten Konstrukt des Erwartungs-Wert-Modells gehören. Zudem stehen die Items weitgehend in einem inhaltlichen Zusammenhang. Zum Beispiel beziehen sich Util1 ("Ich arbeite eng mit den Lehrkräften zusammen, um mein Kind in der schulischen Entwicklung zu unterstützen.") und Efe3 („Für wie wahrscheinlich halten Sie es, dass Sie selber am Gymnasium Ihres Kindes durch aktive Zusammenarbeit und Austausch mit den Lehrkräften die schulische Entwicklung Ihres Kindes erfolgreich fördern werden?") auf die schulische Unterstützung des Kindes. Sie stehen damit in einem inhaltlichen Zusammenhang.

Variable des Nutzens der Elternarbeit wird am besten durch Util2 („Ich bin der Meinung, dass ich mein Kind in schulischen Fragen besser fördern kann, wenn ich mich aktiv in der Schule einbringe"; $\lambda = .81$) und am schlechtesten durch Util3 („Der Austausch mit den Lehrkräften meines Kindes ist sinnvoll, damit ich Tipps für das Üben zu Hause erhalte"; $\lambda = .48$) abgebildet. Bezogen auf die relativen Kosten zeigt sich die höchste Faktorladung für Cost4 („Die zeitlichen Anforderungen an eine Kooperation mit der Schule stören manchmal das Verhältnis zu meiner Familie oder zu meinen Freunden"; $\lambda = .68$) und die niedrigste für Cost1 („Mich aktiv in der Schule meines Kindes zu beteiligen kostet mich Zeit und Energie"; $\lambda = .40$). Die Erfolgserwartung wird durch alle drei Indikatoren etwa gleich gut gemessen, wobei Efe2 („Wahrscheinlichkeit in konzeptionellen Arbeitsgruppen, z.B. beim Schulprogramm oder der Lehrplanarbeit, die Weiterentwicklung der Schule erfolgreich mitzugestalten"; $\lambda = .54$) die geringste Faktorladung aufweist.

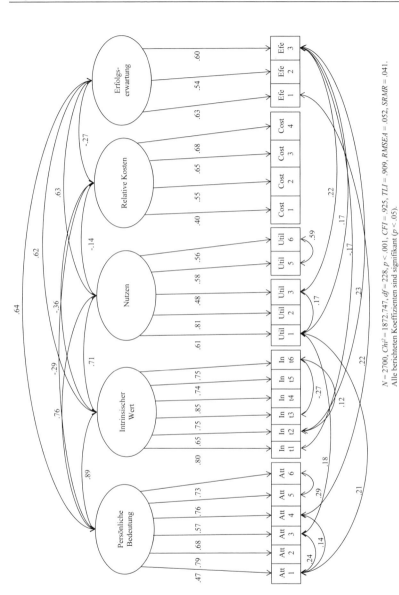

$N = 2700$, $Chi^2 = 1872.747$, $df = 228$, $p < .001$, $CFI = .925$, $TLI = .909$, $RMSEA = .052$, $SRMR = .041$.
Alle berichteten Koeffizienten sind signifikant ($p < .05$).

Abbildung 38: Messmodell der subjektiven Werte und der Erfolgserwartung der Elternarbeit

Im Rahmen der Modellspezifikation musste, wie in Abbildung 38 ersichtlich, das Item Util4 ausgeschlossen werden. Die *modification indices* deuteten darauf hin, dass dieser Indikator zusätzlich die latente Variable des intrinsischen Werts abbildet und somit nicht eindeutig den Nutzen der Elternarbeit misst. Zudem verwiesen die *modification indices* zur Modellverbesserung auf eine Kreuzladung von Efe1 auf die latente Variable des Nutzens. Da die Erfolgserwartung nur durch drei Indikatoren gemessen wird, bleibt Efe1 weiterhin in dem Modell. Dafür wurden, wie durch die *modification indices* vorgeschlagen, Korrelationen zwischen Efe3 und Util1 sowie zwischen Efe3 und Util3 zugelassen.

Es lässt sich aufgrund der dargestellten Ergebnisse zusammenfassend festhalten, dass sich die Wert- und Erfolgserwartungskomponenten, wie angenommen, auch für den Bereich der Elternarbeit empirisch nachweisen lassen. Zum einen weisen die Reliabilitäten der Skalen gute bis akzeptable Werte auf. Zum anderen wurden für die einzelnen subjektiven Wertkomponenten und für die Erfolgserwartungskomponente Messmodelle mit guten Fitindizes identifiziert. Auch das fünfdimensionale Messmodell der subjektiven Werte und der Erfolgserwartung der Elternarbeit weist insgesamt eine zufriedenstellende Modellgüte auf. Das Erwartungs-Wert-Modell lässt sich damit auf den Bereich der Elternarbeit übertragen, wodurch die Hypothese bestätigt werden kann. Auf dieser Basis wird im Folgenden das Strukturgleichungsmodell zur Vorhersage der Elternarbeit vorgestellt.

8.2.2 Vorhersage der Elternarbeit durch das Erwartungs-Wert-Modell

Anknüpfend an die präsentierten Messmodelle für die drei Formen der Elternarbeit und die Wert- und Erfolgserwartungskomponenten, wird nachfolgend analysiert, welche Gründe und Motive zur Entscheidung der Eltern beitragen, sich an der Grundschule ihres Kindes zu beteiligen. Es wird also der Forschungsfrage nachgegangen, welchen Einfluss die vier subjektiven Wertkomponenten sowie die Erfolgserwartungen auf die Entscheidung der Eltern haben, sich an der Grundschule ihres Kindes zu beteiligen. Um dieser Frage nachzugehen, wurde ein Strukturgleichungsmodell berechnet, das in Abbildung 39 dargestellt ist.

Es wurden in einem ersten Schritt alle latenten Variablen der drei Formen der Elternarbeit (organisatorische, konzeptionelle und lernbezogene Form) auf die latenten Variablen der Wertkomponenten (persönliche Bedeutung, intrinsischer Wert, Nutzen und relative Kosten) und auf die drei manifesten Variablen der Erfolgserwartung bezogen. Im Vergleich zu dem Messmodell wurde die Erfolgserwartung im Rahmen des Strukturgleichungsmodells nicht als latente Variable berücksichtigt. Diese Entscheidung basierte auf theoretischen und empirischen Gründen. Wie bereits dargestellt, wurde die Erfolgserwartung mit drei Indikatoren gemessen. Jeweils ein Item bezieht sich auf die Erfolgserwartung, im organisatorischen, konzeptionellen und lernbezogenen Bereich mitzuwirken und dadurch positive Effekte zu erzielen. Aus theoretischer Sicht ist es daher in diesem Fall sinnvoll, die drei manifesten Variablen jeweils auf die passende Partizipationsform zu beziehen, um interpretierbare und unverzerrte Ergebnisse zu erhalten. Zudem konnte anhand eines Chi^2-Differenztests gezeigt werden, dass das Modell mit den drei manifesten Variablen der Erfolgserwartung signifikant besser fittet als das Modell, das die Erfolgserwartung als latente Variable berücksichtigt (vgl. Tabelle 45). Nachdem das Modell zunächst mit allen latenten und manifesten Variablen berechnet wurde, zeigte sich, dass nicht alle Zusammenhänge signifikant und somit Modellverbesserungen notwendig waren. Um das in Abbildung 39 dargestellte Strukturgleichungsmodell mit insgesamt zufriedenstellenden bis akzeptablen Modellfitindizes (CFI = .906, TLI = .891, $RMSEA$ = .044, $SRMR$ = .044) zu identifizieren, wurden im Vergleich zum Messmodell der subjektiven Werte und der Erfolgserwartung der Elternarbeit (vgl. Abbildung 38) und der Elternarbeit (vgl. Abbildung 19) weitere Fehlerkorrelationen zwischen manifesten Variablen zugelassen.[56]

Mit Blick auf das Modell wird zunächst ersichtlich, dass die subjektive Wertkomponente der persönlichen Bedeutung, wie angenommen, ein relevanter Prädikator ist und alle drei Formen der Elternarbeit vorhersagt. Im Gegensatz dazu weisen die drei weiteren Wertkomponenten (intrinsischer Wert, Nutzen und relative Kosten) nur jeweils mit einer Form der Elternarbeit einen signifikanten Zusammenhang auf.

Im Hinblick auf die organisatorische Elternarbeit finden sich folgende Befunde: Je höher Eltern die persönliche Bedeutung der Elternarbeit einschätzen, desto eher beteiligen sie sich im organisatorischen Bereich in der Grundschule des Kindes (β = .35). Aber nicht nur die persönliche Bedeutung als subjektive

---

56 Es wurden zusätzlich Fehlerkorrelationen zwischen Int3 und Att6, Int6 und Att4, Orga4 und Orga3, Util3 und Int1, Int2 und Att4, Util1 und Int2, Int3 und Att5 sowie zwischen Int1 und Att6 zugelassen.

Wertkomponente, sondern auch die relativen Kosten haben einen Einfluss auf die Entscheidung der Eltern. Je höher Eltern die Kosten einer organisatorischen Mitarbeit einschätzen, desto geringer fällt ihre Partizipation in diesem Bereich aus (β = -.20). Zudem hat die Erfolgserwartung, dass durch eine aktive Beteiligung organisatorische Aktivitäten erfolgreich unterstützt werden können, einen positiven Effekt auf die organisatorische Elternarbeit (β = .30). Für eine Beteiligung im organisatorischen Bereich sind damit vor allem Kosten, wie zeitliche und finanzielle Ressourcen oder auch Opportunitätskosten, hinderlich. Eine organisatorische Partizipation von Eltern könnte folglich erhöht werden, wenn beispielsweise der zeitliche und finanzielle Aufwand abgebaut werden könnte.

Die konzeptionelle Elternarbeit wird durch zwei Prädiktoren vorhergesagt. Zum einen beteiligen sich Eltern im konzeptionellen Bereich der Schule, wenn sie dieser Aufgabe eine persönliche Bedeutung bzw. einen hohen Stellenwert zumessen und die konzeptionelle Beteiligung mit dem eigenen Selbstbild übereinstimmt (β = .28). Die Stärke des Zusammenhangs ist hier geringer als für die organisatorische Form. Zum anderen ist für eine konzeptionelle Elternarbeit die Erfolgserwartung, dass durch eine konzeptionelle Partizipation die Weiterentwicklung der Schule erfolgreich mitgestaltet werden kann, relevant. Der Zusammenhang ist jedoch mit β = .18 eher gering. Um eine Beteiligung der Eltern an konzeptionellen Aufgaben zu erhöhen, kann es wichtig sein, die Bedeutung dieser Aufgaben hervorzuheben und die Erfolgserwartung positiv zu beeinflussen.

Für die lernbezogene Form der Elternarbeit zeigt sich, dass vier Prädiktoren einen Einfluss haben. Auch für das lernbezogene Engagement der Eltern gilt, dass die persönliche Bedeutung einen positiven Effekt hat (β = .26). Definieren Eltern die lernbezogene Unterstützung der Kinder als einen Teil ihrer Elternrolle, so wird dieser Aktivität eher nachgegangen. Ein weiterer Prädiktor ist der intrinsische Wert, der einen negativen Koeffizienten aufweist (β = -.13). Das bedeutet, dass je höher die Freude an der Elternarbeit ausfällt, desto geringer ist die lernbezogene Elternarbeit. Des Weiteren ist zu erkennen, dass der Nutzen die lernbezogene Elternarbeit vorhersagt (β = .26): Je höher der Nutzen einer Mitarbeit eingeschätzt wird, desto eher engagieren sich Eltern lernbezogen. Schließlich zeigt sich ein positiver Zusammenhang zwischen der Erfolgserwartung, dass durch eine aktive Zusammenarbeit und den Austausch mit den Lehrkräften die schulische Entwicklung des Kindes erfolgreich gefördert werden kann, und der lernbezogenen Partizipation (β = .15).

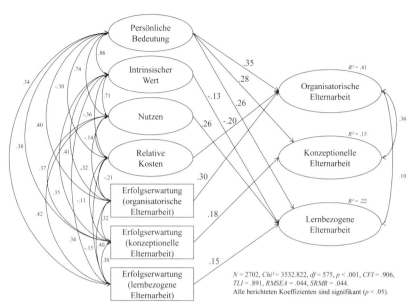

Abbildung 39: Subjektive Werte und Erfolgserwartungen als Prädiktoren für Elternarbeit

In Bezug auf die erklärte Varianz wird deutlich, dass diese für die organisatorische Form der Elternarbeit, die signifikant von zwei latenten Variablen und einem manifesten Indikator vorhergesagt wird, am höchsten ist ($R^2 = .41$). Die erklärte Varianz für die lernbezogene Elternarbeit, vorhergesagt durch drei latente und einer manifesten Variablen, liegt mit $R^2 = .22$ im mittleren Bereich. Hinsichtlich der konzeptionellen Elternarbeit zeigt sich, dass diese Form nur von der Wertkomponente der persönlichen Bedeutung und der Erfolgserwartungskomponente signifikant vorhergesagt wird und die erklärte Varianz am niedrigsten ausfällt ($R^2 = .15$).

Des Weiteren ist dem Modell in Abbildung 39 zu entnehmen, dass vor allem zwischen der latenten Variable der persönlichen Bedeutung und des intrinsischen Werts eine hohe Korrelation besteht ($r = .86$). Dass eine Zusammenfassung dieser beiden Wertkomponenten zu einem Faktor sinnvoll ist, haben bereits Hodapp und Mißler (1996) für den deutschsprachigen Bereich belegt. Um diesem theoretischen sowie empirischen Hinweis nachzugehen, wurden für einen Modellvergleich die Wertkomponenten der persönlichen Bedeutung und des intrinsischen Werts zu einer latenten Variable zusammengefasst. Anhand

der Tabelle 45 ist zu erkennen, dass das Modell, in dem die persönliche Bedeutung und der intrinsische Wert zusammengefasst sind, schlechtere Modellfitindizes aufweist als das finale Modell in Abbildung 39. Der Chi^2-Differenztest
zeigte darüber hinaus, dass die Unterschiede zwischen den beiden Modellen
signifikant sind.[57] Zudem weist das Modell mit vier Wertkomponenten und drei
manifesten Variablen der Erfolgserwartung (jeweils bezogen auf die entsprechende Form der Elternarbeit[58]), wie berichtet, eine signifikant bessere Modellgüte auf als das Modell, in dem die Erfolgserwartung als ein Faktor einbezogen
wurde.

Tabelle 45: Modellvergleiche zu den subjektiven Werten und Erfolgserwartungen als Prädiktoren für Elternarbeit

Modell	Chi^2 (df)	CFI	TLI	RMSEA	SRMR
Erfolgserwartung als latente Variable	3809.585 (585)	.900	.886	.045	.046
Latente Variablen der persönlichen Bedeutung & des intrinsischen Werts zusammengefasst	4081.829 (582)	.889	.873	.047	.046
Finales Modell (vier Wertkomponenten & Erfolgserwartung als manifeste Indikatoren)	3532.822 (575)	.906	.891	.044	.044

Es lässt sich zusammenfassend festhalten, dass das Modell, in dem alle vier
subjektiven Wertkomponenten sowie die drei differenzierten Erfolgserwartungen berücksichtigt werden, die beste Modellgüte aufweist. Im Hinblick auf die
Forschungsfrage, welchen Einfluss die vier subjektiven Wertkomponenten
sowie die Erfolgserwartungen auf die Partizipationsentscheidung der Eltern
haben, zeigten sich folgende Befunde: Insgesamt erwies sich die Komponente
der persönlichen Bedeutung als stärkster Prädiktor für alle Formen der Elternarbeit. Eltern engagieren sich in der Schule und zu Hause also vor allem dann,
wenn es ihnen wichtig ist und sie das Engagement als ein Teil ihrer Elternrolle

---

57 Vergleich des finalen Modells und des Modells mit der Erfolgserwartung als latenten Faktor:
    $\Delta Chi^2 = 276.76$, $\Delta df = 10$, $p < .001$. Vergleich des finalen Modells und des Modells mit der
    Zusammenfassung der persönlichen Bedeutung und des intrinsischen Werts: $\Delta Chi^2 = 514.26$,
    $\Delta df = 7$, $p < .001$.

58 Es wurde aus theoretischen Gründen entschieden, die organisatorische, konzeptionelle und
    lernbezogene Erfolgserwartung nicht auf alle Formen der Elternarbeit zu beziehen, da es
    hierfür keine begründete Annahme gibt.

wahrnehmen. Die organisatorische Elternarbeit während der Grundschulzeit wird durch die persönliche Bedeutung, relative Kosten und die Erfolgserwartung vorhergesagt. Auf die konzeptionelle Form haben die persönliche Bedeutung sowie die Erfolgserwartung einen signifikanten Einfluss. Als Prädikatoren für die lernbezogene Partizipation erwiesen sich die persönliche Bedeutung, der intrinsische Wert (negativer Einfluss), der Nutzen sowie die Erfolgserwartung. Die jeweilige Erfolgserwartung spielt damit für ein Engagement eine wichtige Rolle. Die Hypothesen konnten damit größtenteils bestätigt werden. Die aufgeklärte Varianz ist für die organisatorische Partizipation am höchsten (R^2 = .41), gefolgt von der lernbezogenen (R^2 = .22) und der konzeptionellen Elternarbeit (R^2 = .15). Insgesamt ist die Modellgüte, in Anbetracht der Komplexität des Modells, als akzeptabel zu beurteilen.

8.2.3 Auswirkungen der Elternmerkmale auf die Wert- und Erfolgserwartungskomponenten

Im vorangegangenen Abschnitt 8.2.2 wurde veranschaulicht, inwieweit die subjektiven Wertkomponenten sowie die Erfolgserwartungen Prädiktoren für die organisatorische, konzeptionelle und lernbezogene Elternarbeit darstellen. In diesem Abschnitt geht es um die Frage nach den Zusammenhängen zwischen dem Migrationshintergrund, dem sozioökonomischen Status sowie dem Bildungsniveau der Eltern und den Wert- und Erfolgserwartungskomponenten. Es wird also nachfolgend in einem Gesamtmodell präsentiert, inwieweit die Motive, Elternarbeit wahrzunehmen, vom Migrationshintergrund der Eltern, dem sozioökonomischen Status der Familie sowie dem Bildungsniveau der Eltern beeinflusst werden.[59]

Bei Betrachtung des Modells zeigt sich, dass der Migrationshintergrund der Eltern, bei gleichzeitiger Berücksichtigung des Einkommens und des Bildungsniveaus, signifikant mit drei subjektiven Werten zusammenhängt (vgl. Abbildung 40). Die Zusammenhänge sind insgesamt jedoch gering. Vergleichsweise am höchsten stellt sich der Effekt für die Wertkomponente der persönlichen Bedeutung (β = -.12) dar. In Bezug auf diesen subjektiven Wert wird also deutlich, dass Eltern ohne Migrationshintergrund die persönliche Bedeutung und

---

59 Im Anhang sind die Einzelmodelle für den Migrationshintergrund, das Einkommen sowie für das Bildungsniveau dargestellt. Diese Modelle wurden jeweils auch mit Dummy-Variablen berechnet. Da sich die Ergebnisse mit denen im Anhang nicht grundsätzlich unterscheiden, wird auf eine zusätzliche Darstellung aller Modelle abgesehen.

die Notwendigkeit, dass Elternarbeit mit der Definition der eigenen Elternrolle übereinstimmt, geringer einschätzen. Hinsichtlich des Motivs des intrinsischen Werts und damit der Freude, die Eltern mit einer Partizipation verbinden, zeigt sich, dass Eltern ohne Migrationshintergrund dieser subjektiven Wertkomponente eine geringere Bedeutung zumessen als Eltern mit Migrationshintergrund ($\beta = -.11$). Ähnliches wird auch für den wahrgenommenen Nutzen von Elternarbeit ersichtlich: Ist kein Elternteil im Ausland geboren, so wird das Motiv des Nutzens signifikant geringer bewertet als von Eltern, die im Ausland geboren sind ($\beta = -.08$). Die Hypothese, dass Eltern mit Migrationshintergrund die relativen Kosten höher bewerten sowie die persönliche Bedeutung und den subjektiv wahrgenommenen Nutzen als stärkere Motive wahrnehmen, kann damit teilweise bestätigt werden.

In Bezug auf den sozioökonomischen Status ist erkennbar, dass sich bei gleichzeitiger Berücksichtigung der anderen Hintergrundmerkmale nur für zwei der Wertkomponenten signifikante Zusammenhänge nachweisen lassen (vgl. Abbildung 40). Bezüglich des persönlichen Nutzens zeigt sich, dass Eltern mit einem höheren Einkommen den Nutzen als Motiv geringer einschätzen als Eltern mit einem geringeren Einkommen ($\beta = -.07$). Eltern mit einem geringeren SES erachten womöglich die aktive Beteiligung in der Schule und zu Hause als eine Möglichkeit, um positive Auswirkungen für sich und ihr Kind erzielen zu können. Die relativen Kosten werden schließlich, wie erwartet, von Eltern mit einem hohen Einkommen geringer eingeschätzt als von Eltern mit einem niedrigen Einkommen ($\beta = -.10$).

Hinsichtlich des Bildungsniveaus haben sich für die Wertkomponenten der persönlichen Bedeutung, des intrinsischen Werts und für die Erfolgserwartung signifikante Zusammenhänge gefunden. Es zeigt sich, dass für Eltern mit einem höheren Bildungsabschluss das Motiv der persönlichen Bedeutung der Partizipation geringer eingeschätzt wird als für Eltern mit einem geringeren Bildungsabschluss ($\beta = -.08$). Hinsichtlich des intrinsischen Werts zeigen sich vergleichbare Ergebnisse: Eltern, die über ein höheres Bildungsniveau verfügen, schätzen dieses Motiv signifikant geringer bedeutend ein als Eltern mit einem geringeren Bildungsabschluss. Der Zusammenhang ist allerdings auch für den intrinsischen Wert ($\beta = -.05$) als sehr gering zu beurteilen. In Bezug auf die Erfolgserwartung, sich im organisatorischen, konzeptionellen und lernbezogenen Bereich zu engagieren, wird deutlich, dass Eltern mit einem höheren Bildungsabschluss eine signifikant höhere Erfolgserwartung sehen als Eltern mit einem geringeren Bildungsniveau.

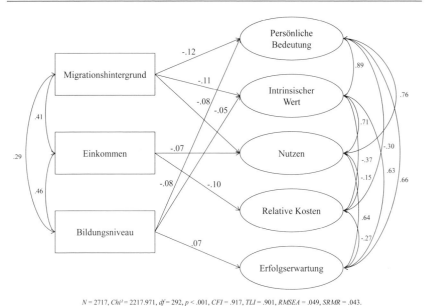

N = 2717, Chi² = 2217.971, df = 292, p < .001, CFI = .917, TLI = .901, RMSEA = .049, SRMR = .043.
Alle berichteten Koeffizienten sind signifikant (p < .05).

Abbildung 40: Zusammenhänge zwischen dem Migrationshintergrund, dem Einkommen und dem Bildungsniveau der Eltern und den Wert- und Erfolgserwartungskomponenten

Im Hinblick auf die Forschungsfrage, welchen Effekt der Migrationshintergrund der Eltern, der sozioökonomische Status der Familie sowie das Bildungsniveau der Eltern auf die Motive der Elternarbeit haben, lassen sich folgende Befunde zusammenfassen: Es wurden signifikante Zusammenhänge gefunden, die insgesamt jedoch sehr gering sind. Eltern mit Migrationshintergrund schätzen die subjektiven Werte der persönlichen Bedeutung, der Freude und des Nutzens signifikant höher ein als Eltern ohne Migrationshintergrund. Hinsichtlich der relativen Kosten und der Erfolgserwartung, Elternarbeit umzusetzen, konnten bei gleichzeitiger Berücksichtigung des Einkommens und des Bildungsniveaus keine signifikanten Effekte gefunden werden. Bezüglich des Einkommens wurde deutlich, dass Eltern mit einem geringeren Einkommen den Nutzen signifikant stärker als Motiv einer Beteiligung bewerten als Eltern mit einem hohen Einkommen. Die relativen Kosten werden im Gegensatz dazu von Eltern mit einem niedrigeren SES höher und damit negativer bewertet als von Eltern mit einem höheren SES. Die Ergebnisse bestätigen demnach nur teilweise die Hypothese. Für den Bildungsabschluss der Eltern wurde belegt, dass Eltern mit einem niedrigeren Bildungsniveau die Motive der persönlichen Bedeutung und des intrinsischen Werts bedeutender einschätzen als Eltern mit einem hohen Bildungsabschluss. Für die Erfolgserwartung wird deutlich, dass diese von Eltern mit einem höheren Bildungsniveau signifikant häufiger geäußert wurde als von Eltern mit einem geringeren Bildungsabschluss. Dass Eltern mit einem niedrigeren Bildungsabschluss den Wert der persönlichen Bedeutung und Eltern mit einem hohen Einkommen den Nutzen höher einschätzen, kann damit zusammenhängen, dass sich diese Gruppen für ihre Kinder durch einen intensiveren Kontakt zur Schule und den Lehrkräften eine bessere Förderung versprechen. Im Gegensatz dazu könnten Eltern mit einem hohen Bildungsniveau und SES der Überzeugung sein, dass sich ihr Kind auch ohne zusätzliche Unterstützung, in Form von aktiver Partizipation, gut entwickeln wird. Auch hier wurden die Annahmen nur teilweise bestätigt.

8.2.4 Auswirkungen der Elternmerkmale auf die Vorhersage der Elternarbeit

Im vorangegangenen Abschnitt wurde veranschaulicht, welche Zusammenhänge zwischen den Hintergrundmerkmalen der Eltern und den Wertkomponenten sowie den Erfolgserwartungen bestehen. Im Folgenden sollen zusätzlich die Formen der Elternarbeit als abhängige Variablen berücksichtigt werden. Es wird also der Forschungsfrage nachgegangen, welche Unterschiede sich für die Erklärung von Elternarbeit bei Berücksichtigung des Migrationshintergrunds der Eltern, des sozioökonomischen Status der Familie und des Bildungsniveaus der Eltern ergeben.[60] Im Vergleich zu den Analysen, die in Abschnitt 8.2.3 präsentiert wurden, wird hier die Erfolgserwartung, wie auch in Abschnitt 8.2.2, mit drei manifesten Variablen abgebildet (vgl. Abbildung 41).

Was die Zusammenhänge zwischen dem Migrationshintergrund und den Wertkomponenten sowie den Erfolgserwartungen angeht, so zeigen sich großenteils die bereits beschriebenen Befunde: Für Eltern ohne Migrationshintergrund sind die Werte der persönlichen Bedeutung, der Freude und des Nutzens geringere Motive als für Eltern mit Migrationshintergrund. Für die organisatorische und konzeptionelle Erfolgserwartung wird ersichtlich, dass Eltern ohne Migrationshintergrund eine höhere organisatorische und eine geringere

---

60 Auch in Bezug auf diesen Analysebereich wurden Einzelmodelle für den Migrationshintergrund, das Einkommen sowie das Bildungsniveau analysiert, die sich im Anhang befinden. Zudem wurden die Modelle zusätzlich jeweils mit Dummy-Variablen berechnet. Auf eine Darstellung der großen Anzahl an Modellen wird verzichtet.

konzeptionelle Erfolgserwartung haben. Im Hinblick auf die Frage, inwieweit die organisatorische, konzeptionelle und lernbezogene Partizipation mit dem Migrationshintergrund variiert, lässt sich in diesem Modell erkennen: Eltern ohne Migrationshintergrund haben sich eher organisatorisch beteiligt (β = .09). Eltern mit Migrationshintergrund engagieren sich damit womöglich in erster Linie wegen der Kosten und der Erfolgserwartung seltener im organisatorischen Bereich. Des Weiteren zeigt sich, dass es in dem Gesamtmodell bei zusätzlicher Berücksichtigung des Einkommens und des Bildungsniveaus keinen signifikanten Unterschied auf dem Signifikanzniveau von 5 Prozent zwischen Eltern mit und ohne Migrationshintergrund gibt, was die lernbezogene Partizipation betrifft. Der Unterschied ist nur dann signifikant, wenn $p < .10$ ist.

In Bezug auf das Bruttohaushaltseinkommen der Familie und den Zusammenhängen mit den subjektiven Werten sowie den Erfolgserwartungen wird erneut deutlich, dass Eltern mit einem höheren Einkommen den subjektiven Wert des Nutzens signifikant geringer bewerten als Eltern mit einem geringeren Einkommen. Die Kosten werden von Eltern mit einem höheren Einkommen geringer eingeschätzt. Bezüglich der organisatorischen Erfolgserwartung wird ersichtlich, dass Eltern mit einem höheren SES diese höher einschätzen als Eltern mit einem geringeren SES (vgl. Abbildung 41). Eine seltenere organisatorische Partizipation von Eltern mit einem geringeren Einkommen hängt damit unter anderem mit den Kosten und einer geringeren Erfolgserwartung zusammen. Wie der Abbildung 41 zu entnehmen ist, hängen das Bruttohaushaltseinkommen der Familie und die organisatorische Elternarbeit positiv zusammen (β = .09). Je höher das Einkommen der Eltern, desto eher haben sie sich im organisatorischen Bereich in der Grundschule ihres Kindes beteiligt. Der signifikante Zusammenhang zwischen dem Einkommen und der lernbezogenen Partizipation ist bei Berücksichtigung der anderen Hintergrundmerkmalen sowie der Wert- und Erfolgserwartungskomponente nicht mehr vorhanden.

Für die Zusammenhänge zwischen dem Bildungsniveau der Eltern und den subjektiven Werten sowie den Erfolgserwartungen ergibt sich im Gesamtmodell, dass Eltern mit einem geringeren Bildungsniveau die Motive der persönlichen Bedeutung und des intrinsischen Werts stärker bewerten als Eltern mit einem Hochschul-/Fachhochschulabschluss. Hinsichtlich der drei Formen der Elternarbeit wird deutlich, dass bei Berücksichtigung aller Hintergrundmerkmale sowie der Wert- und Erwartungskomponenten der Zusammenhang zwischen dem Bildungsniveau und der organisatorischen Elternarbeit nicht mehr signifikant ist. Nach wie vor kann jedoch festgestellt werden, dass Eltern mit einem höheren Bildungsniveau signifikant seltener lernbezogen engagiert waren (β = -.08).

Bezogen auf die Forschungsfrage, inwieweit sich die Effekte der vier subjektiven Wertkomponenten und der Erfolgserwartung auf die Elternpartizipation verändern, wenn die Hintergrundmerkmale der Eltern berücksichtigt werden, lassen sich folgende Ergebnisse feststellen: Die in Abschnitt 8.2.2 dargestellten signifikanten Zusammenhänge zwischen den subjektiven Werten, den Erfolgserwartungen sowie der organisatorischen, konzeptionellen und lernbezogenen Elternarbeit bleiben bestehen. Auch die Stärken der Zusammenhänge bleiben insgesamt stabil. Es ergeben sich nur geringfüge Veränderungen. Höhere Zusammenhänge – im Vergleich zum Modell in Abbildung 39 – ergeben sich für die persönliche Bedeutung und die organisatorischen Elternarbeit (von β = .35 auf β = .38), für den intrinsischen Wert und die lernbezogene Elternarbeit (von β = -.13 auf β = -.15) sowie für die persönliche Bedeutung und die lernbezogene Elternarbeit (von β = .26 auf β = .28).

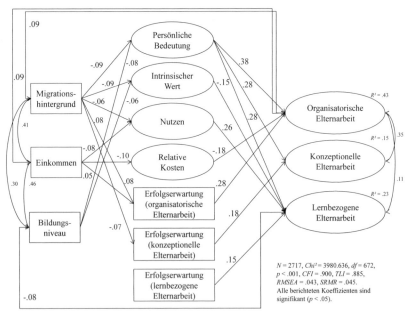

Abbildung 41: Zusammenhänge zwischen dem Migrationshintergrund, dem Einkommen, dem Bildungsniveau der Eltern, den Wert- und Erfolgserwartungskomponenten sowie der Elternarbeit

Geringere Zusammenhänge zeigen sich durch die Berücksichtigung des Migrationshintergrunds, des Einkommens sowie des Bildungsniveaus für den Zusammenhang zwischen den relativen Kosten und der organisatorischen Elternarbeit (von β = -.20 auf β = -.18) sowie zwischen der organisatorischen Erfolgserwartung und der organisatorischen Elternarbeit (von β = .30 auf β = .28). Insgesamt bleiben die beschriebenen Zusammenhänge auch bei Berücksichtigung der Elternmerkmale stabil. Die erklärte Varianz der organisatorischen Elternarbeit nimmt von R^2 = .41 auf R^2 = .43 und die der lernbezogenen Elternarbeit von R^2 = .22 auf R^2 = .23 zu.

Im Hinblick auf die Fragestellung, welche Unterschiede sich für die Vorhersage von Elternarbeit in Abhängigkeit vom Migrationshintergrund der Eltern, dem sozioökonomischen Status der Familie sowie dem Bildungsniveau der Eltern ergeben, lässt sich dementsprechend festhalten: Durch die Berücksichtigung der Hintergrundmerkmale der Eltern verändern sich die Zusammenhänge zwischen den subjektiven Werten und den Erfolgserwartungen nur marginal. Die bereits in Abbildung 39 dargestellten Zusammenhänge bleiben damit insgesamt stabil, wenn der Migrationshintergrund, das Bruttohaushaltseinkommen sowie das Bildungsniveau der Eltern in einem Gesamtmodell aufgenommen werden. Die Hypothese kann damit nur teilweise bestätigt werden. Hinsichtlich der erklärten Varianzen wurde veranschaulicht, dass durch die Hintergrundmerkmale der Anteil der aufgeklärten Varianz für die organisatorische und lernbezogene Elternarbeit leicht zunimmt.

9. Fazit und Diskussion der Ergebnisse

Im Fokus der vorliegenden Arbeit stand das Thema Elternarbeit, das eine wichtige Rolle im Schulalltag spielt und somit auch in der empirischen Bildungsforschung in den letzten Jahren vermehrt Beachtung fand. Vor allem die Frage nach der ‚richtigen' Art und Weise der Elternbeteiligung wurde in praxisnahen Publikationen diskutiert (vgl. Stange, Krüger, Henschel & Schmitt, 2013; Textor, 2013). Mit Blick auf den Nutzen von Elternarbeit in der Schule und dem elterlichen Engagement zu Hause konnte inzwischen in verschiedenen Studien belegt werden, dass eine zielgerichtete und vor allem lernbezogene Partizipation von Eltern mit den Schulleistungen von Schülerinnen und Schülern zusammenhängt (vgl. z. B. Bacete & Ramirez, 2001; Baker & Stevenson, 1986; Gutman et al., 2002; Hill & Tyson, 2009; Hong & Ho, 2005; Hughes et al., 2006; Izzo et al., 1999; Jeynes, 2007; Keith et al., 1998; Reynolds & Gill, 1994; Shumow & Miller, 2001; Shute et al., 2011; Sy et al., 2013). Da Modelle zur Elternpartizipation vor allem im angloamerikanischen Raum existieren (vgl. Eccles & Harold, 1996; Epstein, 1995; Grolnick & Slowiaczek, 1994) und bislang wenig zu theoriebasierten Motiven des Engagements bekannt ist, sollte durch die Fokussierung auf die Formen und Motive einer elterlichen Partizipation in dieser Arbeit ein Beitrag zur Erweiterung theoretischer Grundlagen und Erkenntnisse im deutschsprachigen Raum geleistet werden. Gleichzeitig war ein Ziel dieser Arbeit, aus den Analysen zu den Formen, dem Umfang und den Motiven der Elternarbeit praktische Implikationen für Schulen ableiten zu können.

In diesem Kapitel geht es um eine abschließende Zusammenfassung und Diskussion der Ergebnisse sowie einen Ausblick auf mögliche Anknüpfungspunkte für weitere Forschung. Zunächst werden in Abschnitt 9.1 die Beantwortung der in Kapitel 6 formulierten Forschungsfragen dargestellt und Interpretationen vorgenommen. In Abschnitt 9.2 erfolgt zum einen eine Diskussion der Ergebnisse mit Blick auf theoretische Aspekte sowie praktische Implikationen. Zudem werden Grenzen der vorliegenden Studie genannt. Zum anderen wird abschließend auf Forschungsdesiderate zum Thema Formen, Umfang und Motive der Elternarbeit eingegangen, die sich für weitere empirische Untersuchungen ergeben (Abschnitt 9.3).

9.1 Beantwortung der Forschungsfragen

9.1.1 Formen und Umfang der Elternarbeit

In einem ersten Schritt ging es um die Frage, ob die drei aus der Theorie abgeleiteten Formen der Elternarbeit (organisatorisch, konzeptionell und lernbezogen) empirisch nachgewiesen werden können. Anhand der konfirmatorischen Faktorenanalyse konnte belegt werden, dass sich ein dreidimensionales Modell der Elternarbeit mit den latenten Variablen der organisatorischen, konzeptionellen und lernbezogenen Beteiligung empirisch bewährt (vgl. Abschnitt 8.1.1). Die Modellfitindizes (*CFI* = .932, *TLI* = .910, *RMSEA* = .051, *SRMR* = .042) sind insgesamt zufriedenstellend und die eingesetzten Indikatoren eignen sich, um die latenten Variablen abzubilden. Die theoretische Trennung von organisatorischer, konzeptioneller und lernbezogener Elternarbeit ließ sich damit auch empirisch nachweisen, wodurch die Hypothese verifiziert werden konnte. Zudem wurde angenommen, dass das dreidimensionale Modell der Elternarbeit aufgrund der stärkeren inhaltlichen Differenzierung einem ein- und zweidimensionalen Modell überlegen ist. Diese Hypothese konnte durch die Analysen bestätigt werden: Das Modell, das zwischen einer organisatorischen, konzeptionellen und lernbezogenen Form der Beteiligung unterscheidet, weist eine signifikant bessere Modellgüte auf als das zweidimensionale (Elternarbeit zu Hause und in der Schule) und das eindimensionale Modell (Elternarbeit als übergeordneter Faktor). Es wurde damit belegt, dass eine über das Engagement in der Schule und zu Hause hinausgehende Differenzierung elterlicher Beteiligung in drei Formen möglich ist und sich als eine gute Alternative zu bisher bestehenden Modellen erweist.

Im Anschluss an die empirische Überprüfung des Modells der Elternarbeit schloss sich die Frage an, ob die eingesetzten Instrumente zur Erfassung der Elternarbeit in verschiedenen Gruppen (Eltern differenziert nach ihrem Migrationshintergrund, dem sozioökonomischen Status sowie dem Bildungsniveau) das Gleiche messen (vgl. Abschnitt 8.1.2). Die in Kapitel 5 dargestellten Untersuchungen, die sich mit der Elternpartizipation differenziert nach verschiedenen Hintergrundmerkmalen befasst haben, haben bisher in der Regel nicht die Überprüfung der Messinvarianz berücksichtigt bzw. nicht über diesen Schritt berichtet. Eine Ausnahme stellt die Studie von Hong und Ho (2005) dar, in der Messinvarianz für verschiedene Migrationsgruppen festgestellt werden konnte. Zu dem Bereich der Messinvarianz wurde die Annahme geäußert, dass Eltern mit unterschiedlichen sozialen und kulturellen Hintergründen vergleichbare Assoziationen bezüglich der Items zur organisatorischen, konzeptionellen und lernbezogenen Partizipation haben. Diese Annahme hat sich durch die Mehrgruppenanalysen bewährt. Für die Migrationsgruppen (‚beide Elternteile im Ausland geboren‘, ‚ein Elternteil im Ausland geboren‘ und ‚kein Elternteil im Ausland geboren‘) konnte vollständige konfigurale (gleiche Faktorladungsstruktur) und jeweils mindestens partielle metrische (gleiche Faktorladungen) sowie partielle skalare (gleiche *item intercepts*) Invarianz gefunden werden (vgl. Abschnitt 8.1.2.1). Das bedeutet, dass die genannten Gruppen beispielsweise hinsichtlich ihres Mittelwerts der organisatorischen, konzeptionellen und lernbezogenen Elternarbeit miteinander verglichen werden können. Trotz der nachgewiesenen Messinvarianz wurde durch die notwendige Freisetzung einzelner Items jedoch auch deutlich, dass die Migrationsgruppen einige Variablen unterschiedlich bewertet haben („Mitgestaltung von Projekten oder Arbeitsgemeinschaften", „Mitarbeit im Freizeitbereich der Schule", „Mitwirkung bei der Lehrplanarbeit").

Bezüglich des sozioökonomischen Status wurde nachgewiesen, dass alle Einkommensgruppen (‚unter 10.000 €‘, ‚10.000 bis 39.999 €‘, ‚40.000 bis 69.999 €‘ sowie ‚70.000 € und mehr‘) einen vergleichbaren gedanklichen Bezugsrahmen hinsichtlich der organisatorischen, konzeptionellen und lernbezogenen Elternarbeit haben (vgl. Abschnitt 8.1.2.2). Alle Bedingungen der konfiguralen, (partiellen) metrischen und (partiellen) skalaren Invarianz sind erfüllt. Allerdings waren auch hier einige Items auffällig, für die keine Invarianz gefunden wurde: „Mitgestaltung von Projekten oder Arbeitsgemeinschaften", „Mitarbeit im Freizeitbereich der Schule", „Mitglied in der Steuergruppe", „Mitwirkung bei der Lehrplanarbeit". Diese Items wurden freigesetzt.

Auch in Bezug auf das Merkmal des Bildungsniveaus konnte für jeden Gruppenvergleich mindestens partielle skalare Invarianz festgestellt und somit Messäquivalenz nachgewiesen werden (vgl. Abschnitt 8.1.2.3). Die Gruppen ‚kein Abitur‘, ‚Abitur erworben‘ und ‚Fachhochschul-/Hochschulabschluss‘ sind also hinsichtlich des Konstrukts der Elternpartizipation vergleichbar. Bei zwei Items scheinen unterschiedliche Assoziationen in den drei Gruppen vorzuliegen: „Mitwirkung bei der Lehrplanarbeit" sowie „Mit meinem Kind den Lernstoff wiederholen, wenn Klassenarbeiten oder Tests geschrieben werden".

Es hat sich gezeigt, dass über alle Gruppenvergleiche hinweg das Item „Mitwirkung bei der Lehrplanarbeit" sowie darüber hinaus bei den Migrations- und Einkommensgruppen die Items „Mitgestaltung von Projekten oder Arbeitsgemeinschaften", „Mitarbeit im Freizeitbereich der Schule" nicht invariant waren. Möglicherweise wurden die verwendeten Begriffe wie „Projekte und Arbeitsgemeinschaften" oder „Lehrplanarbeit" von den Gruppen unterschiedlich verstanden und damit unterschiedliche Assoziationen ausgelöst. Insgesamt wurde jedoch für die vorliegende Arbeit sichergestellt, dass die verschiedenen Gruppen hinsichtlich organisatorischer, konzeptioneller und lernbezogener Elternarbeit miteinander verglichen werden können, auch wenn dazu einige Items, bei denen die Einschätzung zwischen den Gruppen variierte, freigesetzt werden mussten. Die Hypothese, dass Eltern trotz unterschiedlicher sozialer und kultureller Hintergründe ein einheitliches Verständnis hinsichtlich der einzelnen Beteiligungsbereiche haben und die eingesetzten Instrumente in den einzelnen Gruppen vergleichbar sind, wurde damit bestätigt.

Nachdem grundlegende Bedingungen für weitere Analysen der Elternarbeit geschaffen wurden, konnte anschließend auf die Forschungsfrage eingegangen werden, in welchen Bereichen sich Eltern in der Schule ihres Kindes beteiligen und ob gruppenspezifische Unterschiede vorliegen (vgl. Abschnitt 8.1.3). Die Analyse fokussierte hierbei auf die Beteiligung der Eltern im Grundschulkontext. Aufgrund der in Kapitel 5 dargestellten Forschungsbefunde wurde die Hypothese formuliert, dass sich Eltern in einem höheren Umfang lernbezogen und organisatorisch und weniger konzeptionell engagieren. Die Analysen für die „Ganz In" Gesamtstichprobe bestätigten diese Annahmen. Es wurde belegt, dass sich Eltern im Grundschulkontext vor allem lernbezogen engagiert haben. Ein hoher Anteil der Eltern hat mit den Kindern Lernstoff wiederholt, wenn Klassenarbeiten oder Tests geschrieben wurden, oder auch zu Hause mit den Kindern gelernt, wenn sie Übungsmaterial von den Lehrkräften erhalten haben. Für die Eltern war es demnach wichtig, ihre Kinder in der Grundschule bei lernbezogenen Aktivitäten zu unterstützen. Auch im organisatorischen Bereich haben Eltern in der Grundschule ihres Kindes regelmäßig mitgewirkt. Dieses Ergebnis könnte unter anderem darauf zurückgeführt werden, dass eine Mitarbeit bei organisatorischen Aufgaben von den Schulen erwünscht ist und für ein organisatorisches Engagement somit auch Möglichkeiten in den Schulen bereitstehen. Am häufigsten wurden die Mithilfe bei Schulfesten sowie die Begleitung von Klassenfahrten sowie Ausflügen genannt. Bei der Mitgestaltung von Projekten oder Arbeitsgemeinschaften hat etwa die Hälfte der Eltern in der Grundschule mitgewirkt, während ein geringerer Anteil im Freizeitbereich der Schule mitgearbeitet hat. Die geringe Beteiligung im Freizeitbereich der Schule ist möglicherweise darauf zurückzuführen, dass viele Grundschulen Halbtagsschulen waren und somit kein ausgedehnter Freizeitbereich stattfand. Vergleichsweise seltener fand eine Partizipation im konzeptionellen Bereich statt. Die höchste Beteiligung bezieht sich auf die Mitwirkung bei Schulkonferenzen. Eine geringere Partizipation ergab sich für die Übernahme von Aufgaben im Förderverein, die Mitgliedschaft in der Steuergruppe sowie die Mitwirkung bei der Erstellung des Schulprogramms und der Lehrplanarbeit. Die geringe Beteiligung an konzeptionellen Aufgaben kann damit zusammenhängen, dass nicht alle Eltern in Gremien vertreten sein können und somit die Partizipationsmöglichkeiten eingeschränkt sind. Das wird auch anhand der kollektiven Elternrechte deutlich (vgl. Abschnitt 3.4). Diese ermöglichen es den Eltern, vor allem durch die Mitgliedschaft in Elterngremien, auf schulbezogene institutionelle Angelegenheiten und Entscheidungen Einfluss zu nehmen. Zudem könnte ein vergleichsweise geringes konzeptionelles Engagement daran liegen, dass dieses im Primarbereich noch einen geringeren Stellenwert einnimmt als im Sekundarschulbereich. Die Ergebnisse stimmen in der Tendenz also mit vorherigen Forschungsbefunden von Börner (2010), von Rosenblatt und Thebis (2003), Witjes und Zimmermann (2000), Züchner (2008) sowie Züchner (2011) überein.

Im Anschluss an die Ergebnisse für die Gesamtstichprobe von „Ganz In" wurde analysiert, ob es in Bezug auf Formen und Umfang der Elternarbeit gruppenspezifische Unterschiede in Abhängigkeit vom Migrationshintergrund der Eltern, dem sozioökonomischen Status der Familie (operationalisiert über das jährliche Bruttohaushaltseinkommen) sowie dem Bildungsniveau der Eltern gibt (vgl. Abschnitte 8.1.3). Diese Hintergrundmerkmale der Eltern wurden berücksichtigt, da Eltern zum einen eine heterogene Gruppe darstellen und differenzierte Betrachtungen somit wichtig sind (vgl. Fürstenau & Gomolla, 2009a). Zum anderen geht aus dem Erwartungs-Wert-Modell von Eccles und Wigfield (2002) hervor, dass Aspekte des kulturellen Milieus relevante Einflussfaktoren darstellen.

Der Forschungsstand zu gruppenspezifischen Unterschieden war nicht ganz eindeutig, da die Hintergrundmerkmale teilweise unterschiedlich operationalisiert sowie verschiedene Partizipationsbereiche einbezogen wurden. Die Tendenz der Befunde geht jedoch in die Richtung, dass Eltern mit einem höheren sozioökonomischen Status, einem höheren Bildungsniveau und Eltern ohne Migrationshintergrund häufiger organisatorisch und konzeptionell engagiert sind. Bezüglich der lernbezogenen Unterstützung zeigten sich insgesamt keine bedeutsamen Unterschiede zwischen den verschiedenen Elterngruppen – das lernbezogene Engagement war insgesamt hoch. Auf Basis der Forschungsbefunde wurden schließlich folgende Annahmen geäußert: Eltern ohne Migrationshintergrund, mit einem höheren sozioökonomischen Status und einem höheren Bildungsniveau partizipieren häufiger im organisatorischen und konzeptionellen Bereich. Für die lernbezogene Partizipation wurde aufgrund der Befunde zur Bildungsaspiration und zum Statuserhalt angenommen, dass sich Eltern mit Migrationshintergrund stärker lernbezogen engagieren als Eltern ohne Migrationshintergrund. Zudem wurde erwartet, dass sich Eltern mit einem höheren Bildungsniveau aufgrund des Wunsches nach Statuserhalt häufiger lernbezogen engagieren. Die formulierten Hypothesen konnten durch die Analysen nur teilweise bestätigt werden (vgl. Abschnitt 8.1.3). Für die Partizipation nach dem Migrationshintergrund der Eltern wurde festgestellt, dass Eltern mit Migrationshintergrund (,beide Elternteile im Ausland geboren') signifikant seltener organisatorisch mitgewirkt haben als die Gruppen ,ein Elternteil im Ausland geboren' und ,kein Elternteil im Ausland geboren', auch unter Kontrolle des Einkommens und der Bildung der Eltern. Dieser Befund findet sich auch bei Sacher (2006). Für den angloamerikanischen Raum haben Huntsinger und Jose (2009) gezeigt, dass sich chinesische Eltern weniger in der Schule engagiert haben. Zudem verweisen Sy (2006) sowie Yamamoto und Holloway (2010) darauf, dass Eltern mit Migrationshintergrund (in dem Fall asiatisch-amerikanische Eltern) insgesamt eine Partizipation zu Hause präferieren. Eine geringere Mitwirkung von Eltern mit Migrationshintergrund im organisatorischen Bereich kann mit möglichen Hemmschwellen und Barrieren einhergehen. Beispielsweise können sprachliche Probleme, eine fehlende Vertrautheit mit dem deutschen Schulsystem oder unflexible Arbeitszeiten ein Engagement verhindern (vgl. Hawighorst, 2009; Kuperminc et al., 2008; López et al., 2001). Keine bedeutsamen Unterschiede ergaben sich entgegen der Erwartung für die konzeptionelle Beteiligung, die in allen Migrationsgruppen auf einem ähnlich geringen Niveau lag. Bezüglich der lernbezogenen Partizipation konnte die Hypothese bestätigt werden: Eltern mit Migrationshintergrund haben sich in einem signifikant höheren Umfang lernbezogen engagiert als Eltern ohne Migrationshintergrund. Eine starke lernbezogene Unterstützung von Eltern mit Migrationshintergrund konnte auch vor allem im angloamerikanischen Raum nachgewiesen werden (vgl. Mena, 2011; Sui-Chu & Willms, 1996; Sy, 2006; Yamamoto & Holloway, 2010; Zarate, 2007). Für den Befund einer hohen lernbezogenen Beteiligung von Eltern mit Migrationshintergrund können zwei Erklärungsansätze herangezogen werden: Das Ergebnis könnte sich auf eine mehrfach nachgewiesene hohe Bildungsaspiration der Eltern mit Migrationshintergrund zurückführen lassen (vgl. Catsambis & Garland, 1997; Gresch,

2012; Kristen & Dollmann, 2009; Overstreet et al., 2005; Relikowski et al., 2012; Segeritz et al., 2010; Stanat, Segeritz, et al., 2010). Ein hohes lernbezogenes Engagement von Eltern, die im Ausland geboren sind, könnte aber auch mit den vergleichsweise niedrigen Schulleistungen der Kinder in Verbindung gebracht werden. Dadurch, dass Schülerinnen und Schüler mit Migrationshintergrund häufig ein niedrigeres Leistungsniveau aufweisen, ist möglicherweise eine stärkere Unterstützung der Eltern zur Kompensation primärer Herkunftseffekte gefordert.

Im Hinblick auf den sozioökonomischen Status der Eltern wurden folgende Ergebnisse konstatiert (vgl. Abschnitt 8.1.3): Eltern mit einem hohen sozioökonomischen Status (Einkommen von 70.000 € und mehr) haben sich signifikant häufiger organisatorisch beteiligt als Eltern mit einem niedrigeren sozioökonomischen Status (Bruttohaushaltseinkommen von unter 10.000 € sowie zwischen 10.000 und 39.999 €). Diese Hypothese konnte damit bestätigt werden. Für die konzeptionelle Elternarbeit wurden nur unter Kontrolle des Migrationshintergrunds und des Bildungsniveaus signifikante Unterschiede zwischen Eltern mit einem hohen und niedrigeren Einkommen gefunden. Die Befunde von Cooper und Crosnoe (2007), Grolnick et al. (1997), Lee und Bowen (2006), Ritblatt et al. (2002) konnten damit überwiegend repliziert werden. Bezüglich der lernbezogenen Partizipation wurde schließlich deutlich, dass Eltern mit einem geringeren SES (zwischen 10.000 und 39.999 €) ihre Kinder beim Lernen signifikant häufiger unterstützt haben als Eltern mit einem hohen SES (70.000 € und mehr). Dieses Ergebnis widerspricht Forschungsbefunden, die einen Vorteil für Eltern mit einem hohen SES (vgl. Grolnick et al., 1997) bzw. keine Unterschiede eines lernbezogenen Engagements zwischen Eltern mit einem hohen und niedrigen SES gefunden haben (vgl. Lee & Bowen, 2006; Ritblatt et al., 2002). Allerdings ist darauf hinzuweisen, dass dieser signifikante Effekt nicht mehr besteht, wenn gleichzeitig der Migrationshintergrund und das Bildungsniveau berücksichtigt wurden. Dass sich Eltern mit einem geringeren SES stärker lernbezogen in der Schule engagiert haben, ist also in erster Linie nicht auf das Einkommen zurückzuführen, sondern hängt mit dem Migrationshintergrund und dem Bildungsniveau zusammen.[61]

Hinsichtlich der Analyse der Elternarbeit nach dem Bildungsniveau der Eltern wurde die Hypothese größtenteils widerlegt (vgl. Abschnitt 8.1.3). Sowohl für die organisatorische als auch für die konzeptionelle Elternarbeit wurden

---

61 Die Korrelation zwischen dem Migrationshintergrund und dem Bruttohaushaltseinkommen liegt bei .42 und ist signifikant.

zunächst keine signifikanten Unterschiede zwischen Eltern mit einem hohen und einem niedrigeren Bildungsabschluss gefunden. Allerdings zeigte sich bei Kontrolle des Migrationshintergrunds und des Einkommens, dass Eltern mit einem niedrigeren Bildungsniveau in diesen beiden Bereichen engagierter waren. Für das lernbezogene Engagement wurde nachgewiesen, dass Eltern ohne und mit Abitur signifikant häufiger in diesem Bereich unterstützend mitgewirkt haben als Eltern mit einem Fachhochschul-/Hochschulabschluss. Diese Ergebnisse können womöglich auf Deckeneffekte zurückgeführt werden, da sich Eltern mit einem hohen Bildungsabschluss möglicherweise aufgrund von Zeitmangel weniger engagieren. Aber auch die Überzeugung, dass das Kind ohne lernbezogene Unterstützung gute Leistungen erbringen wird, könnte eine Rolle spielen. Ein lernbezogenes Engagement wird damit als weniger notwendig erachtet. Zudem ist bei diesem Ergebnis zum einen zu berücksichtigen, dass es sich um die sehr selektive Stichprobe von Eltern handelt, deren Kinder das Gymnasium besuchen. Zum anderen ist zu beachten, dass Eltern mit Migrationshintergrund häufig ein niedrigeres Bildungsniveau aufweisen (vgl. Relikowski et al., 2012) und dadurch womöglich eine höhere lernbezogene Unterstützung für Eltern mit einem niedrigeren Bildungsabschluss zu erklären ist.[62]

9.1.2 Motivstrukturen der Elternarbeit

Nachdem die Ergebnisse zu den Forschungsfragen für die Formen und den Umfang der Elternpartizipation zusammengefasst wurden, geht es im Folgenden um die Motivstrukturen der Elternarbeit.

Bevor die übergeordnete Forschungsfrage nach den Gründen und Motiven einer elterlichen Beteiligung in der Grundschule beantwortet wird, werden die Ergebnisse zu den folgenden zwei Fragestellungen zusammengefasst: Lässt sich das Erwartungs-Wert-Modell nach Eccles und Wigfield (2002) auf den Bereich Elternarbeit übertragen? Können die im Eccles Modell theoretisch postulierten vier subjektiven Wertkomponenten (attainment value, intrinsic value, utility value, relative cost) sowie die Erfolgserwartungskomponente für den Anwendungsbereich der Elternarbeit in der Grundschule empirisch etabliert werden? Da das Erwartungs-Wert-Modell nach Eccles und Wigfield

---

62 Die Korrelation zwischen dem Migrationshintergrund und dem Bildungsniveau liegt bei .30 und ist signifikant.

(2002) bereits in verschiedenen Bereichen (auch in der empirischen Bildungsforschung) zum Einsatz kam, wurden folgende Hypothesen aufgestellt: Eine
Übertragbarkeit des Erwartungs-Wert-Modells auf den Bereich der Elternarbeit
ist möglich. Die vier subjektiven Wertkomponenten sowie die Erfolgserwartung können damit für den Anwendungsbereich der Elternpartizipation empirisch nachgewiesen werden. Diese Hypothesen haben sich durch die durchgeführten Analysen bewährt (vgl. Abschnitt 8.2.1). Es wurde zunächst auf der
Ebene der manifesten Variablen und damit anhand der aufsummierten Summenscores belegt, dass die selbst entwickelten Skalen zu den verschiedenen
Wert- und Erfolgserwartungskomponenten insgesamt als reliabel bezeichnet
werden können (*Cronbachs Alpha* zwischen .61 und .89). Allerdings sind die
Skalen zu den relativen Kosten (*Cronbachs Alpha* = .63) sowie zur Erfolgserwartung (*Cronbachs Alpha* = .61) vergleichsweise weniger reliabel. Anschließend wurden für alle subjektiven Wertkomponenten und für die Erfolgserwartung jeweils Messmodelle geschätzt. Hierbei konnte nachgewiesen werden,
dass sich die Werte der persönlichen Bedeutung, des intrinsischen Werts, des
Nutzens und der relativen Kosten sowie die Erfolgserwartung latent abbilden
lassen und die Modellfitindizes jeweils sehr gute Werte aufwiesen (vgl. Abschnitt 8.2.1). Nachdem festgestellt wurde, dass sich die Wert- und Erfolgserwartungskomponenten einzeln empirisch etablieren lassen, wurde schließlich
ein fünfdimensionales Messmodell der subjektiven Werte und der Erfolgserwartung der Elternarbeit geschätzt. Auch dieses Messmodell weist eine zufriedenstellende Modellgüte auf (*CFI* = .925, *TLI* = .909, *RMSEA* = .052,
SRMR = .041). Es kann damit festgehalten werden, dass das Erwartungs-Wert-
Modell nach Eccles und Wigfield (2002) auf den Bereich der Elternarbeit über-
tragbar ist und sich die Wert- und Erfolgserwartungskomponenten empirisch
nachweisen lassen.

　　Im Anschluss wurde auf die Vorhersage der Elternarbeit durch das Erwartungs-Wert-Modell fokussiert (vgl. Abschnitt 8.2.2). Es ging um die Beantwortung der Frage, welchen Einfluss die vier subjektiven Wertkomponenten sowie
die Erfolgserwartungen auf die Entscheidung der Eltern haben, in der Schule
und zu Hause zu partizipieren. Hierzu wurden folgende Vermutungen formuliert: Je höher die persönliche Bedeutung, der intrinsische Wert, die Erfolgserwartung und je geringer die Kosten, desto höher fällt die organisatorische Elternarbeit aus. Für die konzeptionelle Partizipation wurde vermutet, dass vor
allem die persönliche Bedeutung, der intrinsische Wert, der Nutzen, die relativen Kosten sowie die Erfolgserwartung wichtige Prädiktoren sind. Hinsichtlich
der lernbezogenen Elternpartizipation wurde angenommen, dass diese vor al-

lem durch die persönliche Bedeutung, den Nutzen und die Erfolgserwartung vorhergesagt wird. Die Vermutungen wurden größtenteils bestätigt. Für die organisatorische Elternarbeit stellen die persönliche Bedeutung (β = .35), relative Kosten (β = -.20) und die organisatorische Erfolgserwartung[63] (β = .30) signifikante Prädiktoren dar. Je höher also die persönliche Bedeutung bzw. je stärker die Aufgabe der Partizipation mit dem Selbstbild und der Definition der Elternrolle übereinstimmt, desto eher haben Eltern in der Grundschule Aufgaben im organisatorischen Bereich (wie die Mithilfe bei Schulfesten oder die Begleitung von Ausflügen) übernommen. Zudem spielen die Kosten für eine organisatorische Beteiligung eine wesentliche Rolle: Je höher die subjektiv wahrgenommenen zeitlichen Kosten oder Opportunitätskosten, desto geringer war die organisatorische Elternarbeit. Zu hohe Kosten sind also für eine organisatorische Partizipation hinderlich. Fördernd auf eine organisatorische Beteiligung hat sich dagegen die Erfolgserwartung, dass durch eine aktive Beteiligung organisatorische Aktivitäten erfolgreich unterstützt werden können, ausgewirkt. Auf die konzeptionelle Elternarbeit haben nur zwei Komponenten einen geringen Einfluss – die persönliche Bedeutung (β = .28) sowie die Erfolgserwartung (β = .18). Eine höhere Beteiligung im konzeptionellen Bereich geht also mit einem hohen Stellenwert dieser Aufgabe und der Erfolgserwartung, dass durch eine konzeptionelle Elternarbeit die Weiterentwicklung der Schule erfolgreich mitgestaltet werden kann, einher. Die lernbezogene Partizipation wird durch die persönliche Bedeutung (β = .26), den intrinsischen Wert (β = -.13), den Nutzen (β = .26) sowie die lernbezogene Erfolgserwartung (β = .15) vorhergesagt. Nachdem sich der Wert der persönlichen Bedeutung bereits für die organisatorische und konzeptionelle Elternarbeit als signifikanter Prädiktor erwiesen hat, wird auch das lernbezogene Engagement positiv durch diesen subjektiven Wert beeinflusst. Der intrinsische Wert weist einen negativen Zusammenhang mit der lernbezogenen Partizipation auf. Das bedeutet, dass sich die Freude, die mit einem lernbezogenen Engagement verbunden ist, eher hemmend auf die aktive lernbezogene Beteiligung auswirkt. Dies kann zum einen damit zusammenhängen, dass lernbezogene Partizipation unmittelbar instrumentell ist und intrinsische Motivation weniger gefordert ist bzw. eher der kurzfristige Nutzen zählt (beispielsweise zur Kompensation primärer Herkunftseffekte). Es wird womög-

---

63 Wie in Kapitel 8 dargestellt, wurde die Erfolgserwartung im Modell mit drei manifesten Variablen berücksichtigt, die sich jeweils auf die organisatorische, konzeptionelle und lernbezogene Elternpartizipation beziehen.

lich eher die situative Notwendigkeit gesehen, sich lernbezogen zu engagieren, die nicht Interesse oder Freude voraussetzt. Zum anderen kann die negative Korrelation mit den Items zusammenhängen, die sich eher generell auf die Zusammenarbeit mit der Schule beziehen. Die Relevanz des Nutzens konnte auch nachgewiesen werden: Je höher der subjektiv wahrgenommene Nutzen der lernbezogenen Partizipation, desto eher haben sich Eltern im Grundschul-' kontext in diesem Bereich engagiert. Des Weiteren wurde deutlich, dass eine hohe Erfolgserwartung, dass durch eine aktive Zusammenarbeit und den Austausch mit den Lehrkräften die schulische Entwicklung des Kindes erfolgreich gefördert werden kann, die lernbezogene Partizipation positiv beeinflusst hat. Insgesamt kann festgehalten werden, dass sich der Wert der persönlichen Bedeutung als stärkster Prädiktor aller Formen der Elternarbeit dargestellt hat. Dies bestätigt Befunde von Deslandes und Bertrand (2005). Es ist demnach in Bezug auf die Entscheidung für ein elterliches Engagement in der Schule und zu Hause wichtig, dass die Partizipation für die Eltern eine bedeutende Aufgabe darstellt und mit der eigenen Definition der Elternrolle und des Selbstbildes übereinstimmt. Insgesamt konnten damit auf Basis eines erprobten theoretischen Modells Gründe für ein elterliches Engagement ausgemacht werden, die teilweise auch bei Börner (2010), Hoover-Dempsey und Sandler (1997), Kröner et al. (2012) sowie Williams und Sanchez (2013) eine Rolle spielen, aber darüber hinaus zu weiteren Erkenntnissen geführt haben. Zudem weist das Strukturgleichungsmodell zur Vorhersage der organisatorischen, konzeptionellen und lernbezogenen Elternarbeit insgesamt akzeptable Modellfitindizes (CFI = .906, TLI = .891, $RMSEA$ = .044, $SRMR$ = .044) auf. Die aufgeklärte Varianz war für die organisatorische Partizipation mit R^2 = .41 am höchsten. Durch die einbezogenen Variablen konnten für die lernbezogene 22 Prozent und für die konzeptionelle Elternarbeit 15 Prozent der Varianz aufgeklärt werden.

Eine weitere Forschungsfrage befasste sich mit den Zusammenhängen zwischen dem Migrationshintergrund, dem sozioökonomischen Status sowie dem Bildungsniveau der Eltern und den Wert- und Erfolgserwartungskomponenten (welchen Effekt haben der Migrationshintergrund der Eltern, der sozioökonomische Status der Familie sowie das Bildungsniveau der Eltern auf die Motive der Elternarbeit?). Die Bedeutung des kulturellen Milieus und dessen Einfluss auf die subjektiven Werte und Erwartungen wurde durch Wigfield et al. (2004) belegt. Da das kulturelle Milieu nach Wigfield et al. (2004) vor allem durch Geschlechtsrollenstereotype geprägt ist, gleichzeitig jedoch die Berücksichtigung weiterer Konstrukte gefordert wird, wurden in dieser Arbeit der Migrationshintergrund, der sozioökonomische Status sowie das Bildungsniveau der Eltern einbezogen. Auf Basis theoretischer Ausführungen zu sekundären Herkunftseffekten wurde angenommen, dass Eltern mit einem hohen sozioökonomischen Status die Motive der persönlichen Bedeutung, des Nutzens und der Erfolgserwartung höher sowie die Kosten einer Beteiligung geringer einschätzen als Eltern mit einem niedrigen sozioökonomischen Status. Aufgrund der Erkenntnisse zum Statuserhalt wurde vermutet, dass Eltern mit einem hohen Bildungsniveau die Motive der persönlichen Bedeutung, des Nutzens und der Erfolgserwartung als bedeutender wahrnehmen als Eltern mit einem niedrigeren Bildungsniveau. Die relativen Kosten sind jedoch für Eltern mit einem niedrigeren Bildungsniveau höher als für Eltern mit einem hohen Bildungsniveau. In Bezug auf den Migrationshintergrund wurde angenommen, dass Eltern mit Migrationshintergrund die relativen Kosten höher bewerten als Eltern ohne Migrationshintergrund. Zudem wurde aufgrund der Befunde zur Bildungsaspiration die Hypothese aufgestellt, dass Eltern mit Migrationshintergrund die persönliche Bedeutung und den Nutzen als stärkere Motive wahrnehmen als Eltern ohne Migrationshintergrund.

Die genannten Hypothesen haben sich nur zum Teil bewährt, andere wurden durch die Analysen widerlegt (vgl. Abschnitt 8.2.3). Was die Zusammenhänge zwischen dem Migrationshintergrund und den Wert- und Erfolgserwartungskomponenten angeht, wurde konstatiert, dass Eltern mit Migrationshintergrund, bei gleichzeitiger Berücksichtigung des Einkommens und des Bildungsniveaus, die subjektiven Werte der persönlichen Bedeutung, der Freude und des Nutzens signifikant höher einschätzen als Eltern ohne Migrationshintergrund. Hier kommen also auch die Befunde zur Bildungsaspiration zum Tragen. Für die Erfolgserwartung der Elternarbeit wurden im Gesamtmodell keine Effekte ersichtlich. Wird nur der Migrationshintergrund im Modell berücksichtigt, so wird deutlich, dass Eltern ohne Migrationshintergrund die relativen Kosten geringer und die Erfolgserwartung höher einschätzen (vgl. Abbildung A. 2). Das bedeutet, dass die höhere Einschätzung der Kosten und die geringere Erfolgserwartung von Eltern mit Migrationshintergrund mit dem Einkommen und dem Bildungsniveau variieren.

Für den sozioökonomischen Status und die verschiedenen Einkommensgruppen wurde im Gesamtmodell aufgezeigt, dass Eltern mit einem geringeren Einkommen den Nutzen signifikant stärker als Motiv einer Beteiligung bewerten als Eltern mit einem hohen Einkommen. Die relativen Kosten wurden, wie vermutet, von Eltern mit einem niedrigeren sozioökonomischen Status höher und damit belastender wahrgenommen. Hier können also Befunde von Gresch et al. (2010), Maaz et al. (2006) sowie Paulus und Blossfeld (2007) für den Bereich der Elternarbeit repliziert werden. Kein signifikanter Zusammenhang ergab sich für den latenten Faktor der Erfolgserwartung. Die Erfolgserwartung unterscheidet sich also nicht zwischen den Einkommensgruppen.

Entgegen der geäußerten Vermutung wurde schließlich hinsichtlich des Bildungsniveaus der Eltern, bei zusätzlicher Berücksichtigung des Migrationshintergrunds und des Einkommens, festgestellt, dass Eltern mit einem niedrigeren Bildungsabschluss die persönliche Bedeutung und den intrinsischen Wert der Elternarbeit signifikant höher bewerten als Eltern mit einem hohen Bildungsabschluss (vgl. Abschnitt 8.2.3). Keine bedeutsamen Unterschiede zwischen den Gruppen fanden sich für die relativen Kosten. Eine signifikant höhere Erfolgserwartung wurde schließlich für Eltern mit einem höheren Bildungsniveau nachgewiesen. Hinsichtlich der Ergebnisse konnten damit für die Erfolgserwartung Befunde von Gresch und Becker (2010) für den Bereich der Elternarbeit bestätigt werden. Insgesamt waren aber auch die Zusammenhänge zwischen dem Bildungsniveau und den Wert- und Erfolgserwartungskomponenten sehr gering (zwischen $\beta = -.05$ und $\beta = -.08$). Wie bereits dargestellt, könnte einerseits eine geringere Einschätzung der persönlichen Bedeutung von Eltern mit einem hohen Bildungsniveau und andererseits eine geringere Einschätzung des Nutzens von Eltern mit einem hohen Einkommen damit zusammenhängen, dass diese Gruppen von der Leistungsfähigkeit ihrer Kinder überzeugt sind und eine aktive Partizipation für eine positive Leistungsentwicklung als weniger wichtig erachtet wird. Eltern mit einem niedrigeren Bildungsabschluss und Einkommen schätzen die Einflussmöglichkeit durch ihr Engagement sowie einen intensiven Kontakt zur Schule möglicherweise höher ein und sehen damit einen Nutzen und eine Bedeutung in einer aktiven Partizipation, die mit einer höheren Freude umgesetzt wird.

Die letzte übergeordnete Fragestellung dieser Arbeit lautete: Welche Unterschiede ergeben sich für die Erklärung von Elternarbeit bei Berücksichtigung des sozioökonomischen Status der Familie, des Bildungsniveaus sowie des Migrationshintergrunds der Eltern? (vgl. Abschnitt 8.2.4). Es wurde also analysiert, inwieweit sich durch die Berücksichtigung des Migrationshintergrunds, des Einkommens sowie des Bildungsniveaus der Eltern die Zusammenhänge zwischen den Wertkomponenten sowie den Erfolgserwartungen und der Elternarbeit verändern. Die Hypothese, dass sich durch die zusätzliche Berücksichtigung der Hintergrundmerkmale der Eltern Veränderungen der Zusammenhänge zwischen den Wert- und Erfolgserwartungskomponenten und den Formen der

Elternpartizipation ergeben und sich die Zusammenhänge insgesamt verringern, wurde teilweise bestätigt. Auf der einen Seite wurde belegt, dass sich die beschriebenen Zusammenhänge zwischen den Wert-/ Erfolgserwartungskomponenten und der Elternarbeit durch die Hintergrundmerkmale der Eltern zwar verändern, sich auf der anderen Seite aber nur marginale Verschiebungen ergeben. Insgesamt bleiben die gefundenen Zusammenhänge aber konstant, wenn zusätzlich der Migrationshintergrund, das Bruttohaushaltseinkommen sowie das Bildungsniveau der Eltern in einem Gesamtmodell berücksichtigt werden. Verändern sich die Zusammenhänge, so sind sowohl Zu- als auch Abnahmen der Koeffizienten feststellbar. Zudem wurde deutlich, dass der Anteil der aufgeklärten Varianz für die organisatorische und lernbezogene Elternarbeit durch die Hintergrundmerkmale der Eltern leicht um ein bis zwei Prozentpunkte zunimmt. Auf die Bedeutung von Hintergrundmerkmalen für eine Partizipation verweisen auch Eccles und Harold (1993), Grolnick et al. (1997) sowie Hoover-Dempsey und Sandler (1997). Die Berücksichtigung von Elternmerkmalen kann also zur Varianzaufklärung von Elternarbeit beitragen.

In Bezug auf das Gesamtmodell lassen sich zusammenfassend folgende Ergebnisse festhalten: Eltern mit Migrationshintergrund haben die Werte der persönlichen Bedeutung, des intrinsischen Werts sowie des Nutzens höher eingeschätzt als Eltern ohne Migrationshintergrund, was mit einer hohen Bildungsaspiration von Eltern mit Migrationshintergrund zusammenhängen könnte. Eine höhere organisatorische Erfolgserwartung haben Eltern ohne Migrationshintergrund geäußert, während Eltern mit Migrationshintergrund eine höhere konzeptionelle Erfolgserwartung angeben. Die höhere konzeptionelle Erfolgserwartung wirkt sich allerdings nicht auf ein höheres Engagement in diesem Bereich aus. Des Weiteren wurde deutlich, dass Eltern ohne Migrationshintergrund in einem signifikant höheren Umfang organisatorisch in der Grundschule ihres Kindes mitgewirkt haben. Der bedeutsame Zusammenhang (auf einem Signifikanzniveau von 5 Prozent) zwischen dem Migrationshintergrund und der lernbezogenen Elternarbeit wird durch die Berücksichtigung des Einkommens, des Bildungsniveaus und der Wert- und Erfolgserwartungskomponenten in diesem komplexen Modell aufgehoben und ist nur noch auf einem Signifikanzniveau von 10 Prozent bedeutsam. Die höhere lernbezogene Partizipation von Eltern mit Migrationshintergrund hängt also mit dem Einkommen und dem Bildungsniveau der Eltern zusammen.

Hinsichtlich des Einkommens wurde dargestellt, dass Eltern mit einem höheren Einkommen den Nutzen geringer, die organisatorische Erfolgserwartung höher sowie die Kosten niedriger bewertet haben als Eltern mit einem geringeren Einkommen. Der Effekt, dass sich Eltern mit einem höheren Einkommen stärker organisatorisch engagiert haben, bleibt bestehen. Dies könnte unter anderem an der Einschätzung der Kosten für ein organisatorisches Engagement liegen.

In Bezug auf das Bildungsniveau kann festgehalten werden, dass Eltern mit einem höheren Abschluss, bei gleichzeitiger Berücksichtigung des Migrationshintergrunds und des Einkommens, die persönliche Bedeutung und den intrinsischen Wert signifikant geringer eingeschätzt haben. Zudem sind Eltern mit einem höheren Bildungsniveau auch bei gleichzeitiger Berücksichtigung des Migrationshintergrunds und des Einkommens weniger lernbezogen in der Grundschule ihres Kindes engagiert gewesen. Interpretationsansätze wurden hierzu bereits genannt.

Tabelle 46: Zusammenfassung der Ergebnisse

Forschungsfragen und Hypothesen	bestätigt	teilweise bestätigt	nicht bestätigt
Formen und Umfang der Elternarbeit			
1. Können die drei aus der Theorie abgeleiteten Formen der Elternarbeit (organisatorisch, konzeptionell und lernbezogen) empirisch nachgewiesen werden? *H1: Auf der Grundlage bisheriger Modelle zur Elternpartizipation ist davon auszugehen, dass sich die genannten Formen nicht nur inhaltlich trennen, sondern auch empirisch nachweisen lassen. Zudem wird aufgrund der stärkeren inhaltlichen Differenzierung der Elternarbeit erwartet, dass das dreidimensional geschätzte Modell die Daten signifikant besser abbildet als ein zweidimensionales (Elternpartizipation zu Hause und in der Schule) und ein eindimensionales Modell (Elternpartizipation als übergeordneter Faktor).*	x		
1.1 Messen die eingesetzten Instrumente zur Erfassung der Elternpartizipation in verschiedenen Gruppen (Eltern differenziert nach ihrem Migrationshintergrund, dem sozioökonomischen Status sowie dem Bildungsniveau) das Gleiche? *H2: Es wird angenommen, dass Eltern trotz unterschiedlicher sozialer und kultureller Hintergründe ein einheitliches Verständnis hinsichtlich der einzelnen Beteiligungsbereiche haben. Somit wird erwartet, dass die eingesetzten Instrumente in den einzelnen Gruppen vergleichbar sind und Messinvarianz nachgewiesen werden kann.*	x		
1.2 In welchen Bereichen beteiligen sich Eltern in der Grundschule ihres Kindes? *H3: Es wird aufgrund der Forschungsergebnisse davon ausgegangen, dass sich Eltern in der Grundschule stark lernbezogen und organisatorisch und weniger konzeptionell engagieren.*	x		
1.3 Gibt es in Bezug auf den Umfang der organisatorischen, konzeptionellen und lernbezogenen Elternarbeit gruppenspezifische Unterschiede in Abhängigkeit vom Migrationshintergrund der Eltern, dem sozioökonomischen Status der Familie sowie dem Bildungsniveau der Eltern? *H4: Es wird erwartet, dass sich signifikante Gruppenunterschiede für die organisatorische, konzeptionelle und lernbezogene Partizipation bezogen auf den Migrationshintergrund, den sozioökonomischen Status und das Bildungsniveau ergeben. Für den lernbezogenen Bereich kann konkret angenommen werden, dass sich Eltern mit Migrationshintergrund stärker lernbezogen engagieren als Eltern ohne Migrationshintergrund. Zudem kann erwartet werden, dass Eltern mit einem höheren Bildungsniveau aufgrund des Wunsches nach Statuserhalt häufiger lernbezogen partizipieren.*		x	

Tabelle 46 (Fortsetzung): Zusammenfassung der Ergebnisse

Forschungsfragen und Hypothesen	bestätigt	teilweise bestätigt	nicht bestätigt
Motivstrukturen der Elternarbeit			
2. Welche Gründe und Motive tragen zur Entscheidung der Eltern bei, sich an der Grundschule ihres Kindes in verschiedenen Bereichen zu beteiligen?			
H5: Es wird aufgrund der Forschungsbefunde angenommen, dass die persönliche Bedeutung (Aspekte des Pflicht- und Verantwortungsbewusstseins), der persönliche Nutzen, das individuelle Interesse, Kosten/ Barrieren (wie sprachliche Hindernisse oder zeitliche Ressourcen) sowie Erfolgserwartungen die Partizipation von Eltern vorhersagen können.		x	
2.1 Lässt sich das Erwartungs-Wert-Modell (nach Eccles und Wigfield, 2002) auf den Bereich Elternarbeit übertragen?			
→ Prüfung der Messinstrumente: Können die im Eccles Modell theoretisch postulierten vier subjektiven Wertkomponenten (attainment value, intrinsic value, utility value, relative cost) sowie die Erfolgserwartungskomponente für den Anwendungsbereich der Elternarbeit in der Grundschule empirisch etabliert werden?			
H6: Konkret wird angenommen, dass sich das Erwartungs-Wert-Modell auf den Bereich Elternarbeit übertragen lässt und damit die subjektiven Wert- sowie die Erfolgserwartungskomponenten für den Anwendungsbereich der Elternpartizipation empirisch nachgewiesen werden können.		x	
2.2 Welchen Einfluss haben die vier subjektiven Wertkomponenten sowie die Erfolgserwartungen auf die Entscheidung der Eltern, sich an der Grundschule ihres Kindes zu beteiligen?			
→ Prüfung des Gesamtmodells: Inwieweit kann durch das Erwartungs-Wert-Modell die Teilnahme an den drei Formen der Elternarbeit erklärt werden?			
H7: Da eine organisatorische Partizipation eine freiwillige Hilfeleistung für die Schule darstellt, wird erwartet, dass vor allem die persönliche Bedeutung, der intrinsische Wert, die relativen Kosten und die Erfolgserwartung wesentliche Prädiktoren sind.		x	
H8: Hinsichtlich der konzeptionellen Partizipation wird angenommen, dass die persönliche Bedeutung, der intrinsische Wert, der Nutzen, die relativen Kosten sowie die Erfolgserwartung relevante Prädiktoren darstellen.		x	
H9: Bezüglich der dritten Form, die lernbezogene Partizipation, wird vermutet, dass die persönliche Bedeutung, der Nutzen und die Erfolgserwartung Prädiktoren für ein Engagement darstellen		x	

Tabelle 46 (Fortsetzung): Zusammenfassung der Ergebnisse

Forschungsfragen und Hypothesen	bestätigt	teilweise bestätigt	nicht bestätigt
Motivstrukturen der Elternarbeit			
2.3 Welchen Effekt haben der Migrationshintergrund der Eltern, der sozioökonomische Status der Familie sowie das Bildungsniveau der Eltern auf die Motive der Elternarbeit?			
H10: Hinsichtlich des Migrationshintergrunds wird angenommen, dass Eltern mit Migrationshintergrund die relativen Kosten höher bewerten als Eltern ohne Migrationshintergrund. Aufgrund der Befunde zur Bildungsaspiration kann darüber hinaus vermutet werden, dass Eltern mit Migrationshintergrund die persönliche Bedeutung und den subjektiv wahrgenommenen Nutzen als stärkere Motive wahrnehmen als Eltern ohne Migrationshintergrund.		x	
H11: Für Eltern mit einem hohen sozioökonomischen Status sind die Motive der persönlichen Bedeutung, des Nutzens und der Erfolgserwartung stärker als für Eltern mit einem niedrigen sozioökonomischen Status. Zudem werden die relativen Kosten von Eltern mit einem niedrigen sozioökonomischen Status höher eingeschätzt als von Eltern mit einem hohen sozioökonomischen Status.		x	
H12: Für das Bildungsniveau der Eltern können aufgrund der Befunde zum Statuserhalt analoge Annahmen geäußert werden: Eltern mit einem hohen Bildungsniveau schätzen die Motive der persönlichen Bedeutung, des Nutzens und der Erfolgserwartung höher ein als Eltern mit einem niedrigeren Bildungsniveau. Gleichzeitig sind die relativen Kosten für Eltern mit einem niedrigeren Bildungsniveau höher als für Eltern mit einem hohen Bildungsniveau.		x	
2.4 Welche Unterschiede ergeben sich für die Erklärung von Elternarbeit bei Berücksichtigung des Migrationshintergrunds der Eltern, des sozioökonomischen Status der Familie und des Bildungsniveaus der Eltern?			
H13: Durch die zusätzliche Berücksichtigung der Hintergrundmerkmale der Eltern ergeben sich Veränderungen der Zusammenhänge zwischen den Wert- und Erfolgserwartungskomponenten und den Formen der Elternpartizipation. Es kann angenommen werden, dass sich die Zusammenhänge insgesamt verringern.		x	

9.2 Diskussion der Ergebnisse

Formen und Umfang der Elternarbeit

Im Rahmen der vorliegenden Arbeit konnte ein dreidimensionales theoriebasiertes Modell der Elternarbeit für die Grundschule empirisch nachgewiesen werden, das zwischen den Formen des organisatorischen, konzeptionellen und lernbezogenen Engagements differenziert. Im angloamerikanischen Raum wurde bisher häufig eher zwischen zwei übergeordneten Bereichen der Elternarbeit unterschieden: die Partizipation in der Schule und im häuslichen Kontext. Im deutschsprachigen Raum gab es bisher kaum theoriebasierte und empirisch überprüfte Modelle der Elternarbeit. Diese Forschungslücke wurde in Bezug auf den Grundschulbereich durch diese Arbeit geschlossen. Das in dieser Arbeit analysierte Modell der Elternarbeit kann also dazu genutzt werden, den Bereich der Elternbeteiligung umfassender und gezielter zu beleuchten, da es konzeptionell zwischen den drei genannten Formen differenziert. Weiterführend müsste untersucht werden, inwieweit sich dieses Modell auch im Sekundarschulbereich bewährt.

Hinsichtlich der Partizipationsbereiche wurde gezeigt, dass sich Eltern in der Grundschule vor allem im organisatorischen und lernbezogenen Bereich engagiert haben (vgl. Abschnitt 8.1.3). Die konzeptionelle Mitarbeit spielte eher eine untergeordnete Rolle, was auch damit zusammenhängen könnte, dass nur eine gewisse Anzahl von Eltern beispielsweise in Gremien aktiv sein kann. Zudem ist es aber auch möglich, dass Schulen den Eltern nur in einem geringen Umfang Angebote zur konzeptionellen Partizipation, wie die Mitwirkung an der Schulprogrammarbeit, die auf die Ausrichtung der Schule Einfluss haben könnte, unterbreiten. Hier würden sich dann die Befunde widerspiegeln, dass Schulen bisher eine Beteiligung der Eltern präferieren, wenn beispielsweise Schulfeste anstehen. Eine Beteiligung der Eltern an schulischen Entscheidungen oder pädagogischen Inhalten wird noch eher mit Skepsis betrachtet (vgl. Doppke, 2004; Ferrara, 2009; Paulsen, 2012), da möglicherweise eine zu große Einflussnahme durch Eltern befürchtet wird. Es könnte jedoch für Grundschulen lohnend sein, über eine stärkere Einbeziehung von Eltern in konzeptionellen Aktivitäten, wie die Mitwirkung an Schulentwicklungsvorhaben, zu diskutieren. Dadurch könnte der geäußerte Wunsch von Eltern über eine Einbeziehung, die über organisatorische Hilfeleistungen hinausgeht, berücksichtigt werden (vgl. Ferrara, 2009). Voraussetzung hierfür wäre, dass gegenseitige Ansprüche und Erwartungen geklärt werden, die häufig stark differieren (vgl. Savaş, 2012; Schröder, 2013).

Wie in Kapitel 5 beschrieben, war es in dieser Arbeit wichtig, verschiedene Elterngruppen zu berücksichtigen, da sich Eltern hinsichtlich ihres Migrationshintergrunds, ihres Einkommens und ihres Bildungsniveaus unterscheiden können. Um sicherzustellen, dass die Instrumente zur organisatorischen, konzeptionellen und lernbezogenen Elternpartizipation in den verschiedenen Gruppen das Gleiche messen, wurde Messinvarianz überprüft (vgl. Abschnitt 8.1.2). Hierbei zeigte sich, dass einige Einzelitems von Eltern mit differierenden Hintergrundmerkmalen unterschiedlich bewertet werden, sodass diese Items („Mitgestaltung von Projekten oder Arbeitsgemeinschaften", „Mitarbeit im Freizeitbereich der Schule", „Mitglied in der Steuergruppe", „Mitwirkung bei der Lehrplanarbeit" sowie „Mit meinem Kind den Lernstoff wiederholen, wenn Klassenarbeiten oder Tests geschrieben werden") im Hinblick auf das Konzept der partiellen Invarianz frei geschätzt werden mussten. Wie bereits erwähnt, könnte es möglich sein, dass zu den genannten Aktivitäten unterschiedliche Vorstellungen und Definitionen vorliegen. Vor allem Begriffe wie Steuergruppe oder Lehrplanarbeit könnten von verschiedenen Elterngruppen unterschiedlich definiert sein. Hierzu wären weiterführende und tiefergehende Analysen notwendig, um zu klären, aus welchen Gründen für die genannten Items keine Invarianz gefunden wurde. Insgesamt konnte jedoch festgestellt werden, dass die Instrumente in allen Gruppen vergleichbar sind. Der Aussage von Schulte et al. (2013), dass die Überprüfung von Messinvarianz in empirischen Studien wichtig ist, wurde in dieser Arbeit somit hinsichtlich der abhängigen Variablen der organisatorischen, konzeptionellen und lernbezogenen Elternarbeit Rechnung getragen.

Die Befunde zur Elternarbeit differenziert nach dem Migrationshintergrund, dem sozioökonomischen Status und dem Bildungsniveau der Eltern waren weitestgehend theoriekonform und wiesen Parallelen zu bisherigen Forschungsbefunden auf. Dass Eltern mit einem geringeren Bildungsniveau vor allem lernbezogen stärker engagiert waren, widerspricht eher den dargestellten Befunden. Als ein Erklärungsgrund kann auch hier die Kompensation primärer Herkunftseffekte angeführt werden. Eltern mit einem geringeren Bildungsniveau versuchen durch eine stärkere lernbezogene Beteiligung mögliche Leistungsdifferenzen ihrer Kinder abzufangen. Zudem ist zu berücksichtigen, dass nur zwischen den Gruppen ‚kein Abitur', ‚Abitur erworben' und ‚Fachhochschul-/Hochschulabschluss' differenziert wurde und die Stichprobe nur aus

Gymnasialeltern besteht, die rückblickend ihr Engagement eingeschätzt haben. Für die organisatorische Elternpartizipation konnte gezeigt werden, dass Eltern ohne Migrationshintergrund und Eltern mit einem höheren Einkommen in einem höheren Umfang partizipiert haben (auch nach Kontrolle der jeweiligen Hintergrundvariablen). An dieser Stelle soll auf die Befunde zum Zusammenhang zwischen Elternpartizipation und Leistung hingewiesen werden, da sich hier sozusagen eine doppelte Benachteiligung für die Schülerinnen und Schüler ergeben könnte. Es wurde in verschiedenen Leistungsvergleichsstudien belegt, dass schulische Leistungen vom kulturellen und sozialen Hintergrund abhängen (vgl. Bos, Schwippert, et al., 2007; Schwippert et al., 2012; Wendt et al., 2012). Dadurch, dass mehrfach nachgewiesen wurde, dass die Elternpartizipation positiv mit der Leistung korreliert (vgl. Abschnitt 5.3.1), sind Schülerinnen und Schüler mit Migrationshintergrund und mit einem geringeren SES benachteiligt. Hier zeigt sich damit der sogenannte Matthäus-Effekt, der von Merton (1968) in Bezug auf wissenschaftssoziologische Überlegungen geprägt wurde. Es lässt sich also sagen, dass sich besser gestellte Eltern mehr engagieren, was dazu führen kann, dass diese Kinder bessere Leistungen in der Schule erbringen und zudem ein bildungsfreundlicheres Klima in den Familien vorzufinden ist. Es muss jedoch einschränkend gesagt werden, dass vor allem lernbezogene Aktivitäten und von den Eltern formulierte Erwartungen positiv mit den Leistungen korrelieren.

Darüber hinaus soll in diesem Kontext auf die Befunde von Alba et al. (2011) eingegangen werden. Die Autoren verweisen darauf, dass Elternpartizipation ungleichheitsverstärkend wirken kann. Wird die Forderung nach einer generellen stärkeren Beteiligung von Eltern formuliert, so ist zu beachten, dass sich in der Regel vor allem Eltern mit einem hohen sozialen Status engagieren. In diesem Fall wären wiederum Eltern mit einem geringen SES benachteiligt, die es von Schulen zu erreichen gilt. Für Schulen und damit auch für das Projekt „Ganz In" gibt es bei diesem Thema einen Zielkonflikt: Die Mitwirkung von Eltern ist zwar wichtig und häufig erwünscht, Elternpartizipation kann jedoch zur Bildungsungerechtigkeit beitragen. Aber die Reduzierung von Bildungsungerechtigkeit gilt häufig als ein Ziel von Schulen. Die Konsequenz wäre, dass Schulen für dieses Thema sensibilisiert werden müssen, sodass auch Eltern erreicht werden, deren Kapitalien eher gering ausgeprägt sind. Dies hat wiederum aus schulpraktischer Perspektive zur Folge, dass Schulen eine differenzierte Elternarbeit im Blick haben sollten, um auf die unterschiedlichen Bedürfnisse und Ansprüche verschiedener Gruppen eingehen zu können (vgl.

Sacher, 2013). Aus diesen Gründen ist die Untersuchung der Motive einer elterlichen Beteiligung erforderlich.

Motivstrukturen der Elternarbeit

Es konnte durch die Analysen nachgewiesen werden, dass das von Eccles und Wigfield (2002) entwickelte Erwartungs-Wert-Modell auch auf den Bereich der Elternarbeit übertragen werden kann (vgl. Abschnitt 8.2.1). Durch das Modell und die Berücksichtigung der Werte der persönlichen Bedeutung, der Freude, des Nutzens und der relativen Kosten sowie der Erfolgserwartung konnte ein Beitrag zur Vorhersage der organisatorischen, konzeptionellen und lernbezogenen Elternarbeit geleistet werden. Zudem konnte belegt werden, dass das Modell eine bessere Modellgüte aufweist, wenn die Komponenten der persönlichen Bedeutung und des intrinsischen Werts nicht zusammengefasst werden, wie beispielsweise von Hodapp und Mißler (1996) umgesetzt. Wie in Kapitel 5 dargestellt, wird zur Erklärung elterlicher Beteiligung vor allem auf das Modell von Hoover-Dempsey und Sandler (1997) Bezug genommen. Dieses Modell wurde bisher allerdings nicht, im Gegensatz zum Erwartungs-Wert-Modell nach Eccles und Wigfield (2002), auf andere Bereiche übertragen, sondern nur in Bezug auf Elternarbeit erprobt. Auch als relevant nachgewiesene Motivstrukturen, wie der intrinsische Wert, der Nutzen oder die Kosten eines Engagements, sind in dem Modell nicht berücksichtigt. Zudem werden bei Anwendung des Modells in der Regel nur die Partizipation zu Hause und in der Schule einbezogen (vgl. Deslandes & Bertrand, 2005; Green et al., 2007; Ice & Hoover-Dempsey, 2011). Um den motivationalen Aspekten von Elternarbeit nachzugehen, könnte somit das in dieser Arbeit überprüfte Erwartungs-Wert-Modell als eine Alternative zum Modell von Hoover-Dempsey und Sandler (1997) herangezogen werden, um Erkenntnisse über weitere Gründe eines elterlichen Engagements zu gewinnen.

Bezüglich des Erwartungs-Wert-Modells konnte belegt werden, dass vor allem die Wertkomponente der persönlichen Bedeutung sowie die Erfolgserwartungen relevante Prädiktoren für die drei Formen der Elternarbeit darstellen (vgl. Abschnitt 8.2.2). Generell muss jedoch berücksichtigt werden, dass die präsentierten Effekte zwar signifikant, insgesamt jedoch relativ gering ausfallen. Darüber hinaus muss auf die Operationalisierung des Nutzens hingewiesen werden. Zum einen wird der Nutzen der Elternarbeit bei einigen Items, abweichend von der theoretischen Konzeption, auf das Kind oder die Schule statt auf den eigenen persönlichen Nutzen bezogen. Zum anderen sind vier der sechs

Items auf die schulische Förderung des Kindes fokussiert, sodass sich hieraus eher ein Zusammenhang mit der lernbezogenen Elternpartizipation ergeben kann. Bezüglich der Erfolgserwartung und des intrinsischen Werts wurde bereits in Kapitel 7 erwähnt, dass sich der Fragetext auf das Gymnasium bezieht, die Skalen dennoch für die Analysen zur Grundschule berücksichtigt wurden. Es ist davon auszugehen, dass sowohl die Erfolgserwartung als auch der intrinsische Wert stabile Einstellungen einer Person über die Zeit darstellen und somit valide Aussagen über Zusammenhänge getroffen werden können (vgl. Eccles & Wigfield, 2002; Feather, 1982). In Bezug auf den intrinsischen Wert wurde im Rahmen der Analysen festgestellt, dass dieser – im Gegensatz zu den Befunden von Börner (2010) und Kröner et al. (2012) – für eine Partizipation weniger relevant ist. Für die Eruierung konkreter Gründe sind weitere Analysen erforderlich. Es ist aber beispielsweise für eine organisatorische Beteiligung vorstellbar, dass diese keinen intrinsischen Antrieb sowie Spaß an der Aufgabe voraussetzt, da Schulen eine Partizipation von Eltern in organisatorischen Bereichen wünschen und einfordern. Des Weiteren wurde bei der Vorhersage der drei Formen der Elternarbeit festgestellt, dass vor allem bei der konzeptionellen Partizipation eine geringe Varianzaufklärung vorliegt. Das bedeutet also, dass hinsichtlich eines konzeptionellen Engagements weitere Prädiktoren von Bedeutung sind. Vor allem strukturelle Rahmenbedingungen (darunter auch gesetzliche Verordnungen), auf die auch Börner (2010) sowie Dusi (2012) verwiesen haben, könnten zur weiteren Varianzaufklärung beitragen.

Auch bei den gruppenspezifischen Unterschieden, was die Einschätzung der Werte und Erfolgserwartungen angeht, sind die beschriebenen Zusammenhänge zwar signifikant, jedoch vergleichsweise sehr gering. Dies gilt es bei der Bewertung der Befunde zu berücksichtigen. Die Ergebnisse zeigen dennoch, dass es bezüglich der Motivstrukturen von Elternarbeit gruppenspezifische Unterschiede gibt. Eltern mit Migrationshintergrund sowie einem niedrigeren Bildungsniveau bewerten beispielsweise die Motive der persönlichen Bedeutung und des intrinsischen Werts höher als Eltern ohne Migrationshintergrund sowie einem hohen Bildungsabschluss. Zudem schätzen Eltern mit Migrationshintergrund und einem niedrigeren Einkommen den Nutzen der Elternarbeit höher ein als Eltern ohne Migrationshintergrund und einem hohen Einkommen. Diese höher eingeschätzten Motive wirken sich jedoch nicht auf eine signifikant höhere organisatorische und konzeptionelle Elternarbeit aus. Hier dominieren unter anderem relative Kosten sowie eine geringere Erfolgserwartung, die möglicherweise eine höhere Partizipation in den genannten Bereichen verhindern. Die Analysen zu diesem Bereich verdeutlichen die Relevanz, dass gerade in

Bezug auf das Thema der elterlichen Beteiligung Eltern mit verschiedenen Hintergrundmerkmalen in den Analysen berücksichtigt werden sollten. Auf die Bedeutung von Hintergrundvariablen weisen auch Eccles und Wigfield (2002) sowie Wigfield et al. (2004) hin. Die Relevanz der Berücksichtigung verschiedener Elterngruppen gilt trotz der Tatsache, dass sich die Zusammenhänge zwischen den Werten und Erfolgserwartungen und den Partizipationsformen nur marginal verändern, wenn der Migrationshintergrund, der sozioökonomische Status sowie das Bildungsniveau der Eltern berücksichtigt werden. Um die Veränderungen der Zusammenhänge abschließend zu überprüfen, könnten in weiteren Analysen die Koeffizienten gegeneinander getestet und somit weitere Modellvergleiche vorgenommen werden.

Grenzen der Studie
In den vorhergehenden Abschnitten wurden bereits vereinzelt Einschränkungen der Analysen genannt. Grundsätzlich muss im Hinblick auf Grenzen der vorliegenden Studie an dieser Stelle auf die Operationalisierung des Migrationshintergrunds und des sozioökonomischen Status eingegangen werden. Der Migrationshintergrund wurde in dieser Arbeit nur über das Geburtsland der Eltern erfasst (beide Elternteile im Ausland geboren, ein Elternteil im Ausland geboren und kein Elternteil im Ausland geboren). Da dieses Merkmal jedoch weitere Facetten umfasst, sollte es in folgenden Studien genauer, beispielsweise über die ethnische Herkunft, operationalisiert werden. Erste Auswertungen zur Elternarbeit nach der ethnischen Herkunft haben bereits auf Unterschiede hingewiesen: Bei organisatorischen Aktivitäten haben Eltern, deren Muttersprache Russisch und Griechisch ist, am geringsten partizipiert. Für die konzeptionellen Bereiche zeigt sich, dass Eltern, deren Muttersprache Türkisch ist, vergleichsweise in einem höheren Umfang Elternarbeit geleistet haben als die anderen Gruppen, wobei die Unterschiede teilweise relativ gering sind. Auffällig ist, dass für Eltern, deren Muttersprache Polnisch ist, insgesamt geringe Beteiligungsquoten für konzeptionelle Aufgaben festzustellen sind. Lernbezogene Aktivitäten (wie Gespräche mit den Lehrkräften über Fördermöglichkeiten oder gemeinsames Lernen mit dem Kind) wurden vergleichsweise häufig von Eltern mit der Muttersprache Griechisch und Italienisch umgesetzt. Eltern, deren Muttersprache Russisch ist, waren demgegenüber weniger lernbezogen involviert.

Hinsichtlich des sozioökonomischen Status wurde nur das jährliche Bruttohaushaltseinkommen der Familie berücksichtigt, da weitere Merkmale zur genauen Erfassung des SES im Rahmen der Ausgangserhebung von „Ganz In" nicht zur Verfügung standen. In Bezug auf das Bildungsniveau wurde aufgrund der Gymnasialstichprobe nur zwischen den Gruppen ‚kein Abitur', ‚Abitur erworben' und ‚Fachhochschul-/Hochschulabschluss' unterschieden. Eine differenziertere Unterscheidung des Bildungsabschlusses hätte jedoch möglicherweise einen Mehrwert hinsichtlich der Analysen bringen können.

Des Weiteren muss auf einschränkende Faktoren hingewiesen werden, die das Studiendesign betreffen. Zum einen besteht die Stichprobe nur aus Gymnasialeltern, sodass repräsentative Aussagen zur Elternarbeit und deren Gründe, die für alle Elterngruppen gelten, kaum möglich sind. Dennoch wird anhand der Ergebnisse deutlich, dass ein theoriebasiertes Modell der Elternarbeit, das inhaltlich zwischen drei Formen differenziert, vorliegt und sich theoriegeleitet Hinweise zu den Gründen der Mitwirkung der Eltern finden lassen. Zum anderen ist generell einschränkend auf die Retrospektivität der Studie hinzuweisen, da die Eltern ihre Einschätzung zur Beteiligung in der Grundschule etwa sechs Wochen nach dem Übergang ihres Kindes auf das Gymnasium abgegeben haben. Es ist trotz des Zeitraums jedoch davon auszugehen, dass die Angaben der Eltern valide sind. Dennoch sollte bei den Interpretationen und den Folgerungen dieser Umstand berücksichtigt werden. Mit der Retrospektivität der Studie war die Entscheidung verbunden, eine Clusterung auf Schul- oder Klassenebene nicht vorzunehmen. Wie bereits dargestellt, hat die Replikation ausgewählter Modelle veranschaulicht, dass sich bei einer Clusterung der Daten in erster Linie Verbesserungen der Fitwerte ergeben. Aus inhaltlichen Gründen wurden die Modelle in dieser Arbeit damit ohne eine Gruppierung der Daten gerechnet.

Zudem konnte in dieser Arbeit nur auf querschnittliche Daten zurückgegriffen werden, wodurch die Formulierung kausaler Schlussfolgerungen erschwert wird. Generell ist jedoch darauf hinzuweisen, dass sich mit Strukturgleichungsmodellen Kausalzusammenhänge überprüfen lassen (vgl. Reinecke & Pöge, 2010). Allerdings muss die Forscherin bzw. der Forscher zum einen beispielsweise theoretisch ableiten, wie die Richtung der zu überprüfenden kausalen Zusammenhänge ist. Zum anderen gilt es sicherzustellen, dass eine Ursache zeitlich vor der Wirkung eintritt. Dies ist in Bezug auf das Thema der vorliegenden Arbeit in der Regel der Fall: Zunächst liegt die Motivation für eine Partizipation vor, bevor sich dann Eltern aktiv engagieren. Auf Basis dieser Annahmen können schließlich auch für Querschnittsdaten Kausalzusammenhänge überprüft werden (vgl. Reinecke & Pöge, 2010).

Ein weiterer Aspekt bezieht sich auf die Überprüfung der Messinvarianz. Für die abhängigen Variablen der organisatorischen, konzeptionellen und lernbezogenen Elternarbeit, die im Fokus der Arbeit standen, wurde überprüft, ob die Instrumente in den einbezogenen Gruppen das Gleiche messen. Hinsichtlich der Variablen, die sich auf das Erwartungs-Wert-Modell beziehen, wurden Mehrgruppenvergleiche nicht durchgeführt. Dies gilt es bei der Interpretation der Ergebnisse zu berücksichtigen.

Praktische Implikationen
Trotz der genannten Einschränkungen lassen sich praktische Implikationen ableiten. Anhand der Ergebnisse zu den Formen und dem Umfang der Elternmitwirkung können Schulen einen Einblick erhalten, in welchen Bereichen sich Eltern schwerpunktmäßig im Primarbereich engagiert haben. Vor allem die gruppenspezifischen Analysen haben deutlich gemacht, dass die Partizipation nach sozialem und kulturellem Hintergrund variiert. Aus diesem Grund wäre es zu empfehlen, ein Konzept mit einer differenzierten Elternarbeit zu entwickeln. Es ist nur schwer möglich, mit einem übergreifenden Konzept der Elternarbeit alle Elterngruppen in einem vergleichbaren Ausmaß zu erreichen. Vor allem für Eltern mit Migrationshintergrund oder Eltern mit einem geringeren sozialen Status sollten niedrigschwellige Angebote bestehen, sodass auch mögliche Hemmschwellen oder Bedenken abgebaut werden können.

Durch die Analyse der Motivstrukturen können Schulen zielgerichteter auf Eltern zugehen und ihnen Angebote zur Partizipation unterbreiten. Aus den dargestellten Ergebnissen für die Grundschule lässt sich folgern, dass Schulen vor allem die Bedeutung einer organisatorischen, konzeptionellen und lernbezogenen Partizipation herausstellen sollten. Dazu gehört, dass Elternpartizipation ein Teil der Elternrolle ausmachen kann und vor allem das Verantwortungsbewusstsein für ein lernbezogenes Engagement gestärkt wird. Auch die Betonung, dass durch das Engagement der Eltern Einfluss genommen werden kann, ist eine Möglichkeit zur Stärkung der Erfolgserwartung. Zudem könnten die Ergebnisse zum Zusammenhang zwischen Elternpartizipation und Schülerleistung für eine Stärkung der Bedeutung einer elterlichen Beteiligung genutzt werden. Aber auch der Befund zu den relativen Kosten kann für Schulen von Interesse sein. Es gilt, insbesondere für benachteiligte Elterngruppen, niedrigschwellige Angebote zur Partizipation bereitzustellen und somit auch auf die verschiedenen Lebensumstände verschiedener Elterngruppen Rücksicht zu nehmen. Des Weiteren haben die Analysen gezeigt, dass der intrinsische Wert bisher kaum eine Rolle spielt. Möglicherweise könnte es ein zusätzlicher Weg sein, den Eltern zu zeigen, dass eine Beteiligung in der Schule oder zu Hause nicht nur mit Arbeit, sondern auch mit Spaß, Freude und neuen positiven Erfahrungen verbunden sein kann. Die gruppenspezifischen Analysen zu den Motiven der Elternarbeit haben gezeigt, dass Eltern mit Migrationshintergrund, einem niedrigeren Einkommen sowie einem niedrigeren Bildungsniveau die Werte der persönlichen Bedeutung, des intrinsischen Werts und des Nutzens höher bewerten als Eltern ohne Migrationshintergrund, mit einem hohen Einkommen sowie einem hohen Bildungsabschluss. Dies trägt jedoch nicht dazu bei, dass diese Elterngruppen zum Beispiel stärker im organisatorischen Bereich mitwirken. Mit diesem Wissen könnten Schulen auf die genannten Elterngruppen zugehen und eine stärkere Partizipation fördern.

Mit Blick auf die zusammengefassten Befunde zu den Auswirkungen der Elternarbeit für Lehrkräfte und die Schule generell, die jedoch nicht in dieser Arbeit untersucht wurden, könnte es eine Überlegung wert sein, über eine intensivere Kooperation mit den Eltern nachzudenken. Denn hiervon könnten beide Seiten profitieren – sowohl die Schule als auch die Eltern. Vor allem für die Eltern könnte ein längerfristiges Engagement in der Schule und zu Hause lohnend sein, da sich möglicherweise gerade von Eltern mit einem geringeren sozialen Status durch eine Partizipation im Laufe der Zeit die Bildungseinstellungen und -aspirationen positiv verändern könnten. Durch höhere Bildungsaspirationen könnten wiederum die Bildungsentscheidungen positiv beeinflusst werden, sodass Eltern ein hohes Bildungsniveau ihrer Kinder anstreben und eine Reduktion von Ungleichheit entsteht.

9.3 Forschungsdesiderate

Die dargestellte Studie bietet mehrere Anknüpfungspunkte, die in weiteren Forschungsvorhaben aufgegriffen werden könnten. Da der Fokus in dieser Arbeit auf der Grundschule lag, wäre zunächst eine Übertragung der durchgeführten Analysen auf das Gymnasium sinnvoll. Hierbei wäre es vor allem interessant zu prüfen, ob sich das dreidimensionale Modell der Elternarbeit sowie das Erwartungs-Wert-Modell auch für den Sekundarschulbereich bewähren. Hinsichtlich der Elternbeteiligung am (Ganztags-)Gymnasium wäre beispielsweise auf der einen Seite zu erwarten, dass sich aufgrund des Ganztags generell eine höhere Partizipation feststellen lässt (vgl. Züchner, 2008). Auf der anderen Seite zeigen Befunde jedoch auch, dass die Beteiligung mit höherer Klassenstufe abnimmt (vgl. Schwaiger & Neumann, 2011; von Rosenbladt & Thebis, 2003). Hier wäre vor allem eine längsschnittliche Analyse nach Messzeitpunkten und Kohorten der Elternpartizipation wünschenswert, bei der gleichzeitig weitere Kontrollvariablen wie die Leistungen der Schülerinnen und Schüler berücksichtigt werden.

Zudem wäre eine Erweiterung der Stichprobe notwendig, um repräsentative Aussagen formulieren zu können. Hierbei wäre es zum einen interessant, inwieweit das dreidimensionale Modell der Elternarbeit für Eltern unterschiedlicher Schulformen stabil bleibt. Zum anderen wäre es sicherlich lohnend zu analysieren, inwieweit die Motivstrukturen für ein Engagement zwischen Eltern unterschiedlicher Schulformen und unterschiedlicher Jahrgangsstufen differieren.

Zur Validierung der Elterneinschätzungen zu ihrer Beteiligung könnten in weiteren Untersuchungen zusätzlich die Angaben der Lehrkräfte aufgenommen werden. So könnte die Subjektivität der Elternangaben ein wenig gemindert sowie kontrolliert werden.

Hinsichtlich der Vorhersage von Elternpartizipation wurde in dieser Arbeit auf die Wert- und Erfolgserwartungskomponenten des Erwartungs-Wert-Modells fokussiert. Was eine mögliche Optimierung der Instrumente angeht, so sollte die Erfolgserwartung umfassender und differenzierter mit mehr als nur drei Items erfasst werden. Mehrere Items der Erfolgserwartung pro Form der Elternarbeit wären in diesem Fall wichtig. Zur weiteren Aufklärung organisatorischer, konzeptioneller und lernbezogener Elternarbeit wären über motivationale Aspekte hinaus weitere Faktoren zu berücksichtigen: individuelle Faktoren auf Seiten des Kindes (zum Beispiel Verhalten oder Leistungen), das Verhältnis zwischen Eltern und Lehrkräften sowie strukturelle Merkmale (beispielsweise Mitwirkungsstrukturen in der Schule oder rechtliche Rahmenbedingungen). Vor allem die Berücksichtigung institutioneller Faktoren erscheint relevant zu sein, da sich die Schulen hinsichtlich ihrer Angebote teilweise stark voneinander unterscheiden. Es wäre also denkbar, in weiterführenden Studien Mehrebenenanalysen durchzuführen, um neben der Individual- auch die Kontextebene hinsichtlich der Elternbeteiligung berücksichtigen zu können. Auch die Testung nichtlinearer Effekte sollte bei weiteren Analysen in Betracht gezogen werden, sodass mögliche Deckeneffekte kontrolliert werden können. Darüber hinaus würden sich neben den quantitativen Erhebungen zu den Gründen der Elternmitwirkung auch qualitative Verfahren anbieten, um möglicherweise einen detaillierten Einblick zu erhalten. Beispielsweise könnte im Rahmen von Interviews ergründet werden, warum der intrinsische Wert bei den drei Formen der Elternarbeit so gut wie keine Rolle gespielt hat.

Ein weiterer Bereich, der in dieser Arbeit zwar im Theorieteil zur Verdeut-
lichung der Relevanz des Themas aufgegriffen wurde, aber nicht Gegenstand
der Analysen war, ist der Zusammenhang zwischen Elternpartizipation und
Leistung sowie leistungsrelevanten Merkmalen (wie Motivation oder Selbstkonzept). Dieses Forschungsfeld wurde bisher im deutschsprachigen Raum
kaum beachtet. Es wäre in diesem Kontext also von Interesse zu prüfen, inwieweit die organisatorische, konzeptionelle und lernbezogene Elternpartizipation
mit der Leistung, Motivation oder auch dem Selbstkonzept korrelieren. Um
hieraus weitere theoretische und vor allem praktische Implikationen für die
Schulen ableiten zu können, wäre auch hier eine Analyse im Längsschnitt von
Bedeutung. Zur längsschnittlichen Untersuchung der Effekte der organisatorischen, konzeptionellen und lernbezogenen Elternarbeit auf die Leistung könnte
beispielsweise über den Einsatz latenter Wachstumsmodelle nachgedacht werden. Hierzu gibt es im deutschsprachigen Bereich bisher keine Analysen.

Generell wäre ein umfassendes Forschungsprojekt zum Thema Elternarbeit
im deutschsprachigen Raum wünschenswert, das all die genannten Aspekte
vereint. Vor allem eine Methodentriangulation aus quantitativen und qualitativen Erhebungen (vgl. Bos & Tarnai, 1989) würde hierbei eine gute Kombinati-
on darstellen, um weitere Erkenntnisse zum Thema Elternpartizipation zu gewinnen.

Literatur

Ajzen, I. (1991). The theory of planned behavior. *Organizational Behavior and Human Decision Processes, 50*(2), 179–211.

Alba, R., Sloan, J. & Sperling, J. (2011). The integration imperative: The children of low-status immigrants in the schools of wealthy societies. *Annual Review of Sociology, 37*, 395–415.

Allison, P. D. (2001). *Missing data*. Thousands Oaks, CA: Sage.

Arnold, K.-H., Bos, W., Richert, P. & Stubbe, T. C. (2007). Schullaufbahnpräferenzen am Ende der vierten Jahrgangsstufe. In W. Bos, S. Hornberg, K.-H. Arnold, G. Faust, L. Fried, E.-M. Lankes, K. Schwippert & R. Valtin (Hrsg.), *IGLU 2006: Lesekompetenzen von Grundschulkindern in Deutschland im internationalen Vergleich* (S. 271–297). Münster: Waxmann.

Aronson, J. Z. (1996). How schools can recruit hard-to-reach parents. *Educational Leadership, 53*(7), 58–60.

Atkinson, J. W. (1957). Motivational determinants of risk taking behavior. *Psychological Review, 64*(6), 359–372.

Atkinson, J. W. (1964). *An introduction to motivation*. Princeton, NJ: Van Nostrand.

Avenarius, H. & Füssel, H.-P. (2008). *Schulrecht im Überblick*. Darmstadt: Wissenschaftliche Buchgesellschaft.

Bacete, F. J. G. & Ramirez, J. R. (2001). Family and personal correlates of academic achievement. *Psychological Reports, 88*(2), 533–547.

Backhaus, K., Erichson, B., Plinke, W. & Weiber, R. (2011). *Multivariate Analysemethoden. Eine anwendungsorientierte Einführung*. (13., überarbeitete Aufl.). Berlin: Springer.

Backhaus, K., Erichson, B. & Weiber, R. (2011). *Fortgeschrittene multivariate Analysemethoden. Eine anwendungsorientierte Einführung*. Berlin: Springer.

Baker, D. P. & Stevenson, D. L. (1986). Mothers' strategies for children's school achievement: Managing the transition to high school. *Sociology of Education, 59*(3), 156–166.

Balli, S. J., Wedman, J. F. & Demo, D. H. (1997). Family involvement with middle-grades homework: Effects of differential prompting. *Journal of Experimental Education, 66*, 31–48.

Bamberg, S., Davidov, E. & Schmidt, P. (2008). Wie gut erklären „enge" oder „weite" Rational-Choice-Version Verhaltensveränderungen? Ergebnisse einer experimentellen Interventionssstudie. In A. Diekmann, K. Eichner, P. Schmidt & T. Voss (Hrsg.), *Rational Choice: Theoretische Analysen und Empirische Resultaten* (S. 143–170). Wiesbaden: VS Verlag für Sozialwissenschaften.

Bandura, A. (1977). *Social learning theory*. Upper Saddle River NJ: Prentice Hall.

Bandura, A. (1997). *Self-efficacy: The exercise of control*. New York: Freeman.

Barg, K. (2013). The influence of students' social background and parental involvement on teachers' school track choices: Reasons and consequences. *European Sociological Review, 29*(3), 565–579.

Baumert, J., Klieme, E., Neubrand, M., Prenzel, M., Schiefele, U., Schneider, W., Stanat, P., Tillmann, K.-J. & Weiß, M. (Hrsg.). (2001). *PISA 2000. Basiskompetenzen von Schülerinnen und Schülern im internationalen Vergleich*. Opladen: Leske + Budrich.

Baumert, J. & Köller, O. (2000). Motivation, Fachwahlen, selbstreguliertes Lernen und Fachleistungen im Mathematik- und Physikunterricht der gymnasialen Oberstufe. In J. Baumert, W. Bos & R. Lehmann (Hrsg.), *TIMSS/III. Dritte internationale Mathematik- und Naturwissenschaftsstudie – Mathematische und naturwissenschaftliche Bildung am Ende der Schullaufbahn: Bd. 2. Mathematische und physikalische Kompetenzen am Ende der gymnasialen Oberstufe* (S. 181–213). Opladen: Leske + Budrich.

Baumert, J., Maaz, K., Gresch, C., McElvany, N., Anders, Y., Jonkmann, K., Neumann, M. & Watermann, R. (2010). Der Übergang von der Grundschule in die weiterführende Schule – Leistungsgerechtigkeit und regionale, soziale und ethnisch-kulturelle Disparitäten: Zusammenfassung der zentralen Befunde. In K. Maaz, J. Baumert, C. Gresch & N. McElvany (Hrsg.), *Der Übergang von der Grundschule in die weiterführende Schule – Leistungsgerechtigkeit und regionale, soziale und ethnisch-kulturelle Disparitäten* (S. 7–23). Bonn, Berlin: BMBF.

Baumert, J. & Schümer, G. (2001). Familiäre Lebensverhältnisse, Bildungsbeteiligung und Kompetenzerwerb. In J. Baumert, E. Klieme, M. Neubrand, M. Prenzel, U. Schiefele, W. Schneider, P. Stanat, K.-J. Tillmann & M. Weiß (Hrsg.), *PISA 2000. Basiskompetenzen von Schülerinnen und Schülern im internationalen Vergleich* (S. 323–411). Opladen: Leske + Budrich.

Beck, U. (1983). Jenseits von Stand und Klasse? Soziale Ungleichheiten, gesellschaftliche Individualisierungsprozesse und die Entstehung neuer sozialer Formationen und Identitäten. In R. Kreckel (Hrsg.), *Soziale Ungleichheiten* (S. 35–74). Göttingen: Schwarz.

Becker, D., Drossel, K., Schwanenberg, J., Wendt, H. & Bos, W. (in Vorbereitung). Der Sozialindex: Theoretische Fundierung und forschungspraktische Relevanz für die Erfassung der Schülerkomposition von Gymnasien. In B. Grooth-Wilken, K. Isaac & J.-P. Schräpler (Hrsg.), *Sozialindex – Modelle und Anwendungsgebiete*. Münster: Waxmann.

Becker, R. (2000). Klassenlage und Bildungsentscheidungen. Eine empirische Anwendung der Wert-Erwartungstheorie. *Kölner Zeitschrift für Soziologie und Sozialpsychologie, 52*(3), 450–474.

Beckmann, J. & Heckhausen, H. (2006). Motivation durch Erwartung und Anreiz. In J. Heckhausen & H. Heckhausen (Hrsg.), *Motivation und Handeln* (3., überarbeitete und aktualisierte Aufl., S. 105–142). Berlin: Springer.

Bentler, P. M. & Bonett, D. G. (1980). Significance tests and goodness of fit in the analysis of covariance structures. *Psychological Bulletin, 88*(3), 588–606.

Berkemeyer, N., Bos, W., Holtappels, H. G., Meetz, F. & Rollett, W. (2010). „Ganz In": Das Ganztagsgymnasium in Nordrhein-Westfalen. In N. Berkemeyer, W. Bos, H. G. Holtappels, N. McElvany & R. Schulz-Zander (Hrsg.), *Jahrbuch der Schulentwicklung, Band 16. Daten, Beispiele und Perspektiven* (S. 131–152). Weinheim: Juventa.

Bernhard, J. K. & Freire, M. (1999). What is my child learning at elementary school? Culturally contested issues between teachers and Latin American families. *Canadian Ethnic Studies, 31*(3), 72–95.

Bernitzke, F. (2006). *Methoden der Elternarbeit. Expertise für das BLK-Verbundprojekt „Lernen für den GanzTag".* Verfügbar unter: http://www.ganztag-blk.de/cms/upload/pdf/berlin/Bernitzke_Elternarbeit.pdf [15.10.2011].

Bertelsmann Stiftung, Institut für Schulentwicklungsforschung der Technischen Universität Dortmund & Institut für Erziehungswissenschaft der Friedrich-Schiller-Universität Jena. (2013). *Chancenspiegel 2013. Zur Chancengerechtigkeit und Leistungsfähigkeit der deutschen Schulsysteme mit einer Vertiefung zum schulischen Ganztag.* Gütersloh: Verlag Bertelsmann Stiftung.

Bhalla, J. A. & Weiss, M. R. (2010). A cross-cultural perspective of parental influence on female adolescents' achievement beliefs and behaviors in sport and school domains. *Research Quarterly for Exercise and Sport, 81*(4), 494–505.

Bittlingmayer, U. H. & Bauer, U. (2007). Aspirationen ohne Konsequenzen. *Zeitschrift für Soziologie der Erziehung und Sozialisation, 27*(2), 160–180.

Bloom, L. R. (2001). I'm poor, I'm single, I'm a mom, and I deserve respect. Advocating in school as and with mothers in poverty. *Educational Studies, 32*(3), 300–316.

Boethel, M. (2003). *Diversity and school, family, and community connections. Annual synthesis 2003.* Austin: Southwest Educational Development Laboratory.

Böhm, T. (2007). *Elternrechte in der Schule. So machen Sie sich stark für Ihr Kind.* München: Reinhardt.

Bollen, K. A. (1989). *Structural equations with latent variables.* New York: Wiley.

Börner, N. (2010). Mittendrin statt nur dabei – Elternpartizipation in der offenen Ganztagsschule. *Der GanzTag in NRW, 14*, 6–16.

Börner, N., Beher, K., Düx, W. & Züchner, I. (2010). Lernen und Fördern aus Sicht der Eltern. In Wissenschaftlicher Kooperationsverbund (Hrsg.), *Lernen und Fördern in der offenen Ganztagsschule: Vertiefungsstudie zum Primarbereich in Nordrhein-Westfalen* (S. 143–225). Weinheim: Juventa.

Bortz, J. (2005). *Statistik für Human- und Sozialwissenschaftler* (6., vollständig überarbeitete und aktualisierte Aufl.). Heidelberg: Springer.

Bortz, J. & Schuster, C. (2010). *Statistik für Human- und Sozialwissenschaftler* (7., vollständig überarbeitete und erweiterte Aufl.). Berlin: Springer.

Bos, W., Bonsen, M., Kummer, N., Lintorf, K. & Frey, K. A. (Hrsg.). (2009). *TIMSS 2007. Dokumentation der Erhebungsinstrumente zur Trends in International Mathematics and Science Study*. Münster: Waxmann.

Bos, W., Hornberg, S., Arnold, K.-H., Faust, G., Fried, L., Lankes, E.-M., Schwippert, K. & Valtin, R. (Hrsg.). (2007). *IGLU 2006. Lesekompetenzen von Grundschulkindern in Deutschland im internationalen Vergleich*. Münster: Waxmann.

Bos, W., Lankes, E.-M., Prenzel, M., Schwippert, K., Valtin, R., Voss, A. & Walther, G. (Hrsg.). (2005). *IGLU. Skalenhandbuch zur Dokumentation der Erhebungsinstrumente*. Münster: Waxmann.

Bos, W., Schwippert, K. & Stubbe, T. C. (2007). Die Kopplung von sozialer Herkunft und Schülerleistung im internationalen Vergleich. In W. Bos, S. Hornberg, K.-H. Arnold, G. Faust, L. Fried, E.-M. Lankes, K. Schwippert & R. Valtin (Hrsg.), *IGLU 2006. Lesekompetenzen von Grundschulkindern in Deutschland im internationalen Vergleich* (S. 225–247). Münster: Waxmann.

Bos, W., Tarelli, I., Bremerich-Vos, A. & Schwippert, K. (Hrsg.). (2012). *IGLU 2011 – Lesekompetenzen von Grundschulkindern in Deutschland im internationalen Vergleich*. Münster: Waxmann.

Bos, W. & Tarnai, C. (Hrsg.). (1989). *Angewandte Inhaltsanalyse in empirischer Pädagogik und Psychologie*. Münster: Waxmann.

Bos, W., Wendt, H., Köller, O. & Selter, C. (Hrsg.). (2012). *TIMSS 2011 – Mathematische und naturwissenschaftliche Kompetenzen von Grundschulkindern in Deutschland im internationalen Vergleich*. Münster: Waxmann.

Boudon, R. (1974). *Education, opportunity, and social inequality*. New York, NY: John Wiley & Sons.

Bourdieu, P. (1983). Ökonomisches Kapital, kulturelles Kapital, soziales Kapital. In R. Kreckel (Hrsg.), *Soziale Ungleichheiten* (S. 183–198). Göttingen: Schwartz.

Bowlby, J. (1986). *Trennung. Psychische Schäden als Folge der Trennung von Mutter und Kind*. Frankfurt am Main: Fischer.

Breen, R. & Goldthorpe, J. H. (1997). Explaining educational differentials: Towards a formal rational action theory. *Rationality and Society, 9*(3), 275–305.

Bronstein, P., Ginsburg, G. S. & Herrera, I. S. (2005). Parental predictors of motivational orientation in early adolescence: A longitudinal study. *Journal of Youth and Adolescence, 34*(6), 559–575.

Brühl, D. & Knake, H. (1978). *Eltern und Schule: Die Auswirkungen gesellschaftlicher und binnenstruktureller Bedingungen der Familie auf das Verhältnis der Eltern zur Schule*. Oldenburg: M-1-Verlag.

Brunstein, J. & Heckhausen, H. (2006). Leistungsmotivation. In J. Heckhausen & H. Heckhausen (Hrsg.), *Motivation und Handeln* (3., überarbeitete und aktualisierte Aufl., S. 143–191). Heidelberg: Springer.

Bundesministerium für Familie, Senioren, Frauen und Jugend. (2012). *Familienreport 2011 – Leistungen, Wirkungen, Trends*. Verfügbar unter: http://www.bmfsfj.de/ RedaktionBMFSFJ/Broschuerenstelle/Pdf-Anlagen/Familienreport-2011,property =pdf,bereich=bmfsfj,sprache=de,rwb=true.pdf [25.02.2013].

Busse, S. & Helsper, W. (2008). Schule und Familie. In W. Helsper & J. Böhme (Hrsg.), *Handbuch der Schulforschung* (S. 469–494). Wiesbaden: VS Verlag für Sozialwissenschaften.

Byrne, B. M. (1993). The Maslach Burnout Inventory: Testing for factorial validity and invariance across elementary, intermediate and secondary teachers. *Journal of Occupational and Organizational Psychology, 66*(3), 197–212.

Byrne, B. M., Shavelson, R. J. & Muthén, B. (1989). Testing for the equivalence of factor covariance and mean structures: The issue of partial measurement in variance. *Psychological Bulletin, 105*(3), 456–466.

Campbella, J. R. & Verna, M. A. (2007). Effective parental influence: Academic home climate linked to children's achievement. *Educational Research and Evaluation, 13*(6), 501–519.

Cankar, F., Deutsch, T. & Sentocnik, S. (2012). Approaches to building teacher-parent cooperation. *CEPS Journal, 2*(1), 35–55.

Caro, D. H. (2011). Parent-child communication and academic performance. Associations at the within- and between-country level. *Journal for Educational Research Online, 3*(2), 15–37.

Carreón, G. P., Drake, C. & Barton, A. C. (2005). The importance of presence: Immigrant parents' school engagement experiences. *American Educational Research Journal, 42*(3), 465–498.

Catsambis, S. (1998). *Expanding knowledge of parental involvement in secondary education – Effects on high school academic success (CRESPAR Report 27)*. Baltimore, MD: Johns Hopkins University.

Catsambis, S. & Garland, J. E. (1997). *Parental involvement in students' education: Changes from middle grades to high school (report 18)*. Baltimore: Johns Hopkins University, Center for the Education of Students Placed at Risk.

Chen, S. & Chen, A. (2012). Ninth graders' energy balance knowledge and physical activity behavior: An expectancy-value perspective. *Journal of Teaching in Physical Education, 31*(4), 293–310.

Cheung, C. S.-S. & Pomerantz, E. M. (2012). Why does parents' involvement enhance children's achievement? The role of parent-oriented motivation. *Journal of Educational Psychology, 104*(3), 820–832.

Cheung, G. W. & Rensvold, R. B. (1999). Testing factorial invariance across groups: A reconceptualization and proposed new method. *Journal of Management, 25*(1), 1–27.

Christ, O. & Schlüter, E. (2012). *Strukturgleichungsmodelle mit Mplus. Eine praktische Einführung.* München: Oldenbourg.

Chudaske, J. (2012). *Sprache, Migration und schulfachliche Leistung. Einfluss sprachlicher Kompetenz auf Lese-, Rechtschreib- und Mathematikleistungen.* Wiesbaden: VS Verlag für Sozialwissenschaften.

Coleman, J. S. (1988). Social capital in the creation of human capital. *American Journal of Sociology, 94*, 95–120.

Coleman, J. S. (1991). *Grundlagen der Sozialtheorie.* Band 1: Handlungen und Handlungssysteme. München: R. Oldenbourg.

Coleman, J. S. (1996). Der Verlust sozialen Kapitals und seine Auswirkungen auf die Schule. In A. Leschinsky (Hrsg.), *Die Institutionalisierung von Lernen und Lehren: Beiträge zu einer Theorie von Schule* (S. 99–105). Weinheim: Beltz.

Coleman, J. S., Campbell, E. Q., Hobson, C. J., McPartland, J., Mood, A. M., Weinfeld, F. D. & York, R. L. (1966). *Equality of Educational Opportunity.* Washington, DC: US Department of Health, Education & Welfare.

Comer, J. P. (1993). *School power: Implications of an intervention project.* New York: Free Press.

Cooper, C. & Crosnoe, R. (2007). The engagement in schooling of economically disadvantaged parents and children. *Youth & Society, 38*(3), 372–391.

Cotton, K. & Wikelund, K. R. (1989). *Parental involvement in education (School improvement research series, close-up no. 6).* Verfügbar unter: http://educationnorthwest.org/webfm_send/567 [20.04.2011].

Crandall, V. J., Katovsky, W. & Preston, A. (1962). Motivational and ability determinants of young children's intellectual achievement behaviours. *Child Development, 33*, 643–661.

Creemers, B. P. M. & Reezigt, G. (1996). School level conditions affecting the effectiveness of instruction. *School Effectiveness and School Improvement, 7*(3), 197–228.

Crosnoe, R. (2001). Academic orientation and parental involvement in education during High School. *Sociology of Education, 74*(3), 210–230.

Csikszentmihalyi, M. (1988). The flow experience and its significance for human psychology. In M. Csikszentmihalyi & I. S. Csikszentmihalyi (Hrsg.), *Optimal experience: Psychological studies of flow in consciousness* (S. 15–35). Cambridge: Cambridge University Press.

Davis, K. & Moore, W. E. (1945). Some principles of stratification. *American Sociological Review, 10*(2), 242–249.

Davis-Kean, P. E. (2005). The influence of parent education and family income on child achievement: The indirect role of parental expectations and the home environment. *Journal of Family Psychology, 19*(2), 294–304.

Deci, E. L. & Ryan, R. M. (1985). *Intrinsic motivation and self-determination in human behavior.* New York: Plenum.

Deci, E. L. & Ryan, R. M. (2012). Self-determination theory. In P. A. M. Van Lange, A. W. Kruglanski & E. T. Higgins (Hrsg.), *Handbook of theories of social psychology.* Volume 1 (S. 416–437). Thousand Oaks, CA: Sage.

Decker, L. & Decker, V. (2003). *Home, school, and community partnerships.* Lanham: The Scarecrow Press.

Deniz, C. (2012). Perspektiven für die Elternarbeit mit migrantischen Familien. In W. Stange, R. Krüger, A. Henschel & C. Schmitt (Hrsg.), *Erziehungs- und Bildungspartnerschaften. Grundlagen und Strukturen von Elternarbeit* (S. 326–331). Wiesbaden: VS Verlag für Sozialwissenschaften.

Desimone, L. (1999). Linking parent involvement with student achievement: Do race and income matter? *Journal of Educational Research, 93*(1), 11–30.

Deslandes, R. & Bertrand, R. (2005). Motivation of parent involvement in secondary-level schooling. *The Journal of Educational Research, 98*(3), 164–175.

Dickhäuser, O. & Stiensmeier-Pelster, J. (2000). Geschlechtsunterschiede im Lern- und Leistungsverhalten am Computer: Ein theoretischer Rahmen. In F. Försterling, J. Stiensmeier-Pelster & L. Silny (Hrsg.), *Kognitive und emotionale Aspekte der Motivation* (S. 53–76). Göttingen: Hogrefe.

Diefenbach, H. (2009). Die Theorie der Rationalen Wahl oder „Rational Choice"-Theorie (RCT). In D. Brock, M. Junge, H. Diefenbach, R. Keller & D. Villányi (Hrsg.), *Soziologische Paradigmen nach Talcott Parsons. Eine Einführung* (S. 239–290). Wiesbaden: VS Verlag für Sozialwissenschaften.

Diekmann, A. & Voss, T. (2004). Die Theorie rationalen Handelns. Stand und Perspektiven. In A. Diekmann & T. Voss (Hrsg.), *Rational Choice Theorie. Probleme und Perspektiven* (S. 13–29). München: Oldenburg.

Ditton, H. (1987). *Familie und Schule als Bereiche des kindlichen Lebensraumes. Eine empirische Untersuchung.* Frankfurt: Lang.

Ditton, H. (2009). Familie und Schule – Eine Bestandsaufnahme der bildungssoziologischen Schuleffektforschung von James S. Coleman bis heute. In R. Becker (Hrsg.), *Lehrbuch der Bildungssoziologie* (S. 237–256). Wiesbaden: VS Verlag für Sozialwissenschaften.

Ditton, H., Krüsken, J. & Schauenberg, M. (2005). Bildungsungleichheit – der Beitrag von Familie und Schule. *Zeitschrift für Erziehungswissenschaft, 8*(2), 285–303.

Doll, W. J., Raghunathan, T. S., Lim, J. S. & Gupta, Y. P. (1995). A confirmatory factor analysis of the user information satisfaction instrument. *Information System Research, 6*(2), 177–188.

Dollmann, J. (2010). *Türkischstämmige Kinder am ersten Bildungsübergang. Primäre und sekundäre Herkunftseffekte.* Wiesbaden: VS Verlag für Sozialwissenschaften.

Domina, T. (2005). Leveling the home advantage: Assessing the effectiveness of parental involvement in elementary school. *Sociology of Education, 78*(3), 233–249.

Doppke, M. (2004). Der Blick des Schulleiters. Den Weg für eine sinnvolle Elternbeteiligung ebnen. *Schulmanagement, 35*(4), 14–17.

Driessen, G., Smit, F. & Sleegers, P. (2005). Parental involvement and educational achievement. *British Educational Research Journal, 31*(4), 509–532.

Dumont, H., Trautwein, U., Nagy, G. & Nagengast, B. (2013). Quality of parental homework involvement: Predictors and reciprocal relations with academic functioning in the reading domain. *Journal of Educational Psychology*, Doi: 10.1037/a0034100.

Dusi, P. (2012). The family-school relationships in Europe: A research review. *CEPS Journal, 2*(1), 13–33.

Ecarius, J., Köbel, N. & Wahl, K. (2011). *Familie, Erziehung und Sozialisation.* Wiesbaden: VS Verlag für Sozialwissenschaften.

Eccles, J. S., Adler, T. F., Futterman, R., Goff, S. B., Kaczala, C. M., Meece, J. L. & Midgley, C. (1983). Expectancies, values and academic behaviours. In J. T. Spence (Hrsg.), *Achievement and achievement motivation* (S. 75–146). San Francisco: Freeman.

Eccles, J. S. & Harold, R. (1996). Family involvement in children's and adolescents' schooling. In A. Booth & J. F. Dunn (Hrsg.), *Family-school links: How do they affect educational outcomes* (S. 3–34). Mahwah, NJ: Lawrence Erlbaum Associates.

Eccles, J. S. & Harold, R. D. (1991). Gender differences in sport involvement: Applying the Eccles' expectancy-value model. *Journal of Applied Sport Psychology, 3*(1), 7–35.

Eccles, J. S. & Harold, R. D. (1993). Parent-school involvement during the early adolescent years. *Teachers College Record, 94*(3), 568–587.

Eccles, J. S. & Wigfield, A. (2002). Motivational beliefs, values, and goals. *Annual Review of Psychology, 53*, 109–132.

Eccles, J. S., Wigfield, A., Harold, R. D. & Blumenfeld, P. (1993). Age and gender differences in children's self- and task perceptions during elementary school. *Child Development, 64*, 830–847.

Edelmann, W. (2003). Intrinsische und extrinsische Motivation. *Grundschule, 35*(4), 30–32.

Edmonds, R. (1979). Effective schools for urban poor. *Educational Leadership, 37*, 15–24.

Ehmke, T. & Jude, N. (2010). Soziale Herkunft und Kompetenzerwerb. In E. Klieme, C. Artelt, J. Hartig, N. Jude, O. Köller, M. Prenzel, W. Schneider & P. Stanat (Hrsg.), *PISA 2009. Bilanz nach einem Jahrzehnt* (S. 231–254). Münster: Waxmann.

El Nokali, N. E., Bachman, H. J. & Votruba-Drzal, E. (2010). Parent involvement and children's academic and social development in elementary school. *Child Development, 81*(3), 988–1005.

Epstein, J. L. (1995). School/ family/ community partnerships: Caring for the children we share. *Phi Delta Kappan, 76*, 701–712.

Epstein, J. L., Sanders, M. G., Simon, B. S., Salinas, K. C., Jansorn, N. R. & Van Voorhis, F. L. (Hrsg.). (2002). *School, family, and community partnerships. Your handbook for action* (2. Aufl.). Thousand Oaks, CA: Corwin Press.

Esser, H. (1996a). Die Definition der Situation. *Kölner Zeitschrift für Soziologie und Sozialpsychologie, 48*(1), 1–34.

Esser, H. (1996b). *Soziologie – Allgemeine Grundlagen* (2., durchgesehene Aufl.). Frankfurt am Main: Campus.

Esser, H. (1999). *Soziologie. Spezielle Grundlagen. Band 1: Situationslogik und Handeln*. Frankfurt am Main: Campus.

European Education Information Network. (1997). *Elternmitwirkung in den Bildungssystemen der Europäischen Union. Unter Einbeziehung der EFTA/EWR-Staaten*. Brüssel: Eurydice.

Fan, W. (2011). Social influences, school motivation and gender differences: An application of the expectancy-value theory. *Educational Psychology, 31*(2), 157–175.

Fan, W., Williams, C. M. & Wolters, C. A. (2012). Parental involvement in predicting school motivation: Similar and differential effects across ethnic groups. *Journal of Educational Research, 105*(1), 21–35.

Fan, X. & Chen, M. (2001). Parental involvement and students' academic achievement: A meta-analysis. *Educational Psychology Review, 13*(1), 1–22.

Feather, N. T. (1982). Expectancy–value approaches: Present status and future directions. In N. T. Feather (Hrsg.), *Expectations and actions: Expectancy–value models in psychology* (S. 395–420). Hillsdale, NJ: Erlbaum.

Feather, N. T. (1988). Values, valences, and course enrollment: Testing the role of personal values within an expectancy-value framework. *Journal of Educational Psychology, 80*(3), 381–391

Fehrmann, P. G., Keith, T. Z. & Reimers, T. M. (1987). Home influence on school learning: Direct and indirect effects of parental involvement on high school grades. *Journal of Educational Research, 80*(6), 330–337.

Feiler, A. (2010). *Engaging ,hard to reach' parents. Teacher-parent collaboration to promote children`s learning*. Chichester: John Wiley & Sons.

Fend, H. (1980). *Theorie der Schule*. München: Urban & Schwarzenberg.

Fend, H. (2006). *Neue Theorie der Schule. Einführung in das Verstehen von Bildungssystemen*. Wiesbaden: VS Verlag für Sozialwissenschaften.

Ferrara, M. M. (2009). Broadening the myopic vision of parent involvement. *The School Community Journal, 19*(2), 123–142.

Field, A. (2000). *Discovering statistics using SPSS for Windows*. London: Sage.

Finn, J. D. (1998). Parental engagement that makes a difference. *Educational Leadership, 55*(8), 22–24.

Fischer, N., Radisch, F. & Stecher, L. (2007). Wer nutzt Ganztagsangebote? Ein Erklärungsmodell auf der Basis individueller und institutioneller Merkmale. In H. G.

Holtappels, E. Klieme, T. Rauschenbach & L. Stecher (Hrsg.), *Ganztagsschule in Deutschland. Ergebnisse der Ausgangserhebung der "Studie zur Entwicklung von Ganztagsschulen"* (StEG) (S. 261–282). Weinheim: Juventa.

Ford, L. & Amaral, D. (2006). *Research on parent involvement: Where we've been and where we need to go*. Vancouver, BC.

Friedrich, M. C. G. & Kröner, S. (2009). Anzahl und Organisationsform von Elternvertretern und Elternvereinen mit Migrationshintergrund – Eine Befragung allgemeinbildender Schulen in der Metropolregion Nürnberg und dem Rhein-Main-Gebiet. In S. Kröner (Hrsg.), *Expertise Elternvertreter mit Migrationshintergrund an Schulen* (S. 17–23). Nürnberg: Bundesamt für Migration und Flüchtlinge.

Froiland, J. M., Peterson, A. & Davison, M. L. (2013). The long-term effects of early parent involvement and parent expectation in the USA. *School Psychology International, 34*(1), 33–50.

Fürstenau, S. & Gomolla, M. (2009a). Einführung. Migration und schulischer Wandel: Elternbeteiligung. In S. Fürstenau & M. Gomolla (Hrsg.), *Migration und schulischer Wandel: Elternbeteiligung* (S. 13–19). Wiesbaden: VS Verlag für Sozialwissenschaften.

Fürstenau, S. & Gomolla, M. (Hrsg.). (2009b). *Migration und schulischer Wandel: Elternbeteiligung*. Wiesbaden: VS Verlag für Sozialwissenschaften.

Fürstenau, S. & Hawighorst, B. (2008). Gute Schulen durch Zusammenarbeit mit Eltern? Empirische Befunde zu Perspektiven von Eltern und Schule. In W. Lohfeld (Hrsg.), *Gute Schulen in schlechter Gesellschaft* (S. 170–185). Wiesbaden: VS Verlag für Sozialwissenschaften.

Furian, M. (Hrsg.). (1982). *Praxis der Elternarbeit in Kindergarten, Hort, Heim und Schule*. Heidelberg: Quelle & Meyer.

Ganzeboom, H. B. G., de Graaf, P. M., Treimann, D. J. & de Leeuw, J. (1992). A standard international socio-economic index of occupational status. *Social Research, 21*, 1–56.

Gartmeier, M., Bauer, J., Fischer, M. R., Karsten, G. & Prenzel, M. (2011). Modellierung und Assessment professioneller Gesprächsführungskompetenz von Lehrpersonen im Lehrer-Elterngespräch. In O. Zlatkin-Troitschanskai (Hrsg.), S*tationen Empirischer Bildungsforschung. Traditionslinien und Perspektiven* (S. 412–426). Wiesbaden: VS Verlag für Sozialwissenschaften.

Gartmeier, M., Bauer, J., Noll, A. & Prenzel, M. (2012). Welchen Problemen begegnen Lehrkräfte beim Führen von Elterngesprächen? Und welche Schlussfolgerungen ergeben sich daraus für die Vermittlung von Gesprächsführungskompetenz? *Die Deutsche Schule, 104*(4), 374–382.

Geiser, C. (2011). *Datenanalyse mit Mplus. Eine anwendungsorientierte Einführung* (2., durchgesehene Aufl.). Wiesbaden: VS Verlag für Sozialwissenschaften.

Goldthorpe, J. H. (1998). Rational action theory for sociology. *The British Journal of Sociology, 49*(2), 167–192.

Gomolla, M. (2009). Elternbeteiligung in der Schule. In S. Fürstenau & M. Gomolla (Hrsg.), *Migration und schulischer Wandel: Elternbeteiligung* (S. 21–49). Wiesbaden: VS Verlag für Sozialwissenschaften.

Gomolla, M. (2011). Partizipation von Eltern mit Migrationshintergrund in der Schule. In V. Fischer & M. Springer (Hrsg.), *Handbuch Migration und Familie. Grundlagen für die Soziale Arbeit mit Familien*. (S. 446–457). Schwalbach: Wochenschau Verlag.

Gomolla, M. & Rotter, C. (2012). Zugewanderte und einheimische Eltern: Gemeinsamkeiten und Unterschiede in der Beurteilung von Schulpolitik und -praxis. In D. Killus & K.-J. Tillmann (Hrsg.), *Eltern ziehen Bilanz. Ein Trendbericht zu Schule und Bildungspolitik in Deutschland. Die 2. JAKO-O Bildungsstudie* (S. 112–142). Münster: Waxmann.

Gonzalez-DeHass, A. R., Willems, P. P. & Doan Holbein, M. F. (2005). Examining the relationship between parental involvement and student motivation. *Educational Psychology Review, 17*(2), 99–123.

Graves, S. L. & Wright, L. B. (2011). Parent involvement at school entry: A national examination of group differences and achievement. *School Psychology International, 32*(1), 35–48.

Green, C. L., Walker, J. M. T., Hoover-Dempsey, K. V. & Sandler, H. M. (2007). Parents' motivations for involvement in children's education: An empirical test of a theoretical model of parental involvement. *Journal of Educational Psychology, 99*(3), 532–544.

Gresch, C. (2012). *Der Übergang in die Sekundarstufe I. Leistungsbeurteilung, Bildungsaspiration und rechtlicher Kontext bei Kindern mit Migrationshintergrund*. Wiesbaden: VS Verlag für Sozialwissenschaften.

Gresch, C., Baumert, J. & Maaz, K. (2010). Empfehlungsstatus, Übergangsempfehlung und der Wechsel in die Sekundarstufe I: Bildungsentscheidungen und soziale Ungleichheit. In K. Maaz, J. Baumert, C. Gresch & N. McElvany (Hrsg.), *Der Übergang von der Grundschule in die weiterführende Schule: Leistungsgerechtigkeit und regionale, soziale und ethnisch-kulturelle Disparitäten* (S. 201–228). Bonn: Bundesministerium für Bildung und Forschung.

Gresch, C. & Becker, M. (2010). Sozial- und leistungsbedingte Disparitäten im Übergangsverhalten bei türkischstämmigen Kindern und Kindern aus (Spät-) Aussiedlerfamilien. In K. Maaz, J. Baumert, C. Gresch & N. McElvany (Hrsg.), *Der Übergang von der Grundschule in die weiterführende Schule: Leistungsgerechtigkeit und regionale, soziale und ethnisch-kulturelle Disparitäten* (S. 181–200). Bonn: Bundesministerium für Bildung und Forschung.

Grolnick, W. S., Benjet, C., Kurowski, C. O. & Apostoleris, N. (1997). Predictors of parent involvement in children's schooling. *Journal of Educational Psychology, 89*(3), 538–548.

Grolnick, W. S., Kurowski, C. O., Dunlap, K. G. & Hevey, C. (2000). Parental resources and the transition to junior high. *Journal of Research on Adolescence, 10*(4), 465–488.

Grolnick, W. S. & Slowiaczek, M. L. (1994). Parents involvement in children's schooling: A multidimensional conceptualization and motivational model. *Child Development, 65*(1), 237–252.

Gutman, L. M. & Eccles, J. S. (1999). Financial strain, parenting behaviors, and adolescents' achievement: Testing model equivalence between African American and European American single- and two-parent families. *Child Development, 70*(6), 1464–1476.

Gutman, L. M., Sameroff, A. S. & Eccles, J. S. (2002). The academic achievement of African American students during early adolescence: An examination of risk, promotive, and protective factors. *American Journal of Community Psychology, 30*(3), 376–399.

Harris, A., Andrew-Power, K. & Goodall, J. (2009). *Do parents know they matter? Raising achievement through parental engagement.* London: Network Continuum Education.

Harter, S. (1981). A new self-report scale of intrinsic versus extrinsic orientation in the classroom: Motivational and informational components. *Developmental Psychology, 17*(3), 300–312.

Hawighorst, B. (2009). Perspektiven von Einwanderungsfamilien. In S. Fürstenau & M. Gomolla (Hrsg.), *Migration und schulischer Wandel: Elternbeteiligung* (S. 51–67). Wiesbaden: VS Verlag für Sozialwissenschaften.

Hayes, A. F. (2005). *Statistical methods for communication science.* Mahwah, NJ: Erlbaum.

Haynes, N. M. & Ben-Avie, M. (1996). Parents as full partners in education. In A. Booth & J. Dunn (Hrsg.), *Family-school links. How do they affect educational outcomes?* (S. 45–55). Mahwah, NJ: Lawrence Erlbaum Associates.

Haynes, N. M., Gebreyesus, S. & Comer, J. P. (1993). *Selected case studies of national implementation of the school development program.* New Haven: Yale Child Study Center.

Heckhausen, H. (1989). *Motivation und Handeln* (2. Aufl.). Berlin: Springer.

Heine, W. (1983). *Methodologischer Individualismus. Zur geschichtsphilosophischen Begründung eines sozialwissenschaftlichen Konzepts.* Würzburg: Königshausen + Neumann.

Henderson, A. & Berla, N. (1994). *A new generation of evidence: The family is critical to student achievement.* Washington, DC: National Committee für Citzens in Education.

Hendricks, R. (2004). Bereicherung oder Bedrohung? Elterneinbindung als Aufgabe für die Schulleitung. *Schulmanagement, 35*(4), 18–19.

Herrold, K. & O'Donnell, K. (2008). *Parent and family involvement in education, 2006–07 school year. From the National Household Education Surveys Program of 2007.* Washington, DC.: U.S. Department of Education.

Hertel, S. (2009). *Beratungskompetenz von Lehrern – Kompetenzdiagnostik, Kompetenzförderung, Kompetenzmodellierung.* Münster: Waxmann.

Hertel, S. (2011). Elternberatung an Grundschulen, Projekt „elbe" – erste Ergebnisse und Implikationen. In G. Botte (Hrsg.), *Grundschulen und 'ihre' Eltern – innovative Kooperationskonzepte* (S. 40–43). Offenbach am Main: Lernen vor Ort.

Hertel, S., Bruder, S., Jude, N. & Steinert, B. (2013). Elternberatung an Schulen im Sekundarbereich. Schulische Rahmenbedingungen, Beratungsangebote der Lehrkräfte und Nutzung von Beratung durch die Eltern. *Zeitschrift für Pädagogik. Beiheft, 59,* 40–62.

Hertel, S., Bruder, S. & Schmitz, B. (2009). Beratungs- und Gesprächsführungskompetenz von Lehrkräften. In O. Zlatkin-Troitschanskai, K. Beck, D. Sembill, R. Nickolaus & R. Mulder (Hrsg.), *Lehrprofessionalität – Bedingungen, Genese, Wirkungen und ihre Messung* (S. 117–129). Weinheim: Beltz.

Hertel, S. & Schmitz, B. (2010). *Lehrer als Berater in Schule und Unterricht.* Stuttgart: Kohlhammer.

Hill, N. E. (2001). Parenting and academic socialization as they relate to school readiness: The role of ethnicity and family income. *Journal of Educational Psychology, 93*(4), 686–697.

Hill, N. E., Castellino, D. R., Lansford, J. E., Nowlin, P., Dodge, K. A., Bates, J. E. & Pettit, G. S. (2004). Parent academic involvement as related to school behavior, achievement, and aspirations: Demographic variations across adolescence. *Child Development, 75*(5), 1491–1509.

Hill, N. E. & Tyson, D. F. (2009). Parental involvement in middle school: A meta-analytic assessment of the strategies that promote achievement. *Developmental Psychology, 45*(3), 740–763.

Hillesheim, S. (2009). *Elternarbeit in der Schule. Ein Vergleich der Elternarbeit mit Migranteneltern an Halbtags- und Ganztagsschulen in Bayern.* Würzburg: Universität Würzburg.

Hodapp, V. & Mißler, B. (1996). Determinanten der Wahl von Mathematik als Leistungs- bzw. Grundkurs in der 11. Jahrgangsstufe. In R. Schumann-Hengsteler & H. M. Trautner (Hrsg.), *Entwicklung im Jugendalter* (S. 143–164). Göttingen: Hogrefe.

Holodynski, M. (2009). Entwicklung der Motive. In V. Brandstätter & J. H. Otto (Hrsg.), *Handbuch der Allgemeinen Psychologie: Motivation und Emotion* (S. 272–283). Göttingen: Hogrefe.

Holtappels, H. G., Klieme, E., Rauschenbach, T. & Stecher, L. (Hrsg.). (2008). *Ganztagsschule in Deutschland. Ergebnisse der Ausgangserhebung der "Studie zur Entwicklung von Ganztagsschulen" (StEG)* (2., korrigierte Aufl.). Weinheim: Juventa.

Hong, S. & Ho, H. Z. (2005). Direct and indirect longitudinal effects of parental involvement on student achievement: Second-order latent growth modeling across ethnic groups. *Journal of Educational Psychology 97*(1), 32–42.

Hood, M., Creed, P. A. & Neumann, D. L. (2012). Using the expectancy value model of motivation to understand the relationship between student attitudes and achievement in statistics. *Statistics Education Research Journal, 11*(2), 72–85.

Hoover-Dempsey, K. V., Battiato, A. C., Walker, J. M. T., Reed, R. P., DeJong, J. M. & Jones, K. P. (2001). Parental involvement in homework. *Educational Psychologist, 36*(3), 195–209.

Hoover-Dempsey, K. V. & Sandler, H. M. (1997). Why do parents become involved in their children's education? *Review of Educational Research, 67*(1), 3–42.

Hoover-Dempsey, K. V., Walker, J. M. T., Sandler, H. M., Whetsel, D., Green, C. L., Wilkins, A. S. & Closson, K. (2005). Why do parents become involved? Research findings and implications. *The Elementary School Journal, 106*(2), 105–130.

Hornby, G. & Lafaele, R. (2011). Barriers to parental involvement in education: An explanatory model. *Educational Review, 63*(1), 37–52.

Hu, L. & Bentler, P. M. (1999). Cutoff criteria for fit indexes in covariance structure analysis: Conventional criteria versus new alternatives. *Structural Equation Modeling: A Multidisciplinary Journal, 6*(1), 1–55.

Hughes, D., Rodriguez, J., Smith, E. P., Johnson, D. J., Stevenson, H. C. & Spicer, P. (2006). Parents' ethnic–racial socialization practices: A review of research and directions for future study. *Developmental Psychology, 42*(5), 747–770.

Huntsinger, C. S. & Jose, P. E. (2009). Parental involvement in children's schooling: Different meanings in different cultures. *Early Childhood Research Quarterly, 24*(4), 398–410.

Hurrelmann, K. (2006). *Einführung in die Sozialisationstheorie* (9., unveränderte Aufl.). Weinheim: Beltz.

Huss-Keeler, R. L. (1997). Teacher perception of ethnic and linguistic minority parental involvement and its relationship to children's language and literacy learning: A case study. *Teaching and Teacher Education, 13*(2), 171–182.

Ice, C. L. & Hoover-Dempsey, K. V. (2011). Linking parental motivations for involvement and student proximal achievement outcomes in homeschooling and public schooling settings. *Education and Urban Society, 43*(3), 339–369.

Institut für Schulentwicklungsforschung (Hrsg.). (2001). *IFS-Schulbarometer. Ein mehrperspektivisches Instrument zur Erfassung von Schulwirklichkeit* (7. korrigierte Aufl.). Dortmund: IFS-Verlag.

Izzo, C. V., Weissberg, R. P., Kasprow, W. J. & Fendrich, M. (1999). A longitudinal assessment of teacher perceptions of parent involvement in children's education and school performance. *American Journal of Community Psychology, 27*(6), 817–839.

Jäger-Flor, D. & Jäger, R. S. (2010). *Bildungsbarometer zur Kooperation Elternhaus-Schule 4/2009. Ergebnisse, Bewertungen und Perspektiven.* Landau: Zentrum für empirische pädagogische Forschung (zepf) der Universität Koblenz-Landau, Campus Landau.

Jagodzinski, W. & Quandt, M. (1997). Wahlverhalten und Religion im Lichte der Individualisierungsthese. *Kölner Zeitschrift für Soziologie und Sozialpsychologie, 49*(4), 761–782.

Jahraus, O. (2001). Nachwort: Zur Systemtheorie Niklas Luhmanns. In N. Luhmann & O. Jahraus (Hrsg.), *Aufsätze und Reden* (S. 299–334). Stuttgart: Reclam.

Janssen, J. & Laatz, W. (2007). *Statistische Datenanalyse mit SPSS für Windows: Eine anwendungsorientierte Einführung in das Basissystem und das Modul Exakte Tests* (6., neu bearbeitete und erweiterte Aufl.). Berlin: Springer.

Jencks, C. (1979). *Who gets ahead? The determinants of economic success in America.* New York: Basic Books.

Jeynes, W. H. (2003). A meta-analysis: The effects of parental involvement on minority children's academic achievement. *Education & Urban Society, 35*(2), 202–218.

Jeynes, W. H. (2007). The relationship between parental involvement and urban secondary school student academic achievement: A meta-analysis. *Urban Education, 42*(1), 82–110.

Jeynes, W. H. (2008). Effects of parental involvement on experiences of discrimination and bullying. *Marriage & Family Review, 43*(3/4), 255–268.

Jeynes, W. H. (2012). A meta-analysis of the efficacy of different types of parental involvement programs for urban students. *Urban Education, 47*(4), 706–742.

Jodl, K. M., Michael, A., Malanchuk, O., Eccles, J. S. & Sameroff, A. (2001). Parents' roles in shaping early adolescents' occupational aspirations. *Child Development, 72*(4), 1247–1265.

Jonkmann, K., Maaz, K., McElvany, N. & Baumert, J. (2010). Die Elternentscheidung beim Übergang in die Sekundarstufe I – Eine theoretische Adaption und empirische Überprüfung des Erwartungs-Wert-Modells. In K. Maaz, J. Baumert, C. Gresch & N. McElvany (Hrsg.), *Der Übergang von der Grundschule in die weiterführende Schule – Leistungsgerechtigkeit und regionale, soziale und ethnisch-kulturelle Disparitäten* (S. 255–284). Berlin: BMBF.

Jöreskog, K. G. (1969). A general approach to confirmatory maximum likelihood factor analysis. *Psychometrika, 34*(2), 183–202.

Jöreskog, K. G. (1971). Simultaneous factor analysis in several populations. *Psychometrika, 36*(4), 409–426.

Jung, J. Y. (2013). Adolescent decision-making processes regarding university entry: A model incorporating cultural orientation, motivation and occupational variables. *Tertiary Education and Management, 19*(2), 97–111.

Kankaraš, M., Vermunt, J. K. & Moors, G. (2011). Measurement equivalence of ordinal items: A comparison of factor analytic, item response theory, and latent class approaches. *Sociological Methods & Research, 40*(2), 279–310.

Keith, T. Z., Keith, P. B., Bickley, P. G. & Singh, K. (1992). Effects of parental involvement of eighth grade achievement: LISREL analysis of NELS-88 data. *Paper presented at the Annual Meeting of the American Educational Research Association.* San Francisco.

Keith, T. Z., Keith, P. B., Quirk, K. J., Sperduto, J., Santillo, S. & Killings, S. (1998). Longitudinal effects of parent involvement on high school grades: Similarities and differences across gender and ethnic groups. *Journal of School Psychology, 36*(3), 335–363.

Keith, T. Z., Reimers, T. M., Fehrmann, P. G., Pottebaum, S. M. & Aubey, L. W. (1986). Parental involvement, homework, and TV time: Direct and indirect effects on high school achievement. *Journal of Educational Psychology, 78*(5), 373–380.

Kelly, S. (2004). Do increased levels of parental involvement account for social class differences in track placement? *Social Science Research, 33*(4), 626–659.

Kenny, D. A. & McCoach, D. B. (2003). Effect of the number of variables on measures of fit in structural equation modeling. *Structural Equation Modeling: A Multidisciplinary Journal, 10*(3), 333–351.

Killus, D. (2012). Zusammenarbeit zwischen Elternhaus und Schule: Erfahrungen, Erwartungen und Enttäuschungen. In D. Killus & K.-J. Tillmann (Hrsg.), *Eltern ziehen Bilanz. Ein Trendbericht zu Schule und Bildungspolitik in Deutschland. Die 2. JAKO-O Bildungsstudie* (S. 49–68). Münster: Waxmann.

Killus, D. & Tillmann, K.-J. (Hrsg.). (2012). *Eltern ziehen Bilanz. Ein Trendbericht zu Schule und Bildungspolitik in Deutschland. Die 2. JAKO-O Bildungsstudie.* Münster: Waxmann.

Kim, Y., Sherraden, M. & Clancy, M. (2013). Do mothers' educational expectations differ by race and ethnicity, or socioeconomic status? *Economics of Education Review, 33*, 82–94.

Kirkhaug, B., Drugli, M. B., Klockner, C. A. & Morch, W.-T. (2013). Association between parental involvement in school and child conduct, social, and internalizing problems: Teacher report. *Educational Research and Evaluation, 19*(4), 346–361.

Klieme, E., Artelt, C., Hartig, J., Jude, N., Köller, O., Prenzel, M., Schneider, W. & Stanat, P. (2010). *PISA 2009. Bilanz nach einem Jahrzehnt.* Münster: Waxmann.

Klugman, J., Lee, J. C. & Nelson, S. L. (2012). School co-ethnicity and Hispanic parental involvement. *Social Science Research, 41*(5), 1320–1337.

Knapp, T. R. & Brown, J. K. (1995). Ten measurement commandments that often should be broken. *Research in Nursing & Health, 18*(5), 465–469.

Kohl, G. O., Lengua, L. J., McMahon, R. J. & Conduct Problems Prevention Research Group. (2000). Parent involvement in school conceptualizing multiple dimensions and their relations with family and demographic risk factors. *Journal of School Psychology, 38*(6), 501–538.

Köhler, A., Erb, H.-P. & Eichstaedt, J. (2012). Zur Validität reaktionszeitbasierter Messung impliziter Motive im Kontext der Personalauswahl. *Zeitschrift für Arbeits- und Organisationspsychologie, 56*(1), 1–13.

Köller, O., Daniels, Z., Schnabel, K.-U. & Baumert, J. (2000). Kurswahlen von Mädchen und Jungen im Fach Mathematik: Zur Rolle des fachspezifischen Selbstkonzepts und Interesses. *Zeitschrift für Pädagogische Psychologie, 14*(1), 26–37.

Krapp, A. (1973). *Bedingungen des Schulerfolgs. Empirische Untersuchungen in der Grundschule.* München: Oldenbourg.

Krapp, A. (1998). Interesse. In D. H. Rost (Hrsg.), *Handwörterbuch Pädagogische Psychologie* (S. 203–209). Weinheim: PVU.

Kristen, C. (1999). *Bildungsentscheidungen und Bildungsungleichheit: Ein Überblick über den Forschungsstand.* Mannheim: Mannheimer Zentrum für Europäische Sozialforschung.

Kristen, C. (2008). Schulische Leistungen von Kindern aus türkischen Familien am Ende der Grundschulzeit. *Kölner Zeitschrift für Soziologie und Sozialpsychologie, Sonderheft 48*, 230–251.

Kristen, C. & Dollmann, J. (2009). Sekundäre Effekte der ethnischen Herkunft: Kinder aus türkischen Familien am ersten Bildungsübergang. In J. Baumert, K. Maaz & U. Trautwein (Hrsg.), *Bildungsentscheidungen* (S. 205–229). Wiesbaden: VS Verlag für Sozialwissenschaften.

Kroneberg, C. (2007). Wertrationalität und das Modell der Frame-Selektion. *Kölner Zeitschrift für Soziologie und Sozialpsychologie, 59*(2), 215–239.

Kröner, S., Schüller, E. M., Penthin, M., Fritzsche, E. S., Friedrich, M. C. G. & Krol, M. M. (2012). Elternvertreter mit Migrationshintergrund an allgemeinbildenden Schulen. Eine qualitative Interviewstudie zu ihren Beweggründen für und gegen ein Engagement. *Zeitschrift für Erziehungswissenschaft, 15*(4), 707–726.

Krumm, V. (1995). Schulleistung – auch eine Leistung der Eltern. Die heimliche und offene Zusammenarbeit von Eltern und Lehrern und wie sie verbessert werden kann. In W. Specht & J. Thonhauser (Hrsg.), *Schulqualität* (S. 256–290). Innsbruck: Studienverlag.

Krumm, V. (1996). Über die Vernachlässigung der Eltern durch Lehrer und Erziehungswissenschaft. Plädoyer für eine veränderte Rolle der Lehrer bei der Erziehung der Kinder. In A. Leschinsky (Hrsg.), *Die Institutionalisierung von Lehren und Lernen* (S. 119–137).

Krumm, V. (2001). Das Verhältnis von Elternhaus und Schule. In L. Roth (Hrsg.), *Pädagogik. Handbuch für Studium und Praxis* (2. Aufl., S. 1016–1029). München: Oldenbourg Schulbuchverlag.

Kuckartz, U., Rädiker, S., Ebert, T. & Schehl, J. (2010). *Statistik. Eine verständliche Einführung.* Wiesbaden: VS Verlag für Sozialwissenschaften.

Kuperminc, G. P., Darnell, A. J. & Alvarez-Jimenez, A. (2008). Parent involvement in the academic adjustment of Latino middle and high school youth: Teacher expectations and school-belonging as mediators. *Journal of Adolescence, 31*(4), 469–483.

Lange, H. (2003). Wie heterogen sind deutsche Schulen und was folgt daraus? Befunde und Konsequenzen aus PISA und IGLU. *Pädagogik, 55*(9), 32–37.

Lankes, E.-M., Bos, W., Mohr, I., Plaßmeier, N. & Schwippert, K. (2003). Lehr- und Lernbedingungen in den Teilnehmerländern. In W. Bos, E.-M. Lankes, M. Prenzel, K. Schwippert, G. Walther & R. Valtin (Hrsg.), *Erste Ergebnisse aus IGLU. Schülerleistungen am Ende der vierten Jahrgangsstufe im internationalen Vergleich* (S. 29–67). Münster: Waxmann.

Lareau, A. (1987). Social class differences in family-school relationships: The importance of cultural capital. *Sociology of Education, 60*(2), 73–85.

Lareau, A. (1996). Assessing parent involvement in schooling: A critical analysis. In A. Booth & J. Dunn (Hrsg.), *Family-school links: How do they affect educational outcomes* (S. 57–64). Mahwah, NJ: Lawrence Erlbaum.

Lareau, A. & Weininger, E. B. (2003). Cultural capital in educational research: A critical assessment. *Theory and Society, 32*(5/6), 567–606.

Lave, C. A. & March, J. G. (1975). *An introduction to models in the social sciences.* New York: Harper & Row.

Lee, J.-S. & Bowen, N. K. (2006). Parent involvement, cultural capital, and the achievement gap among elementary school children. *American Educational Research Journal, 43*(2), 193–218.

Lehmann, R. H., Peek, R. & Gänsfuß, R. (1997). *Aspekte der Lernausgangslage von Schülerinnen und Schülern der fünften Klassen an Hamburger Schulen.* Verfügbar unter: http://bildungsserver.hamburg.de/contentblob/2815702/data/pdf-schulleistungstest-lau-5.pdf [26.02.2013].

Lewin, K., Dembo, T., Festinger, L. & Sears, P. S. (1944). Level of aspiration. In J. McVicker Hunt (Hrsg.), *Personality and the behavior disorders* (S. 333–378). New York: Ronald.

Leyendecker, B. (2008). *Bildungsziele von türkischen und deutschen Eltern – was wird unter Bildung verstanden und wer ist für die Vermittlung von Bildung zuständig?* Verfügbar unter: http://www.migration-boell.de/web/integration/47_1499.asp. [18.01.2013].

Lim, S.-Y. (2008). Parent involvement in education. In G. W. Olsen & M. L. Fuller (Hrsg.), *Home-school relations: Working successfully with parents and families* (S. 127–150). Boston: Pearson.

Lindenberg, S. (1985). An assessment of the new political economy: its potential for the social sciences and for sociology in particular. *Sociological Theory, 3*(1), 99–114.

Little, R. J. A. & Rubin, D. B. (2002). *Statistical analysis with missing data.* New York: Wiley.

Little, T. D. (1997). Mean and covariance structures (MACS) analyses of cross-cultural data: Practical and theoretical issues. *Multivariate Behavioral Research, 32*(1), 53–76.

Liu, C. & Arnett, K. P. (2000). Exploring factors associated with web site success in the context of electronic commerce. *Information and Management, 38*(2), 23–33.

López, G. R., Scribner, J. D. & Mahitivanichcha, K. (2001). Redefining parental involvement: Lessons from high-performing migrant-impacted schools. *American Educational Research Journal, 38*(2), 253–288.

Lüdtke, O., Robitzsch, A., Trautwein, U. & Köller, O. (2007). Umgang mit fehlenden Werten in der psychologischen Forschung. Probleme und Lösungen. *Psychologische Rundschau, 58*(2), 103–117.

Luhmann, N. (2004). *Einführung in die Systemtheorie.* In D. Baecker (Hrsg.), (Zweite Aufl.). Heidelberg: Carl Auer.

Lynch, E. W. & Stein, R. C. (1987). Parent participation by ethnicity: A comparison of Hispanic, Black, and Anglo families. *Exceptional Children, 54*(2), 105–111.

Maaz, K., Hausen, C., McElvany, N. & Baumert, J. (2006). Stichwort: Übergänge im Bildungssystem. Theoretische Konzepte und ihre Anwendung in der empirischen Forschung beim Übergang in die Sekundarstufe. *Zeitschrift für Erziehungswissenschaft, 9*(3), 299–327.

Marchant, G. J., Paulson, S. E. & Rothlisberg, B. A. (2001). Relations of middle school students' perceptions of family and school contexts with academic achievement. *Psychology in the Schools, 38*(6), 505–519.

Marcon, R. A. (1999). Positive relationships between parent school involvement and public school inner-city preschoolers' development and academic performance. *School Psychology Review, 28*(3), 395–412.

Markus, H. & Wurf, E. (1987). The dynamic self-concept: A social psychological perspective. *Annual Review of Psychology, 38*, 299–337.

Marsh, H. W., Balla, J. R. & Hau, K. T. (1996). An evaluation of incremental fit indexes: A clarification of mathematical and empirical properties. In G. A. Marcoulides & R. E. Schumacker (Hrsg.), *Advanced structural equation modeling techniques* (S. 315–353). Mahwah , NJ: Lawrence Erlbaum.

McClelland, D. C. (1980). Motive dispositions: The merits of operant and respondent measures. In L. Wheeler (Hrsg.), *Review of personality and social psychology* (S. 10–41). Beverly Hills, CA: Sage.

McClelland, D. C. (1987). Biological aspects of human motivation. In F. Halisch & J. Kuhl (Hrsg.), *Motivation, intention, and volition* (S. 11–19). Berlin: Springer.

McClelland, D. C., Atkinson, J. W., Clark, R. W. & Lowell, E. L. (1953). *The achievement motive.* New York: Appleton-Century-Crofts.

McElvany, N. (2011). Familiäre Bedingungsfaktoren von Lesekompetenz und Effektivität systematischer Förderung. In Bundesverband Alphabetisierung und Grundbildung e.V. / J. Bothe (Hrsg.), *Funktionaler Analphabetismus im Kontext von Familie und Partnerschaft. Alphabetisierung und Grundbildung Band 8* (S. 62–71). Münster: Waxmann.

McElvany, N. & Razakowski, J. (2013). Soziale Ungleichheiten und Schule – Forschungsstand im Überblick und Ansatzpunkte. In N. McElvany, M. M. Gebauer, W. Bos & H. G. Holtappels (Hrsg.), *Sprachliche, kulturelle und soziale Heterogenität in der Schule als Herausforderung und Chance der Schulentwicklung. IFS-Jahrbuch der Schulentwicklung, Bd. 17* (S. 50–79). Weinheim: Juventa.

McElvany, N., Razakowski, J. & Dudas, D. (2012). Übergangsentscheidungen am Ende der Grundschule: Akteure, Kriterien und Selektivität. In N. Berkemeyer, S.-I. Beutel, H. Järvinen & S. van Ophuysen (Hrsg.), *Übergänge bilden – Lernen in der Grund- und weiterführenden Schule. Reihe: Praxishilfen Schule* (S. 160–182). Neuwied: Wolters Kluwer.

McNeal, R. B. J. (1999). Parental involvement as social capital: Differential effectiveness on science achievement, truancy, and dropping out. *Social Forces, 78*(1), 117–144.

Meece, J. L., Wigfield, A. & Eccles, J. S. (1990). Predictors of math anxiety and its consequences for young adolescents' course enrollment intentions and performance in mathematics. *Journal of Educational Psychology, 82*(1), 60–70.

Meier, B. (2005). *Elternrecht und Elternmitwirkung in der Schule*. Münster: Lit.

Melzer, W. (1987). *Familie und Schule als Lebenswelt. Zur Innovation von Schule durch Elternpartizipation*. Weinheim: Juventa.

Mena, J. A. (2011). Latino parent home-based practices that bolster student academic persistence. *Hispanic Journal of Behavioral Sciences, 33*(4), 490–506.

Menheere, A. & Hooge, E. H. (2010). Parental involvement in children's education: A review study about the effect of parental involvement on children's school education with a focus on the position of illiterate parents. *Journal of the European Teacher Education Network (JETEN), 6*, 144–157.

Meredith, W. (1993). Measurement invariance, factor analysis and factorial invariance. *Psychometrika, 58*(4), 525–543.

Merton, R. K. (1968). The Matthew effect in science. *Science, 159*(3810), 56–63.

Mescher, B. (2006). *Handbuch Offene Ganztagsschule*. Troisdorf: Bildungsverlag EINS.

Ministerium für Schule und Weiterbildung des Landes Nordrhein-Westfalen. (2011). *Elternmitwirkung in der Schule*. Düsseldorf: Ministerium für Schule und Weiterbildung des Landes Nordrhein-Westfalen.

Möller, J. & Schiefele, U. (2004). Motivationale Grundlagen der Lesekompetenz. In U. Schiefele, C. Artelt, W. Schneider & P. Stanat (Hrsg.), *Struktur, Entwicklung und Förderung von Lesekompetenz. Vertiefende Analysen im Rahmen von PISA 2000* (S. 101–124). Wiesbaden: VS Verlag für Sozialwissenschaften.

Moosbrugger, H. & Schermelleh-Engel, K. (2012). Exploratorische (EFA) und Konfirmatorische Faktorenanalyse (CFA). In H. Moosbrugger & A. Kelava (Hrsg.), *Test-

theorie und Fragebogenkonstruktion (2., aktualisierte und überarbeitete Aufl., S. 325–343). Berlin: Springer.

Mortimore, P., Sammons, P., Stoll, L., Lewis, D. & Ecob, R. (1988). Sch*ool Matters: The Junior Years*. Wells: Open Books.

Muller, C. (1995). Maternal employment, parent involvement, and mathematics achievement among adolescents. *Journal of Marriage & the Family, 57*(1), 85–100.

Murray, H. A. (1938). *Explorations in personality*. New York: Oxford University Press.

Muthén, B. O. & Muthén, L. (2010). *Mplus User's Guide. Sixth Edition*. Verfügbar unter: http://www.statmodel.com/download/usersguide/Mplus%20Users%20Guide %20v6.pdf [22.08.2011].

Nagengast, B., Marsh, H. W., Scalas, L. F., Xu, M. K., Hau, K.-T. & Trautwein, U. (2011). Who took the "x" out of expectancy-value theory? A psychological mystery, a substantive-methodological synergy, and a cross-national generalization. *Psychological Science, 22*(8), 1058–1066.

Nagengast, B., Trautwein, U., Kelava, A. & Lüdtke, O. (2013). Synergistic effects of expectancy and value on homework engagement: The case for a within-person perspective. *Multivariate Behavioral Research, 48*(3), 428–460.

National Parent Teacher Association. (1997). *National standards for parent/ family involvement programs*. Chicago: National PTA.

Neuenschwander, M. P. (2009). Schule und Familie – Aufwachsen in einer heterogenen Umwelt. In H.-U. Grunder & A. Gut (Hrsg.), *Zum Umgang mit Heterogenität in der Schule* (S. 148–168). Baltmannsweiler: Schneider.

Neuenschwander, M. P., Balmer, T., Gasser, A., Goltz, S., Hirt, U., Ryser, H. & Wartenweiler, H. (2004). *Eltern, Lehrpersonen und Schülerleistungen*. Bern: Kanton und Universität Bern.

Neuenschwander, M. P., Balmer, T., Gasser-Dutoit, A., Goltz, S., Hirt, U., Ryser, H. & Wartenweiler, H. (2005). *Schule und Familie. Was sie zum Schulerfolg beitragen*. Bern: Haupt Verlag.

Neuenschwander, M. P. & Rottermann, B. (2012). Elterneinstellungen und schulische Leistungen in PISA 2006 – Gruppenunabhängigkeit eines Pfadmodells. *Zeitschrift für Soziologie der Erziehung und Sozialisation, 32*(3), 266–282.

OECD. (1997). *Parents as partners in schooling*. Paris: OECD.

OECD. (2004). *Für die Welt von morgen. Erste Ergebnisse von PISA 2003*. Paris: OECD.

Oostdam, R. & Hooge, E. H. (2013). Making the difference with active parenting; forming educational partnerships between parents and schools. *European Journal of Psychology of Education, 28*(2), 337–351.

Opp, K.-D. (1999). Contending conceptions of the theory of rational action. *Journal of Theoretical Politics, 11*(2), 171–202.

Opp, K.-D. (2004). Die Theorie des rationalen Handelns im Vergleich mit alternativen Theorien. In M. Gabriel (Hrsg.), *Paradigmen der akteurszentrierten Soziologie* (S. 43–68). Wiesbaden: VS Verlag für Sozialwissenschaften.

Overstreet, S., Devine, J., Bevans, K. & Efreom, Y. (2005). Predicting parental involvement in children's schooling within an economically disadvantaged African American sample. *Psychology in the Schools, 42*(1), 101–111.

Pallasch, W. & Kölln, D. (2014). *Pädagogisches Gesprächstraining. Lern- und Trainingsprogramm zur Vermittlung pädagogisch-therapeutischer Gesprächs- und Beratungskompetenz* (9. Aufl.). Weinheim: Juventa.

Park, S. & Holloway, S. D. (2013). No parent left behind: Predicting parental involvement in adolescents' education within a sociodemographically diverse population. *Journal of Educational Research, 106*(2), 105–119.

Parsons, T. (1985). *Das System moderner Gesellschaften. Mit einem Vorwort von Dieter Claessens*. Weinheim: Juventa.

Paseka, A. (2012). Die Arbeit der Lehrpersonen und die Rahmenbedingungen von Unterricht aus der Sicht von Eltern. In D. Killus & K.-J. Tillmann (Hrsg.), *Eltern ziehen Bilanz. Ein Trendbericht zu Schule und Bildungspolitik in Deutschland. Die 2. JAKO-O Bildungsstudie* (S. 89–112). Münster: Waxmann.

Paulsen, J. M. (2012). Parental involvement in Norwegian schools. *Journal of School Public Relations, 33*(1), 29–47.

Paulus, W. & Blossfeld, H.-P. (2007). Schichtspezifische Präferenzen oder sozioökonomisches Entscheidungskalkül? Zur Rolle elterlicher Bildungsaspirationen im Entscheidungsprozess beim Übergang von der Grundschule in die Sekundarstufe. *Zeitschrift für Pädagogik, 53*(4), 491–508.

Pekrun, R. (1997). Kooperation zwischen Elternhaus und Schule. In Vaskovics & Lipinski (Hrsg.), *Familiale Lebenswelten und Bildungsarbeit* (S. 51–79). Opladen: Leske und Budrich.

Pekrun, R. (2001). Familie, Schule und Entwicklung. In S. Walper & R. Pekrun (Hrsg.), *Familie und Entwicklung. Aktuelle Perspektiven der Familienpsychologie* (S. 84–105). Göttingen: Hogrefe.

Peng, S. S. & Wright, D. (1994). Explanation of academic achievement of Asian American students. *Journal of Educational Research, 87*, 346–352.

Pfeifer, M. (2011). B*ildungsbenachteiligung und das Potenzial von Schule und Unterricht*. Wiesbaden: VS Verlag für Sozialwissenschaften.

Pietsch, M. (2007). Soziale Herkunft und Schulleistung Hamburger Kinder am Ende der Grundschulzeit. In W. Bos, C. Gröhlich & M. Pietsch (Hrsg.), *KESS 4 – Lehr- und Lernbedingungen in Hamburger Grundschulen* (S. 7–34). Münster: Waxmann.

PISA-Konsortium Deutschland (Hrsg.). (2006). *PISA 2006 in Deutschland – Die Kompetenzen der Jugendlichen im dritten Ländervergleich*. Münster: Waxmann.

Plante, I., de la Sablonniere, R., Aronson, J. M. & Theoret, M. (2013). Gender stereotype endorsement and achievement-related outcomes: The role of competence beliefs and task values. *Contemporary Educational Psychology, 38*(3), 225–235.

Plath, I., Bender-Szymanski, D. & Kodron, C. (2002). *Dokumentation zur Situation von Schülerinnen und Schülern mit Migrationserfahrungen an Frankfurter Schulen im Schuljahr 2000/2001.* Frankfurt am Main: DIPF.

Pohlmann, B. (2005). *Konsequenzen dimensionaler Vergleiche.* Münster: Waxmann.

Pohlmann, B., Möller, J. & Streblow, L. (2005). Bedingungen leistungsbezogenen Verhaltens im Sportunterricht. *Zeitschrift für Sportpsychologie, 12*(4), 127–134.

Pohlmann, S., Kluczniok, K. & Kratzmann, J. (2009). Zum Prozess der Entscheidungsfindung zwischen vorzeitiger und fristgerechter Einschulung. *Journal for Educational Research Online, 1*(1), 135–153.

Pomerantz, E. M., Moorman, E. A. & Litwack, S. D. (2007). The how, whom and why of parents' involvement in children's academic lives: More is not always better. *Review of Educational Research, 77*(3), 373–410.

Quellenberg, H. (2009). *Studie zur Entwicklung von Ganztagsschulen (StEG). Ausgewählte Hintergrundvariablen, Skalen und Indices der ersten Erhebungswelle.* Frankfurt am Main: Gesellschaft zur Förderung Pädagogischer Forschung.

Rasch, B., Friese, M., Hofmann, W. & Naumann, E. (2010a). *Quantitative Methoden. Einführung in die Statistik für Psychologen und Sozialwissenschaftler* (Band 2) (3., erweiterte Aufl.). Berlin: Springer.

Rasch, B., Friese, M., Hofmann, W. & Naumann, E. (2010b). *Quantitative Methoden: Einführung in die Statistik für Psychologen und Sozialwissenschaftler* (Band 1) (3., erweiterte Aufl.). Berlin: Springer.

Reay, D. (1998). *Class work: Mothers' involvement in their children's primary schooling.* London: UCL Press.

Reinecke, J. & Pöge, A. (2010). Strukturgleichungsmodelle. In C. Wolf & H. Best (Hrsg.), *Handbuch der sozialwissenschaftlichen Datenanalyse* (S. 775–804). Wiesbaden: VS Verlag für Sozialwissenschaften.

Relikowski, I., Yilmaz, E. & Blossfeld, H.-P. (2012). Wie lassen sich die hohen Bildungsaspirationen von Migranten erklären? Eine Mixed-Methods Studie zur Rolle von strukturellen Aufstiegschancen und individueller Bildungserfahrung. *Kölner Zeitschrift für Soziologie und Sozialpsychologie Sonderheft 52*, 111–136.

Reynolds, A. J. & Gill, S. (1994). The role of parental perspectives in the school adjustment of inner-city Black children. *Journal of Youth and Adolescence, 23*(6), 671–695.

Reynolds, A. J., Mavrogenes, N. A., Bezruczko, N. & Hagemann, M. (1996). Cognitive and family-support mediators of preschool effectiveness: A confirmatory analysis. *Child Development, 67*(3), 1119–1140.

Reynolds, D. (1995). The effective school: An inaugural lecture. *Evaluation and Research in Education, 9*(2), 57–73.

Rheinberg, F. (2008). *Motivation* (7., aktualisierte Aufl.). Stuttgart: Kohlhammer.

Rheinberg, F. (2009). Motivation. In V. Brandstätter & J. H. Otto (Hrsg.), *Handbuch der allgemeinen Psychologie: Motivation und Emotion* (S. 668–674). Göttingen: Hogrefe.

Ritblatt, S. N., Beatty, J. R., Cronan, T. A. & Ochoa, A. M. (2002). Relationships among perception of parent involvement, time allocation, and demographic characteristics: Implication for policy formation. *Journal of Community Psychology, 30*(5), 519–549.

Rodax, K. & Spitz, N. (1982). *Soziale Umwelt und Schulerfolg. Eine empirisch-soziologische Untersuchung der ökologisch und sozialstrukturell variierenden Determinanten des Schulerfolgs.* Weinheim: Beltz.

Rodriguez, A. J., Collins-Parks, T. & Garza, J. (2013). Interpreting research on parent involvement and connecting it to the science classroom. *Theory into Practice, 52*(1), 51–58.

Rohlfs, C. (2011). *Bildungseinstellungen: Schule und formale Bildung aus der Perspektive von Schülerinnen und Schülern.* Wiesbaden: VS Verlag für Sozialwissenschaften.

Rokeach, M. (1979). From individual to institutional values with special reference to the values of science. In M. Rokeach (Hrsg.), *Understanding human values* (S. 47–70). New York: Free Press.

Rubin, D. B. (1976). Inference and missing data. *Biometrika, 63*(3), 581–592.

Rudolph, U. (2009). Erwartung und Anreiz. In V. Brandstätter & J. H. Otto (Hrsg.), *Handbuch der Allgemeinen Psychologie: Motivation und Emotion* (S. 21–28). Göttingen: Hogrefe.

Rumberger, R. W., Ghatak, R., Poulos, G., Ritter, P. L. & Dornbusch, S. M. (1990). Family influences on dropout behavior in one California high school. *Sociology of Education, 63*(4), 283–299.

Rux, J. (2008). *Aktiv mit dem Schulrecht umgehen.* Bad Heilbrunn: Klinkhardt.

Ryan, R. M. & Deci, E. L. (2000). Intrinsic and extrinsic motivations: Classic definitions and new directions. *Contemporary Educational Psychology, 25*, 54–67.

Sacher, W. (2004). *Elternarbeit in den bayerischen Schulen. Repräsentativ-Befragung zur Elternarbeit im Sommer 2004. Erster Übersichtsbericht.* Nürnberg: Lehrstuhl für Schulpädagogik (SUN Schulpädagogische Untersuchungen Nürnberg, Nr. 23).

Sacher, W. (2005). *Erfolgreiche und misslingende Elternarbeit. Ursachen und Handlungsmöglichkeiten. Erarbeitet auf der Grundlage der Repräsentativbefragung an bayrischen Schulen im Sommer 2004.* Nürnberg: Lehrstuhl für Schulpädagogik (SUN Schulpädagogische Untersuchungen Nürnberg, Nr. 24).

Sacher, W. (2006). *Einflüsse der Sozialschicht und des Migrationsstatus auf das Verhältnis zwischen Elternhaus und Schule.* Nürnberg: Lehrstuhl für Schulpädagogik (SUN Schulpädagogische Untersuchungen Nürnberg, Nr. 26).

Sacher, W. (2008a). *Elternarbeit. Gestaltungsmöglichkeiten und Grundlagen für alle Schularten.* Bad Heilbrunn: Julius Klinkhardt.

Sacher, W. (2008b). *Schüler als vernachlässigte Partner der Elternarbeit. Forschungsbericht anstelle einer Abschiedsvorlesung.* Nürnberg: Lehrstuhl für Schulpädagogik (SUN Schulpädagogische Untersuchungen Nürnberg, Nr. 29).

Sacher, W. (2009). Elternarbeit – Partnerschaft zwischen Schule und Familie. In S. Blömeke, T. Bohl, L. Haag, G. Lang-Woitasik & W. Sacher (Hrsg.), *Handbuch Schule. Theorie – Organisation – Entwicklung* (S. 519–525). Bad Heilbrunn: Klinkhardt.

Sacher, W. (2011). „Schwer erreichbare" Eltern – Kontaktbarrieren und Zugänge. Plädoyer für differenzierende und aktivierende Einbeziehung von Eltern. *Lernchancen, 83*(14), 36–39.

Sacher, W. (2012a). Erziehungs- und Bildungspartnerschaften in der Schule: zum Forschungsstand. In W. Stange, R. Krüger, A. Henschel & C. Schmitt (Hrsg.), *Erziehungs- und Bildungspartnerschaften. Grundlagen und Strukturen von Elternarbeit* (S. 232–243). Wiesbaden: VS Verlag für Sozialwissenschaften.

Sacher, W. (2012b). Schule: Elternarbeit mit schwer erreichbaren Eltern. In W. Stange, R. Krüger, A. Henschel & C. Schmitt (Hrsg.), *Erziehungs- und Bildungspartnerschaften. Grundlagen und Strukturen von Elternarbeit* (S. 297–303). Wiesbaden: VS Verlag für Sozialwissenschaften.

Sacher, W. (2013). Differenzierende Elternarbeit. In W. Stange, R. Krüger, A. Henschel & C. Schmitt (Hrsg.), *Erziehungs- und Bildungspartnerschaften. Praxisbuch zur Elternarbeit* (S. 70–76). Wiesbaden: VS Verlag für Sozialwissenschaften.

Şad, S. N. & Gürbüztürk, O. (2013). Primary school students' parents' level of involvement into their children's education. *Educational Sciences: Theory & Practice, 13*(2), 1006–1011.

Salzberger, T. (1999). *Interkulturelle Marktforschung: Methoden zur Überprüfung der Datenäquivalenz (Dissertation).* Wien: Service-Fachverlag.

Sanders, M. G. & Herting, J. R. (2000). Gender and the effects of school, family, and church support on the academic achievement of African-American urban adolescents. In M. G. Sanders (Hrsg.), *Schooling students placed at risk: Research, policy, and practice in the education of poor and minority adolescents* (S. 141–161). Mahwah, NJ: Lawrence Erlbaum Associates.

Sauer, J. & Gattringer, H. (1985). Soziale, familiale, kognitive und motivationale Determinanten der Schulleistung. Ein Beitrag zu einem Strukturmodell der Bedingungen des Schulerfolgs bei Grundschülern. *Kölner Zeitschrift für Soziologie und Sozialpsychologie, 37*(2), 288–309.

Savage, L. J. (1954). *The foundations of statistics*. New York: Wiley.

Savaş, A. C. (2012). The contribution of school-family cooperation on effective classroom management in early childhood education. *Educational Sciences: Theory & Practice, 12*(4), 3099–3110.

Schäfer, T. (2011). *Statistik II. Inferenzstatistik*. Wiesbaden: VS Verlag für Sozialwissenschaften.

Scheerens, J. (2008). *System level indicator*. Paper for INES Network C. Enschede: University of Twente.

Scheffer, D. (2009). Implizite und explizite Motive. In V. Brandstätter & J. H. Otto (Hrsg.), *Handbuch der Allgemeinen Psychologie: Motivation und Emotion* (S. 29–36). Göttingen: Hogrefe.

Schiefele, U. (1992). Interesse und Qualität des Erlebens im Unterricht. In A. Krapp & M. Prenzel (Hrsg.), *Interesse, Lernen, Leistung* (S. 84–121). Münster: Aschendorff.

Schiefele, U. (1999). Interest and learning from text. *Scientific Studies of Reading, 3*, 257–280.

Schiefele, U. (2009). Motivation. In E. Wild & J. Möller (Hrsg.), *Pädagogische Psychologie* (S. 151–177). Heidelberg: Springer.

Schlag, B. (2009). *Lern- und Leistungsmotivation* (3. Aufl.). Wiesbaden: VS Verlag für Sozialwissenschaften.

Schmalt, H.-D. & Heckhausen, H. (2006). Machtmotivation. In J. Heckhausen & H. Heckhausen (Hrsg.), *Motivation und Handeln* (3., überarbeitete und aktualisierte Aufl., S. 211–234). Heidelberg: Springer.

Schnabel, K. & Schwippert, K. (2000). Einflüsse sozialer und ethnischer Herkunft beim Übergang in die Sekundarstufe II und den Beruf. In J. Baumert, W. Bos & R. Lehmann (Hrsg.), *TIMSS/III. Dritte Internationale Mathematik- und Naturwissenschaftsstudie. Mathematische und naturwissenschaftliche Bildung am Ende der Schullaufbahn* (S. 261–300). Opladen: Leske + Budrich.

Schreiber, D., Kliewe, A. & Witt, K. (2007). *Es geht doch um die Kinder: Wenn Eltern und Schule gemeinsame Sache machen... Eine Arbeitshilfe zur Feedback-Kultur*. Berlin: Deutsche Kinder- und Jugendstiftung.

Schröder, B. & Boßhammer, H. (2010). Vorwort. In M. Bartscher, H. Boßhammer, G. Kreter & B. Schröder (Hrsg.), *Bildungs- und Erziehungspartnerschaft. Rahmenkonzeption für die konstruktive Zusammenarbeit mit Eltern in Ganztagsschulen* (S. 5). Münster: Serviceagentur „Ganztägig lernen in Nordrhein-Westfalen" Institut für soziale Arbeit e.V. (Der GanzTag in NRW – Beiträge zur Qualitätsentwicklung; 6. Jahrgang, Heft 18).

Schröder, H. (2013). Elternarbeit und Erziehungs- und Bildungspartnerschaften in der Schule. In W. Stange, R. Krüger, A. Henschel & C. Schmitt (Hrsg.), *Erziehungs- und Bildungspartnerschaften. Praxisbuch zur Elternarbeit* (S. 190–197). Wiesbaden: VS Verlag für Sozialwissenschaften.

Schulte, K., Nonte, S. & Schwippert, K. (2013). Die Überprüfung von Messinvarianz in international vergleichenden Schulleistungsstudien am Beispiel der Studie PIRLS. *Zeitschrift für Bildungsforschung, 3*(2), 99–118.

Schwaiger, M. & Neumann, U. (2011). Der internationale Forschungsstand zur interkulturellen Elternarbeit und Elternbeteiligung. *Unsere Jugend, 63*(11/12), 450–462.

Schwanenberg, J., Becker, D., McElvany, N. & Pfuhl, N. (2013). Elternpartizipation an Grundschulen unter Berücksichtigung des sozialen und kulturellen Familienhintergrunds. In N. McElvany, M. M. Gebauer, W. Bos & H. G. Holtappels (Hrsg.), *Jahrbuch der Schulentwicklung, Band 17. Sprachliche, kulturelle und soziale Heterogenität in der Schule als Herausforderung und Chance der Schulentwicklung* (S. 150–180). Weinheim: Juventa.

Schwippert, K., Wendt, H. & Tarelli, I. (2012). Lesekompetenzen von Schülerinnen und Schülern mit Migrationshintergrund. In W. Bos, I. Tarelli, A. Bremerich-Vos & K. Schwippert (Hrsg.), *IGLU 2011. Lesekompetenzen von Grundschulkindern in Deutschland im internationalen Vergleich* (S. 191–207). Münster: Waxmann.

Segeritz, M., Walter, O. & Stanat, P. (2010). Muster des schulischen Erfolgs von jugendlichen Migranten in Deutschland: Evidenz für segmentierte Assimilation? *Kölner Zeitschrift für Soziologie und Sozialpsychologie, 62*, 113–138.

Seginer, R. (2006). Parents' educational involvement: A developmental ecology perspective. *Parenting: Science and Practice, 6*(1), 1–48.

Sekretariat der Ständigen Konferenz der Kultusminister der Länder in der Bundesrepublik Deutschland. (2004). *Standards für die Lehrerbildung: Bildungswissenschaften.* Verfügbar unter: http://www.kmk.org/fileadmin/veroeffentlichungen_beschluesse/ 2004/2004_12_16-Standards-Lehrerbildung.pdf [20.12.2011].

Sekretariat der Ständigen Konferenz der Kultusminister der Länder in der Bundesrepublik Deutschland. (2011). A*llgemein bildende Schulen in Ganztagsform in den Ländern in der Bundesrepublik Deutschland – Statistik 2005 bis 2009.* Verfügbar unter: http://www.kmk.org/file-admin/pdf/Statistik/GTS_2009_Bericht_Text.pdf [10.12.2011].

Selkirk, L. C., Bouchey, H. A. & Eccles, J. S. (2011). Interactions among domain-specific expectancies, values, and gender: Predictors of test anxiety during early adolescence. *Journal of Early Adolescence, 31*(3), 361–389.

Shumow, L. & Lomax, R. (2002). Parental efficacy: Predictor of parenting behavior and adolescent outcomes. *Parenting: Science and Practice, 2*(2), 127–150.

Shumow, L. & Miller, J. D. (2001). Parents' at-home and at-school academic involvement with young adolescents. *Journal of Early Adolescence, 21*(1), 68–91.

Shute, V. J., Hansen, E. G., Underwood, J. S. & Razzouk, R. (2011). A review of the relationship between parental involvement and secondary school students' academic achievement. *Education Research International*, 1–10.

Simmel, G. (1992). *Soziologie. Untersuchungen über die Formen der Vergesellschaftung* (Bd. 11). Frankfurt am Main: Suhrkamp.

Simon, B. S. (2000). *Predictors of high school and family partnerships and the influence of partnerships on student success.* Unpublished doctoral dissertation, Johns Hopkins University.

Simon, H. A. (1959). Theories of decision-making in economics and behavioral science. *The American Economic Review, 49*(3), 253–283.

Simon, H. A. (1979). Rational decision making in business organizations. *The American Economic Review, 69*(4), 493–513.

Simons-Morton, B. & Chen, R. (2009). Peer and parent influences on school engagement among early adolescents. *Youth & Society, 41*(1), 3–25.

Singh, K., Bickley, P., Trivette, P., Keith, T. Z., Keith, P. B. & Anderson, E. (1995). The effects of four components of parental involvement on eighth grade student achievement: Structural analysis of NELS-88 data. *School Psychology Review, 24*(2), 299–317.

Smit, F. & Driessen, G. (2009). Creating effective family-school partnerships in highly diverse contexts. Building partnership models and constructing parent typologies. In R. Deslandes (Hrsg.), *International perspectives on contexts, communities and evaluated innovative practices. Family-school-community partnerships* (S. 64–81). New York: Routledge.

Sokolowski, K. & Heckhausen, H. (2006). Soziale Bindung: Anschlussmotivation und Intimitätsmotivation. In J. Heckhausen & H. Heckhausen (Hrsg.), *Motivation und Handeln* (3., überarbeitete und aktualisierte Aufl., S. 193–210). Heidelberg: Springer.

Soremski, R. (2011). „Da gucken wir, dass wir an einem Strang ziehen". Kooperation zwischen Familie und Ganztagsschule als Bildungs- und Erziehungspartnerschaft? In R. Soremski, M. Urban & A. Lange (Hrsg.), *Familie, Peers und Ganztagsschule* (S. 111–128). Weinheim: Juventa.

Stanat, P., Rauch, D. & Segeritz, M. (2010). Schülerinnen und Schüler mit Migrationshintergrund. In E. Klieme, C. Artelt, J. Hartig, N. Jude, O. Köller, M. Prenzel, W. Schneider & P. Stanat (Hrsg.), *PISA 2009. Bilanz nach einem Jahrzehnt* (S. 200–230). Münster: Waxmann.

Stanat, P., Segeritz, M. & Christensen, G. (2010). Schulbezogene Motivation und Aspiration von Schülerinnen und Schülern mit Migrationshintergrund. In W. Bos, E. Klieme & O. Köller (Hrsg.), *Schulische Lerngelegenheiten und Kompetenzentwicklung: Festschrift für Jürgen Baumert* (S. 31–58). Münster: Waxmann.

Stange, W. (2012). Erziehungs- und Bildungspartnerschaften – Grundlagen, Strukturen, Begründungen. In W. Stange, R. Krüger, A. Henschel & C. Schmitt (Hrsg.), *Erziehungs- und Bildungspartnerschaften. Grundlagen und Strukturen von Elternarbeit* (S. 12–39). Wiesbaden: VS Verlag für Sozialwissenschaften.

Stange, W., Krüger, R., Henschel, A. & Schmitt, C. (Hrsg.). (2012). *Erziehungs- und Bildungspartnerschaften. Grundlagen und Strukturen von Elternarbeit*. Wiesbaden: VS Verlag für Sozialwissenschaften.

Stange, W., Krüger, R., Henschel, A. & Schmitt, C. (Hrsg.). (2013). *Erziehungs- und Bildungspartnerschaften: Praxisbuch zur Elternarbeit*. Wiesbaden: VS Verlag für Sozialwissenschaften.

Statistisches Bundesamt. (2011). *Wie leben Kinder in Deutschland?* Verfügbar unter: https://www.destatis.de/DE/PresseService/Presse/Pressekonferenzen/2011/Mikro_ Kinder/pressebroschuere_kinder.pdf?__blob=publicationFile [22.11.2012].

Statistisches Bundesamt. (2012). *Bevölkerung und Erwerbstätigkeit. Bevölkerung mit Migrationshintergrund. Ergebnisse des Mikrozensus 2011 (Fachserie 1 Reihe 2.2)*. Verfügbar unter: https://www.destatis.de/DE/Publikationen/Thematisch/Bevoel kerung/MigrationIntegration/Migrationshintergrund2010220117004.pdf?__blob= publicationFile [20.09.2013].

Statistisches Bundesamt. (2013a). *Bildungsstand der Bevölkerung*. Verfügbar unter: https://www.destatis.de/DE/Publikationen/Thematisch/BildungForschungKultur/Bil dungsstand/BildungsstandBevoelkerung5210002137004.pdf?__blob=publication File [20.09.2013].

Statistisches Bundesamt. (2013b). *Wirtschaftsrechnungen. Laufende Wirtschaftsrech-nungen. Einnahmen und Ausgaben privater Haushalte (Fachserie 15 Reihe 1)*. Ver-fügbar unter: https://www.destatis.de/DE/Publikationen/Thematisch/Einkommen KonsumLebensbedingungen/LfdWirtschaftsrechnungen/EinnahmenAusgaben privaterHaushalte2150100117004.pdf?__blob=publicationFile [20.09.2013].

Steenkamp, J.-B. E. M. & Baumgartner, H. (1998). Assessing measurement invariance in cross-national consumer research. *Journal of Consumer Research, 25*(1), 78–90.

Stein, M. (2013). Familie und Familienentwicklung in Zahlen. Ein Überblick über aktu-elle Studien und Statistiken. In U. Boos-Nünning & M. Stein (Hrsg.), *Familie als Ort von Erziehung, Bildung und Sozialisation* (S. 17–58). Münster: Waxmann.

Stevenson, D. L. & Baker, D. P. (1987). The family-school relation and the child's school performance. *Child Development, 58*(5), 1348–1357.

Stocké, V. (2012). Das Rational-Choice Paradigma in der Bildungssoziologie. In U. Bauer, U. H. Bittlingmayer & A. Scherr (Hrsg.), *Handbuch Bildungs- und Erzie-hungssoziologie* (S. 423–436). Wiesbaden: VS Verlag für Sozialwissenschaften.

Stubbe, T. C., Bos, W. & Euen, B. (2012). Der Übergang von der Primar- in die Sekun-darstufe. In W. Bos, I. Tarelli, A. Bremerich-Vos & K. Schwippert (Hrsg.), *IGLU 2011. Lesekompetenzen von Grundschulkindern in Deutschland im internationalen Vergleich* (S. 209–226). Münster: Waxmann.

Sui-Chu, E. H. & Willms, J. D. (1996). Effects of parent involvement on eighth-grade achievement. *Sociology of Education, 69*(2), 126–141.

Sy, S. R. (2006). Rethinking parent involvement during the transition to first grade: A focus on Asian American families. *The School Community Journal, 16*(1), 107–125.

Sy, S. R., Gottfried, A. W. & Gottfried, A. E. (2013). A transactional model of parental involvement and children's achievement from early childhood through adolescence. *Parenting: Science and Practice, 13*(2), 133–152.

Temme, D. & Hildebrandt, L. (2008). *Gruppenvergleiche bei hypothetischen Konstrukten – Die Prüfung der Übereinstimmung von Messmodellen mit der Strukturgleichungsmethodik.* Berlin: SFB 649 Discussion Paper.

Textor, M. R. (2009). *Elternarbeit im Kindergarten. Ziele, Formen, Methoden.* Norderstedt: Book on Demand.

Textor, M. R. (2013). *Elternarbeit in der Schule.* Norderstedt: Books on Demand.

Tillmann, K.-J. (2000). *Sozialisationstheorien. Eine Einführung in den Zusammenhang von Gesellschaft, Institution und Subjektwerdung* (10. Aufl.). Reinbek: Rowolth.

Tizard, B., Mortimore, J. & Burchell, B. (1981). *Involving parents in nursery and infant schools.* London: Grant McIntyre.

Trautwein, U., Marsh, H. W., Nagengast, B., Lüdtke, O., Nagy, G. & Jonkmann, K. (2012). Probing for the multiplicative term in modern expectancy-value theory: A latent interaction modeling study. *Journal of Educational Psychology, 104*(3), 763–777.

Trusty, J. (1996). Relationship of parental involvement in teens' career development to teens' attitudes, perceptions and behavior. *Journal of Research and Development in Education, 30*(1), 63–69.

Trusty, J. (1999). Effects of eighth-grade parental involvement on late adolescents' educational experiences. *Journal of Research and Development in Education, 32*(4), 224–233.

Tupaika, J. (2003). *Schulversagen als komplexes Phänomen. Ein Beitrag zur Theorieentwicklung.* Bad Heilbrunn: Verlag Julius Klinkhardt.

Turney, K. & Kao, G. (2009). Barriers to school involvement: Are immigrant parents disadvantaged? *Journal of Educational Research, 102*(4), 257–271.

Tutmann, L. & Wiarda, J.-M. (2012). Raushalten und Mitmischen. Wissenschaftler versuchen herauszufinden, was vernünftige Eltern und gute Lehrer ausmacht. *Die Zeit, 35,* 62.

Urhahne, D. (2002). *Motivation und Verstehen. Studien zum computergestützten Lernen in den Naturwissenschaften.* Münster: Waxmann.

Useem, E. L. (1992). Middle schools and math groups: Parents' involvement in children's placement. *Sociology of Education, 65*(4), 263–279.

von Neumann, J. & Morgenstern, O. (1944). *Theory of games and economic behavior.* Princeton: Princeton University Press.

von Rosenbladt, B. & Thebis, F. (2003). *Schule aus der Sicht von Eltern. Das Elternforum als neues Instrument der Schulforschung und mögliche Form der Elternmitwirkung.* München: TNS-Infratest Sozialforschung.

Watermann, R. & Baumert, J. (2006). Entwicklung eines Strukturmodells zum Zusammenhang zwischen sozialer Herkunft und fachlichen und überfachlichen Kompetenzen: Befunde national und international vergleichender Analysen. In J. Baumert, P. Stanat & R. Watermann (Hrsg.), *Herkunftsbedingte Disparitäten im Bildungswesen: Differenzielle Bildungsprozesse und Probleme der Verteilungsgerechtigkeit. Vertiefende Analysen im Rahmen von PISA 2000* (S. 61–94). Wiesbaden.

Weber, M. (1976). *Wirtschaft und Gesellschaft. Grundriss der verstehenden Soziologie.* Studienausgabe [Hrsg. von J. Winckelmann]. Tübingen: Mohr.

Weiner, B. (1985). An attributional theory of achievement motivation and emotion. *Psychological Review, 92*(4), 548–573.

Wendt, H., Stubbe, T. C. & Schwippert, K. (2012). Soziale Herkunft und Lesekompetenzen von Schülerinnen und Schülern. In W. Bos, I. Tarelli, A. Bremerich-Vos & K. Schwippert (Hrsg.), *IGLU 2011. Lesekompetenzen von Grundschulkindern in Deutschland im internationalen Vergleich* (S. 175–190). Münster: Waxmann.

Werner, J. (1997). *Lineare Statistik. Das Allgemeine Lineare Modell.* Weinheim: Beltz.

Wigfield, A. (1997). *Predicting children's grades from their ability beliefs and subjective task values: Developmental and domain differences.* Paper presented at the biennial meeting of the Society for Research in Child Development, Washington, DC.

Wigfield, A., Tonks, S. & Eccles, J. S. (2004). Expectancy-value theory in cross-cultural perspective. In D. M. McInerney & S. Van Etten (Hrsg.), *Research on sociocultural influences on motivation and learning, volume 4: Big theories revisited* (S. 165–198). Greenwich, CT: Information Age Publishing.

Wild, E. (2003). Einbeziehung des Elternhauses durch Lehrer: Art, Ausmaß und Bedingungen der Elternpartizipation aus der Sicht von Gymnasiallehrern. *Zeitschrift für Pädagogik, 49*(4), 513–533.

Wild, E. & Lorenz, F. (2010). *Elternhaus und Schule.* Stuttgart: Schöningh.

Williams, T. T. & Sanchez, B. (2013). Identifying and decreasing barriers to parent involvement for inner-city parents. *Youth & Society, 45*(1), 54–74.

Willke, H. (2006). S*ystemtheorie I: Grundlagen. Eine Einführung in die Grundprobleme der Theorie sozialer Systeme* (7. Aufl.). Stuttgart: Lucius & Lucius (UTB).

Wissenschaftlicher Beirat für Familienfragen. (2006). *Ganztagsschule. Eine Chance für Familien.* Wiesbaden: VS Verlag für Sozialwissenschaften.

Witjes, W. & Zimmermann, P. (2000). *Elternmitwirkung in der Schule – Eine Bestandsaufnahme in fünf Bundesländern.* In Jahrbuch der Schulentwicklungsforschung. Band 11 (S. 221–256). Münster: Waxmann.

Wolff, H.-G. & Bacher, J. (2010). Hauptkomponentenanalyse und explorative Faktorenanalyse. In C. Wolf & H. Best (Hrsg.), *Handbuch der sozialwissenschaftlichen Datenanalyse* (S. 333–365). Wiesbaden: VS Verlag für Sozialwissenschaften.

Wong, S. W. & Hughes, J. N. (2006). Ethnicity and language contributions to dimensions of parent involvement. *School Psychology Review, 35*(4), 645–662.

Wößmann, L. (2008). Mehrgliedrigkeit des Schulsystems und Chancengleichheit im internationalen Vergleich. *Erziehung und Unterricht, 7-8*, 509–517.

Wyrick, A. J. & Rudasill, K. M. (2009). Parent involvement as a predictor of teacher-child relationship quality in third grade. *Early Education and Development, 20*(5), 845–864.

Xu, J. & Corno, L. (2003). Family help and homework management reported by middle school students. *Elementary School Journal, 103*, 503–517.

Yamamoto, Y. & Holloway, S. D. (2010). Parental expectations and children's academic performance in sociocultural context. *Educational Psychology Review, 22*, 189–214.

Zarate, M. E. (2007). *Understanding Latino parental involvement in education: Perceptions, expectations, and recommendations*. Los Angeles, CA: The Tomás Rivera Policy Institute.

Züchner, I. (2008). Ganztagsschule und Familie. In H. G. Holtappels, E. Klieme, T. Rauschenbach & L. Stecher (Hrsg.), *Ganztagsschule in Deutschland. Ergebnisse der Ausgangserhebung der „Studie zur Entwicklung von Ganztagsschulen" (StEG)* (2., korrigierte Aufl., S. 314–332). Weinheim: Juventa.

Züchner, I. (2011). Familie und Schule – Neujustierung des Verhältnisses durch den Ausbau von Ganztagsschulen? In A. Lange, R. Soremski & M. Urban (Hrsg.), *Familie, Peers und Ganztagsschule* (S. 59–76). Weinheim: Juventa.

Zusho, A. & Pintrich, P. R. (2003). A process-oriented approach to culture: Theoretical and methodological issues in the study of culture and motivation. In F. Salili & R. Hoosain (Hrsg.), *Teaching, learning, and student motivation in a multicultural context* (S. 33–65). Greenwich, CT: Information Age Publishing.

Abbildungsverzeichnis

Tabellenverzeichnis

Anhang

Anhang 1: Messmodell der Elternarbeit mit allen 21 erhobenen Items

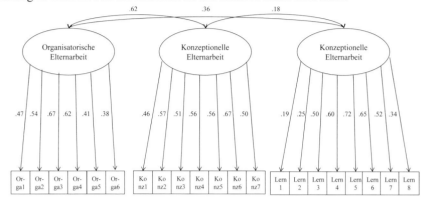

$N = 2679$, $Chi^2 = 3859.221$, $df = 183$, $p < .001$,
$CFI = .676$, $TLI = .628$, $RMSEA = .087$, $SRMR = .076$.
Alle berichteten Koeffizienten sind signifikant ($p < .05$).

Abbildung A. 1: Messmodell der Elternarbeit mit allen 21 erhobenen Items

Anhang 2:   Einzelmodelle zu Auswirkungen der Elternmerkmale auf die Wert-
und Erfolgserwartungskomponenten

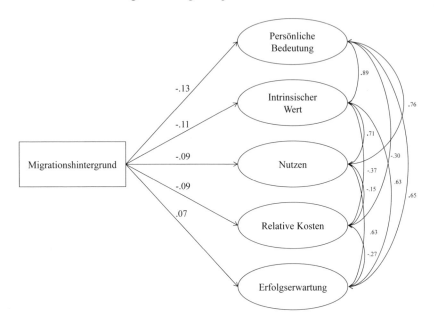

N = 2716, *Chi²* = 1998.656, *df* = 247, *p* < .001, *CFI* = .921, *TLI* = .905, *RMSEA* = .051, *SRMR* = .042.
Alle berichteten Koeffizienten sind signifikant (*p* < .05).

Abbildung A. 2:   Zusammenhänge zwischen dem Migrationshintergrund der
Eltern und den Wert- und Erfolgserwartungskomponenten

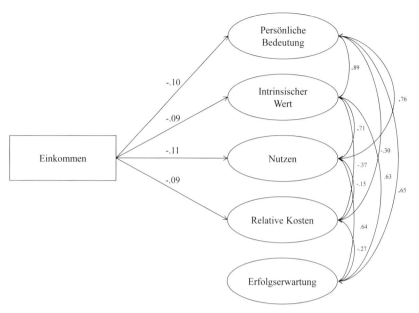

N = 2707, Chi² = 2013.519, df = 247, p < .001, CFI = .921, TLI = .904, RMSEA = .051, SRMR = .042.
Alle berichteten Koeffizienten sind signifikant (p < .05).

Abbildung A. 3: Zusammenhänge zwischen dem Bruttohaushaltseinkommen der Familie und den Wert- und Erfolgserwartungskomponenten

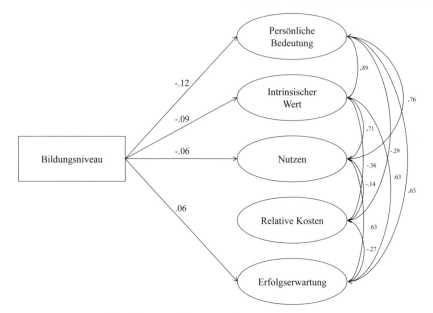

N = 2711, *Chi²* = 2011.486, *df* = 247, *p* < .001, *CFI* = .921, *TLI* = .904, *RMSEA* = .051, *SRMR* = .042.
Alle berichteten Koeffizienten sind signifikant (*p* < .05).

Abbildung A. 4: Zusammenhänge zwischen dem Bildungsniveau der Eltern
und den Wert- und Erfolgserwartungskomponenten

Anhang 3: Einzelmodelle zu Auswirkungen der Elternmerkmale auf die Vorhersage der Elternarbeit

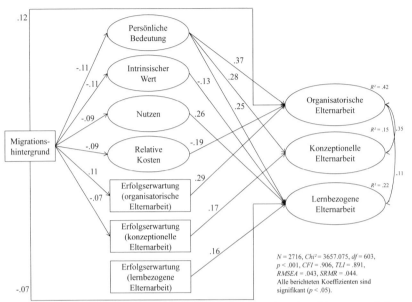

Abbildung A. 5: Zusammenhänge zwischen dem Migrationshintergrund der Eltern, den Wert- und Erfolgserwartungskomponenten sowie der Elternarbeit

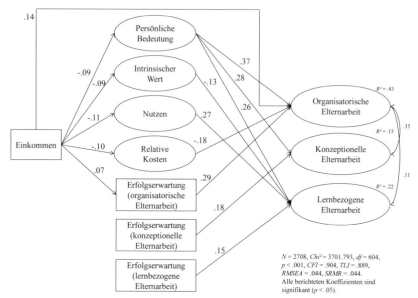

Abbildung A. 6: Zusammenhänge zwischen dem Bruttohaushaltseinkommen
der Familie, den Wert- und Erfolgserwartungskomponenten
sowie der Elternarbeit

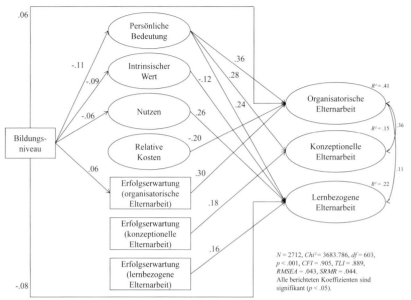

Abbildung A. 7: Zusammenhänge zwischen dem Bildungsniveau der Eltern, den Wert- und Erfolgserwartungskomponenten sowie der Elternarbeit

Anhang 4: Elternfragebogen „Ganz In" – Frage zur Elternmitwirkung an der Grundschule und am Gymnasium

Tabelle A. 1: Frage zur Elternmitwirkung an der Grundschule und am Gymnasium

Schulen bieten unterschiedliche Möglichkeiten an, damit sich Eltern aktiv einbringen können.

In welchen Bereichen waren Sie an der *Grundschule* Ihres Kindes beteiligt bzw. in welchen Bereichen möchten Sie am *Gymnasium* Ihres Kindes beteiligt sein?

Für ‚Grundschule' und ‚Gymnasium' bitte jeweils nur ein Kästchen pro Zeile ankreuzen!

		Grundschule				**Gymnasium**			
		trifft zu	trifft eher zu	trifft eher nicht zu	trifft nicht zu	trifft zu	trifft eher zu	trifft eher nicht zu	trifft nicht zu
a	Mithilfe bei Schulfesten	☐	☐	☐	☐	☐	☐	☐	☐
b	Begleitung von Klassenfahrten und Ausflügen	☐	☐	☐	☐	☐	☐	☐	☐
c	Mitgestaltung von Projekten oder Arbeitsgemeinschaften	☐	☐	☐	☐	☐	☐	☐	☐
d	Mitarbeit im Freizeitbereich der Schule	☐	☐	☐	☐	☐	☐	☐	☐
e	Hilfe bei der Mittagsbetreuung	☐	☐	☐	☐	☐	☐	☐	☐
f	Unterstützung der Schule bei der Hausaufgabenbetreuung	☐	☐	☐	☐	☐	☐	☐	☐

		Grundschule				Gymnasium			
		trifft zu	trifft eher zu	trifft eher nicht zu	trifft nicht zu	trifft zu	trifft eher zu	trifft eher nicht zu	trifft nicht zu
g	Mitglied im Elternverein	☐	☐	☐	☐	☐	☐	☐	☐
h	Übernahme von Aufgaben im Förderverein	☐	☐	☐	☐	☐	☐	☐	☐
i	Einsammeln von Spenden für die Schule	☐	☐	☐	☐	☐	☐	☐	☐
j	Mitglied in der Steuergruppe	☐	☐	☐	☐	☐	☐	☐	☐
k	Teilnahme an Schulkonferenzen	☐	☐	☐	☐	☐	☐	☐	☐
l	Mitarbeit bei der Erstellung des Schulprogramms	☐	☐	☐	☐	☐	☐	☐	☐
m	Mitwirkung bei der Lehrplanarbeit	☐	☐	☐	☐	☐	☐	☐	☐
n	Teilnahme an Elternabenden/ Informationsveranstaltungen	☐	☐	☐	☐	☐	☐	☐	☐
o	Besuch von Elternsprechtagen	☐	☐	☐	☐	☐	☐	☐	☐
p	Regelmäßige Kontaktaufnahme mit der Klassenlehrerin/ dem Klassenlehrer meines Kindes	☐	☐	☐	☐	☐	☐	☐	☐
q	Regelmäßige Gespräche mit den Lehrkräften über individuelle Fördermöglichkeiten für mein Kind führen	☐	☐	☐	☐	☐	☐	☐	☐

		Grundschule				Gymnasium		
		trifft zu	trifft eher zu	trifft eher nicht zu	trifft nicht zu	trifft zu	trifft eher zu	trifft eher nicht zu	trifft nicht zu
q	Regelmäßige Gespräche mit den Lehrkräften über individuelle Fördermöglichkeiten für mein Kind führen	☐	☐	☐	☐	☐	☐	☐	☐
r	Mit meinem Kind zu Hause lernen, wenn ich von den Lehrkräften Übungsmaterial erhalte	☐	☐	☐	☐	☐	☐	☐	☐
s	Mein Kind zu Hause nach Absprache mit den Lehrkräften in bestimmten Fächern fördern	☐	☐	☐	☐	☐	☐	☐	☐
t	Mit meinem Kind den Lernstoff wiederholen, wenn Klassenarbeiten oder Tests geschrieben werden	☐	☐	☐	☐	☐	☐	☐	☐
u	Mitarbeit im Unterricht meines Kindes	☐	☐	☐	☐	☐	☐	☐	☐

Anhang 5: Elternfragebogen „Ganz In" – Fragen zur persönlichen Bedeutung, zum intrinsischen Wert, zum Nutzen, zu den relativen Kosten und zur Erfolgserwartung der Elternarbeit

Tabelle A. 2: Frage zur persönlichen Bedeutung der Elternarbeit

Jeder hat unterschiedliche Meinungen zu dem Thema, wie wichtig es ist, dass Eltern an der Schule ihres Kindes aktiv beteiligt sind. Inwiefern treffen die folgenden Aussagen auf Sie zu?

Bitte in jeder Zeile nur ein Kästchen ankreuzen!

		trifft zu	trifft eher zu	trifft eher nicht zu	trifft nicht zu
a	Es ist mir wichtig, dass ich als Elternteil gut mit den Lehrkräften meines Kindes zusammenarbeite.	☐	☐	☐	☐
b	Aktiv in der Schule meines Kindes mitzuarbeiten, ist ein wichtiger Teil meiner Rolle als Elternteil.	☐	☐	☐	☐
c	Eine enge Zusammenarbeit mit der Schule meines Kindes zu pflegen, hat für mich persönlich einen hohen Stellenwert.	☐	☐	☐	☐
d	Es ist für mich selbstverständlich, dass die Schule meines Kindes auf mich als Elternteil zählen kann, wenn Unterstützung gebraucht wird.	☐	☐	☐	☐
e	Aufgaben in der Schule meines Kindes zu übernehmen, ist wichtig für meinen persönlichen Wunsch, zu den aktiven Eltern zu gehören.	☐	☐	☐	☐
f	Gebraucht zu werden, ist etwas Schönes – daher engagiere ich mich verlässlich in der Schule meines Kindes.	☐	☐	☐	☐

Tabelle A. 3: Frage zum intrinsischen Wert der Elternarbeit

Wie empfinden Sie persönlich die Zusammenarbeit mit dem Gymnasium Ihres Kindes?

Bitte in jeder Zeile nur ein Kästchen ankreuzen!

		trifft zu	trifft eher zu	trifft eher nicht zu	trifft nicht zu
a	Mich in der Schule meines Kindes aktiv zu engagieren, bereitet mir Freude.	☐	☐	☐	☐
b	Es freut mich, wenn ich mein Kind bei schulischen Angelegenheiten in Kooperation mit den Lehrkräften unterstützen kann.	☐	☐	☐	☐
c	Es macht mich glücklich, zu wissen, dass ich als Elternteil an schulischen Aktivitäten mitwirken kann.	☐	☐	☐	☐
d	Die Zusammenarbeit mit der Schule macht mir Spaß.	☐	☐	☐	☐
e	Ich bin neugierig darauf, durch die Zusammenarbeit mit der Schule mehr über die schulischen Angelegenheiten zu erfahren.	☐	☐	☐	☐
f	Ich unterstütze die Schule meines Kindes gerne.	☐	☐	☐	☐

Tabelle A. 4: Frage zum Nutzen der Elternarbeit

Es gibt verschiedene Gründe, warum Eltern in der Schule Ihres Kindes mitarbeiten. Inwieweit treffen die folgenden Aussagen auf Sie zu?

Bitte in jeder Zeile nur ein Kästchen ankreuzen!

		trifft zu	trifft eher zu	trifft eher nicht zu	trifft nicht zu
a	Ich arbeite eng mit den Lehrkräften zusammen, um mein Kind in der schulischen Entwicklung zu unterstützen.	□	□	□	□
b	Ich bin der Meinung, dass ich mein Kind in schulischen Fragen besser fördern kann, wenn ich mich aktiv in der Schule einbringe.	□	□	□	□
c	Der Austausch mit den Lehrkräften meines Kindes ist sinnvoll, damit ich Tipps für das Üben zu Hause erhalte.	□	□	□	□
d	Wenn ich mit der Schule eng in Kontakt stehe, dient dies dazu, dass die Schule mein Kind besser fördern kann.	□	□	□	□
e	Durch meine aktive Mitarbeit kann die Qualität der Schule gesteigert werden.	□	□	□	□
f	Durch meine Ideen kann ich dazu beitragen, die Schule meines Kindes voranzubringen.	□	□	□	□

Tabelle A. 5: Frage zu relativen Kosten der Elternarbeit

Eine Zusammenarbeit zwischen Schule und Eltern kann auch mit Aufwand und Anstrengung verbunden sein. Inwiefern treffen die folgenden Aussagen auf Sie zu?

Bitte in jeder Zeile nur ein Kästchen ankreuzen!

		trifft zu	trifft eher zu	trifft eher nicht zu	trifft nicht zu
a	Mich aktiv in der Schule meines Kindes zu beteiligen, kostet mich Zeit und Energie.	☐	☐	☐	☐
b	Die Schule zu unterstützen, ist für mich eine finanzielle Belastung.	☐	☐	☐	☐
c	Um aktiv in der Schule mitarbeiten zu können, musste ich andere Aktivitäten aufgeben.	☐	☐	☐	☐
d	Die zeitlichen Anforderungen an eine Kooperation mit der Schule stören manchmal das Verhältnis zu meiner Familie oder zu meinen Freunden.	☐	☐	☐	☐
e	Ich arbeite ungern mit der Schule meines Kindes zusammen, da es dabei sprachliche Probleme gibt.	☐	☐	☐	☐
f	Es kostet mich Überwindung aktiv, die Schule meines Kindes mitzugestalten, da ich Angst habe die Ansprüche nicht erfüllen zu können.	☐	☐	☐	☐

Tabelle A. 6: Frage zur Erfolgserwartung der Elternarbeit

Für wie wahrscheinlich halten Sie es, dass Sie selber am Gymnasium Ihres Kindes...

Bitte in jeder Zeile nur ein Kästchen ankreuzen!

		sehr wahr-schein-lich	eher wahr-schein-lich	eher nicht wahr-schein-lich	über-haupt nicht wahr-schein-lich
a	... die Umsetzung von außerschulischen Aktivitäten (z.B. Schulfeste oder Ausflüge) durch Ihre Beteiligung erfolgreich unterstützen werden?	☐	☐	☐	☐
b	... in konzeptionellen Arbeitsgruppen (z.B. beim Schulprogramm oder der Lehrplanarbeit) die Weiterentwicklung der Schule erfolgreich mitgestalten werden?	☐	☐	☐	☐
c	... durch aktive Zusammenarbeit und Austausch mit den Lehrkräften die schulische Entwicklung Ihres Kindes erfolgreich fördern werden?	☐	☐	☐	☐

Anhang 6:   Elternfragebogen „Ganz In" – Fragen zum Geburtsland der Eltern,
             zum Bruttohaushaltseinkommen sowie zum Bildungsabschluss der
             Eltern

Tabelle A. 7: Frage zum Geburtsland der Eltern

Sind Sie oder ggf. Ihre Partnerin/ Ihr Partner in Deutschland geboren?

Bitte nur ein Kästchen ankreuzen

		ja	nein
a	Mutter/ Stiefmutter/ weiblicher Vormund	☐	☐
b	Vater/ Stiefvater/ männlicher Vormund	☐	☐

Tabelle A. 8: Frage zum jährlichen Bruttohaushaltseinkommen

Wie hoch ist das jährliche Brutto-Einkommen aller Mitglieder in Ihrem Haushalt pro Jahr zusammen?

Bitte in jeder Zeile nur ein Kästchen ankreuzen

a	unter 10.000 Euro	☐
b	10.000 bis 19.999 Euro	☐
c	20.000 bis 29.999 Euro	☐
d	30.000 bis 39.999 Euro	☐
e	40.000 bis 49.999 Euro	☐
f	50.000 bis 59.999 Euro	☐
g	60.000 bis 69.999 Euro	☐
h	70.000 Euro oder mehr	☐

Tabelle A. 9: Frage zum Bildungsabschluss der Eltern

Welchen höchsten Bildungsabschluss haben die Mutter (bzw. Stiefmutter oder eine andere weibliche Erziehungsberechtigte) und der Vater (bzw. Stiefvater oder ein anderer männlicher Erziehungsberechtigter) des Kindes?

Bitte in jeder Spalte nur ein Kästchen ankreuzen!

		Mutter/ Stief- mutter	Vater/ Stief- vater
a	Ist nicht zur Schule gegangen oder hat die Schule ohne Abschluss verlassen.	☐	☐
b	Hauptschulabschluss/ Volksschulabschluss/ Abschluss der Polytechnischen Oberschule (POS) nach Klasse 8	☐	☐
c	Realschulabschluss/ mittlere Reife/ Abschluss der Polytechnischen Oberschule (POS) nach Klasse 10	☐	☐
d	Hochschulreife/ Abitur oder Fachhochschulreife	☐	☐
e	Abschluss an einer Fachschule/ Meister- oder Techni- kerschule/ einer Schule des Gesundheitswesen	☐	☐
f	Berufsschulabschluss (Lehre, Ausbildung)/ Berufs- fachschule	☐	☐
g	Hochschulabschluss (Magister, Diplom, Staatsexa- men) oder höher Abschluss	☐	☐
h	Fachhochschulabschluss/ FH-Diplom/ Abschluss an einer Berufsakademie	☐	☐
i	Sonstiger Bildungsabschluss:	☐	☐

Patrizia Salzmann

Lernen durch kollegiales Feedback

Die Sicht von Lehrpersonen und
Schulleitungen in der Berufsbildung

2015, 236 Seiten, br., 29,90 €,
ISBN 978-3-8309-3228-4
E-Book: 26,99 €, ISBN 978-3-8309-8228-9

In dieser Studie wird kollegiales Feedback als ein spezifisches Lern- und Weiterbildungsangebot für Lehrpersonen fokussiert. Ausgehend von Angebot-Nutzungsmodellen werden Merkmale der Nutzung kollegialen Feedbacks sowie Unterschiede in Intention und Wahrnehmung des Angebots untersucht. Diese werden mit Merkmalen der Lehrperson, der Lerngruppe und der Unterrichtsqualität (beurteilt durch Lernende) in Bezug gesetzt. Die Daten stammen aus Befragungen von Rektoren, Lehrpersonen und Lernenden der größten Berufsfachschulen in der Deutschschweiz.

Die Studie liefert für die Praxis Hinweise dahingehend, ob kollegiales Feedback wirksam ist und wie es an Schulen optimiert und mit anderen Lernaktivitäten zur Steigerung der Unterrichtsqualität verbunden werden kann.

Kerstin Drossel

Motivationale Bedingungen von Lehrerkooperation

Eine empirische Analyse der
Zusammenarbeit im Projekt „Ganz In"

2015, 208 Seiten, br., 29,90 €,
ISBN 978-3-8309-3296-3

Die Kooperation zwischen Lehrkräften wurde in vielen Studien als zentrales Schulqualitätsmerkmal herausgestellt. Befunde zeigen allerdings, dass Lehrkräfte in Deutschland vergleichsweise selten zusammenarbeiten. Um die Kooperation zu fördern, wurden daher bereits zahlreiche Gelingensbedingungen identifiziert, die sich vornehmlich auf die schulischen Rahmenbedingungen und die Persönlichkeit von Lehrkräften fokussieren. Die Entscheidungslogik der Lehrkräfte wurde bisher in Bezug auf das Kooperationsverhalten noch nicht untersucht. Um diesem Desiderat nachzugehen, wird das Erwartungs-Wert-Modell von Eccles und Wigfield im theoretischen Teil auf den Kontext der Lehrerkooperation transformiert und anschließend empirisch überprüft, um so die motivationalen Bedingungen von Lehrerkooperation zu untersuchen. Im Ergebnis zeigt sich, dass die subjektive Wertkomponente der ausschlaggebende Faktor dafür ist, warum die Lehrkräfte zusammenarbeiten.